„Ich stimme nicht zu!“

_ Teilband 1 _

Über den Autor

In seinen Büchern soll der **Charakter des** *Schriftstellers zum Ausdruck kommen.*

Joachim Endemann ist am 26. Oktober 1953 in Mülheim an der Ruhr geboren. Es begann schon in der ersten Schulzeit, zuerst noch aus einem Gefühl heraus, sich zu äußern, wenn „etwas nicht zu stimmen" schien — ob in der Schulklasse oder im Verhalten von Menschen untereinander. Dann, mit wachsendem Bewußtsein, waren es insbesondere die Diskussionen während der weiterführenden Schulzeit (Fachhochschulreife), die zur Artikulation seiner eigenen Sichtweise beitrugen: es zählte das bessere Argument. Diese Entwicklung setzte sich während der beruflichen (Schaufenstergestalter; Krankengymnast) und der (primär fernuniversitären) Studienzeit (*zuerst 4 Semester an der Fernuniversität Hagen, u.a. Sozialwissenschaften, dann in den 80er Jahren 2 Semester Kunstgeschichte, mit dem Schwerpunkt „Ikonographie", an der Universität Santiago de Compostela und, nochmals Jahre später, d.h. in den 90er Jahren, 4 Semester Études germaniques [inkl. „Histoire contemporaine allemande"] im Rahmen eines Fernstudiums am „Mirail" in Toulouse fort, d.h. zu der Zeit, als der Autor in seinem Haus in den franz. Pyrenäen oft lange Monate des Jahres verbringen konnte*). Unter anderem wurden diese Studien von Übersetzungsarbeiten begleitet, wodurch sich das Verständnis von Themenkomplexen und ihrer mehr oder weniger guten Ausleuchtung durch die jeweiligen schriftlich verfaßten Darlegungen festigte. Denn, wie sagt der Autor so treffend: *Geschichte ist das eine, die Schreibung von Geschichte, die Geschichtsschreibung also, ist das andere. Das heißt „Geschichte" und „Geschichtsschreibung" sind zwei verschiedene Paar Schuhe.*

Ein wesentlicher Ausdruck seines Charakters ist, daß für den Autor in seinem Leben nie „Karrieremachen" von Bedeutung war, sondern statt dessen ein besseres Verständnis von den anderen Menschen und von sich selbst (__las man einst nicht ohne Grund am Apollon-Tempel in Delphi: *Gnōthi sautōn* [„Erkenne dich selbst"]?__) — daß sich jenes erschließen möge, das *Anthropos* bedeuten _*kann*_: wozu dann allerdings auch das Wissen von den Bedingungen gehört, daß sich das jedem Menschen innewohnende Potential *tatsächlich* entfalten kann. _*Hierin*_ liegt der Ansatz zum Verständnis seiner Bücher, die in der *Edition !_scheuklappenfrei_!* erscheinen.

In der Edition !_*scheuklappenfrei_*! sind bisher erschienen:

Bände 1-4:
Es werde m e h r Licht! Mehr Demokratie wagen in der Lobbykratie? Untersuchung über die Konsequenzen der bürgerlichen Real-Demokratie, 1. Auflage, Juni 2016, 2., revidierte Auflage, April 2018.

Band 5:
Zwischenrufe in satirisch-politischen Variationen oder Reale Betrachtungen dadaistisch-surrealer Phänomene in der Lobbykratie, 1. Auflage, Dezember 2016, 2., revidierte Auflage, April 2018.

Band 6 (__6.1 + 6.2__):
„Ich stimme nicht zu!" — Gesellschaftspolitische Lesungen über den Neowilhelmoliberalismus und seine Konsequenzen, Januar 2018.

Editorische Notiz

Da thematisch in direktem Zusammenhang stehend, tragen diese genannten Bücher die Übertitelung: Die *tri*_logische Sezierung des lobbykratischen Zeitalters

Joachim H.E. Endemann

Die *tri*_logische Sezierung des lobbykratischen Zeitalters

Band III

„Ich stimme nicht zu!“

Gesellschaftspolitische Lesungen über den Neowilhelmoliberalismus und seine Konsequenzen

_ Teilband 1 _

Edition !_scheuklappenfrei_! Band 6.1
EndemannVerlag

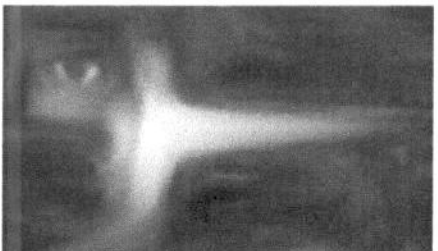

Die *tri*_logische Sezierung des lobbykratischen Zeitalters
Band III, Teilband 1

1. Auflage, Januar 2018

Gestaltung: Joachim Endemann
(__Schriftsatz in 9 + 11 pt Corbel__)

Herstellung: BoD — Books on Demand GmbH, Norderstedt

(__Das für dieses Buch verwendete Papier stammt aus nachhaltiger Waldwirtschaft. Aus drucktechnischen Gründen ist der Aufdruck des diesen Sachverhalt dokumentierenden Siegels des Forest Stewardship Councils FSC® nicht abgebildet.__)

ISBN 978-3-9818019-5-8
(__Teilband 1__)

Die Deutsche Nationalbibliothek verzeichnet diese Publikation in der Deutschen Nationalbibliographie; detaillierte bibliographische Daten sind im Internet über: https://portal.dnb.de abrufbar.

Die autorische Sorge um den Leser wie die Leserin ...

Zu ihrem besseren, also lediglich *restrisiko*_behafteten Durchsteigen, weisen die diesen die

Tri_logische Sezierung des lobbykratischen Zeitalters

abschließenden Band durchziehenden, gefährlichen Gedankengänge eine den Leser sichernde Layout-Struktur auf, so daß ihm die nicht unrealistische Chance bleibt, aus ihnen (__u.U.__) relativ unversehrt herauszukommen — was nicht gegen den Autor spricht, immerhin geht sie auf seine Initiative zurück.

Vorne weg

Auch die Textfassung des abschließenden Bandes der

*Tri_*logischen Sezierung des lobbykratischen Zeitalters

zeichnet sich durch einige Besonderheiten aus, die im folgenden aufgedeckt werden.

Mit diesem Band werden erstmals Gedankengänge sichtbar gemacht. Zwar wurde das schon in den Erstausgaben des ersten und zweiten Band dieser „Trilogie" mittels dreier Textebenen unternommen: Haupttext, Einschubtext und Fußnotentext, war aber noch unzureichend, da diese Ebenen einerseits voneinander nicht zureichend abzugrenzen waren (__Haupttext und Einschubtext__), andererseits sich diese Abgrenzung als zu groß erwies (__Fußnotentext__). Zumal die „Ebene Fußnotentext" ab einer gewissen Länge etwas von einem Fremdkörper bekommt, worunter mitunter die Erkennbarkeit des Zusammenhangs der Verästelungen eines Gedankengangs leiden kann.

Aus diesem Grund wurde für die revidierten Auflagen von *Es werde mehr Licht! Mehr Demokratie wagen in der Lobbykratie? Untersuchung über die Konsequenzen der bürgerlichen Real-Demokratie*, also dem ersten Band dieser *Tri_logischen Sezierung*, und von *Zwischenrufe in satirisch-politischen Variationen oder Reale Betrachtungen dadaistisch-surrealer Phänomene in der Lobbykratie*, als dem zweiten Band dieser *Tri_logischen Sezierung*, diese für den Ihnen vorliegenden Band entwickelte Methode übernommen.

Denn es hat etwas Faszinierendes, den Begriff „Gedankengang" wörtlich zu verstehen und sich ein Buch als ein Kontinuum von Gedankengängen vorzustellen, dem mittels dieser Technik Ausdruck gegeben werden soll. Es ist also nicht ungewöhnlich, daß Sie auf umfangreiche, optisch abgesetzte Satzgefüge stoßen werden, wodurch eine Text-Struktur entsteht, die die Erschließung des Inhalts eines komplexen Gedankenganggefüges insbesondere dann adäquat unterstützt,

ist sie mit strukturgebenden Layout-Elementen versehen.

Zumal das Verwenden solcher Elemente erlaubt, einen optisch abgesetzten, den Zusammenhang fördernden Gedankennebengang einzuflechten,

*_ohne_*

den Gedankengangverlauf zu verwirren, was der Fall wäre, bliebe eine solche *gedanken_*nebengangliche Einflechtung *_ohne_* optische Absetzung vom Gedankenhauptgang.

Während der vierte Teilband von *Es werde mehr Licht! [...]*, als dem ersten Band der *Tri_logischen Sezierung des lobbykratischen Zeitalters*, über einen innovativen Index mit „kontextuellem Fleisch" verfügt, verzichte ich in diesem dritten Band der *Tri_logischen Sezierung* auf einen separaten Index ganz und verwende statt dessen eine *indizierende Inhaltsübersicht*, die Ihnen praktischerweise erlaubt, diese Übersicht auch als Index zu verwenden.

* * *

Leider gilt es als „modern", Bücher mit möglichst vielen kurzen Sätze zu schreiben. Zwar kann es sein, daß ein kurzer Satz einem Text Dynamik und/oder Stringenz verleiht. Kommt es aber zur Aneinanderreihung von kurzen Sätzen, werden mitunter Begriffswiederholungen notwendig, daß dem lesenden Menschen deutlich bleibe, daß bspw. im sechsten kurzen Satz weiterhin die Rede von einem Objekt ist, das im ersten Satz nicht nur erwähnt, sondern weiterhin die entscheidende Rolle spielt. Da aus meiner Sicht eine quasi ausschließliche Verwendung solcher Sätze die Fragmentierung des Denkens befördert, erscheint mir das insbesondere dann als wenig geeignet, soll eine gewisse thematische Weitläufigkeit verschriftet werden, denn dazu bedarf es der entsprechenden, in einem Gedankengangkomplex aufgehobenen Erläuterung, die, wenn schon nicht in einen einzigen, so doch möglichst in wenige Sätze gehört, die dann als Verästelungen dieses Komplexes zu verstehen sind — der mittels der oben angesprochenen Text-Layout-Struktur dem lesenden Menschen ein relativ gefahrloses Durchsteigen erlaubt, so daß er aus der thematischen Weitläufigkeit des verschrifteten Gedankengangkomplexes (__u.U.__) relativ unversehrt wieder herauskommen wird.

* * *

Die Verwendung der alten Sprachregeln findet

übrigens nicht darin ihren Grund, sich aus einem nostalgischen Reflex heraus davon nicht lösen zu können, sondern darin, daß ich es nicht akzeptiere, daß vorhandene grammatische Regeln nicht von Schriftstellern und Sprachwissenschaftlern, sondern von Kulturbürokraten verändert werden, wobei von diesen noch vorgegeben wird, die Zielsetzung sei eine „Vereinfachung" solcher Regeln.

Eine sprachliche Vereinfachung als Zielsetzung zu haben,

ist aus meiner Sicht aber nur dann erlaubt, wird der Wortsinn nicht zerstört.

Als Beispiel sei das Verb „kennenlernen" gegeben, das man irgendwann einmal zwar auch nicht zusammengeschrieben verwendet, dann aber nach reiflicher Überlegung einst klar erkannt hatte, daß das Kennenlernen eines Menschen lerntechnisch nicht möglich ist, sondern es sich dabei um einen Annäherungsprozeß handelt, der u.U. ein ganzes Leben währen kann, also nichts mit „lernen", sondern alles mit einer besonderen Art und Weise des Begreifens, des Verstehens und des Akzeptierens zu tun hat.

Es ist nämlich kein Ausweis von Fortschritt, daß diese hier exemplarisch angemerkte Erkenntnis wieder rückgängig gemacht worden ist, indem man durch eine bürokratisch verursachte Rechtschreibreform verfügt hatte, daß man nun nicht mehr „kennenlernen", sondern „kennen" „lernen" zu schreiben habe, da das „leichter" zu lernen sei. Wer dann in einem zweiten „Reformschritt" noch verfügte, daß sowohl die Schreibung „kennenlernen" als auch „kennen" „lernen" richtig wäre, kann nur als Verschlimmbesserer bezeichnet werden.

* * *

Eine weitere Besonderheit aller, in der Edition !_*scheuklappenfrei*_! erscheinenden Bände, liegt in der Verwendung der Abkürzung „u.f.Z.". Diese Abkürzung steht aus dem Grunde für „unsere fragliche Zeitrechnung", da weder durch die gewohnte Verwendung der Phrasen: „unsere Zeitrechnung" noch: „nach Christi Geburt" ein tatsächlich korrekter zeitlicher Fixpunkt benannt wäre, sondern einst allein durch den Zusammenbruch des Römischen Reiches[1] zeitliche Unklarheiten und Lücken entstanden sind, die Bezeichnungen wie „unsere Zeitrechnung" oder „nach Christi Geburt" zu einer Glaubensangelegenheit werden lassen und dem Versuch entsprechen, „Sicherheit" und „Klarheit" zu suggerieren, kann es lediglich Vermutungen geben.

[1] Im Westen mit der Absetzung des letzten römischen Kaisers im Jahre 476 u.f.Z. anzusetzen. Dieser Prozeß ging wohl mit einer Durchmischung ansässiger Stämme mit Nomadengruppen aus Zentralasien einher. Im Osten ging das Oströmische Reich Mitte des 7. Jahrhunderts ins Byzantinische Reich über, wofür wahrscheinlich auch dort die primäre Ursache in der Überdehnung eines Großreiches und seinen dadurch bedingten, stetigen kriegerischen Auseinandersetzungen liegt.

* * *

Wie schon für die beiden ersten Bände der *Tri_logischen Sezierung des lobbykratischen Zeitalters*, gilt auch für den Ihnen vorliegenden, diese abschließenden Band, daß es sich nicht um einen Druckfehler handelt, lesen Sie im Text das Wort „Wahlkrampf".

* * *

Zum Abschluß dieser Vorbemerkungen möchte ich Ihre Aufmerksamkeit noch auf drei bemerkenswerte Menschen lenken.

Hier ist einmal Prof. Dr. Heiner Flassbeck zu nennen, dessen Bücher sowie Artikel und Vorträge mir erlaubt haben, ein tatsächlich gesichertes Verständnis von dem zu bekommen, was jeder andere per se zu verstehen scheint: Wirtschaft. Allerdings gehe ich nicht davon aus, daß Heiner Flassbeck mit meinen Schlußfolgerungen immer einverstanden sein wird. Geht es aber darum?[2]

Ebenso ist Prof. Dr. Robert M. Hayden zu erwähnen, der mich bereitwillig von seinen, den Balkan und die gesellschaftszerstörenden Konflikte und Kriege im früheren Jugoslawien betreffenden Kenntnissen profitieren ließ.

---

[2] Meine Empfehlung an den Leser ist jedenfalls die, sich über Wirtschaftsfragen auf der Internet-Seite des von Heiner Flassbeck und Paul Steinhardt herausgegebenen Wirtschaftsmagazins *Makroskop — Kritische Analysen zu Politik und Wirtschaft aus einer gesamtwirtschaftlichen Perspektive* zu informieren, dessen Internet-Adresse folgende ist: *makroskop.eu*.

Und schließlich darf meine Frau Kirsten Grunau nicht unerwähnt bleiben. Immerhin teile ich mit ihr mein Leben, unternehme mit ihr Studienreisen und bespreche mit ihr die schriftstellerische Arbeit. Überdies liest sie nicht nur meine zu veröffentlichenden Schriften Korrektur, sondern mit ihr bespreche ich die Perspektiven für die in der *Edition !_scheuklappenfrei_!* erst noch erscheinenden Bücher, und da sie, last but not least, eine hervorragende Anglistin ist, kann ich mit ihr harte Auseinandersetzungen führen, geht es um die Übersetzung meiner in die deutsche Sprache gefaßten Gedanken in ein angemessenes Englisch, wovon Leser im englischsprachigen Raum schon mit der Veröffentlichung eines der nächsten Bände unserer Edition profitieren werden.

Die *tri*_logische Sezierung des lobbykratischen Zeitalters

Band III

„Ich stimme nicht zu!“

Übersicht über den Inhalt

der beiden Teilbände von

Band III

der *Tri*_logischen Sezierung des lobbykratischen Zeitalters

Teilband 1

Erster Teil

Von *Pen*_Pushern und *Spin*_Doktoren

Dritter Teil

Wenn die gesellschaftspolitisch Verantwortlichen auf der falschen Seite stehen

Anhang VII

Überblick über die gegenläufige Entwicklung von Arbeitsvolumen und Erwerbsarbeit im Zeitraum von 1991 bis einschließlich 2016

Seite ...921

Vorrede

Alles Wissen ist fragmentarisch, also gehört zur eigenen Meinungsbildung der Mut zur Lücke. Lückenausblendende Filter, die lediglich jenes passieren lassen, das von anderen bewußt ausgesucht und somit meinungsbildend verarbeitet worden ist, mir auf diese Weise suggerierend, ich hätte nun eine „runde Meinung" von etwas, helfen hingegen wenig — und eigentlich sind sie sogar schädlich.

Wie dem auch sei, eigene Meinungsbildung gelingt am besten, verhält man sich als Mensch als Ganzes, nämlich weder ver_*fühlt* noch ver_*kopft*, also scheuklappenfrei, was die Wissensnahme zwar grundsätzlich fragmentarisch bleiben läßt, denn als Mensch Wissen scheuklappenfrei aufzunehmen bedeutet, es im Zusammenhang zu tun, wissend, daß Wissens_*Nahme* verschieden tief ins *Un*_Bekannte hineinragend bleibt, dort mit jenen „Fühlern" ausgestattet, die sich bei der ersten Wissens_*Findung* einst gebildet hatten, nun aber nächster wissen_*nehmender* Knüpfungen dienend — also solcher Art Meinungs_*Bildung* der *Ent*_Wick(*e*)lung, *Aus*_Bildung, *Ent*_Faltung des Menschen vorausgegangen sein muß. Demnach könnte gefragt werden:

Das soll in einer Massengesellschaft möglich sein? — Nun, wenn sie den Namen Demokratie verdient, ja.

ZITAT

> Das neoliberale Projekt wird [...] erst dann politisch kompromittiert sein, wenn eine kritische demographische Größe derjenigen erreicht ist, die begreifen, daß sie von diesem Projekt ganz offensichtlich nichts mehr zu erwarten haben.

ZITATENDE[3]

Aus meiner Sicht ist eine Situation gegeben, in der sich auf der einen Seite eine Elite befindet, die sich mit der lobbykratischen EU identifiziert und bis zu einer gewissen Tiefe in die Völker Europas über Organisationen hineinwirkt, von denen am Beispiel einer in der zwanzigsten Lesung die Rede ist. Auf diese Weise ist aber eine Anbindung der Masse der Menschen an die lobbykratische EU nicht möglich, sondern das geht lediglich über Zwang. Projekte à la *Agenda 2010* dienen diesem Zweck, immerhin führt deren Umsetzung zu jener marktkonformen Trimmung der Masse der Menschen, die ihnen gar nichts anderes übrigbleiben läßt als im Sinne der EU-Ideologie zu funktionieren.[4]

Als eine Konsequenz daraus bildet sich eine Herrschaftsschicht aus, der es an Grausamkeit nicht mangeln kann, denn

---

[3] Quelle des Zitats: Sebastian Müller, „Allianz des 'progressiven' Neoliberalismus", Makroskop.eu, 18. Mai '17; der folgende Internet-Pfad ist am 29. September '17 erneut geprüft worden: https://makroskop.eu/2017/05/die-allianz-des-progressiven-neoliberalismus/?success=1.

[4] Die Ideologie_*Vorgabe* der EU ist der „Neoliberalismus". Davon ist im Teilband 1 des Bandes I dieser *Tri*_logischen Sezierung des lobbykratischen Zeitalters die Rede. (__Bei Verweis auf dieses Buch in den folgenden Lesungen, geschieht das abgekürzt mit: Die *tri*_logische Sezierung *[...]*.__)

ansonsten verlangte die solche soziale Trimmung nicht. Ihr gegenüber steht die Masse der Menschen, die, da an sich gutgläubig und hoffend, von entsprechenden politischen Schimären mittels je dem Publikum angepaßter Rhetorik, und je nach kollektiver Stimmungslage, über eine große politische Links- oder Rechtskurve wieder der neoliberalen Richtungsvorgabe zugeführt wird. Derartig ist zumindest die machtbewährte Methode, begleitet von entsprechendem Tamtam. Das gelingt übrigens nicht allein deshalb so leicht, da die neoliberale Doktrin über ein sehr ausgefeiltes theoretisches Gedankengebäude verfügt.

Dies ein Gedankengebäude, das ich mir erlaube als dadaistisch-surreal zu bezeichnen. Und das keineswegs eine Beleidigung für aufrechte oder schon längst liegende Dadasophen wie Surrealisten ist — vorausgesetzt man verwendet im Zusammenhang mit der Lobbykratie *niemals* das Dada der Dada-Bewegung, sondern dafür stets jenes des lobbykratischen Zeitalters, das dann als „Dadaismus" bezeichnet werden kann — im Gegensatz zum Dada der Dada-Bewegung, da „Dada" *_nicht_* theoretisierbar ist. Zwar auch nicht das Dada des lobbykratischen Zeitalters, aber die Bezeichnung „Dadaismus" ist in diesem Zusammenhang passend, da es nach Theoretisierbarkeit von etwas aussieht, das nicht theoretisierbar ist — denn so verhält es sich mit dem vom Neoliberalismus vermeintlich Theoretisierten des menschlichen Wesens auch.[5]

[5] Das wird weiter ausgeführt auf den Seiten 721-23: „Dada ≠ Dadaismus = Neoliberalismus" — und ist bereits im Band II der *Tri_logischen Sezierung des lobbykratischen Zeitalters* weitergehend erläutert worden.(__Bei Verweis auf dieses Buch in den folgenden Lesungen, geschieht das abgekürzt mit: Die *tri*_logische Sezierung [...], Band II.__)

Denn es kommt hinzu, daß die neoliberale Doktrin eben _*nicht*_ voraussetzungslos über die Menschen gekommen ist, sozusagen als Heimsuchung und geplant von einer finsteren Macht, sondern wegen der in der Masse der Menschen Europas psychologisch schon längst erfolgten Verankerung markt_*konformen* Verhaltens.

> Unter anderem daran ablesbar, daß der wunderbare Begriff „Muße" schon seit _*sehr*_ langer Zeit negativ besetzt ist, obwohl ohne sie tatsächlich _*eigene*_ Meinungs_*Bildung* gar nicht möglich ist.

Immerhin verlangte die Industrialisierung eine entsprechende (__*kollektive*__) Mentalitätsbildung, die sich, vorerst am Rande sei's gesagt, in Deutschland recht *eigen*_artig vollzogen hat und zu dem führte, das als Wilhelminismus zu bezeichnen ist. Interessanterweise kommt diese Mentalität heutzutage

> (__*also nach einer gewissen, nach dem Ende des Kalten Krieges einsetzenden Vorlaufzeit*__),

in einer Form zurück, die, da mit „*Neo*_Wilhelminismus" nicht falsch umschrieben, sich aktuell mit dem Neoliberalismus zu etwas amalgamiert, das ich „Neowilhelmoliberalismus" nenne und das die Grundlage für jenes abgibt, das sich z.Z. in der EU ausbildet — einhergehend mit einer Art von *Neo*_Imperialismus. Nun, objektiv gesehen, identifizieren sich die EU-Elite und ihre in die Gesellschaften der EU hineinwirkenden, mitunter als „NGOs" bezeichneten Organisationen, mit diesem Monstrum.

> Es ist unerheblich, ob deren Mitglieder das erkennen oder gar empört von sich weisen wollten, denn es ist gar nicht abweisbar — vorausgesetzt man schaut scheu-

klappenfrei, also nicht *ver_*ideologisiert auf das politische Geschehen seit dem Ende des Kalten Krieges.[6]

Dieser Prozeß wird *_relativ_* abgeschlossen sein, hat sich um das Jahr 2020 herum eine EU-Armee konstituiert — selbstverständlich unter Führung des deutschen EU-Hegemonen.

Dies ein Hegemon, dem ohne die *fehl_*konstruierte EWU dazu die eigene Substanz fehlte — wie eh und je.[7]

Allerdings wird zu Beginn die erste Aufgabe dieser Armee darin bestehen, im eigenen Herrschaftsgebiet für die gebotene „neoliberale Ruhe und Ordnung" zu sorgen — hierbei unterstützt von der geschmeidigen Propaganda schreibender Mitarbeiter der Medien_*Konzerne*. Damit auch jeder versteht, wenn (*__bspw.__*) Griechenland besetzt werden muß. Oder zur Unterdrückung von sozialen Bewegungen in anderen Regionen der EU, die sich nicht nur mit sie *_direkt_* betreffenden EU-Vorhaben auseinandersetzen und abschließend nicht nur ein Referendum abhalten, sondern sogar lobbykratie_*feindlich* abstimmen wollten, d.h. „demokratie_*feindlich*", wie es dann offiziell heißen würde — so in der Wallonie im Oktober des Jahres 5 des lobbykratischen Zeitalters geschehen und das von seiten der großen deutschen Demokraten genauso bezeichnet worden ist — also von deutschen Politikern und *Alpha_*Journalisten ein demokratie_*konformer*, folglich lobby-

[6] Vgl. Lesung 20.

[7] Siehe die Seiten 609-14: „Die traditionell fehlende eigene Substanz".

kratie_*feindlicher* Entscheidungsprozeß als „demokratie_*feindlich*" verunglimpft worden ist.

> Wieso das Jahr 2016 das Jahr 5 des lobbykratischen Zeitalters sein muß, wird sich Ihnen insbesondere deshalb zu Beginn des Anhangs VI erschließen, da Sie dazu dann nicht allein auf den Seiten 256-59 unter: „... wer in der EU *anti*_demokratisch ist ..." bereits Erläuterndes zu dessen Konsequenzen gelesen haben werden, also eben nicht lediglich auf den Seiten 283-92 unter: „Anmerkung zur 'Generaldebatte' über die Regierungspolitik im Bundestag vom 23. November 2016" zu jenem Charakter etwas erfahren haben werden, der sich in einer gewissen Weltgegend _*heutzutage*_ als merkelesker zeigt, sondern sozusagen auf _*erweitert*_ verdeutlichende Weise davon _*zusätzlich*_ auf den Seiten 791-800, wo es unter: „Das Merkeleske am Merkelesken ist stets ..." um eine ausreichende Beleuchtung des „Merkelesken an der deutschen Politik" geht.

Nun, tatsächlich aber ist die Masse der EU-Insassen am besten dadurch in Schach zu halten[8], daß man einige EU-externe Gegner ausmacht und _*plakativ*_ personalisieren kann: Aktuell wären zu nennen Putin, Assad, Trump, Erdogan — wechselnd nach dem eigenen heuchlerischen Bedarf. Gegner folglich, in deren Einflußbereich _*es*_ geboten erscheinen _*kann*_ einen „Demokratie-Export" zu veranlassen, und zwar stiekum, wäre der Gegner noch zu groß (__*also vorerst*__), oder/und begleitet von Stellvertreterkriegen, die aber nicht so heißen werden

> (__wegen des eigenen *Per-se-Gutseins*__),

sondern „Menschenrechtskriege".

---

[8] *... also abgesehen von der üblichen Gefühlsduselei, wie Hymne und so ...*

Die orwellianische Wortschöpfung „Menschenrechtskriege“ ist insbesondere fürs Seelenheil von Pazifisten wichtig, damit _*auch die*_ selbstberuhigten Herzens mit dabei sein können — wenn es ums Führen von Kriegen zur Ausdehnung der Sphäre der eigenen Macht geht.

Man sieht, der *Neo*_Imperialismus unterscheidet sich primär semantisch vom *Paläo*_Imperialismus.

Klar, daß dann selbst jene nicken werden, wenn nicht gar als erste, die weder selbst noch deren Kinder beim sogenannten Bund gewesen — also vorzüglich sogenannte *Grüne*.[9]

Wie dem auch sei, das lobbykratische Zeitalter läßt keine _*konstruktiven*_ sozialen Entwicklungsmöglichkeiten zu, wegen der nach Homogenisierung drängenden Vorgabe ihrer Ideologie — obwohl so oft von „Individualität“ und „Freiheit“ die Rede ist.

Dies sind übrigens Begriffe, die zwar jeder gut finden muß, die aber wegen der schon längst erfolgten sozialen Trimmung selbst _*auch*_ *markt*_konform gedacht, d.h. *reflex*_gedacht, also eben nicht gedacht werden.

Auf Grund dessen würde sich daraus eigentlich eine revolutionäre Situation ergeben können. Und was bedeutete das? Nun, wahrscheinlich jenes, welches der spätere Türöffner eines gewissen Herrn Hitlers bereits 1912 gesagt hat:

[9] Siehe bspw. in: Die *tri*_logische Sezierung *[...]*, Band I, Teilband 3, das Kapitel 14: „Die Politik bürgerlicher Nichtversteher“.

„Entweder haben wir in drei Jahren Revolution oder Krieg".

Wobei Emil Kirdorf damit lediglich der Gemütslage der europäischen Machteliten Ausdruck gegeben hatte — denn auf den Territorien _*ihrer*_ Spielwiesen Europas (__*die gemeinhin als Nationalstaaten bezeichnet werden*__) waren in jener Zeit Streiks an der Tagesordnung.

Und es versteht sich von selbst, daß die Macht-Eliten Europas den Krieg wählten.

Weniger wahrscheinlich ist hingegen, daß sich aus einer solchen, sich potentiell revolutionär entwickeln könnenden Situation auch tatsächlich eine von der Masse der Menschen gemachte *Re*_volution ergeben würde — denn eine Revolution _*ohne*_ subjektiven Faktor gibt es nicht.

Joachim Endemann
Il Piano
Oktober 2017

„Ich stimme nicht zu!“

_ Teilband 1 _

Erster Teil

Von *Pen*_Pushern und *Spin*_Doktoren

Erste Lesung

An die Adresse der schreibenden deutschen Mitarbeiter der Medien_*Konzerne*

Es ist ein Unding, als Deutscher eine Politik lediglich deshalb nicht zu kritisieren, da sie von deutschen Politikern praktiziert wird — dient diese Politik offenbar nicht nur eigensüchtigen Interessen , sondern ist die insbesondere auch falsch, schädlich und letztlich *selbst*_schädigend.[1] Eine Politik nämlich, die auf deutscher Kartenhaus-Dominanz Europas „basiert". Das heißt diese Dominanz selbst ist substantiell nicht zureichend, sondern beruht primär auf der Fehlkonstruktion der Europäischen Währungsunion. — Das wiederum heißt aber, daß es diese Dominanz _*ohne*_ diese Fehlkonstruktion nicht gäbe. Ein Fakt, der leider von vielen erst dann verstanden werden wird, wenn die EWU/EU auseinandergebrochen, oder tatsächlich zu einem Gebilde geworden sein wird, welches lediglich noch als das bezeichnet werden kann, von dem im Verlauf dieser Lesungen die Rede ist, nämlich eine auf ganz Europa ausgedehnte und dennoch im Sinne des nationalstaatlichen Prinzips funktionierende, neowilhelmoliberalistische „Reichsstaatlichkeit". Denn aus meiner Sicht muß Klarheit über die

---

[1] Vgl. in: Die *tri*_logische Sezierung [...], Band I, Tb 1, Kapitel 12.

Konsequenzen des Platzens einer solchen „Dominanzblase"[2] bestehen, _bevor_ die Masse der Deutschen diese Politik lediglich deshalb weiterhin als „richtig" verteidigen wollte, da diese von Deutschen praktiziert würde.

Wer die „Aufgabe" von Journalisten bestimmt

Die Behauptung oder gar die Aufforderung, die Aufgabe von Journalisten sei es, im Sinne des „Gemeinwohls" und im Sinne „Europas" zu berichten, muß unter den gegebenen Bedingungen für sich genommen fragwürdig sein, denn wer bestimmt, was dem „Gemeinwohl", was „Europa" dient?

Nun, es sind die Vertreter von Parteien, die wiederum entweder selbst Lobbyisten einzelwirtschaftlicher Interessen oder zumindest von solchen Interessenvertretern umzingelt sind, so daß letztlich keine politische Entscheidung ohne diese getroffen würde. Das aber ist eine Machtanmaßung, die weder über das Grundgesetz gedeckt noch mit demokratischen Mindeststandards vereinbar ist.

Denn

aus Artikel 21 Absatz 1 GG geht deutlich hervor, daß den Parteien bei der politischen Willensbildung des Volkes lediglich eine Mitwirkung eingeräumt wird, nicht jedoch sie wesentlich zu bestimmen — und dies schon gar nicht im lobbykratischen Sinne zu tun.

Tatsächlich bestimmen aber derartig orientierte Parteien diese Willensbildung.

Hinzu kommt, daß, wie die Praxis zeigt, deren Vertreter heutzutage entweder direkt im Dienste einer Ideologie stehen,

---

[2] Siehe Seiten 609-14: „Die traditionell fehlende eigene Substanz".

die eine marktkonforme Trimmung *_kollektiv_* vorschreibt, oder diese an den sogenannten, als Kulissenaufbauten dienenden „linken und rechten politischen Rändern", das „System" absichern helfen, so daß diese Ideologie, also die des Neoliberalismus',

*_gesellschaftspolitisch_*

willensbildungs_*bestimmend* ist und es dauerhaft bleibt.[3]

Folglich kann es nicht verwundern, daß im lobbykratischen System Parteien dem Gemeinen nützlich sind. [4]

Als Deutscher eine solche Politik zu verteidigen ist also nicht nur falsch, sondern das genau andersherum Argumentieren ist viel besser — da richtig:

Die deutsche Politik also

*_wegen_*

ihrer fürs eigene wie fürs europäische Gemeinwohl schädlichen Politik als falsch zu erkennen.

Und das zuerst noch nicht historisch begründet, sondern

einfach wegen ihrer sowohl innerstaatlich als auch eu-mäßig

---

[3] Vgl., neben den Lesungen dieses Bandes III der *Tri*_logischen Sezierung [...], die Bände I und II.

[4] Siehe auch Seiten 85 f.: „Der Fakt des 'Parteienstaates'", und Seiten 137 f., beginnend mit: „Wenn aber in Artikel 21 Absatz 2 GG zu lesen ist ...".

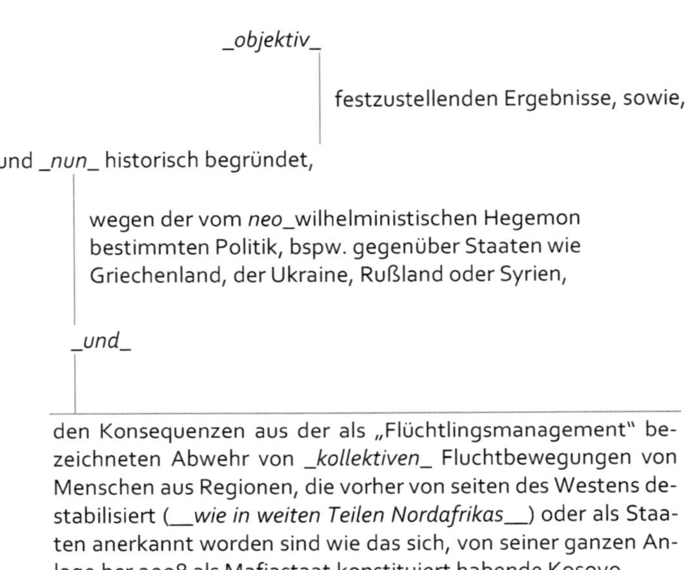

*objektiv*

festzustellenden Ergebnisse, sowie,

und _*nun*_ historisch begründet,

wegen der vom *neo*_wilhelministischen Hegemon bestimmten Politik, bspw. gegenüber Staaten wie Griechenland, der Ukraine, Rußland oder Syrien,

*und*

den Konsequenzen aus der als „Flüchtlingsmanagement" bezeichneten Abwehr von _*kollektiven*_ Fluchtbewegungen von Menschen aus Regionen, die vorher von seiten des Westens destabilisiert (__*wie in weiten Teilen Nordafrikas*__) oder als Staaten anerkannt worden sind wie das sich, von seiner ganzen Anlage her 2008 als Mafiastaat konstituiert habende Kosovo.

Nun, wer seine journalistische Aufgabe primär darin sieht, einer von politischen Parteien ausgegebenen Vorgabe Folge zu leisten,

nämlich _*wie*_ die Bevölkerung über Abläufe im eigenen Land und in Europa zu informieren sei,

und nicht darin, kritisch zu überprüfen, ob denn die praktizierte Politik dieser selbst aufgestellten Vorgabe

(__nämlich im Sinne des „Gemeinwohls" Politik zu betreiben — also eben _*nicht*_ primär Partikularinteressen zu dienen, wie es systemischerweise geschieht__)

entspräche oder gar ihr entgegenliefe, steht nicht mehr in der

Gefahr Propaganda zu betreiben, sondern betreibt Propaganda.

Journalisten mit *selbst*_implantierter Schere im Kopf können per se nicht der Rolle gerecht werden, die sie in einer bürgerlichen (__*repräsentativen*__) Demokratie einnehmen müssen, also als _*relativ*_ unabhängige Köpfe die Menschen über gesellschaftliche Vorgänge zu informieren

(__*von denen sich diese selbst kaum Kenntnis verschaffen können, da sie im alltäglichen Leben viel zu sehr eingespannt sind*__),

so daß im politischen Bereich erst ausreichende Transparenz möglich würde und auf diese Weise ein Mindestmaß an journalistischer Kontrolle von politischen Entscheidungsprozessen sicherzustellen wäre.

Eine unkritische Kommentierung der von Parteien bestimmten Entwicklung einer Gesellschaft,

sich auf diese Weise irgendwann und unmerklich

von dem *weg*_bewegend, das als _*Mindestmaß*_ einer

(__*repräsentativen*__)

Demokratie zu gelten hat,

wäre aber aus meiner Sicht nicht nur ein Ausweis dafür, daß jemand alles andere als ein verantwortungsbewußter Deutscher wäre, sondern es sich dann vielleicht sogar um jemanden handelte, der seinen, von jener Politik verursachten sozialen Druck erzeugenden Aggressionen freien Lauf lassen wollte, mitunter sogar aus einer journalistischen *Alpha*_Position heraus,

sich hierbei gar als „Kulturschaffenden" verstehend,

und womöglich noch behauptend, lediglich solcher „Vorgabe" zu entsprechen, also im behaupteten Sinne des „europäischen Gemeinwohls" zu „berichten". [5]

Folglich faktisch selbst

*_dann_*

noch solche Politik verteidigte, die tatsächlich schärfste Kritik verlangte, und somit diese sogar über seine eigenen Aggressionen noch befeuerte, hetzte — mündete diese Politik schließlich in Chaos.

Es liegt somit auf der Hand, daß der Prozeß gesellschaftlicher Fehlentwicklung unserer Zeit dadurch kompliziert wird, daß wir im Zeitalter der Massenmedien leben, wo es um die Absonderung von Slogans geht,

---

damit eine sich an der Oberfläche zeigende *gesellschafts*_politische Strömung sofort sprachlich gebannt und, nach Möglichkeit, entweder entschärft oder meinungsmachend bearbeitet werden kann, so daß die machtelitär gewünschte (__*gesellschaftspolitische*__) Hauptrichtung beibehalten bleibt. Dieser _*Prozeß*_ gesellschaftlicher Fehlent-

---

[5] Siehe auch Seiten 66-71: „Im Sinne des 'Gemeinwohls' oder gar im Sinne 'Europas' berichten".

wicklung ereignet sich sowohl national_*staatlich* als auch international_*staatlich*, keineswegs aber national und international.

Denn _*ohne*_ diese besondere Art und Weise der staatlichen Verfaßtheit der Nationen wäre dieser zu gesellschaftlicher Fehlentwicklung führende „Machtentfaltungs_*Prozeß*" nicht möglich: also

*inner*_staatlich wie *inter*_staatlich.

Immerhin sind es die Völker _*nie*_ selbst, die nach dem Bekriegen anderer Völker streben.

Man wird kein Beispiel in der Geschichte dafür finden, daß von einer

*demokratisch*

verfaßten Gesellschaft so etwas *aus*_gegangen sei.

Das Bekriegen anderer Völker ist hingegen das Spezifikum eines Staates, indem die Machtelite von ihren Satelliten Politik nicht im Dienste des Volkes betreiben läßt, sondern ausschließlich zum Erhalt eigener Macht — _*oder*_ ihrer Ausweitung.

Die Wahrnehmung dieses Prozesses ist selbstverständlich abhängig von der Perspektive.

Wie grade schon gesagt, dient dieser Prozeß, aus Sicht der Machtelite und ihren Satelliten in Poli_*tik*, Journalis_*tik* und *spin*_doktorischer Wissenschafts_*tik*, der Absicherung sowie der Erweiterung eigener

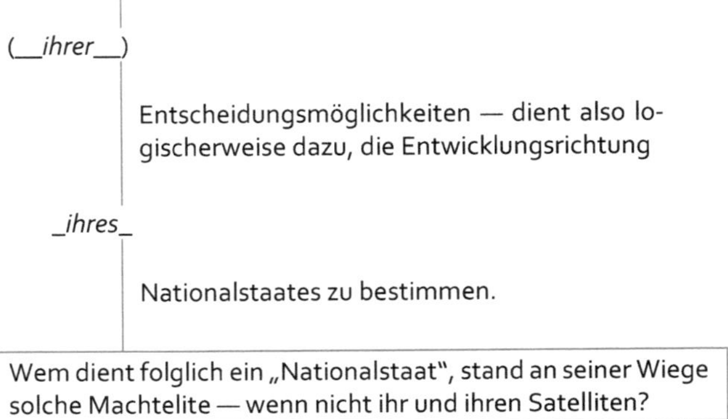

(__*ihrer*__)

Entscheidungsmöglichkeiten — dient also logischerweise dazu, die Entwicklungsrichtung

*ihres*

Nationalstaates zu bestimmen.

Wem dient folglich ein „Nationalstaat", stand an seiner Wiege solche Machtelite — wenn nicht ihr und ihren Satelliten?

Aus Sicht all jener aber, für die Demokratie keine Phrase ist, handelt es sich bei dem sich _*ereignenden*_ Prozeß der Lobbykratisierung der bürgerlichen Demokratie um eine multifaktorielle gesellschaftliche Fehlentwicklung.

Wobei diesen in der Regel nicht klar ist, daß diese Fehlentwicklung direkt mit dem gesellschaftlichen Organisationsmedium

„Nationalstaat"

gekoppelt ist, der folglich, da

Herrschaftsinstrument

der Machtelite, als elementarer Teil des Problems zu erkennen ist.

Der Nationalstaat ist eben _*nicht*_ die Heimstatt eines Volkes, sondern zugleich Herrschaftsinstrument und

„Spielwiese" _*seiner*_ Machtelite.

Somit können die Menschen lediglich Insassen eines solchen Gebildes sein.

Das heißt der „Nationalstaat" ist _*ausschließlich*_ als ein modernisiertes, sich in der Folge der Französische Revolution etabliert habendes Herrschaftsinstrument zu verstehen.[6] Folglich ist ein Zurück in die „nationalstaatliche Kleingartenanlage" keine Alternative, hingegen lediglich eine *ent*_lobbykratisierte und radikal reformierte Europäische Union.

Ist das ein utopisches Ansinnen?

Nein, aber es ist ein *un*_realistisches — _*wegen*_ der Satelliten der Machtelite und _*wegen*_ der bei der Masse der Menschen verbreiteten Unkenntnis von der eigentlichen Funktion des Nationalstaates.

Daraus ergibt sich, daß es utopisch sein muß, an eine gute Entwicklungsrichtung im Bereich des eigenen, _*abgesteckten*_ nationalstaatlichen Flecks auf der Erde zu glauben, der für _*seine*_ machtelitär mißbrauchten Insassen lediglich *pseudo*_balsamischen Charakter haben kann. Allein deshalb schon könnten markig abgesonderte Sprüche wie:

„My country, right or wrong", lediglich *anti*_patriotischen Charakter haben — angesichts der Faktenlage ...

[6] Vgl. in: Die *tri*_logische Sezierung [...], Band I, Teilband 3, die Kapitel 15-17.

Diese Phrase geht übrigens original auf Stephen Decatur jun. (__1779-1820__) zurück und wird gern zitiert, dabei vielleicht sogar gar strafend auf jemanden weisend, der am wenigsten für den politischen Murks verantwortlich ist, daß es unbedingte Treue zum Staat geben müsse, egal wieviel und welchen Murks seine Elite verbricht. Mitunter wird dann auch gefordert, sich einzubringen um diesen Murks zum „besseren" hin zu wenden — in diesem Sinne dann erstmals von Carl Schurz (__1829-1906__) verwendet.

Nun, was zu jener Zeit noch möglich erschien, sich persönlich einzubringen und sogar richtungsmäßig die Politik zu verändern, erscheint heutzutage nicht nur unmöglich, sondern _*ist*_ unmöglich: die neoliberalen Denkmuster durchziehen nicht bloß alle politischen Ebenen, angefangen bei den Kommunen, sondern es ist auch strukturell gar nicht mehr möglich, da alle Gesetze und Verordnungen, d.h. das ganze Rechtssystem marktkonform konstituiert ist (__siehe in: Die *tri*_logische Sezierung [...]: Band I, Teilband 1__). — Das heißt ich bin zwar gern bereit Hilfestellung zu geben (__*immerhin hierin liegt einer der Gründe fürs Schreiben meiner Bücher*__), aber bei der Beseitigung von politischem Murks gilt das Verursacherprinzip ...

Zumal es so ist, daß diese kafkaesken Strukturen einen selbst negativ beeinflussen, wollte man die „von innen" her verändern. — Nein, gordische Knoten zerschlägt man ...

... Nun, also angesichts der Faktenlage, derartige

Sprüche könnten lediglich als

*anti*_patriotisch

bezeichnet werden — handelte es sich _*tatsächlich*_ um einen, die Gesellschaft demokratisch organisierenden Staat.

Denn wie darf in _*diesem*_ Fall die sein Territorium als Volk bewohnenden Menschen die

*tatsächlich*

praktizierte Politik kaltlassen — sie sich also erst darum kümmerten, läge das Kind längst tot im Brunnen? Wäre also diese Politik längst falsch, bekäme ein Spruch wie:

„My country, right or wrong"

geradezu dadaistisch-surrealen Charakter: Wer sich beizeiten nicht kümmert wird zum Geburtshelfer von Monströsem!

Handelt es sich hingegen um eine zwar als „Nationalstaat" bezeichnete, tatsächlich aber *macht*_politische Entität,

so wie es wohl Fakt, aber nicht genetisch, sondern eben *macht*_interessenbedingt ist, nun, _*dann*_ sind derartige Sprüche Ausdruck politischer Blindheit oder von Demagogie. Immerhin besteht das

*anlagemäßige*

Streben der Machtelite eines _*jeden*_ Nationalstaates darin, ihre eigene Einflußsphäre zu sichern oder auszudehnen.

Und dies ist ein „Streben", das einst mit Recht als „imperialistisch" bezeichnet worden ist.

Wie käme ich also dazu, solcher „Elite" dabei auch noch behilflich zu sein?

Wobei erschwerend hinzukommt, daß, wegen des unzureichenden Aufklärungsgrades der Masse der Menschen, ein solches machtelitäres „Streben" leicht unkenntlich zu machen ist mit Hilfe von Phrasen wie bspw. folgender:

„Wir müssen Menschenrechtskriege führen, daß _*auch*_ 'dort' Demokratie blühen kann", o.ä.

Das „Dort" ist aber i.d.R. _*dort*_, wo Aussicht auf „machtrelevantes" Rauben besteht.

Wie sollten also Massenmedien ein Interesse daran haben, daß sich dieser Aufklärungsgrad verbesserte, dienen sie doch _*direkt*_ der durch solches „Streben" kenntlichen Machtelite?

Was wäre folglich der erste Schritt, _*bevor*_ überhaupt mit Aussicht auf Erfolg an eine tatsächlich radikale _*systemische*_ Strukturveränderung zu denken wäre?

Und nicht allein das wäre zu fragen, denn Politiker können soviel reden wie sie wollen, lehnen sie es ab, mit dem lobbykratischen, alle Verwaltungsebenen durchdringenden Dickicht aus Gesetzen und Verordnungen jenes zu tun, das einst unternommen wurde, den Gordischen Knoten zu lösen.

Denn unter den gegebenen Bedingungen hat man aus meiner Sicht alles auf Zero zu setzen.

Utopisch? Nein — „lediglich" unrealistisch.

Aus dem Vorstehenden ergibt sich, daß im folgenden weitergehend zu erläutern ist, daß, unter den gegebenen Bedingungen, die Bildung einer freien Meinung _*zumindest*_

*un*_real stisch

ist, denn wer, wie gesagt, könnte von seiten der Machtelite und ihren Satelliten daran interessiert sein?

(__*Sieht man von Lippenbekenntnissen ab.*__)

Zweite Lesung

Das Gerede vom Postfaktischen dient der Verschleierung des Lobbykratischen

_*S i e*_

haben gewiß schon etwas von dem auf besondere Weise verwendeten Adjektiv „postfaktisch" gehört, so bspw. im Zusammenhang mit dem „Verhalten" von Menschen — oder sogar ein „Zeitalter" betreffend, in das wir im Jahre 2016 eingetreten sein müßten, denn zu jener Zeit wurde dieser Begriff gehypt.

Falls Sie davon zwar etwas gehört, aber nicht verstanden hätten, wäre das deshalb normal, da eine derartige Verwendung von „postfaktisch" falsch ist, denn es wird eben nicht im Sinne von: „nach Eintritt des Ereignisses" verwendet, wodurch sich eine Situation ergäbe, die zwar vom vorgehenden Faktischen geprägt, aber nun zu einem neuen, sich aus dem alten, möglicherweise als „überwunden" geglaubten Faktischen entwickelt hätte, ja geradezu davon abhängig, bzw. ohne das ihm *vor*_laufende Faktische nicht zu denken, bzw. selbst nicht zum _*präsenten*_ Faktischen werden könnte, jedoch, also _*rückbezüglich*_ auf das *vor*_laufende Faktische, dessen nun selbst zum Faktischen gewordene *Post*_faktische wäre. Aber derartig (__*richtig*__) wird von solchen Figuren „postfaktisch" eben nicht verwendet, für die _*im eigenen Interesse*_ Verschleierung unvergleichlich wichtiger ist als Aufklärung.

Übrigens hörte ich persönlich von _*dieser*_ Verwendung des Adjektivs „postfaktisch" erstmals am 22. November des Jahres 2016, als es von Frau Merkel abgesondert worden ist. Wenn auch offenbleiben muß, ob die sich _*diese*_ Bedeutung selbst ausgedacht hatte oder es eher wahrscheinlich wäre, daß diese Art seiner Verwendung auf einen ihrer *spin*_doktorischen Berater zurückgeht.

Also auf solche Figuren zurückgeht, deren Sorge darin besteht, daß diese Frau Merkel auf die entsprechenden gesellschaftlichen Entwicklungen adäquat reagieren, bzw. ihr zu ermöglichen, auf dem von den *Spin*_Doktoren des lobbykratischen Zeitalters selbst initiierten Meinungsstrom „schwimmen" — wenn nicht gar „herumreiten" zu können.

Als „Postfaktisch" gilt solchen Figuren nämlich dann etwas, widerspricht es dem Faktischen _*jener*_ Interessen, die sie vertreten oder die sogar die ihren sind:

Alles von der eigenen Klientel Vertretene gilt als „faktisch", hingegen jenes von „anderen" Vertretene gilt dementsprechend als _*jenseits*_ von diesem liegend, also _*dann*_ als „postfaktisch", widerspricht es dem als „faktisch" Geltenden.

In _*diesem*_ Sinne wären die von den „Qualitätsmedien" abgesonderten News „faktisch", während die von allen anderen Medien abgesonderten News,

so die diesen inhaltlich widersprächen,

dann „postfaktisch" oder FakeNews sein

müssen

— was sie selbstverständlich sein können, aber

a) nicht per se sind und

b) jene der „Qualitätsmedien",

in _diesem_ falsch verwendeten Sinne von „postfaktisch", es selbst sein können — wie die Erfahrung lehrt.

Das heißt etwas „Postfaktisches" gibt es in _diesem_ Sinne nicht. Hingegen gibt es offenbar interessen_geleitete Manipulation der öffentlichen Meinung, wenn nämlich etwas als „post_faktisch" gilt, bezogen auf etwas als „faktisch" Bezeichnetes, also Machtinteressen Dienendes.

Letztlich versucht man über solche Manipulation tatsächliche Zusammenhänge politischer Abläufe (__in denen sich _stets_ Interessen von gesellschaftlichen Machtgruppen ausdrükken__) unerkennbar zu lassen. Also ist jenes, das als „Faktisch" bezeichnet wird, Ausdruck von Interessenpolitik — oder auch Ergebnis von Interessenpolitik.

Wozu jenes, als „postfaktisch" Bezeichnete selbst gehören kann. Wodurch übrigens einmal mehr das Dadaistisch-Surreale des lobbykratischen Zeitalters deutlich würde, ist doch das Beklagen von etwas selbst Verursachtem absurd:

Die Zerstörung gesellschaftlicher Strukturen führt nun einmal zu einer sich potenzierenden sozialen Drucksteigerung, der sich bspw. in Nationalismus oder in kollektiver Fluchtbewegung von Menschen äußern kann.

(__*Wobei sowohl das eine das andere als auch das andere das eine nach sich ziehen kann.*__)

So daß diese Ergebnisse dann, da auf die Verursacher zurückschlagen könnend, diese zu schützen, je entsprechend politisiert werden müssen, indem die Satelliten der Verursacher solche nationalistischen Bestrebungen aufgreifen, sie in so instrumentalisierbare wie kontrollierbare Kanäle zu leiten, sprich:

sie neugeschaffenen politischen Parteien zuzuführen, falls das Personal der „alten" verschlissen und nicht mehr ausreichend wählerbindungsfähig wäre, und,

zur weiteren Ablenkung,

Nutznießer solcher falschen Politik, also bspw. sogenannte Schlepper verantwortlich zu machen für kollektive Fluchtbewegungen — als dem tatsächlichen Ergebnis von machtelitärer Interessenpolitik.

Ob aus dem Vorstehenden deutlich geworden ist, welche Spirale Machtpolitik auslöst?

So daß dann jenes, das als „Postfaktisch" bezeichnet wird, eine _*Störung*_ dieser Politik darstellte?

Wie dem auch sei, daß Gerede vom „Postfaktischen" dient der Verschleierung des Lobbykratischen. Das heißt es gibt weder ein „postfaktisches Zeitalter" noch „postfaktische Phänomene".

Was es hingegen real gibt, ist eine Lobbykratie bzw. ein aktuell beginnendes lobbykratisches Zeitalter mit seinen, wie es sich für jedes Zeitalter gehört, entsprechenden Phänomenen, diese aber sind auch nicht *post*_faktisch, sondern real dadaistisch-surreal.

Wer jetzt glaubt,

daß das eine Beleidigung für jeden aufrechten oder längst nicht mehr aufrechten, da verstorbenen Dadasophen sei, was also implizierte, daß jeder Dadasoph ein aufrechter gewesen wäre oder sei, nun, dem ist mitzuteilen, daß er das lediglich *_deshalb_* glauben kann, da er von falschen Voraussetzungen ausgeht, die möglicherweise vergleichbar mit denen wären, die sich jene zurechtgedacht hatten, als sie anfingen davon zu faseln, das „Postfaktische" habe das von ihnen als *_faktisch Dargestellte_* abgelöst — immerhin haben auch diese etwas in sich, das, obwohl sowohl ursächlich als auch inhaltlich unbekannt, deshalb unter der Bezeichnung „das Unbewußte" bekannt ist, da es aus diesem Grunde das darüber Spekulieren erlaubt ...

Die *un*_bewußte Grundlage des Neoliberalismus' ist der Dadaismus

Im Gegensatz zum „Dada" der Dada-Bewegung, die Anfang des 20. Jahrhunderts eine *un*_bewußte Reaktion auf einen gesellschaftlichen Prozeß war,

der zum ersten Teil des Großen Krieges geführt hatte,

und der übrigens seit dem Ende des Kalten Krieges wieder treibend wird,

denn auch der zweite Teil dieses Krieges hatte seine Ursachen nicht einer Lösung zugeführt, sondern sie waren lediglich und sozusagen im *Kalten Krieg* eingefroren worden, und

*dieses*

„Dada" heutzutage völlig falsch als „Dadaismus" bezeichnet wird,

kann das _*heutige*_ „Dada",

als Ausdruck der, ihren Ideologen selbst unbewußt bleibenden Basis, nämlich die Verhaltensweisen des menschlichen Wesens durch unzulässige Reduktion zu „theoretisieren",

in der Tat als „Dadaismus" bezeichnet werden.[7]

[7] Wieso das so ist, wird auf den Seiten 721-23 unter: „Dada ≠ Dadaismus = Neoliberalismus" erläutert.

Wir haben es also mit dem Theoretisierungsversuch des Nichttheoretisierbaren durch die Ideologen des Neoliberalismus' zu tun und das erlaubt es, ein solches Versuchen mit der Bezeichnung „Dadaismus" zu versehen.[8] Und wieso jenes nicht nur nicht theoretisierbar, sondern wesentlich davon abhängig bleibt, was gesellschafts_*bestimmend* ist, wird vielleicht über folgenden Satz deutlich:

Der Mensch als Spezies ist von seiner Anlage her vor allem eines: plastisch, und wie er sich charakterlich verfestigt, hängt wesentlich von der sozialen wie der natürlichen Umwelt ab.[9]

Gäbe es aber ein solches „postfaktisches Zeitalter", würde das bedeuten, daß

(__obwohl das auch zu den Zeiterscheinungen paßte, die sich schnell wandeln nach _*selbst*_ inszeniertem Muster__)

das lobbykratische Zeitalter ein recht kurzlebiges wäre.[10]

Da es _*dann*_ ein Ausdruck dafür wäre, daß die Elite der Lobbykratie ihre Deutungshoheit verloren hätte. —

Wenn es denn so wäre mit dem kurzlebigen lobbykratischen Zeitalter.

---

[8] Zum „Neoliberalismus" siehe in: Die *tri*_logische Sezierung [...], Band I, Teilband 1: „Hintergrundausleuchtung zweier ideologischer Begriffe, zu denen zwar jeder etwas meint ...".

[9] Siehe in: a.a.O., Teilband 4, Kapitel 25.

[10] Vgl. in: a.a.O., Band II, Zwischenruf 18.

Das lobbykratische Zeitalter ist übrigens durchaus als postfaktisch zu verstehen, denn _*richtig*_ verstanden bedeutet „postfaktisch": „nach Eintritt des Ereignisses".

Und welches Ereignis wäre das gewesen?

Nun, die Abschaffung der bürgerlichen Demokratie.

Während aber diese Behauptung bereits begründet worden ist[11], sollten _*Sie*_ keine Hoffnung darauf setzen, dieses Zeitalter sei a) ein sich selbst schnell *über*_lebendes und b) ein *kurz*_lebiges Zeitalter.

Allerdings wäre es ein Fehler, würden sich jene über diesen

(__*unterstellten*__)

Verlust an Deutungshoheit freuen, die Parteien à la AfD wählten, denn deren Vertreter wollten schließlich auch nichts anderes als das, was die anderen neoliberalen Ideologen zur Vollendung bringen:

Die marktkonforme Trimmung der Gesellschaft, bzw. ihre Aufrechterhaltung.

[11] Siehe a.a.O, Band I; immerhin handelt es sich bei diesem Werk in allen seinen Kapiteln um genau diese Begründung — abgesehen von Teilen des „Lösungsweges", der im Teilband 4 dieses Bandes erläutert wird ...

Anmerkungen zur Phrase: „Zur Vollendung bringen"

Übrigens bedeutet in diesem Zusammenhang „zur Vollendung bringen", daß diese Trimmung bereits seit langem läuft und, vor allem, nicht voraussetzungslos erfolgt.[12] So daß gar nicht mehr so viel notwendig ist, den Prozeß solcher Trimmung *ab*_zuschließen. Denn die Masse der Menschen „weiß", daß es nicht geht, würde bspw. im großen Stil gestreikt zur Durchsetzung angemessener Lohnsteigerungen, im Sinne der *Goldenen Lohnregel* also[13] — denn das schmälerte ja den Gewinn von Unternehmen ... Wer könnte überhaupt Unternehmern verdenken, insbesondere haben diese große, konzernartige Unternehmen, wobei die dann meist im Auftrag von sogenannten Anlegern funktionierende Manager sind, daß die also „Risiko-Absicherung" für ihre Gewinne haben wollten, bspw. über Vertragswerke à la TTIP, nicht wahr?[14]

> Nun, wenn die Masse der Menschen das alles so gut „weiß", ist durchaus davon zu sprechen, daß marktkonforme Trimmung längst zum Selbstläufer geworden ist, da es _*quasi*_ automatisch in den Köpfen der meisten Menschen blockierend _*dann*_ klickt, befindet jemand, daß die Löhne unzureichend steigen würden. — Denn wohin sollten *zu*_reichende (__*jährliche*__) Lohnsteigerungen schon führen — „klick": zu „Inflation", oder?[15]

[12] Vgl. bspw. auf der Seite 847 den Hinweis zur „Muße".

[13] Vgl. die Lesung 22.

[14] Siehe hierzu die Bemerkung auf der Seite 890, beginnend mit: „Übrigens verliert eine Person ...".

[15] Siehe diesbezüglich die Lesung 22.

Ein Satz zur mythisch umrankten Phrase:
„soziale Marktwirtschaft"

In diesem Zusammenhang sei der Hinweis gegeben, daß der Begriff der „sozialen Marktwirtschaft" derartig mythisch umrankt ist, daß seine eigentliche Bedeutung den meisten Menschen verborgen bleibt, da er keineswegs jenes bezeichnet, welches in Deutschland als „soziales Modell" kollektiv geträumt wird.

Denn für jenes, das als „Wirtschaftswunder" bezeichnet wird, hat es _*Umstände*_ gegeben, die fremdbestimmt und nicht auf dem Mist eines Herrn Erhard und seinen *ordo*_liberalen Freunde gewachsen waren.

Es waren ausschließlich die *Zeit*_Umstände, die bestimmt hatten, daß nicht schon damals in Deutschland jenes praktiziert worden ist, dem mit der *Agenda 2010* zum schließlichen Durchbruch verholfen worden ist und das sich übrigens in der Bezeichnung „Initiative Neue Soziale Marktwirtschaft" spiegelt.

Denn die Vertreter dieser Lobbyorganisation der deutschen Industrie verstehen darunter genau jenes, welches deren Vorläufer damals in den 50er Jahren darunter verstanden hatten, lediglich, wie gesagt, die Zeitumstände ließen erst nach dem Ende des Kalten Krieges

(__also _*nach*_ der Konfrontation zwischen Kapitalismus und Stalinismus[16]__)

in Deutschland das Praktizieren

[16] Zu den Ursachen des „Stalinismus"' siehe in: Die *tri*_logische Sezierung [...], Band I, Teilband 4, Kapitel 23.

dessen zu, welches „soziale Marktwirtschaft" tatsächlich meint.[17]

Allein aus folgendem Zitat könnte deutlich werden, daß „Neoliberalismus" und „soziale Marktwirtschaft" zwei Seiten einer Medaille sind:

ZITAT

Eine Kurzdefinition von „Neoliberalismus" lautet: Das Regierungshandeln nimmt keinen Einfluß auf den „Markt", sondern ausschließlich auf die gesellschaftlichen Bedingungen, wodurch in der Bevölkerung ein „marktkonformes" Verhalten dauerhaft erzeugt wird.

ZITATENDE[18]

Ersetzen Sie im obigen Zitat: „gesellschaftliche Bedingungen" durch „soziale Bedingungen", könnten Sie einen Begriff davon bekommen, was „soziale Marktwirtschaft" tatsächlich meint und was genau nicht.

Das heißt, bspw., daß die AfD-Ideologen lediglich nicht mit dem in einem „größeren Rahmen" Umgesetzten des von den _*anderen*_ neoliberalen Ideologen als faktisch Dargestellten einverstanden sind,

würden demnach _*ihr*_ ideologisch, aber prinzipiell identisch Vorgestelltes gern in einem „gereinigten

[17] Ausführlich dargelegt in: Die *tri*_logische Sezierung [...], Band I, Teilband 1.

[18] Vgl. a.a.O., Kapitel 1: „Erläuterung des Begriffs 'Neoliberalismus'".

Rahmen" umgesetzt sehen über dann ihr eigenes als faktisch Dargestelltes —

also lediglich mit einer nationalistischen Komponente „angereichert".

So daß der wesentliche Unterschied zwischen diesen neoliberalen Ideologen in der _*Kerngröße*_ ihres „gesellschaftlichen Bearbeitungsfeldes" liegt.

Das heißt die aktuell vorherrschenden Ideologen bearbeiten lieber ein supranationales, als „EU" bezeichnetes, allerdings weiterhin nach dem für Nationalstaaten typischen Machtprinzip funktionierenden „Gebilde" bzw. „Entität",

die anderen (__*so bspw. AfD-Ideologen*__)

bearbeiten lieber ein

(__*gemäß ihrer „'Rein'-Rahmen-Vorstellung*__)

„völkisch gereinigtes Gebilde".

*Denn*

ihre, sich von der materiellen Basis abgeschilfert habende „Idee" von der Welt,

und diese „Idee" ist letztlich bei _*allen*_ nationalistisch geprägten Charakteren vorherrschend, benötigt

a) die Leitplanken des hier die „Guten" dort die „Bösen"

und

b) die Leitplanken der mit einem entsprechenden Mythos versehenen Überlegenheit der eigenen —

„politischen Farbe“.

Welchen politischen *Neigungs_*winkel das lobbykratische System tatsächlich aufweist, zeigt sich übrigens daran, welchen Sprüchen und Forderungen am ehesten nachgegeben wird. Nämlich denen aus dem rechten politischen Lager.

Sie haben richtig gelesen: „rechtes politisches Lager“, von dem geht immerhin jede „politische Reaktion“ aus. Oder glauben Sie etwa, daß die AfD-Ideologen vom Mars kämen?

Da immer wieder davon zu hören ist, daß es kein „politisches Links“ und kein „politisches Rechts“ mehr gäbe, hingegen aber ein „politisches Unten“ und ein „politisches Oben“, sei kurz der Hinweis gegeben, daß das nicht gerade ein Ausdruck von Nachgedachthaben ist:

Denn worin soll in diesem semantischen Trick der *_politische_* Unterschied liegen?

Das heißt der *_einzige_* Unterschied zwischen diesen je neoliberalen Ideologen ist der, daß, bspw., jene der AfD sich vorstellen, diese neoliberale, also die marktkonforme Trimmung der Menschen, sei auf der alten nationalstaatlichen Ebene einfacher zu praktizieren. — Das stimmt, eine marktkonforme Trimmung der Masse der Menschen einer Gesellschaft ist auf nationalstaatlicher Ebene aus drei Gründen einfacher.

Einmal deshalb, da auf diese Weise jenes erzeugt werden kann, das als

„Nationalismus"

bezeichnet wird. Zum anderen daran, daß der

Nationalstaat

selbst niemals die Heimstatt einer Nation gewesen ist, sondern, und zwar von seiner ganzen Anlage her, die

„Spielwiese" _*seiner*_ Machtelite ist.

Der dritte Grund liegt darin, daß von diesen Ideologen der eigene

nationale Mief als charakteristischer „Duft" wahrgenommen wird und für Gleichgesinnte einen gewissen Wiedererkennungswert haben mag.

Nun, ungewöhnlich ist das nicht — zumindest kennt man das von Hunden auch.

Wird also wegen solcher marktkonformen Trimmung der soziale Druck zu groß, muß er _*im Sinne*_ der Machtelite rechtzeitig abgebaut werden, da ansonsten eine *vor*_revolutionäre Situation möglich würde und sich die Machtfrage akut stellte, die dann zu_*ungunsten* der Machtelite ausfiele, da ihr ohne die Masse der in ihrem Nationalstaat einsitzenden Bevölkerung selbst die Masse zur Durchsetzung ihrer Interessen fehlte.

Also werden beizeiten entsprechende nationalistische Parteien

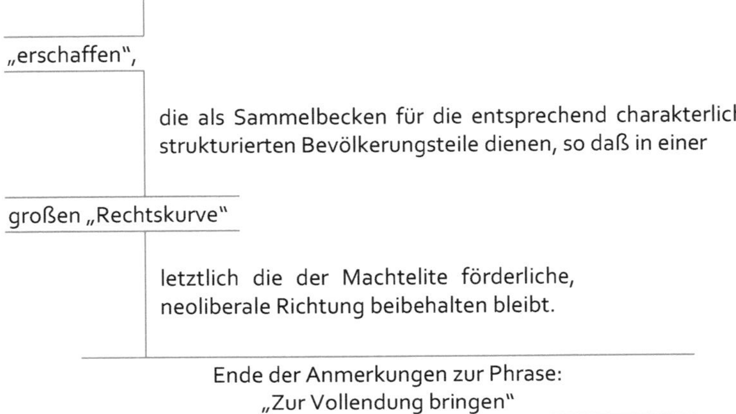
„erschaffen“,

die als Sammelbecken für die entsprechend charakterlich strukturierten Bevölkerungsteile dienen, so daß in einer

großen „Rechtskurve“

letztlich die der Machtelite förderliche, neoliberale Richtung beibehalten bleibt.

Ende der Anmerkungen zur Phrase:
„Zur Vollendung bringen“

Übrigens sind die als „Nationalstaaten“ bezeichneten „Spielwiesen“ der Machteliten in der Tat *post*_faktische Entitäten, nämlich als Ausdruck für das faktische Ende des Feudalismus'.

Anmerkungen zum
Vergleichbaren wie Unterschiedlichen
feudalistischer und neoliberalistischer
Herrschaftsmethoden

Was in der Zeit des Feudalismus' der (__*scholastisch bearbeitete*__) Monotheismus des Christentums war, ist mit der Etablierung der bürgerlichen Staaten die *markt*_konforme Einbindung der Masse der Menschen in eine staatliche Entität zur primären Bedienung der Interessen ihrer Machtelite.

Folglich ist der Versuch nicht neu, die Menschen _*kollektiv*_ auf die Bedürfnisse einer Machtelite hin zu orientieren.

Der Unterschied liegt primär in der Methodik.

Während die einen von Menschen formulierte „göttliche Gesetze" als Grundlage für ihre Dogmatik nehmen, verwenden dazu die anderen von Menschen formulierte, vergöttliche „Gesetze des Marktes".

Objektiv gesehen ist das in beiden Fällen ein Witz.

Wie wirkmächtig aber solche Witze sein können, sieht man an den Ergebnissen ihrer praktischen Anwendung. Während im Feudalismus, bei dem Versuch die Masse der Menschen politisch einzubinden, sich der „weltliche Herrscher" sein „Gottesgnadentum" von dem weltlichen Vertreter der „geistlichen Macht" bestätigen ließ, zum weltlicherseits wechselseitigen Vorteil,

wobei dann über die von der Renaissance-Bewegung angestoßenen gesellschaftlichen Prozesse, so daß sich _wieder_ humanistisches Denken artikulieren konnte[19], die damit einhergehenden Konflikte mit dem weltlichen und geistlichen Obrigkeitsstaat, sowie jenen zwischer sogenannter „weltlicher" und „geistlicher" Macht selbst, schließlich in der Französischen Revolution gipfelten —

ohne allerdings das eigentliche Problem zwischen Individualität und Kollektivität einer konstruktiven Lösung zuzuführen,

und _während_ man in der Zeit des

[19] Wieso „wieder"? — Siehe im Teilband 2 des Ihnen vorliegenden Bandes III den Anhang I.

sich im 17. und 18. Jahrhundert als bürgerliche Ideologie unter den Bedingungen von Absolutismus und Feudalismus und unter Beeinflussung der jetzt als Epoche zu verstehenden Aufklärung[20] und des Naturrechts (__Hobbes, Locke; Rousseau; Kant, Hegel__) herauskristallisierenden

Liberalismus'

(__der mit dem ersten Teil des Großen Krieges sein Ende fand, denn der Neoliberalismus ist tatsächlich keine Neuauflage des Liberalismus'__),

glaubte, diese massenwirksame „Einbindung" ohne Staat verwirklichen zu können,

erfolgt im Neoliberalismus die Marktorientierung der Menschen wieder über den Staat.[21]

*_Das_* nämlich bedeutet „soziale Marktwirtschaft":

Über die Schaffung bestimmter „sozialer", also gesellschaftlicher Bedingungen, die Menschen dazu zu zwingen, sich im Sinne des Marktes zu verhalten. — Die sogenannte *Agenda 2010* dient diesem Zweck.

---

[20] Siehe ebenda die Differenzierung zwischen „Aufklärung" und „Epoche der Aufklärung.

[21] Neben den Erläuterungen zum „Neoliberalismus" in: Die *tri*_logische Sezierung [...], Band I: *Es werde mehr Licht! [...]*, Teilband 1, siehe im Ihnen vorliegenden Buch die Seiten 462-66: „Hinweis auf die Bedingungen fürs vermeintliche Funktionieren der neoliberalen Ideologie"; die Seite 594: „Der unterschiedliche Gebrauch der Vorsilbe 'Neo'"; und die Seiten 721-23: „Dada ≠ Dadaismus = Neoliberalismus".

Über diese Art sozialer Trimmung werden ein bestimmtes Lebensgefühl und innere Unruhe erzeugt:

„Genüge ich den Ansprüchen?".

Auf diese Weise schleichen sich die neoliberalen Glaubenssätze ins Fühlen und Denken ein, folglich bis in die Privatsphäre hineinwirkend — also die Lebensperspektive bestimmend.

Menschliche Beziehung und menschliche Existenz werden nach rein ökonomischen Gesichtspunkten „wahrgenommen".[22]

Ende der Anmerkungen zum
Vergleichbaren wie Unterschiedlichen
feudalistischer und
neoliberalistischer Herrschaftsmethoden

Man könnte also sagen, daß dem Gerede vom Postfaktischen unter _*der*_ Bedingung Sinn einzuflößen wäre, käme man zu dem Schluß, daß diese Begriffsbildung

(__*und sie erst dann richtig anwendete*__)

---

[22] Vgl. auch in: a.a.O., Band I, Teilband 2, Kapitel 4: „Eine Verfassung ist die Grundlage einer entsprechend grundgesetzlich verfaßten Gesellschaft", sowie in: a.a.O., Teilband 3, das Kapitel 13: „Die Welt als 'Hinterhof' der Machteliten oder der Nationalstaat als grundlegendes Problem für Frieden" und das Kapitel 15: „Menschenrechte, Völkerrecht und das Konstrukt des Nationalstaates".

für einen gesellschaftlichen Zustand steht, der dem Faktischen des bisherigen folgt.

Und was ist das?

Nun, objektiv gesehen, also persönlich unbeteiligt und vom Rand aus das Geschehen betrachtend,

das heißt ich spreche von mir,

bedeutet dies das Ende des Nationalstaates. Beziehungsweise dies würde eigentlich das Ende des Nationalstaates bedeuten.

Wenn man sich jetzt wieder auf diese Konstruktion im nationalistischen Sinne wirft, geht man zwar in die völlig falsche Richtung, aber das liegt wohl so nahe — und der eigene nationale Mief ist stets auch der vertrauteste.

Und separatistische Bestrebungen sind da noch einmal ein besonderer atavistischer Ausdruck dieser kollektiven Phobie gegenüber allem jenseits des eigenen Dunstkreises kulturell Befindlichen — und davon gibt es eine ganze Menge. Im „kakophonischen Konzert" der dann relativ großen Regionen können die kleinen weit mehr verlieren als sie durch eine Separation von einem Nationalstaat je gewinnen würden — als leicht zu korrumpierende Spielbälle der Macht, die sie dann sind.

Denn ich bin schon der Ansicht,

daß eine tatsächliche Europäische Union, die politisch jenseits so techno-lobbykratischer wie imperialistischer Strebungen strukturiert wäre, die besten Entfaltungsmöglichkeiten für die europäischen Völker böte.

Also eben keine Entfaltung auf Kosten anderer, wie die Erfahrung mit dem Konstrukt des Nationalstaates lehrt.

Es sei präzisiert:

Der Nationalstaat ist eine Konstruktion der Machtelite des Bürgertums, die ihr zur Organisierung ihrer Gesellschaft dient.

Hingegen handelt es sich beim Nationalstaat _*nicht*_ um eine, als Verkörperung eines in seinem „Volksgeist" zu _*seinem*_ Bewußtsein gelangten Volkes gelten könnende, als solche zwar vorstellbare, auch vorgestellt gewesene und weiterhin vorgestellt werdende Entität.[23]

Das heißt diese übrigens keineswegs auf Herder, sondern auf Hegel zurückgehende Vorstellung ist zwar

(__*offenbar*__)

eine wirkkräftige, aber politisch keineswegs _*konstruktiv*_ brauchbare Ideen-Setzung, die aber gern von Nationalisten und Faschisten aufge-

[23] Siehe im Teilband 2 dieses Buches, die Seiten 593 f.: „Die politisch folgenreiche *Ideen*_Setzung: 'Völker sind Gedanken Gottes'".

griffen wird, ausgestattet wie deren Gedankengebäude mit speziellen rassistischen Haupt- und Nebengängen nun einmal ist — _*wegen*_ der kopfgeburtlichen Möglichkeiten solcher Ideen_*Setzungen*, _*deren*_ in solchen Gängen hausenden Gedanken Nahrung zu geben, damit daraus abdunstbares „Wissen" um die Überlegenheit des aus dem mythischen Nebel _*eigener*_ Erzählung aufgestiegenen, _*eigenen*_ Volk werde — also ihrem Tun Ursache und Rechtfertigung in seinem Namen zu geben. — Denn erst das gibt ihnen jenes ersatzweise, welches zu tatsächlicher Sicherheit führt, ihnen also fehlt: tatsächliche Individualität.

Wohl deshalb wird eine solche Ideen_*Setzungen* von diesen auch so gern aufgegriffen, da sie zu den _*„gereinigten"*_ Kopfgeburten gehört und _*deshalb*_ die Projektion des „Bösen" auf „die anderen" zur Ablenkung des *Selbst*_Bewirkten erleichtert möglich ist.

Zumal Kopfgeburten

nun einmal die Möglichkeit eigen ist, gewisse Gedankengänge durch Versiegelung vor dem

*Durch*_denken

zu bewahren.[24]

[24] Zur „Projektion" siehe Seiten 358 f.: „Das Ausmaß der Projektion".

Als Fingerzeig auf die Resultate dieser für die politische Praxis folgenreich gewordene *Ideen*_Setzung sollen an dieser Stelle _*nicht*_ jene vom Nazismus verursachten gelten, sondern die zeitlich weit näherliegenden Ursachen und Resultate der Zerstörung Jugoslawiens, wo

(__*auf der die praktische Politik bestimmenden* „Basis" _*dieser*_ „gereinigten Kopfgeburt"__)

bis heute währendes Leid über die Menschen gebracht worden ist — und wird.[25]

Aus Sicht der EU-Elite ist das Konstrukt des Nationalstaates nun auf eine Weise zu transformieren, daß weiterhin das maximale Haben für die Machteliten realisierbar bleibt, dies aber dauerhaft lediglich noch _*jenseits*_ demokratischer Mindeststandards möglich ist.

Immerhin kann auf diese Weise bloß das Wenigste für die Masse der Menschen der Völker Europas herauskommen.

Folglich geht es aus Sicht der EU-Elite jetzt darum, das bisher Faktische des Nationalstaates in ein neues Faktisches zu überführen, welches dem seit dem Ende des Kalten Krieges mählich virulent gewordenen, imperialistischen Streben der euro-

[25] Siehe Seiten 622-65: „Exemplarische Beispiele kontraproduktiver Konsequenzen deutscher Machtpolitik". Das Konstrukt des Nationalstaates wird behandelt in: Die *tri*_logische Sezierung [...], Band I, Teilband 3, Kapitel 15: „Menschenrechte, Völkerrecht und das Konstrukt des Nationalstaates".

päischen Machteliten adäquat ist. — Zwangsläufig jenseits demokratischer Legitimierung

an den Völkern vorbei.

Und dies ist als Adaptation des nationalstaatlichen Herrschaftsmittels an die sich seit dem Ende des Kalten Krieges mählich in diesem Sinne entwickelt habenden EU-Politik vorzustellen, die unter der hegemonialen Führung der deutschen Machtelite ausgeübt wird, der es traditionellerweise an der dazu eigenen ausreichenden Substanz mangelt, diese Rolle auch ausüben zu können.[26]

Der neoliberale Kader der EU

Da sich jene, gemeinhin als „Elite" oder „Establishment" bezeichnet werdenden, also die diese Machteliten umkreisenden Satelliten, ausschließlich dem Funktionieren der techno-lobbykratischen Entität EU verpflichtet fühlen, können diese als neoliberaler Kader der EU bezeichnet werden — wenn sie auch der Meinung sein mögen im Sinne „Europas" zu sprechen und zu entscheiden. Tatsächlich aber

(__und in _*diesem*_ Sinne vergleichbar mit den einst im Stalinismus in diversen Politbüros funktioniert habenden Apparatschiks__)

treffen sie ihre Entscheidungen

*gegen*

[26] Zur „eigenen Substanz" siehe Seiten 609-14: „Die traditionell fehlende eigene Substanz".

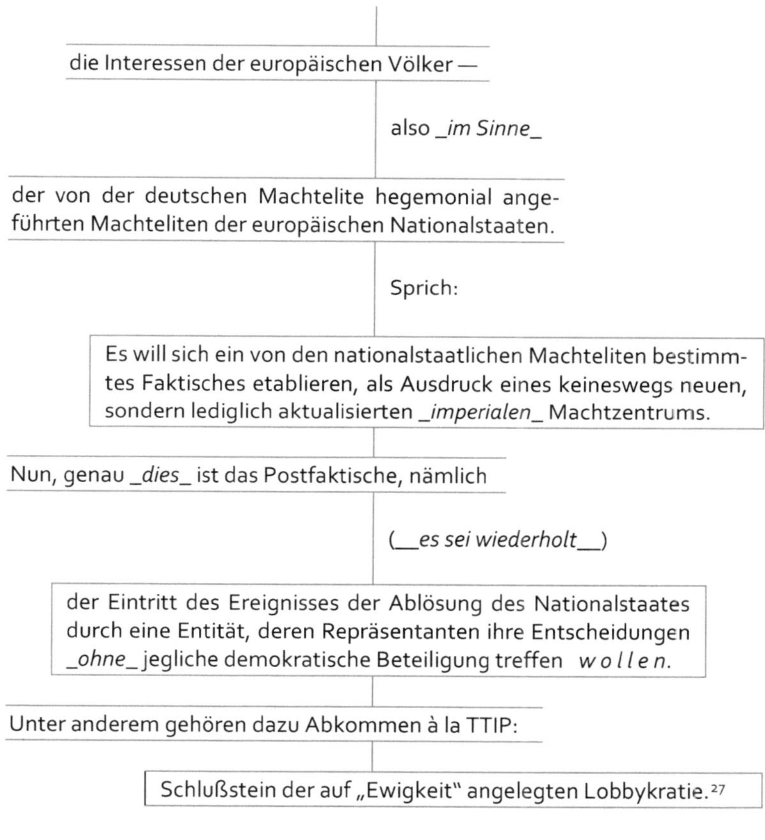

Das aber verschreckt alle lediglich deshalb, da versäumt worden ist einen strikt europäischen Diskurs _beizeiten_ zu führen.

„Beizeiten"

bedeutet übrigens

[27] Siehe im Teilband 2 des Ihnen vorliegenden Bandes III, Anhang II.

in diesem Zusammenhang:

Nach dem Ende des Kalten Krieges.

Dies ein wichtiges Datum.

Denken Sie darüber nach, wie die Politik sich seitdem entwickelt hat — insbesondere auch die deutsche Politik.

So erfolgte bspw. auf dem Balkan die völlig falsche, viel zu frühe Anerkennung Kroatiens und Sloweniens durch die Regierung Kohl — d.h. im Sinne der deutschen Machtelite.

Das war kein Versehen, sondern das war Absicht. Und dies ist geschehen, _*ohne*_ daß die Minderheiten in den genannten Ländern (__*und in den anderen, insbesondere in der Reaktion darauf auch*__) ein Mindestmaß an Klarheit und Sicherheit gehabt hätten, wie ein friedliches Neben- und Miteinander zu gewährleisten sei.

Und das vor dem Hintergrund des im zweiten Teil des Großen Krieges sich dort Ereignethabenden sowie der Tatsache, daß dort viele der den verschiedenen Volksgruppen Angehörenden seit langer Zeit untereinander verheiratet sind, Kinder haben und verschwägert sind.

Und man dann anfängt, in einer, von gar nicht zu separierendem gesellschaftlichem Neben- und Miteinander geprägten Gegend, Erbsen zu zählen.[28]

---

[28] Vgl. diesbezüglich die Seiten 622-65: „Exemplarische Beispiele kontraproduktiver Konsequenzen deutscher Machtpolitik.

Das aber ist verantwortungslose, alles andere als von der deutschen Seite zu erwarten gewesene Politik

(__*nach der Rückerlangung eines gewissen Maßes an Souveränität*__),

als einem _*dann*_ glaubhaften Ausdruck von: „Wir haben gelernt". Also anstatt sogar,

später dann,

einen als „robusten humanitären Einsatz" bezeichneten Angriffskrieg gegen Serbien zu führen und,

später dann,

einen Mafiastaat Kosovo anzuerkennen. — Um an dieser Stelle lediglich auf _*dieser*_ Entwicklungslinie der seit dem Ende des Kalten Krieges praktizierten Politik zu bleiben, denn schon allein daran wird die Bedeutung dieses historischen Datums erkennbar. Demnach genügt dieses Datum zum Verständnis der aktuellen Entwicklung durchaus. Ist auch ein weiteres in die Geschichte Zurückgehen letztlich notwendig, da der Kalte Krieg selbst Resultat ungelöst gebliebener, geschichtlicher Fragen war. Immerhin sind es _*diese*_ Fragen, die dessen Ende mählich auf die politische Tagesordnung zurückbrachte und die heute wieder virulent sind:

Die Nationalitätenfrage, die soziale Frage _*und*_ die entscheidende, damit einhergehende Frage nach der Macht:

*Wer*

gibt in einem Staat die Richtung vor und folglich:

Wer

bestimmt die Beziehungen zu anderen Staaten?

Dabei hätte das Ende des Kalten Krieges eine ganz andere Politik gefordert.

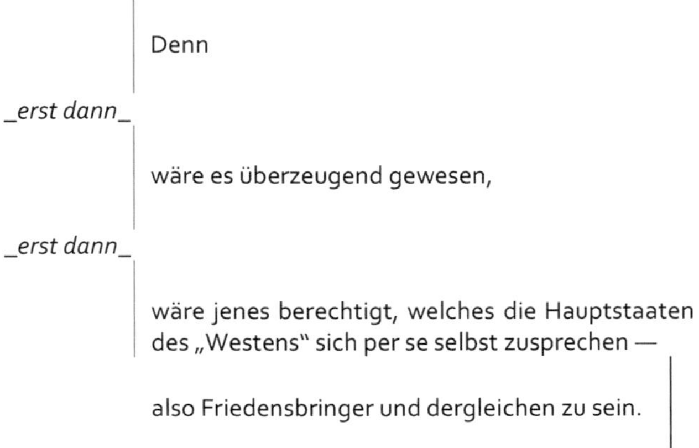

Denn

erst dann

wäre es überzeugend gewesen,

erst dann

wäre jenes berechtigt, welches die Hauptstaaten des „Westens" sich per se selbst zusprechen —

also Friedensbringer und dergleichen zu sein.

Aber das stimmt alles nicht. Sondern das imperialistisch Faktenschaffende ist lediglich aktualisiert gesetzt worden — und Deutschland seitdem quasi immer mit dabei:

Heuchelei, Verlogenheit und politische Sprücheklopferei _ohne_ Ende!

Einen _strikten_

europäischen Diskurs zu führen wäre also gefordert gewesen, in dem nicht mehr von Nationalstaaten gesprochen, sondern lediglich von der _Vielfalt der Regionen_ unter dem Dach der EU.

Faktisch

liegt hingegen das _tatsächliche_ Streben der EU-Machteliten unverändert im Gewinnen imperialistischen Einflusses — und zwar unter Führung des deutschen Hegemonen.[29]

(__Daß das nicht ohne Konflikte zwischen den EU-Machteliten vonstatten geht, gehört zu deren so altbekanntem wie destruktivem Spiel.__)

Nun, zu einem solchen Diskurs bedürfte es allerdings einer völlig anderen EU-Konstruktion, die nach dem Ende des Kalten Krieges mähliche Gestalt angenommen hätte, wozu selbstverständlich eine europäische Verfassung ein wesentlicher Teil gewesen wäre. Eine Verfassung aber, in der sich

a) demokratische Grundrechte verankert finden,

jedoch _keine_, die als die „vier europäischen Grundfreiheiten der EU" bezeichnet werden, da es sich bei diesen lediglich um „bedingte Freiheiten" handeln kann[30],

und

b) sich die Besonderheiten der einzelnen Regionen widerspiegeln, in der sich folglich die Menschen aller Regionen wiedererkennen.

Also

eben _nicht_ irgend etwas hunderte Seiten umfassend Ausge-

---

[29] Vgl. im Teilband 2 des Ihnen vorliegenden Bandes III, die Lesung 18.

[30] Siehe a.a.O., die Seiten 683-91: „Von den 'Freiheiten' der EU".

kungeltes, das keiner liest und kaum jemand _*mal eben so*_ verstehen kann — wohl auch gar nicht verstehen soll. _*Also*_ kein Machwerk, dessen Ziel es ist, die Masse der Menschen in eine, als EU bezeichnete „*supra*_nationalstaatliche Entität"

einzu_*binden,*

die jene i.d.R. auf nationalstaatlicher Ebene praktizierte Politik lediglich in größerem Rahmen fortsetzt, und in dem die Menschen im Sinne von wirtschaftlichen Großinteressen marktkonform zu funktionieren haben. Und zu _*dieser*_ Entität folglich auch jenes Streben nach Expansion gehört, das einst als Imperialismus bezeichnet worden ist, und dieses Streben eben nicht einfach deshalb nicht mehr praktiziert würde, da dieser Begriff keine Verwendung mehr findet — denn, so wird behauptet, heutzutage, und im Gegensatz dazu, gäbe es eine

„Integrationskonkurrenz".

„Integrationskonkurrenz" ist aber typisch orwellianisch, dem Verschleiern des alten imperialistischen Strebens dienend, und _*insofern*_ wäre „Integrationskonkurrenz" der *post*_faktische Begriff für „Imperialismus", ist also Neoimperialismus.[31]

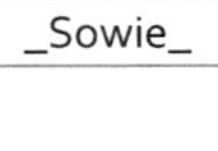

c) über diese Verfassung dann alle erwachsenen Menschen der Völker der Mitgliedsländer der EU abstim-

---

[31] Zum Begriff „Integrationskonkurrenz" siehe die Seiten 460 f.: „Der orwellianische Begriff 'Integrationskonkurrenz'".

men und die dann an einem großen, überall gefeierten Festtag verabschiedet wird.

*_Dann_*

wird emotional etwas grundsätzlich konstruktiv Positives verankert.

Was man heutzutage hingegen will, ist die über soziale Knechtungsmittel à la *Agenda 2010 _und_* über „gemeinsam" ausgetragene Konflikte Menschen zusammenzubinden

(__gedacht zum Abbau des von der Austeritätspolitik verursachten sozialen Drucks__),

ob mit Rußland oder anderen Ländern, und über „gemeinsame" Kriegserlebnisse. — Denn,

so offenbar die diesbezüglich angestellte Überlegung von Vertretern des hegemonialen Establishments[32],

war es nicht der erste Teil des Großen Krieges, der schon einmal zu einer gemeinsamen „Identität" in Europa geführt hatte, wie es von sogenannten Alpha-Journalisten behauptet und abgesondert wird, und von solchem, so eindeutig hetzerischen wie kriegstreiberischen Schrott mitunter in „Leitmedien" zu lesen ist?[33]

Nun, ein solcher „Alpha-Schreiber" wird aber nicht einmal strafrechtlich belangt, denn das sei ja lediglich eine freie

---

[32] Siehe Seiten 614-16: „Anmerkung zum Establishment".

[33] Vgl. das Kapitel 16 in: Die *tri_*logische Sezierung [...], Band I, Teilband 3.

Meinungsäußerung — obwohl es sich um den eindeutigen Mißbrauch der Meinungsfreiheit handelt[34]

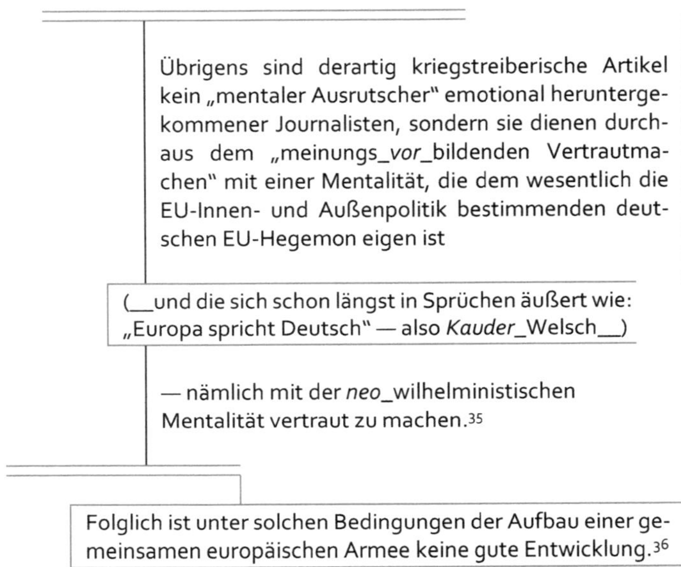

Übrigens sind derartig kriegstreiberische Artikel kein „mentaler Ausrutscher" emotional heruntergekommener Journalisten, sondern sie dienen durchaus dem „meinungs_*vor*_bildenden Vertrautmachen" mit einer Mentalität, die dem wesentlich die EU-Innen- und Außenpolitik bestimmenden deutschen EU-Hegemon eigen ist

(__und die sich schon längst in Sprüchen äußert wie: „Europa spricht Deutsch" — also *Kauder*_Welsch__)

— nämlich mit der *neo*_wilhelministischen Mentalität vertraut zu machen.[35]

Folglich ist unter solchen Bedingungen der Aufbau einer gemeinsamen europäischen Armee keine gute Entwicklung.[36]

Daß es ein solches, sich in der Masse der Menschen in Europa positiv emotional verankerndes Procedere nicht gegeben hat und auch gar nicht vorgesehen ist, hängt _*in erster Linie*_ mit jenen, die nationalstaatlichen Geschicke bestimmenden Macht-Eliten und deren Satelliten zusammen, wie es, es sei

---

[34] Siehe Lesungen 3+4.

[35] Vgl. Lesung 18 sowie in: Die *tri*_logische Sezierung [...], Band I: *Es werde mehr Licht! [...]*, Teilband 1, Kapitel 3 und Teilband 4, Kapitel 21.

[36] Vgl. Lesung 10 sowie in: Die *tri*_logische Sezierung [...], a.a.O., Teilband 3, Kapitel 18 und in: a.a.O., Band II, Zwischenrufe 11 und 25.

wiederholt, die Entwicklung seit dem Ende des Kalten Krieges so exemplarisch belegt.[37] Und hängt eben _*nicht*_ damit zusammen, daß die Mehrheit der Menschen das an sich nicht wollte.

Nämlich dann wirklich von Europa sprechen zu können.

Also nicht so wie heute, findet bspw. ein Referendum statt, dessen Ergebnis nicht nur völlig ignoriert wird, sondern

zur Strafe

fürs Referendum noch zusätzliche Auflagen aufgebürdet werden!

So geschehen nach dem im Jahre 2015 in Griechenland stattgefunden habenden Referendum, in dem sich sogar ca. 80% der jungen Leute dort gegen die vom deutschen Hegemon über die EU geforderten Auflagen ausgesprochen hatten.

Oder, befinden die Wallonen im Oktober 2016,

daß für ihre Region CETA nicht richtig sein könne

(__*nachdem sie das in einem 18monatigen, alle gesellschaftlichen Gruppen einschließenden demokratischen Prozeß festgestellt hatten*__),

[37] Neben dem erneuten Verweis auf: „Exemplarische Beispiele kontraproduktiver Konsequenzen deutscher Machtpolitik“, Seiten 622-65, sei nun auch verwiesen auf, in: a.a.O., Zwischenruf 28.

!_*deshalb*_!

*insbesondere* von deutschen Pseudo-Demokraten in Politik und Medien, vehement als „Antidemokraten“ verunglimpft werden!

*Nicht* also, daß die Menschen nicht ein richtiges Europa wollten, eines, zu dem man wirklich „ja“ sagen kann. — Was sie hingegen mehrheitlich schon allein für sich selbst nicht gutheißen können, ist jenes sich jetzt etablierende, vom EU-Hegemon dominierte Europa,

in dem Politiker, schreibende Mitarbeiter von Medien_*Konzernen* und intellektuell verkommene *Spin*_Doktoren von „Einflußsphären“ reden, sowie davon, wie andere Länder geneigt gemacht werden könnten, im Sinne des EU-Hegemonen sich zu verhalten und zu funktionieren — also im Sinne jener „Integrationskonkurrenz“.

Es soll tatsächlich Deutsche geben, die meine Kritik an dieser so heuchlerisch daherkommenden, machtgeilen deutschen Politik

(__„Wir müssen mehr Verantwortung übernehmen“__)

für unerhört halten.

Eine solche Kritik soll „unerhört“ sein, wird sie von einem Deutschen gesprochen?[38]

[38] Vgl. Seiten 485-87: „Wieso ich so wenig von der falschen Politik „der anderen“ spreche“.

Nun, mit solchen Deutschen habe ich nichts zu tun, immerhin bin ich selbst Deutscher und halte eine solche Kritik nicht nur für absolut notwendig, sondern ich kann mich mit einer solchen Politik nicht identifizieren, denn sie ist vom Ergebnis her so schlecht wie selbstsüchtig _und_ gefährlich — insbesondere auch für die eigene Bevölkerung.[39]

Es sind immer die Eliten, die die Richtung vorgeben — _danach_ muß sich die Masse der Menschen strecken.

Beispiele für „konforme Linkskurven"

Fakt ist jedenfalls, daß ich nirgends eine _relevante_ politische Kraft entdecke, die sich wirklich für die Bedürfnisse der Menschen einsetzte.

Das Reden, das Tamtammachen reichen nicht aus zu behaupten: „ich setze mich für die Belange der normalen Menschen ein", sondern das zeigt sich erst in der politischen Verantwortung.

Und da muß sich jede als „links"

verstehende Partei fragen lassen, ob sie ihr Tamtam selbst ernst nehmen kann, stützt sie die neoliberale Richtung über eine

[39] Siehe Seiten 545 f.: „Bemerkung 3 zur 'Faktenlage bezogen auf Europa'".

„*kon*_forme Linkskurve" doch — wenn es darauf ankommt.[40]

Übrigens finden Sie in: Die *tri*_logische Sezierung, Band I, Teilband 4, Kapitel 25, eine Passage, die betitelt ist mit:

„Kleiner politischer Aufguß aus dem neoliberalen Jetzt".

Diese Passage verdeutlicht, was dabei herauskommt, gelangen sich als „links" gerierende Parteien in politische Verantwortung: sie praktizieren eine Politik für die sie nicht gewählt worden sind. Das heißt an dieser Passage läßt sich exemplarisch zeigen, daß dies nicht deshalb geschieht, da solchen Parteien nichts anderes übrigbliebe, sondern daß sie systematisch eine Politik betreiben, die von der

(__*vermeintlichen*__)

politischen Gegenseite lediglich gegen größten Widerstand durchzusetzen möglich wäre — gibt es das entsprechende politische Tamtam von solchen Parteien doch immer dann, sind die in der „Opposition".[41]

---

[40] Siehe diesbezüglich Seiten 298-307: „Exkursive Erläuterungen zu einem 'Appell' und zu einer 'Aufforderung'".

[41] Diesen „politischen Aufguß" können Sie auch auf meiner WebSite als PDF-Datei abrufen:

https://endemannverlag.com/wp-content/uploads/2018/04/Kleiner-politischer-Aufgu%C3%9F.pdf.

Ein weiteres schlagendes Beispiel
für eine „konforme Linkskurve"

ist die von SPD und Grünen in den 2000er Jahren betriebene

Politik zur Realisierung der *Agenda 2010*:

Wären diese Parteien in den 2000er Jahren in Opposition gewesen, hätte es von denen den

*schärfsten* Tamtam-Widerstand

gegen dieses kollektive Knechtungsmittel gegeben. Indem sie aber die Regierung stellten, gab es dagegen keine Opposition.

Also gäbe es HARTZ IV _*ohne*_ Rot-Grün nicht.

Demzufolge sind solche Parteien weder „links" noch „fortschrittlich", sondern sie sind politische Schimären, die die wohlmeinende Bevölkerung regelmäßig in die politische Sackgasse leiten —

zurück bleiben Frustration und „politische Müdigkeit".[42]

---

[42] Vgl. in: Die *tri*_logische Sezierung [...], Band II*: Zwischenrufe in satirisch-politischen Variationen [...]*, Zwischenruf 19.

Das heißt nicht „linke Tamtam-Rhetorik", sondern die tatsächlich _*praktizierte*_ Politik der sich als „links" oder „fortschrittlich" gebenden Parteien des bürgerlichen Lagers belegt, daß die nicht auf der Seite der Masse der Menschen stehen können, da deren Vertreter etwas verteidigen, das man nicht zu verteidigen hat:

Die faktisch als techno-lobbykratische Entität konstituierte EU.

Etwas in _*grundsätzlichem*_ Widerspruch zu den humanistischen Werten Stehendes ist _*grundlegend*_ zu verändern — soll „linker Politik" nicht schimärischer Charakter eigen sein.

Das Herumdrehen an zudem noch leerdrehenden „Stellschräubchen" reicht nicht aus, will man einer so notwendig seienden wie grundlegend anderen, dann erst tatsächlich konstruktiven gesellschaftlichen Entwicklung politisch zum Durchbruch verhelfen.[43] Und hat man diesen Weg eingeschlagen, kann man sich über die Feinheiten unterhalten, aber zuerst muß man anfangen _*außerhalb*_ neoliberaler Denkschablonen — also _*tatsächlich*_ und _*selbst*_ zu denken.[44]

Hingegen will diese „bürgerliche Linke" lediglich, daß das Faktische der EU „sozial moderat" auf die Masse der Menschen einwirken solle.

Dieses „Faktische" betrifft bspw. die EU als Instrument des

[43] Zu hierzu in: Die *tri*_logische Sezierung [...], Band I, Teilband 4.

[44] Siehe den Anhang I im Teilband 2 des Ihnen vorliegenden Bandes III der *Tri*_logischen Sezierung des lobbykratischen Zeitalters.

deutschen Hegemonen und insbesondere die Fehlkonstruktion der Währungsunion.[45] Aber auch das eu-spezifische

„Netzwerk aus Verträgen“ ist gemeint,

das (__*offiziell zumindest*__) länderspezifische, also die Besonderheiten eines Landes betreffende Politik nicht mehr zuläßt.

(__*Es sei denn, es gäbe einen gewissen Bestandsschutz, aber vorgesehen ist das nicht.*__)

Oder bspw. das ideologische Verwenden von Begriffen wie „Freihandel“, das entsprechende Konsequenzen nach sich zieht und einen Großteil des techno-lobbykratischen Charakters der EU ausmacht.[46]

Zum _*heutzutage*_ hinzukommenden Faktischen gehört die Militarisierung des ganzen Gebildes EU, einhergehend mit Ausnahmezuständen und dem Aufbau einer europäischen Armee, deren Aufgabe u.a. darin bestehen wird, gegen die Bevölkerung in EU-Mitgliedsländer vorzugehen, die dem „deutschen Seltsamweg“ nicht folgen wollten.[47]

Also semantisch nett Dahergeredetes als Ersatz für tatsächlich linke Politik. Denn von einer grundsätzlich auf die Menschen ausgerichteten EU, wozu selbstverständlich eine

*demokratie*_konforme Wirtschaft,

---

[45] Vgl. Lesung 22.

[46] Vgl Lesungen 17 + 20.

[47] Vgl. Anhang II sowie in: Die *tri*_logische Sezierung […], Band I, Tb 3, Kapitel 18.

und wozu genauso eine nicht imperialistische Züge aufweisende

(__*genau diese Züge heutzutage jedoch mehr und mehr zeigende*__)

Außenpolitik der EU gehört — nun, etwas in _*diese*_ Richtung Weisendes will keiner der Verantwortlichen dieser „bürgerlichen Linken" tatsächlich in Koalitionsverträgen geschrieben stehen sehen.

Denn das hieße das

*unbedingte*

Praktizieren einer

rhetorik_*jenseitigen* Politik,

die argumentativ nicht auf Elemente des „neoliberalen Theoriegeflechtes" zurückgreift, sondern auf unabhängig davon entwickeltes, gesellschaftspolitisch Theoretisiertes — und dem daraus sich ergebenden, dann tatsächlich zu beschreitenden Lösungsweg, so daß der Name „linke Politik" so verdient wie überzeugend wäre.[48]

Wird übrigens von der rechten bürgerlichen Seite den Menschen ersatzweise nationalstaats_*patriotisch* geschwängertes

[48] Siehe diesbezüglich in: Die *tri*_logische Sezierung [...], Band I: *Es werde mehr Licht! [...]*, Teilband 4.

Zeug vorgesetzt[49],

ist das _*nicht*_ jenes, welches den Bedürfnissen des

menschlichen Wesens entspricht.

Zu jenem, das für die Entwicklung der anlagemäßig vorhandenen Talente und der Individualität, nämlich zur Herausbildung des eigenen Charakters notwendig ist, und somit Bedingung für die Herausbildung einer eigenen Meinung, so daß sich erst reife politische, also demokratisch gesinnte Menschen *aus*_bilden können, und dies die Befriedigung eines *grund*_legenden Bedürfnisses des menschlichen Wesens ist, es sich hierbei folglich um etwas Entscheidendes für das Menschengeschlecht handelt, finden Sie in der folgenden Lesung eine Passage, die zum Teil aus einem Zitat besteht.

Lesen Sie sich die gut durch und überlegen Sie dabei, inwiefern Politiker

(__ob nun in Verantwortung stehend oder diese gerne übernehmen wollend, dann bspw. behauptend, eine „Alternative für Deutschland" zu vertreten__),

schreibende Mitarbeiter der Medien_*Konzerne*, im „Kulturbetrieb" Beschäftigte, *spin*_doktorische Wissenschaftler oder in irgendwelchen lobbykratischen

Talk_*Shows* seit langem *Ein*_*Sitzende*

[49] Vgl. Lesung 15.

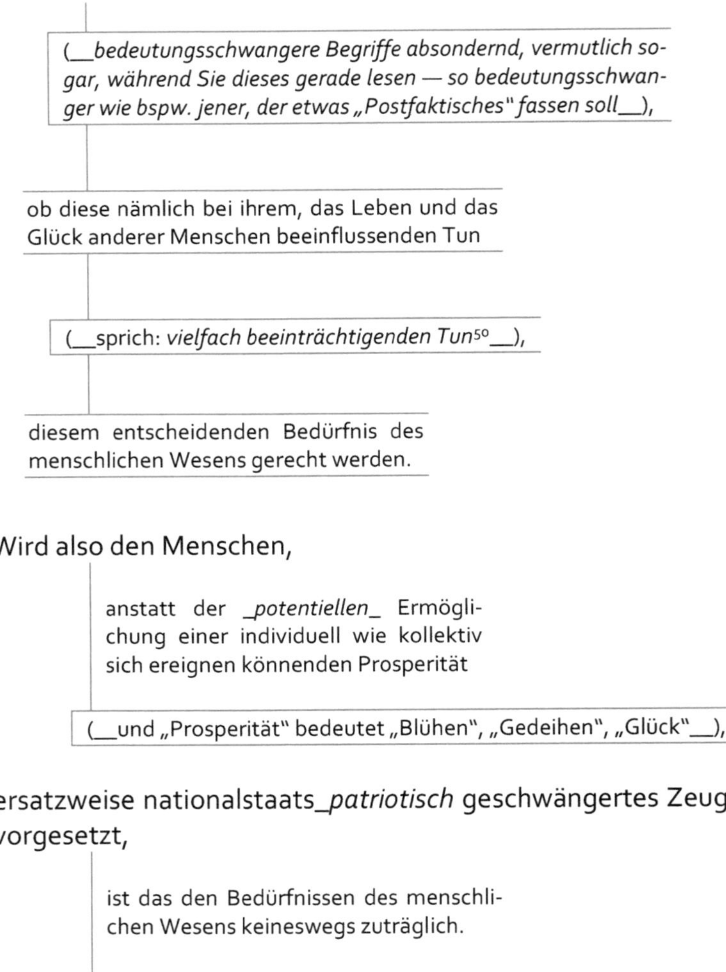

(__*bedeutungsschwangere Begriffe absondernd, vermutlich sogar, während Sie dieses gerade lesen — so bedeutungsschwanger wie bspw. jener, der etwas „Postfaktisches" fassen soll*__),

ob diese nämlich bei ihrem, das Leben und das Glück anderer Menschen beeinflussenden Tun

(__sprich: *vielfach beeinträchtigenden Tun*[50]__),

diesem entscheidenden Bedürfnis des menschlichen Wesens gerecht werden.

Wird also den Menschen,

anstatt der _*potentiellen*_ Ermöglichung einer individuell wie kollektiv sich ereignen könnenden Prosperität

(__und „Prosperität" bedeutet „Blühen", „Gedeihen", „Glück"__),

ersatzweise nationalstaats_*patriotisch* geschwängertes Zeug vorgesetzt,

ist das den Bedürfnissen des menschlichen Wesens keineswegs zuträglich.

[50] Vgl bspw. die Lesungen 8, 9 und 11.

Wie die politische Praxis zeigt, ist solches nationalstaats_*patriotisch* geschwängertes Zeug eine real wirkende Illusion, die allerdings lediglich deshalb wirkkräftig werden kann, da auf diese Weise das Blickfeld kollektiv scheuklappenmäßig, also künstlich verengt wird. Das scheint zwar die eigene Orientierung zu erleichtern, tatsächlich _*ist*_ diese aber illusionär, denn jenseits der Scheuklappen finden alle möglichen gesellschaftspolitischen Prozesse statt, die sich dann außerhalb einer derartig verengten, „individuellen" wie kollektiven Wahrnehmung ereignen.

Folglich ist eine Orientierung besser, die selbst in der „gesellschaftlichen Unübersichtlichkeit" ermöglicht, den

*eigenen*

Weg als voller Mensch zu bahnen, diesen zu gehen und beizubehalten erlaubte: da Klarheit über das „Woher" und das „richtungsmäßige Wohin" herrschte.

Nun, schaffte man dafür die materiellen und kulturellen, kollektiv nutzbaren Bedingungen, wären wir auf dem richtigen Weg ...[51]

---

[51] Übrigens finden sich entsprechende Überlegungen in: Die *tri*_logische Sezierung [...], Band I, Teilband 2, das Kapitel 7: „Überlegungen zum 'Wirtschafsunterricht' an allgemeinbildenden Schulen" und Teilband 4: „Überlegungen zur Überwindung der real existierenden Lobbykratie", sowie in: a.a.O., Band II, der Zwischenruf 22: „Die gesellschaftliche Bedeutung kleiner Schulklassen".

Postfaktismus = Obskurantismus

Es kann somit nur einleuchten, daß lobbykratieorientiertes politisches Tun schließlich im Postfaktischen des Obskurantismus' enden muß.

Also im „Dunkelmännertum", nämlich genau dort, wo Leute ständig damit beschäftigt sind, die tatsächlichen Fakten im Sinne von Interessenpolitik zu verschleiern.

Deshalb ist es bspw. lächerlich, wenn irgend jemand behauptet, an TTIP oder CETA sei der große Fehler gewesen, daß die Verhandlungen nicht öffentlich geführt, die Menschen nicht beteiligt worden wären.

Denn partikularinteressengeleitete Machtpolitik und Öffentlichkeit sind zwei unvereinbare Größen.

Das heißt bei solchen Verhandlungen geht es primär nicht um „Chlorhühnchen", sondern um jene, die Nationalstaaten bestimmend beeinflussenden großen Interessen, so daß die _*nur noch*_ im Sinne dieser Interessen, sozusagen vertraglich *fest*_geschrieben funktionieren, und in der Konsequenz die Menschen in _*deren*_ Sinne lebens_*bestimmt* sind — so daß _*Sie*_ und ich gar keine Chance mehr haben, anders zu leben:

Womöglich im eigenen Interesse mit anderen zusammenleben zu wollen.

Also ist Postfaktismus = Obskurantismus.

Und damit ist aufgedeckt, daß der Postfaktismus die

*bewußte* Basis

des lobbykratischen Zeitalters ist — „changierend" auf seiner

*un*_bewußten Basis

des Dadaismus'.[52]

Folglich ist es unerheblich ob die Realisierung der dogmatischen Sätze dieser Ideologie mehr supranational (__*bspw. auf der Ebene der EU*__) intendiert ist oder über nationalistisch bestimmte Politik (__*auf der* „klassisch" *nationalstaatlichen Ebene*__) realisiert werden.

Denn mit der Verwirklichung solcher Glaubenssätze ereignet sich auf _*beiden*_ Ebenen imperialistische Machtpolitik — so die internationalen Bedingungen das ermöglichen.

Hingegen wird aus der Tendenz erkennbar, in welcher Krisenphase sich das Profitsystem befindet.[53]

---

[52] Zur unbewußten Basis des lobbykratischen Zeitalters siehe die Seiten 21 f.: „Die *un*_bewußte Grundlage des Neoliberalismus' ist der Dadaismus", sowie die Seiten 721-23: „Dada ≠ Dadaismus = Neoliberalismus"

[53] Zu den Folgen dieser Ideologie siehe in: Die *tri*_logische Sezierung [...], Band I, Teilband 2: „Die *inner*_staatlichen Auswirkungen" und Tb 3: „Die *inter*_staatlichen Auswirkungen", sowie in: a.a.O, Band II, Zwischenruf 10: „Die Welt in der Realität" und Zwischenruf 16: „Die Bedeutung der Null für das politische Tun und für das gesellschaftliche Leben".

Dritte Lesung

Über den Mißbrauch der Freiheit der Meinung

So wie bei allen Grundrechten, ist auch das Grundrecht auf Meinungsfreiheit kein vom demokratischen Rechtsstaat zu gewährendes, sondern ein von ihm (*__und seinen drei Gewalten__*) zu gewährleistendes Recht.[54]

Die Grundrechte finden in den ersten 20 Artikeln des Grundgesetzes ihren Niederschlag und werden auch als

„Persönlichkeitsrechte"

bezeichnet. Auf diese Weise ist dokumentiert, daß der einzelne Mensch einer demokratischen Gesellschaft angehört und der Staat nicht über ihm steht, sondern mit seinen drei Gewalten an diese Rechte gebunden ist. Diese Personenrechte haben somit *vor_*staatlichen und *über_*

[54] Vgl. Josef Foschepoth, *Überwachtes Deutschland – Post- und Telephonüberwachung in der alten Bundesrepublik*, 4., durchgesehene Auflage, Vandenhoeck & Ruprecht, Göttingen, 2014, die Seiten 10 f.

positiven,

(__*dem menschlichen Wesen zukommenden*__)

naturrechtlichen Charakter.

(__Richtig verstanden ist das „Naturrecht" das unbedingte Recht auf *Da*_Sein eines einmal ins Leben getretenen Wesens.__)

Demnach kann der Staat diese Rechte nicht gewähren, sondern er hat sie zu gewähr_*leisten*. Folglich kann ihr Wesens-Gehalt _*nicht*_ über positives

(__*von der gesetzgebenden Gewalt eines Staates* „gesetztes"__)

Recht eingeschränkt werden. Demnach kann jeder einzelne Mensch einer demokratischen Gesellschaft diese Rechte vor dem Verfassungsgericht einklagen.

Wie Sie wissen, sind die drei Gewalten eines demokratischen Rechtsstaates die gesetzgebende Gewalt

(__Legislative, sprich: das Parlament — in einer repräsentativen Demokratie__),

die richterliche Gewalt

(__Judikative, sprich: die Gerichtsbarkeit__)

und die ausübende Gewalt

(__Exekutive, sprich: die Regierung sowie die verschiedenen Verwaltungsorgane des Rechtsstaates__).

Was ist unter „Meinungsfreiheit“ zu verstehen?

Zwar ist oft davon zu hören, daß die Meinungsfreiheit von großer Bedeutung sei, aber was ist unter „Meinungsfreiheit“ zu verstehen? Etwa _*mal eben*_ irgend etwas abzusondern, ohne es zu begründen — einfach nur so? Nun, dies ist nicht weiter von Bedeutung, geschieht das aus einem Impuls heraus — quasi im Sinne eines spontanen Ausrufs. Anders ist es allerdings, geht es um Aussagen, die sich massenwirksam auswirken und bspw. von Journalisten oder von Politikern kommen. Da müssen andere Kriterien gelten, daß nicht mit unerlaubten Mitteln die Bildung der Meinung anderer *be*_hindert oder gar *ver*_hindert wird.

Immerhin leben wir in einer Massengesellschaft und in einer solchen ist die Meinungsfreiheit grundsätzlich gefährdet, auch wenn behauptet wird, wir lebten in einer „repräsentativen Demokratie“.

Wie aber steht es mit der Transparenz in ihr?

Selbstverständlich ist es notwendig, die Menschen auch als Masse zu beeinflussen, wenn es nämlich darum geht etwas in die Wirklichkeit umzusetzen, das der einzelne weder allein tun kann, noch von sich aus bereit wäre dabei mitzutun, es als Gemeinschaftsaufgabe zu verstehen und zu verwirklichen.

Es stellt sich dann aber die Frage, um was es sich dabei handelt, wem die Realisierung einer solchen „Aufgabe“ nützlich ist und mit welchen Mitteln die Menschen massenwirksam beeinflußt werden, dabei mitzuspielen.

Gewiß, „Meinungsfreiheit" ist ein grundsätzliches gesellschaftliches Problem, aber man könnte vielleicht meinen, daß es keines in einer repräsentativen Demokratie sei. Leider stimmt das nicht, wie bereits Walter Lippmann in seinem in den 1920er Jahren erschienen Buch *Public Opinion* festgestellt hat.[55] — Und das, obwohl sich eine repräsentative Demokratie bspw. dadurch auszeichnen soll, daß jeder seine Meinung sagen kann — zumindest diesem Zweck dienen ja u.a. die (*__unveräußerlichen__*) Grundrechte. Andererseits läßt sich nicht von der Hand weisen, daß massenwirksame Manipulation stattfindet.

> Folglich ist es eine Frage, ob wir tatsächlich in einer Demokratie leben und ob Meinungsfreiheit besteht, ist es doch so, daß, bevor ich eine eigene Meinung äußern kann, dem eine Meinungs*_Bildung* vorausgegangen sein muß — und findet schon auf dieser Ebene bewußte Meinungsbeeinflussung statt ...

Wie soll aber „Meinungsfreiheit" möglich sein, ist diese von der *_Bildung_* einer eigenen Meinung abhängig und muß ich erst aufwendig nach Quellen Ausschau halten, die keinem bewußt manipulativen, sondern einem aufklärenden Streben folgen — Quellen somit, die Informationen zur Verfügung stellen, die Zusammenhänge nicht verschleiern, sondern aufdecken und die Fakten benennen?

---

[55] Erschienen by Harcourt, Brace and Company, New York, 1922.

Es soll an dieser Stelle gar nicht das Problem der „*vor*_bahnenden" Meinungsbildung angesprochen werden, welches sich bereits in der *intra*_uterinen Phase ergibt.[56]

Eine nicht bewußt manipulativ beeinflußte Meinungsbildung ist für eine Demokratie aber eine absolute Notwendigkeit — und das geht auch in einer Massengesellschaft.

Allerdings geht das unter gewissen, insbesondere unter Nationalstaats- oder vergleichbaren Bedingungen nicht.

Denn stellte man _*alle*_ Informationen _*allen*_ Mitgliedern einer nationalstaatlich organisierten Gesellschaft grundsätzlich zur Verfügung, wäre kein Mensch dazu zu bewegen, bspw. etwas gegen die Menschen in einem anderen Staat zu unternehmen.

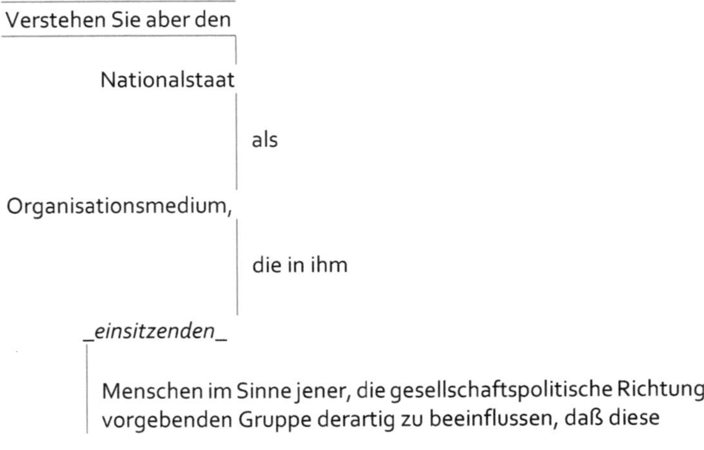

[56] Hierzu finden Sie eine entsprechende Erläuterung in: Die *tri*_logische Sezierung [...], Band I, Teilband 4, Kapitel 25, die Seiten 138-42

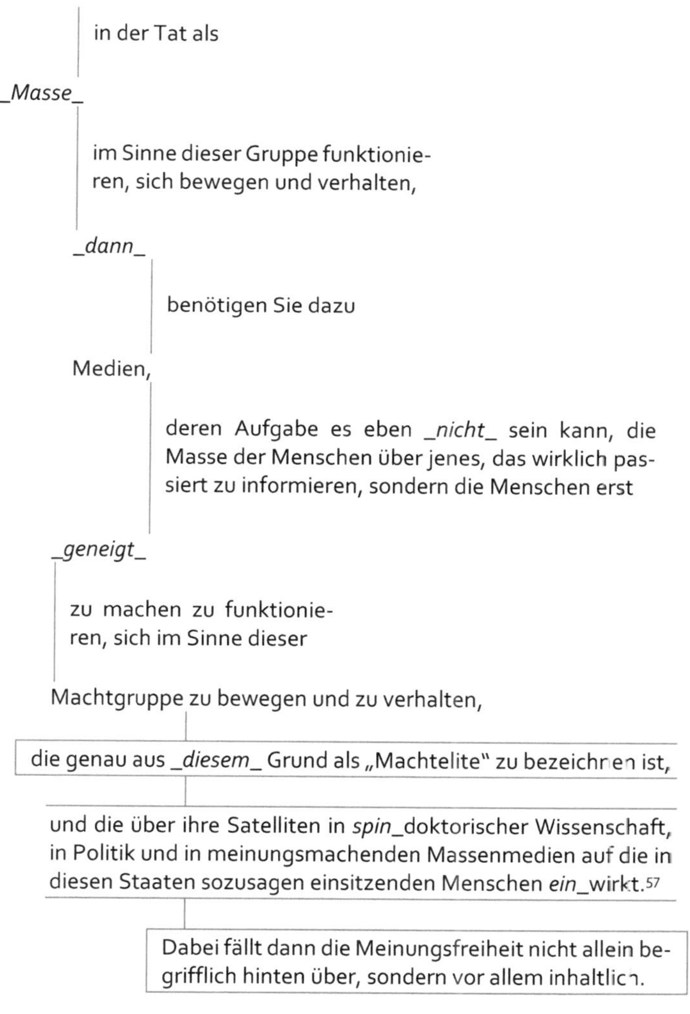

in der Tat als

*_Masse_*

im Sinne dieser Gruppe funktionieren, sich bewegen und verhalten,

*_dann_*

benötigen Sie dazu

Medien,

deren Aufgabe es eben *_nicht_* sein kann, die Masse der Menschen über jenes, das wirklich passiert zu informieren, sondern die Menschen erst

*_geneigt_*

zu machen zu funktionieren, sich im Sinne dieser

Machtgruppe zu bewegen und zu verhalten,

die genau aus *_diesem_* Grund als „Machtelite" zu bezeichnen ist,

und die über ihre Satelliten in *spin_*doktorischer Wissenschaft, in Politik und in meinungsmachenden Massenmedien auf die in diesen Staaten sozusagen einsitzenden Menschen *ein_*wirkt.[57]

Dabei fällt dann die Meinungsfreiheit nicht allein begrifflich hinten über, sondern vor allem inhaltlich.

[57] Das Konstrukt „Nationalstaat" ist u.a. Thema in: Die *tri_*logische Sezierung [...], Band I, Teilband 3, die Kapitel 13 und 15.

Zwar pocht jede „Zeitung", bzw. jedes „Meinungsmedium" auf die Verbreitung der eigenen Meinung.

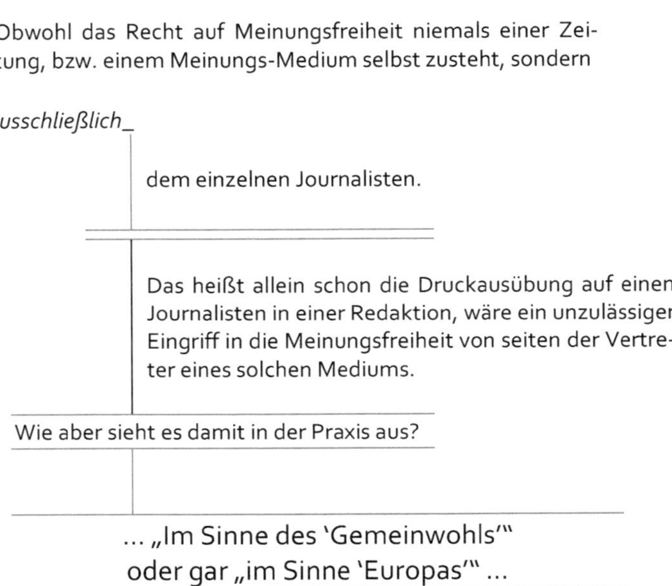

Nun, jeder Journalist besteht zwar mit Recht auf der Verbreitung seiner Meinung. Allerdings ist das, was tatsächlich verbreitet wird, nicht unbedingt jenes, das den Fakten entspricht, sondern ist in erster Linie solches, welches der „Alpha-Journalist" einer Redaktion für richtig hält. Und das von einem Alpha-Journalisten Vorgegebene, ist davon abhängig, wem die Redaktion letztlich gehört, bzw. wem die verpflichtet ist — also von wem die dort Arbeitenden bezahlt werden. Nämlich von *_dem_* „Medium", das, so es um die Massenmedien geht, Teil eines Konzerns ist, der lediglich wenigen Menschen gehört, bzw. der an der Börse „gehandelt" wird.

Zwar hätten die öffentlich-rechtlichen Medien die Aufgabe Fakten zu liefern, da sie aber in erster Linie von Parteien gesteuert werden, „weiß" auch das Redaktionspersonal _dieser_ Medien, wem es in erster Linie verantwortlich ist, wird bspw. die Parole ausgegeben: „Im Sinne des Gemeinwohls" oder gar „im Sinne 'Europas'" zu berichten.

Nun, dies ist ein präsentes Phänomen, das insbesondere deshalb dadaistisch-surreale Züge aufweist, da zwar von „Gemeinwohl" und von „Europa" die Rede ist, die EU mit ihrem deutschen Hegemon jedoch ein sich im neowilhelministischen Sinne entfaltendes lobbykratisches Gebilde ist[58].

Und wegen dieses lobbykratischen Status, gilt dies für die privaten Medien erst recht.

Auf diese Weise kommt es zu einem Phänomen, daß als

„sich ergebende Gleichschaltung"

bezeichnet werden kann.

Nun, dies ist aber nicht das, welches der normale Bürger braucht, der sich selbständig zu informieren keine Zeit hat, der sich nicht hinsetzen und sagen kann:

Das will ich jetzt aber genau wissen ...

Und dann, was macht der dann — bspw. ohne Internet?

[58] Zum Begriff „Neowilhelminismus" siehe Seiten 590-93: „Was übrigens den Begriff 'Wilhelminismus' anbelangt ...".

Das Internet erleichtert einiges, andererseits liegt darin auch eine Gefahr, worauf jetzt nicht im einzelnen einzugehen ist, aber relativ gesichert richtige Informationen bietet es per se auch nicht, sondern man muß schon wissen, wo relativ vertrauenswürdige Quellen zu finden sind. Quellen, auf die man vielleicht selber trifft oder über andere User von erfährt. Aber es ist davon auszugehen, daß die meisten Menschen nicht über die Fülle an Quellen und nicht über die Recherchemöglichkeiten verfügen (__*können*__), die zum Reservoir eines Journalisten gehören.

Allerdings ist bei mir der Eindruck entstanden, daß die Recherchemöglichkeiten von Journalisten entweder nicht oder nur unzureichend genutzt werden, oder ihnen die Zeit fehlt, selbst zu recherchieren, was ja unerläßlich für ihre an sich wichtige Arbeit ist — so sie die nur richtig verstehen wollten.

> Oder muß man sagen: Zwar an sich richtig verstehen wollten, das aber nicht mit der (__*ungeschriebenen*__) redaktionell oder gar parteipolitisch gesetzten Vorgabe zu vereinbaren wäre, wobei das dann möglicherweise gar nicht mehr zu trennen wäre?

Nun, es gibt diese „Vorgabe" von staatlicher Seite, nämlich „im Sinne des Gemeinwohls" zu berichten.

> Das geht zumindest aus dem Auftrag hervor, der für die öffentlich-rechtlichen Medien gilt und in § 11 des „Staatsvertrags für Rundfunk und Telemedien (__Rundfunkstaatsvertrag — RStV__)" dokumentiert ist. Ähnliches gilt für das Presserecht, das von den einzelnen Bundesländern ausformuliert worden ist, denn alle Medien sollen auf der Grundlage des Grundgesetzes berichten.

Das hört sich erst einmal gut und richtig an — und ist auch richtig. Allerdings haben wir seit dem Ende des Kalten Krieges sich zunehmend dramatisch verändernde politische Entwicklungen, in denen sich die deutsche Machtelite neu zu positionieren versucht — und dies auf eine Art und Weise, die ich als neowilhelministisch bezeichne[59].

> Und da wird eine staatlicherseits ausgegebene, an sich richtige Vorgabe, also „im Sinne des Gemeinwohls" zu berichten, zu einer Leerformel, die lediglich noch Label-Charakter hat, tatsächlich aber eine zweck_*dienlich* verschleierte „Gesinnungs_*Vorgabe*" darstellt, nämlich machtpolitische Interessen als allgemein im Einklang mit dem „Gemeinwohl" stehend zu kommunizieren.

Tatsächlich bedeutet dies, bewußte *Des*_Information der Masse der Bevölkerung — und stellt somit ein schwerwiegendes Problem für die freie Meinungsbildung dar.

Was eine „zweckdienliche Vorgabe" aber auf der massenmedialen Ebene bedeutet, läßt der Journalist und Publizist Harald Schumann durchblicken, spricht er von dem

> Problem der „inneren Pressefreiheit in den Redaktionen",

die „nämlich keineswegs überall gegeben" sei.[60]

Nun, dies führt zu einem *voraus*_eilenden Gehorsam im Denken, der sich u.a. durch die Ausbildung einer

---

[59] Siehe hierzu den zweiten Teilband dieses Bandes III.

[60] Vgl. hierzu seine am 3. November 2010, anläßlich der Preisverleihung des Berliner Journalistenpreises: „Der lange Atem" gehaltene Rede, von der es eine YouTube-Video-Aufzeichnung gibt, deren folgende Internet-Anschrift am 7. September 2017 erneut geprüft worden ist: https://youtu.be/xUc1zkO5QdA.

„Schere im Kopf"

bemerkbar macht — als Ausdruck einer

„sich ergebenden Gleichschaltung".[61]

Ob ein Journalist von dem sich ihm grundsätzlich eröffnen könnenden Quellenmaterial Gebrauch macht und wie, ist offenbar nicht von ihm allein abhängig. Auf jeden Fall ist es so, daß die Menschen nicht im primär *fakten*_basierten Sinne informiert werden. —

Das dürfen sie auch gar nicht, soll ihre Beeinflussung massenwirksam im Sinne einer Machtelite möglich bleiben.

Also ist die grundsätzliche Frage:

Wem nützt eine solche Beeinflussung?

Dem „Gemeinwohl" natürlich, oder?

Wie aber soll das gewährleistet sein, bestimmt letztlich eine kleine Gruppe von Menschen eines Nationalstaates über ihre Satelliten in *spin*_doktorischer Wissenschaft, Politik und Medien, was „Gemeinwohl" sei, und der die _*Masse*_ der Menschen „ihres" Nationalstaates lediglich als Verfügungs_*Masse*

---

[61] Erinnern Sie die Aussage auf Seite 7: „Journalisten mit *selbst*_implantierter Schere im Kopf", siehe aber auf den Seiten 619 f. den Hinweis auf die so zeitgemäße wie elegante „*intra*_uterine Zensur-Chip-Implantation".

zur Durchsetzung ihrer Interessen dient — also ohne die *massen*_mäßige Unterstützung der Menschen diese kleine Gruppe für sich genommen überhaupt nicht in der Lage wäre, ihre eigenen Interessen durchzusetzen — mangels Masse.

Ende von:
… „Im Sinne des 'Gemeinwohls'
oder gar „im Sinne 'Europas' berichten" …

Im Neoliberalismus finden sich Machtinteressen formuliert

Die Interessen nationalstaatlicher Machteliten finden sich in der Ideologie des Neoliberalismus' formuliert.[62] Nun ist aber der Neoliberalismus deshalb eine „negative Ideologie", da seine Kernbehauptungen, wie bspw. die, daß der „Markt alles selbst" richte oder daß „Freihandel grundsätzlich gut" sei, da dem „Wirtschaftswachstum förderlich", von den Fakten nicht gedeckt sind. — Phrasen dieser Art lediglich zu wiederholen, ohne sie vorher einer Falsifizierprüfung unterzogen zu haben, ist folglich Ausdruck von negativem ideologischem Denken.[63]

---

[62] Vgl. in: Die *tri*_logische Sezierung […], Band I, Teilband 1.

[63] Zu den empirisch nicht gesicherten Behauptungen neoliberaler Ideologen, siehe die Seiten 675-81: „Neoliberale Ideologen behaupten …". Zum Begriff „Neoliberalismus" und seinen Auswirkungen auf die menschliche Gesellschaft, siehe den Hinweis in Fußnote 62.

Falsifizierprüfung

Eine Falsifizierprüfung dient übrigens dazu, eine Hypothese oder eine Theorie zu widerlegen, meist über einzelne ihrer Aussagen. Gelingt das nicht, kann sie als brauchbar gelten — bis zu ihrer Widerlegung.

In der Regel wird man bereits über eine andere Hypothese oder Theorie verfügen, denn meist geht es darum, die Aussagen der einen Theorie zu einem Sachverhalt vor dem Hintergrund jener der anderen zu prüfen, so daß im Anschluß die eine oder die andere Hypothese oder Theorie als widerlegt gelten können.

Eine Falsifizierung ist aber lediglich unter der Bedingung möglich, daß alle Sätze einer Theorie logisch, bzw. empirisch überprüfbar sind, andernfalls wäre ihre Unwissenschaftlichkeit per se gegeben.[64]

Der Artikel 5 des Grundgesetzes

Der Artikel 5 des Grundgesetztes beschreibt in seinen drei Absätzen sehr gut das Recht auf Meinungsfreiheit:

Absatz 1

Jeder hat das Recht, seine Meinung in Wort, Schrift und Bild frei zu äußern und zu verbreiten und sich aus allgemein zugänglichen Quellen ungehindert zu unterrichten.

---

[64] Siehe Karl Popper, *Logik der Forschung*, 10., verbesserte und vermehrte Auflage, J.C.B. Mohr (__Paul Siebeck__), Tübingen, 1994.

> Mit: „sich aus allgemein zugänglichen Quellen zu unterrichten" sind also nicht irgendwelche dubiosen Quellen gemeint, wobei die nicht „dubios" sein müßten, sondern lediglich als derartig gelten könnten, über die niemand sonst verfügte, sondern, genauso wie es in diesem Absatz 1 steht: „allgemein zugängliche Quellen". (__Anm. des Autors.__)

Die Pressefreiheit und die Freiheit der Berichterstattung durch Rundfunk und Film werden gewährleistet. Eine Zensur findet nicht statt.

Absatz 2

Diese Rechte finden ihre Schranken in den Vorschriften der allgemeinen Gesetze, den gesetzlichen Bestimmungen zum Schutze der Jugend und in dem Recht der persönlichen Ehre.

> Ehrabschneidendes, jemanden zu verunglimpfen, ihm etwas nachzusagen, das gar nicht stimmt, wäre nämlich nicht mehr Ausdruck von Meinungsfreiheit, sondern Ausdruck von Mißbrauch der über diesen Artikel des Grundgesetztes gedeckten Meinungsfreiheit. (__Anm. des Autors.__)

Der dritte Absatz befaßt sich dann noch mit zwei nicht minder wichtigen Aspekten der Meinungsfreiheit:

Absatz 3

Kunst und Wissenschaft, Forschung und Lehre sind frei.

Ohne Freiheit kann es weder Kunst noch Wissenschaft noch Forschung geben. Denn in ihnen findet die direkte geistige Auseinandersetzung mit gesellschaftlichen oder/und natürlichen Prozessen statt, und diese Auseinandersetzung muß für sich genommen ungehindert, also ohne Scheuklappen erfolgen, da ansonsten diese prozeßhafte Auseinandersetzung zu „falschen Ergebnissen" führt, wegen vorgefaßter Annahmen, was sich bspw. zeigt, verfolgt man seine „Forschung" auf ideologisch determinierter „Basis", da das zu nicht adäquat geprüften Sätzen führt, die dann *pseudo*_axiomatischen Charakter bekämen, und *un*_bedingt zu glauben wären, wie es bspw. beim Neoliberalismus der Fall ist.

Zwar gilt diese Freiheit auch für die Lehre, aber sie erfährt im folgenden Satz dieses Absatzes 3 richtigerweise eine Einschränkung. (__Anm. d. Autors.__)

Die Freiheit der Lehre entbindet nicht von der Treue zur Verfassung.

Beispielsweise ist jede Nebentätig eines Professors im Dienste einer privaten Organisation, die auf diese Weise ihre Profit- und massenwirksamen Manipulationsmöglichkeiten verbessern kann, deshalb nicht verfassungskonform — da das tatsächlich gemeinwohlschädigend ist.

Oder wenn ein Professor im Rahmen seiner Lehrtätigkeit anfängt „wissentlich" etwas zu erzählen, das nicht mit objektivierbaren Daten übereinstimmt oder gar gegen die Verfassung verstößt, hat er das Recht verwirkt, als lehrender Wissenschaftler zu arbeiten — soll die eigene Gesellschaft noch als demokratisch-repräsentativ verfaßt gelten. Das gilt selbstverständlich nicht anders für Lehrer an allgemeinbildenden Schulen, bzw. für all jene, die anderen etwas über gesellschaftspolitische Zusammenhänge erzählen können — da es ihr Beruf ist.

Nun, wollte man in diesen Bereichen nur genauer hinschauen, gäbe es eine ganze Menge zu berichten, das als fragwürdig anzusehen wäre.

Dieser Hinweis auf den Artikel 5 des Grundgesetzes dient nun als Einstieg in das eigentliche Thema dieser Lesung:

Über den Mißbrauch der Freiheit der Meinung

Zur Eröffnung des Themas eine Passage, die zum Teil aus einem Zitat besteht und jenes betrifft, das zu suggestiven und propagandistischen Zwecken mißbraucht wird:

Die *Freiheit der Meinung*.

ZITAT

[...] es ist viel von *Freiheit der Meinung* die Rede, zumindest erzählen schreibende Mitarbeiter der Medien_*Konzerne* wie Politiker reflexhaft von diesem in der Tat kostbaren Gut.

Ich nenne diese Mitarbeiter _*deshalb*_ „schreibende Mitarbeiter", da diese längst nicht mehr recherchierende und die Masse der Menschen aufklären wollende Journalisten sein können, stehen die doch unter enormem Druck. — Abgesehen von den „Alpha-Journalisten", denn die wollen das so, sind eingebunden und Teil des Establishments[65], schon fast körperlich nah bei Politikern und Entscheidungsträgern — fühlen sich geschmeichelt, werden sie zu irgendwelchen „Runden" eingeladen, von denen sie dann berichten dürfen, womöglich gar „exklusiv": selbstverständlich im Sinne der entsprechenden Vorgabe.

Wobei sie dies selbst wissen, denn andernfalls wären sie längstens „Alpha-Journalisten" gewesen.

Das scheint sie jedenfalls in ihren eigenen Augen und in denen ihrer „Branchen-Konkurrenten" wichtig zu machen und entsprechend dreinschauen zu lassen.

Ob man darauf stolz sein sollte, zu politischen Kungelrunden eingeladen zu werden, als seinen Geist möglichst unabhängig halten und grundsätzlich kritisch der Macht gegenüber sein müssender Journalist, der also nicht ledig seine Kritikfähigkeit dann „auslebt", geht es um den „politischen Gegner" seiner Brötchengeber?

Soweit das mit dem Unabhängighalten der eigenen Portion Geist möglich ist, und das meine ich jetzt wörtlich, denn Unabhängigkeit bei seinen eigenen Überlegungen zu wahren ist nicht einfach.

Auf jeden Fall darf es für einen _*Journalisten*_ keine Ehre sein, zu solchen „Runden" eingeladen zu werden — findet doch allein dadurch ein Geneigtmachen statt.

[65] Vgl Seiten 614-16: „Anmerkung zum Establishment".

Hingegen hat sich ein _*Journalist*_ dazu selbst einzuladen, oder darüber zu berichten — vorher weit möglichst recherchiert habend.

Nur, wie gerechtfertigt kann eine Meinungsfreiheit noch sein, die auf den „Bösen" dort weist und sich damit das „Gutsein" selbst per se zuspricht?

Also hier die „Guten", da die „Bösen".

Oder sollte es sich noch nicht herumgesprochen haben, daß die Welt nicht schwarzweiß ist, daß sowohl die eine als auch die andere machtelitäre Seite Propaganda betreibt, geht es um *ihre*, je verschiedenen Interessen?

Ist es aber so, daß man selbst in einem der von einer Machtgruppe beherrschten Nationalstaaten lebt — und entsprechend gefilterte Propaganda als „Nachricht" vorgesetzt bekommt:

daß die Masse der Menschen nur ja bei
der je entsprechenden Stange bleibe,

ist es kaum möglich, zumindest sehr schwierig, eine eigene, eine scheuklappenfreie Position zu entwickeln, einzunehmen oder gar zu vertreten — insbesondere dann, geht es um die „harten Interesse" der eigenen Machtgruppe, sprich: Machtelite.

Nun, für mich persönlich ist aber das Einnehmen einer scheuklappenfreien Position entscheidend, denn mit der praktizierten deutschen Politik kann ich als *nicht*_neowilhelministischer Deutscher nicht einverstanden sein. Schließlich zeige ich keine Kritikfähigkeit, verwende ich diese lediglich dazu, andere zu kritisieren, nicht aber angemessen, also scharf, jene Verantwortlichen, die behaupten

(__*kollektiv gesehen*__)

in „meinem Namen" politisch verantwortlich zu sein.

Von diesen „Verantwortlichen" womöglich auch noch dreist ins Gesicht gesagt zu bekommen: „Ihr habt uns doch gewählt!" — nachdem sich die Konsequenzen des von _*ihnen*_ verursachten politischen Murkses nicht mehr leugnen lassen!

Wie kann also eine Meinungsfreiheit als gegeben gelten, spricht die Faktenlage eine ganz andere Sprache?

Geht es nämlich um die „harten Interessen" der Machtelite _*des*_ Nationalstaates, in dem man selbst als Insasse lebt.[66]

Nun, wie sollte es dann noch eine Frage der *Freiheit der Meinung* sein, handelt es sich dabei tatsächlich um Suggestion und Propaganda — zur Verhinderung der Bildung einer eigenen Meinung?

Wie weiter oben festgestellt, geht es darum, daß die Bevölkerung geneigt werde, _*ihre*_ Masse der Machtelite zu „leihen", daß diese

[66] Vgl. hierzu bspw. in: Die *tri*_logische Sezierung [...], Band I, Tb 3, Kapitel 15: „Menschenrechte, Völkerrecht und das Konstrukt des Nationalstaates", die Seiten 371-84, beginnend mit: „Auch ging mit diesen bürgerlichen Revolutionen ...", oder bspw. in: a.a.O., Band II, Zwischenruf 28.

*_ihre_* eigenen Interessen verwirklichen kann. Wie kostenreich sich das für die Masse (*__der Menschen__*) auswirkt, ist abhängig von der Art der dann von ihr zu bedienenden *macht_*elitären Interessen — und dies ist insbesondere *_davon_* abhängig, wie konfliktgeladen sich die, wesentlich von der eigenen, also der deutschen Politik verursachten, zumindest wesentlich *mit_*verursachten Beziehungen zwischen den Machteliten der Nationalstaaten entwickeln.

Es leuchtet ein, daß ein solches „Geneigtmachen" lediglich über entsprechende Meinungsmanipulation möglich ist.

Als exemplarisch für solche Manipulation kann übrigens die Situation vor dem Beginn des ersten Teils des großen Krieges des 20. Jahrhunderts gelten.

Denn vor dessen Ausbruch waren es die jeweiligen Satelliten der Machteliten der verschiedenen Nationalstaaten, die nicht nur als erste einen solchen Krieg bereit waren zu führen, sondern dazu auch das vorbereitende Tamtam zu machen.

Im Gegensatz zu den einfachen Menschen,

die spürten zumindest, was das für sie bedeuten würde,

bis auch sie dem Tamtam erlegen waren

und *hurra_*patriotisch in diesen Krieg zogen — bis sie,

und _*nun*_ wieder vereint mit jenen machtelitären Satelliten, dann sofort, oder später erst,

tot im Schützengraben lagen, und wenn nicht, als körperlich oder/und seelisch Verkrüppelte zurückkamen.

Das heißt _*anders*_ verkrüppelt zurückkamen,

denn verkrüppelt worden waren sie schon vorher —

in ihrem Wesen.

Und wie es jetzt erneut in den machtelitären Staaten kollektiv fühlbar wird, schlagen doch seit dem Ende des Kalten Krieges wieder die Sensoren an.[67]

„soziopolitische Phasenwechsel":

Da die Ursachen für den ersten Teil des Großen Krieges weder durch diesen Krieg selbst beseitigt noch im Anschluß daran einer Lösung zugeführt wurden, lassen sich seitdem lediglich „soziopolitische Phasenwechsel" ausmachen, wobei mit dem Ende des Kalten Krieges ein weiterer dieser „Phasenwechsel" einsetzte, der seit den

[67] Vgl. in: Die *tri*_logische Sezierung [...], Band I, Tb 3, Kapitel 15: „Menschenrechte, Völkerrecht und das Konstrukt des Nationalstaates".

2010er Jahren zu einem erneuten, so destruktiven wie systembedingten Höhepunkt strebt.

Gerade _*wegen*_ der für die Intelligenz wesentlichen Freiheit, ist der Schutz vor Suggestion und Propaganda und gegen die Beeinflussung über Wahnvorstellungen eine Bedingung dafür, daß sich eine eigene Meinung überhaupt erst in einem Individuum ausbilden kann.

*Das*

ist entscheidend, denn die Meinungsfreiheit beinhaltet vor allem eines:

Die freie Bildung der Meinung — der _*eigenen*_ Meinung.

Vor diesem Hintergrund reicht der Verweis darauf nicht aus, daß „Meinungsfreiheit" doch auf einem Label geschrieben stehe.

Denn sind Massenmedien zur Geneigtmachung der Bevölkerung aktiv, den von der Machtelite eines Nationalstaates vorgezeichneten Weg zu beschreiten, ist die Verhinderung der Bildung einer eigenen Meinung ein Muß.

Genau das findet eben dadurch statt, daß solche Medien diese Meinungsbildung

*vorweg*_nehmen,

also eine die Masse der Menschen geneigt machende Meinung erzeugen.

„Schaffung von '*Konsens*_Meinung'" ist
Bedingung für „*Konsens*_Realität"

Dieser Prozeß wird allein deshalb der Masse der Menschen nicht bewußt,

da er für alle gilt, und,

nach der medialen Verbreitung entsprechender, massenwirksamer Slogans,

die Masse der Menschen eines solchen Staates zwar sehr schnell Ähnliches zum Meinungsgebildeten „meint", dies selbst jedoch

meinungs_*mäßig* nichts

*Eigen*_gebildetes

ist, da diese Slogans als massenmediale, kollektiv zu konsumierende,

„mundgerechte Meinungs_*Happen*"

zu verstehen sind, wodurch sie tatsächlich

„Wahrheitscharakter"

gewinnen — denn:

„Die anderen sagen das ja auch".

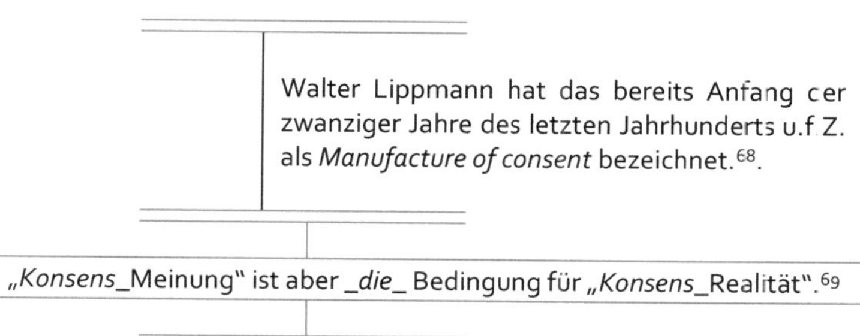

Konsequenterweise und lediglich beispielsweise sind einem Medium oder einer Partei die Möglichkeiten zur weiteren publikumswirksamen Äußerung _*dann*_ zu nehmen, bedienen sich ihre Vertreter dieser Mittel, da auf diese Weise nicht nur die Grenze „freier Meinungsäußerung“ überschritten ist, sondern die Meinungsfreiheit der Mitglieder einer Gesellschaft verletzt wird, also die Freiheit, sich eine _*eigene*_ Meinung bilden zu können.

> So wie „Entmenschlichung noch keine Vergeistigung“ (__Walter Serner, 1889-1942__), ist _*dieser*_ Gebrauch der Meinungsfreiheit das genaue Gegenteil dieser Freiheit, und zwar ist das vereinbar mit einer Lobbykratie, aber nicht mit einer Demokratie. [...]

ZITATENDE[70]

Die teilweise auf Simone Weill[71] basierenden Aussagen des

---

[68] Vgl. sein weiter oben zitiertes Buch, *Public Opinion*, Seiten 248 f.

[69] Vgl. in: Die *tri*_logische Sezierung [...], Band II, Zwischenruf 10.

[70] Siehe in: a.a.O., Zwischenruf 16, die Seiten 219 f.

[71] Vgl. Simone Weil, *Enracinement – Prélude à une déclaration des devoirs envers l'être humain*, Librairie Gallimard, Paris, 1949, Seiten 29 f.

obigen Zitats, das, zur Verdeutlichung des in dieser Lesung zu Erläuternden, in dieser Passage um weitere Überlegungen ergänzt worden ist, könnten verdeutlicht haben, daß das Problem der „Meinungsmache" mit der Einführung der repräsentativen Demokratie keineswegs gebannt ist — im Gegenteil.

Bereits in den frühen 1920er Jahren hatte der in dieser Passage erwähnte Walter Lippmann erkannt, daß mit mehr und mehr ausgefeilten Analyse-Techniken und psychologischen Methoden sowie über massenwirksame Medien sehr genaue kollektive Einflußnahme möglich wird — und folglich die Manipulation der öffentlichen Meinung mit den heutigen massenwirksamen Techniken ein weit größeres Problem darstellt als zur Zeit Lippmanns.

Es sollte einleuchten, daß dies insbesondere dann eine permanente Bedrohung für demokratische Prozesse darstellt, bestimmen machtvolle Partikularinteressen die gesellschaftliche Entwicklung.

Denn wer wollte jenseits des Dunstkreises solcher Interessen noch erkennen, zu welchem Zweck diese Möglichkeiten genutzt werden, bleiben diese der Masse der Menschen verborgen und gehören die Massenmedien weder der Mehrheit der Menschen noch werden diese von _*ihren*_ parlamentarischen Vertretern kontrolliert, diese hingegen in der Hand weniger Menschen sind, folglich von _*diesen*_ bestimmt wird, was „öffentliche Meinung" zu sein hat, also über diese Medien massenwirksame Meinungsmache erfolgt?[72]

---

[72] Vgl. die Seiten 81 und 361: „Gerade _*wegen*_ der für die Intelligenz wesentlichen Freiheit ...".

Gewiß, die Aufgabe öffentlich-rechtlicher Medien war es, eine relativ freie Meinungsbildung zu gewährleisten. Das aber kann heutzutage nicht mehr als gewährleistet gelten, da es längst eine Verquickung machtvoller privater Interessen mit parteipolitischen Interessen gibt und die Parteien auf die öffentlich-rechtlichen Medien einen _*direkten*_ Zugriff haben.

*Was*

könnte den Interessenvertretern der wenigen Besitzer der großen Massenmedien _*daran*_ gelegen sein, daß die Masse der Menschen erkennte, daß sie lediglich unzureichend, wenn nicht gar falsch unterrichtet wird, und sich in der Folge das Bewußtsein dafür *aus*_bildete, solche Medien gar nicht mehr haben zu wollen, sie abzuschaffen und sie durch

*unabhängige* und _*öffentlich*_

kontrollierte zu ersetzen, so daß sie über das _*sie*_ betreffende Geschehen _*stets*_ hinreichend informiert wären und

*jeder*

sich dazu faktengesichert Gedanken machen, folglich zu dem beitragen könnte, welches zur Lösung vorhandener oder möglicherweise auf uns zukommender, gesellschaftspolitischer Fragestellungen zu tun sei?

Der Fakt des „Parteienstaates" ...

ist aber über das Grundgesetz nicht gedeckt, denn „die Parteien wirken [_*zwar*_] bei der politischen Willensbildung des

Volkes mit"[73], daß sie die aber auch bestimmen sollen, ist damit nicht gesagt. Haben aber, so wie es faktisch der Fall ist, Parteien _direkten_ Zugriff auf die öffentlich-rechtlichen Medien und sind die

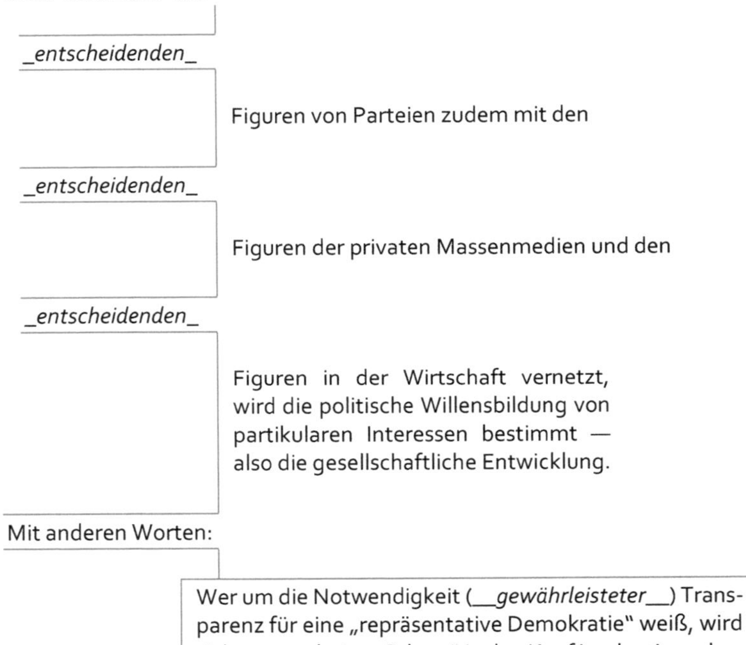

entscheidenden

Figuren von Parteien zudem mit den

entscheidenden

Figuren der privaten Massenmedien und den

entscheidenden

Figuren in der Wirtschaft vernetzt, wird die politische Willensbildung von partikularen Interessen bestimmt — also die gesellschaftliche Entwicklung.

Mit anderen Worten:

Wer um die Notwendigkeit (__gewährleisteter__) Transparenz für eine „repräsentative Demokratie" weiß, wird sich erst gar keine „Schere" in den Kopf implantieren lassen, geschweige denn dies vorauseilend selbst tun.

[73] Vgl. Artikel 21 Absatz 1 GG. Siehe auch die Seiten 4 und 137 f.: „Wenn aber in Artikel 21 Absatz 2 GG ...".

Die Fähigkeit zur eigenen Meinungsbildung in jedem Menschen entwickeln und charakterlich verankern

Vor dem Hintergrund des bisher Erläuterten ist der Schluß zu ziehen, daß das Grundrecht der Meinungsfreiheit lediglich unter der Voraussetzung anwendbar ist, gilt es in einer Gesellschaft als Selbstverständlichkeit, die Fähigkeit zur eigenen Meinungsbildung in *_jedem_* Menschen zu entwickeln und durch Aufklärung über gesellschaftliche Zusammenhänge charakterlich zu *_verankern_*.

Auf welche Art und Weise?

Nun, selbstverständlich über eine *_allen_* zugängliche schulische Bildung, die von der Einflußnahme durch Vertreter von Einzelinteressen *_frei_* ist, die *_bspw._* bestimmen,

und tatsächlich dies längst bestimmend,

welcher Art die Vermittlung von Wissen über die „Wirtschaft" zu sein habe — nämlich aus ihrer Perspektive betriebswirtschaftlich. Das aber ist fatal, da es zwar so ist, daß jeder Betrieb einen Teil einer Gesamtwirtschaft bildet, diese jedoch, da eine Gesamtheit, *_nicht_* nach betriebswirtschaftlichen Vorstellungen funktioniert.

Das heißt die Förderung blickverengender Wahrnehmung hat im Rahmen einer allgemeinbildenden Ausbildung nicht nur *_nichts_* zu suchen, sondern steht dazu in vollem Widerspruch, geht es in ihr doch um die

Vermittlung von Allgemeinwissen und, bezogen auf die Wirtschaft, _*nicht*_ um die Schaffung einer *be-triebs*_wirtschaftlich geprägten Sicht auf die Welt.

Denn betriebswirtschaftliche und gesamtwirtschaftliche Abläufe ereignen sich auf zwei unterschiedlichen Ebenen. Folglich lassen sich die Bedingungen der einen nicht auf die andere übertragen.

Das heißt, da die gesamtwirtschaftliche Ebene der betriebswirtschaftlichen übergeordnet ist und auf ihr andere Wirkmechanismen gelten, kann diese übergeordnete Ebene aus betriebswirtschaftlicher Perspektive nicht erfaßt werden.

Allgemeinbildung heißt zudem, den Blick auf Zusammenhänge zu weiten, hingegen nicht ihn auf einen Detailbereich zu verengen.

Wenn auch solche Bereiche Gegenstand des Unterrichts sein sollen und müssen, allerdings stets eingebettet in _*den*_ Zusammenhang, von dem sie selbst ein Detail sind — und unter Berücksichtigung zumindest eines übergeordneten Zusammenhangs, von dem jener Zusammenhang des zu untersuchenden Details selbst ein Detailbereich ist.[74]

Auch ist es zwar ebenso längst Fakt, aber aus demokratischer Sicht ein Unding, wird Unterrichtsmaterial verwendet, das von Lobbyisten inhaltlich ausformuliert und von _*deren*_ Arbeitgebern bezahlt worden ist, denn das ist Beeinträchtigung

---

[74] Vgl. in: Die *tri*_logische Sezierung [...], Band I, Teilband 2, Kapitel 7: „Überlegungen zum 'Wirtschaftsunterricht' an allgemeinbildenden Schulen".

der freien Lehre, d.h. der Prozeß der Meinungsbildung wird auf diese Weise schwerwiegend gestört.[75]

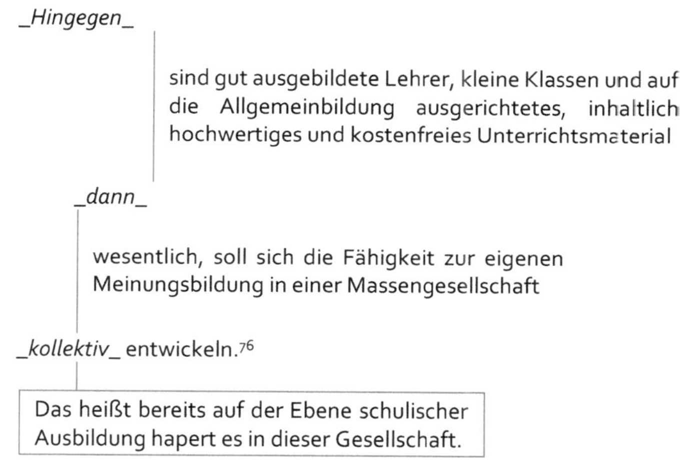

Das grundlegende Anliegen des Humanismus'

In völligem Gegensatz zu der in der marktkonform getrimmten Gesellschaft geltenden Ideologie des Neoliberalismus', ist es das grundlegende Anliegen des Humanismus', und zwar auf seiner Ebene der Aufklärung, die Fähigkeit zur Bildung ei-

---

[75] Vgl. a.a.O., ebenda, sowie in: Die *tri_*logische Sezierung [...], Band II, Zwischenruf 2: „In der Ferne die Bildung oder Die Schwarze Null".

[76] Vgl. a.a.O., Zwischenruf 22: „Die gesellschaftliche Bedeutung kleiner Schulklassen".

ner eigenen Meinung in _*jedem*_ Individuum zu entwickeln.[77] Das heißt eine demokratische Gesellschaft ist darauf angewiesen,

daß es als selbstverständlich angesehen wird,

allen ihren Mitgliedern eine gute Allgemeinbildung zu ermöglichen,

so daß es als normal gilt,

werden von seiten der heranwachsenden Generation die bestehenden sozialen Verhältnisse nicht nur kritisch hinterfragt, sondern,

so sie richtig ausformuliert sind,

Grundlage einer in der ganzen Gesellschaft geführten, ergebnisoffenen Debatte werden, an deren Ende eine Anpassung der aktuellen Gesellschaftsstruktur steht,

so daß sich die sozialen Verhältnisse überhaupt erst ändern können.

Daß _*das*_ utopisch sei, wird Ihnen nicht nur jeder Ideologe der Lobbykratie, also des Neoliberalismus' entgegnen, sondern auch die Masse der sogenannten normalen Menschen.

Nun, im Vertrauen, etwas wird nicht deshalb zu etwas Utopischem, da jemand _*mal eben*_ behauptet, es sei utopisch.

---

[77] Siehe den Anhang I in Teilband 2 dieses Bandes III der *Tri*_logischen Sezierung [...].

Tatsächlich ist das Vorerwähnte nämlich *un*_realistisch. Etwas *Un*_Realistisches ist aber nicht etwas Utopisches. Denn etwas *Un*_Realistisches ist lediglich in Abhängigkeit von den bestehenden gesellschaftlichen Verhältnissen *un*_realistisch. Und zwar deshalb unrealistisch, da das Denken heutzutage schon dermaßen *ver*_einseitigt ist, das heißt in von der neoliberalen Ideologie vorgegebenen Bahnen verläuft, daß solche, an sich demokratische, bzw. humanistische Notwendigkeiten, dem Potential unseres Geschlechts Raum zu seiner Realisierung zu geben, geradezu als utopische angesehen werden müssen.

Da die Entwicklungsnotwendigkeiten für die Entfaltung des menschlichen Wesens aber keinen Naturgesetzen, sondern den bestehenden gesellschaftlichen Verhältnissen widersprechen, könnte durch diese lediglich beispielhafte Nennung von tatsächlichen Voraussetzungs-Elementen einer Demokratie,

wozu nämlich in erster Linie eine möglichst störungsfreie

Ausbildung

der eigenen Meinung gehört,

deutlich werden, wie weit entfernt von wirklicher Demokratie neoliberal strukturierte Gesellschaften _*tatsächlich*_ sind:

*Alles*

ist auf marktkonformes Funktionieren der Masse der Menschen ausgerichtet — vermittelt schon über das eigene soziale Milieu (__Familie usw.__), vermittelt im Unterricht, vermittelt über Werbung, vermittelt über Massenmedien (__*welcher Art auch immer*__).

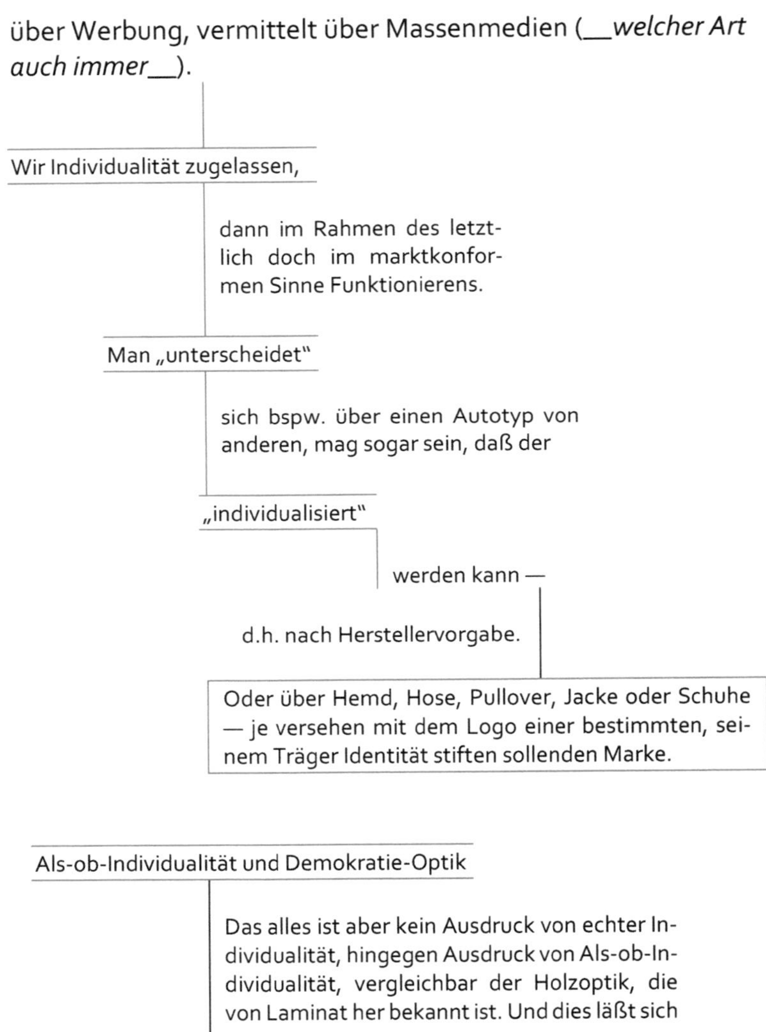

Wir Individualität zugelassen,

dann im Rahmen des letztlich doch im marktkonformen Sinne Funktionierens.

Man „unterscheidet"

sich bspw. über einen Autotyp von anderen, mag sogar sein, daß der

„individualisiert"

werden kann —

d.h. nach Herstellervorgabe.

Oder über Hemd, Hose, Pullover, Jacke oder Schuhe — je versehen mit dem Logo einer bestimmten, seinem Träger Identität stiften sollenden Marke.

Als-ob-Individualität und Demokratie-Optik

Das alles ist aber kein Ausdruck von echter Individualität, hingegen Ausdruck von Als-ob-Individualität, vergleichbar der Holzoptik, die von Laminat her bekannt ist. Und dies läßt sich auf die neoliberale Verfaßtheit der sogenannten Elitestaaten der Welt übertragen: Es handelt sich bei ihnen um Staaten, die eine Demokratie-Optik zeigen.

Daß die Masse der Menschen damit *un*_zufrieden ist, leuchtet zwar ein, allerdings bedeutet das, daß sie nicht *demokratie*_verdrossen, sondern *lobbykratie*_verdrossen ist. Mögen die meisten Menschen auch meinen, demokratieverdrossen zu sein, da ihnen erzählt wird, sie lebten in einer Demokratie.

* * *

Nun, da die Verhältnisse nicht so sind, daß sich eine der Grundbedingungen zur Realisierung echter Demokratie ausbilden kann, also eine fundierte eigene Meinung, kann es im aktuellen Stadium der lobbykratischen Entwicklung lediglich erst einmal darum gehen, zu retten was zu retten ist.

Wären die Verhältnisse nämlich derartig, würden nicht nur mal eben ein paar Fragen an die politischen Verantwortlichen gerichtet, sondern die Masse der Menschen verlangte eine _*sofortige*_ Änderung der Politik, so daß sich überhaupt erst _*prozeßhaft*_ Demokratie entwickelte.[78]

---

[78] Vgl. die Seiten 487-90: „Eine der Phantasie-Anregung dienende Glosse".

Das heißt es muß um die Aufdeckung gesellschaftlicher Tendenzen gehen und _*nicht*_ darum, das tagespolitische Einerlei zu bekritteln, ist dieses doch lediglich Ausdruck von Ergebnissen solcher Tendenzen. Wenig sinnreich erscheint es mir deshalb, dem durch solche Ergebnisse ausgelösten Impuls reflexhaft hechelnd nachzugeben, und auf diese Weise u.U. sogar dabei behilflich zu sein, zur Ablenkung irgendeine tagespolitische Sau durchs Dorf zu treiben. Oder gar eine Tendenz noch zu befördern ...

Nun, damit spiele ich jetzt _*lediglich beispielhaft*_ auf die „Silvesternacht" des Übergangs vom Jahre 2015 in das Jahre 2016 an. Im nachfolgenden geht es also um die Beschäftigung mit einem Ereignis, an dem der von verantwortlich politischer Seite betriebene „Mißbrauch der Meinungsfreiheit" exemplarisch verdeutlicht werden kann.

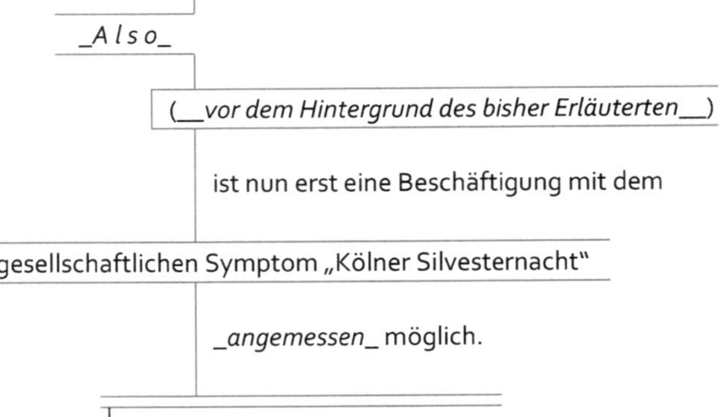

Und die Beschäftigung damit ist insbesondere im Rahmen dieser Lesung angezeigt, da an der Art und Weise der „Berichterstattung" über gerade dieses Ereignis aus meiner Sicht exemplarisch der Versuch erkennbar wird, der unter dem aggressiv machenden, mehr und mehr sich erhöhenden Druck markt-

konformer Trimmung stehenden Masse
der Menschen dieser Gesellschaft

ein politisch

massenwirksam verwendbares

Ventil zu schaffen, in der Folge auf Deubel komm raus diese Masse der in diesem Nationalstaat Einsitzenden für zukünftige Vorhaben der Machteliten geneigt zu machen.

Und erste Bedingung hierzu ist kollektive Verrohung.

Die „Kölner Silvesternacht" des Übergangs vom Jahre 2015 ins Jahr 2016 als Beispiel für den Mißbrauch der Meinungsfreiheit

Halten _*Sie*_ es für möglich, daß es im Zeitalter der Smartphoneisten kein einziges aussagekräftiges Photo zu dem gab, das von interessierter politischer Seite in den Tagen nach dieser Silvesternacht „berichtet" worden ist und worauf man weiterhin gern auf _*stets*_ tendenziöse Weise zurückkommt

(__so daß allen _*jenes*_ „klar" bleibe, welches alles andere als klar, also tatsächlich *un*_klar ist__),

ohne wirkliche Fakten vorlegen zu können? Auch geben die Polizeiberichte nichts Faktisches für das dann „Berichtete" her.

Die Hauptereignisse sollen sich im und am Kölner Hauptbahnhof ereignet haben. Die Behauptung, die 80 zu jener Zeit dort installiert gewesenen und der Überwachung dienenden Videokameras hätten wegen zu schlechter Lichtverhältnisse keine aussagekräftigen Bilder aufnehmen können, wird durch die veröffentlichten Aufzeichnungen dieser Kameras widerlegt, denn diese zeigen den Bahnhof dann gut ausgeleuchtet.

Das heißt sogenannte Journalisten betreiben Suggestion und verbreiten Annahmen, die nicht von den Fakten gedeckt sind, aber genau jenen in die Hände spielen, von denen genau solche Journalisten empört „berichten", zudem sowieso noch die Demokratieverdrossenheit in der Bevölkerung beklagen — und beeindruckende Slogans sofort mitliefern.

Die Aussagen von „Zeugen" und „Betroffenen" beinhalten entweder nichts Konkretes, oder wissen von dem zu „berichten", welches bei Großveranstaltungen üblicherweise geschieht:

kleinere Diebstähle, das Begrabschen von Frauen.

Unter den Anzeigen sind auch zwei Vergewaltigungen aufgeführt. Von einer davon war auf Focus Online zu lesen: „Kölner Silvesternacht — Frau war nach Vergewaltigung an Silvester schwanger". Die „Focus-Redaktion" hat diesen Artikel am 15. Juli 2016 mit folgendem Hinweis versehen: ZITAT: UPDATE: Die Frau hat inzwischen eingeräumt, die Vergewaltigung nur erfunden zu haben. ZITATENDE.[79]

Es wurden dann sogar Photos gezeigt. Das Dumme daran aber war, daß die auf dem *Tahrir-Platz* in Kairo aufgenommen worden waren, als es dort zum wiederholten Male zu Vergewaltigungen in großer Zahl gekommen war.

Das heißt insbesondere in der Zeit zwischen dem Rücktritt des autokratisch geherrscht habenden Muhammad Husni Mubarak am 11. Februar 2011 und der am 8. Juni 2014 erfolgten Amtseinsetzung des früheren Geheimdienstchefs, Abd al-Fattah Said Husain Chalil as-Sisi zum ägyptischen Präsidenten, war es zu Massenvergewaltigungen von Frauen gekommen — unter den Augen der Polizei und mit Beteiligung ägyptischer Soldaten verübt, als nämlich diese „Sicherheitskräfte" ihre vorher bis zum Exzeß ausgeübte „Sicherheitstätigkeit" einstellten — aus „Protest" gegen die Demonstrationen gegen das Mubarak-Regime sowie, wie es weiter hieß, wegen des Ergebnisses der ägyptischen Präsidentschaftswahl im Jahre 2012, die eine Mehrheit für die Muslimbruderschaft ergeben hatte. Tatsächlich aber hatten Polizei und Militär ihre „Sicherheitstätigkeit" vor allem deshalb eingestellt, da die in diesen Organisationen Tätigen um ihre Pfründe fürchteten, immerhin stellen die einen bedeutenden Wirtschaftsfaktor Ägyptens dar — obwohl das nichts mit deren Sicherheitsaufgabe zu tun hat ...

79 Internet-Pfad: http://www.focus.de/politik/deutschland/koelner-silvesternacht-frau-nach-vergewaltigung-an-silvester-schwanger_id_5730764.html; erneut geprüft am 9. September '17.

Fälle von Vergewaltigung oder sexueller Nötigung _ 2001-2016

Es sei am Rande darauf aufmerksam gemacht, daß es in Deutschland in den Jahren 2001 bis 2016 im Durchschnitt 9,6 erfaßte Fälle von Vergewaltigung oder sexueller Nötigung bezogen auf 100.000 Einwohner nach § 177 Absätze 2, 3 und 4, und § 178 StGB gegeben hat.

(__Bei einer angenommenen Bevölkerungszahl von 81.900.000, sind das 7.862 Fälle pro Jahr, bzw. 655 pro Monat, bzw. knapp 22 pro Tag.__)

Dieser Durchschnittswert von 9,6 wurde im Jahr 2001 genau erreicht, auch der fürs Jahr 2016 angegebene Wert entspricht dieser Angabe. [80]

Vielleicht könnte noch der Hinweis auf nachfolgend aufgeführten, aus dem Jahre 2013 stammenden Artikel hilfreich sein? Immerhin stellt der eine weitere Pauschalverurteilung in Frage: „In Deutschland werden mehr Frauen vergewaltigt als in Indien".[81]

Und die vom 5. März 2014 stammende Pressemitteilung der von der EU geschaffenen Expertenkommission FRA (__„Agentur der Europäischen Union für Grundrechte"__), sollte selbst jene Phobiker nachdenklich

[80] Quelle: Statista GmbH Hamburg, der folgende Internet-Pfad ist am 9. September '17 erneut geprüft worden: https://de.statista.com/statistik/daten/studie/1587/umfrage/vergewaltigung-und-sexuelle-noetigung/. https://de.statista.com/statistik/daten/studie/1587/umfrage/vergewaltigung-und-sexuelle-noetigung/; der Internet-Pfad ist am 9. September '17 erneut geprüft worden.

[81] Der zugehörige Internet-Pfad ist ebenfalls am 9. September '17 erneut geprüft worden: http://www.theintelligence.de/index.php/gesellschaft/volksverdummung/5108-in-deutschland-werden-mehr-frauen-vergewaltigt-als-in-indien.html.

werden lassen, die die „Gefahr" sogar genau zu verorten „wissen": „Gewalt gegen Frauen: sie passiert täglich und in allen Kontexten".[82]

Exkursion ins „ominös Postfaktische"[83]

Das „ominös Postfaktische" ist zwar lediglich einer der von solchen Journalisten, *spin*_doktorischen Wissenschaftlern und Politikern in solchen Zusammenhängen verwendeten Slogans — allerdings ist insbesondere dieser aus der dadaistisch-surrealen Not neoliberaler Ideologen heraus geboren:

Als Benennungsversuch für eine erst durch neoliberale Politik möglich gewordene, also von diesen Ideologen und den diese Politik praktizierenden Politikern *_selbst_* erzeugte Situation.

Das wäre im übrigen für die Machtelite eine höchst gefährliche Situation, allerdings nicht wegen der AfD, die will grundsätzlich auch keine andere als die praktizierte neoliberale Politik betreiben: Der eigentliche Unterschied zu den Vertretern der aktuell praktizierten Politik liegt vor allem in der ausdrücklich nationalistischen Komponente. Wie aber die Zeit des Na-

[82] Der zugehörige Internet-Pfad ist ebenfalls am 9. September '17 erneut geprüft worden: http://fra.europa.eu/sites/default/files/press-release-violence-against-women_de_1.pdf.

[83] Siehe auch Lesung 2.

zismus' gezeigt hat, war diese „politische Komponente" kein grundsätzliches Problem für die nationalstaatliche Machtelite in diesem Land.

Allerdings geht es heutzutage gar nicht um einen zu erwartenden „Neonazismus", sondern um einen „Neowilhelminismus", der sich nun mit dem Neoliberalismus zum „Neowilhelmoliberalismus" amalgamiert.[84]

Sondern,

gäbe es allgemein einen weit höheren politischen Aufklärungsgrad, wäre ein deutlicher politischer Widerstand von seiten der deutschen Bevölkerung selbst präsent[85], da die Masse der Menschen dann längst erkannt hätte, wohin diese, seit dem Ende des Kalten Krieges mählich sich forcierende Politik führen muß.[86]

Und so lassen sich Slogans à la „postfaktisch" durchaus als Ausdruck der Ratlosigkeit der neoliberalen Ideologen werten.

---

[84] Siehe die Seite 572: „Definition des Neowilhelmoliberalismus".

[85] Was damit gemeint ist, bzw. wie der sich dann artikulierte, könnte vielleicht exemplarisch verdeutlichen der kleine, auf den Seiten 487-90 als Glosse daherkommende Fingerzeig: „Eine der Phantasie-Anregung dienende Glosse". Was dazu wiederum zu bedenken und notwendig ist, findet sich entwickelt in: Die *tri_*logische Sezierung [...], Band I: *Es werde mehr Licht! [...]*, Teilband 4: „Der Lösungsweg".

[86] Siehe hierzu Lesung 19 sowie in: a.a.O., Band II: *Zwischenrufe in satirisch-politischen Variationen [...]*, Zwischenruf 28.

Bedeutet das aber, daß sie sich nun endlich zurückziehen und Leuten das Feld überlassen wollten, die mit einem guten Gesamtblick auf die gesellschaftliche Entwicklung ausgestattet sind? Gewiß nicht, denn die Erfahrung mit dem vor dem 1. Teil des großen Krieges des zwanzigsten Jahrhunderts von diesen Machteliten exemplarisch gezeigten Verhalten und der Tatsache, daß es

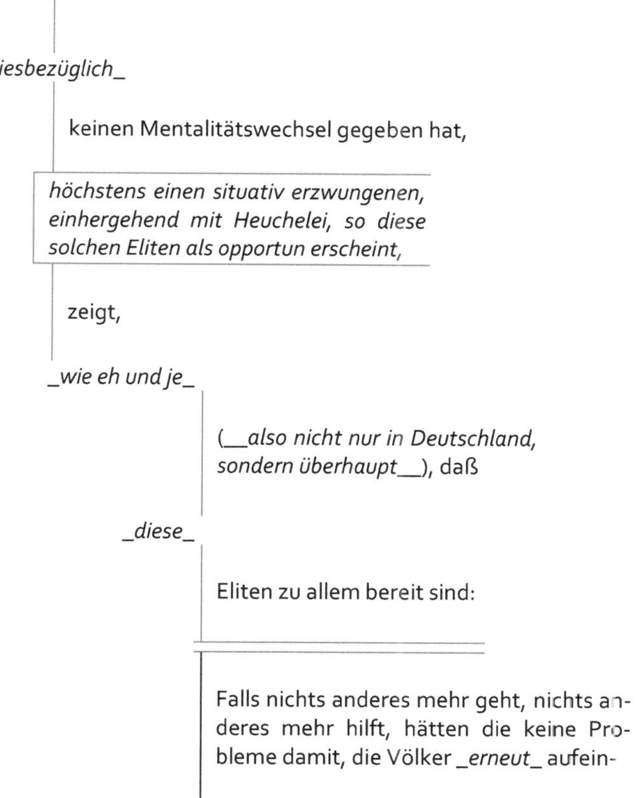

*diesbezüglich*

keinen Mentalitätswechsel gegeben hat,

höchstens einen situativ erzwungenen, einhergehend mit Heuchelei, so diese solchen Eliten als opportun erscheint,

zeigt,

*wie eh und je*

(__*also nicht nur in Deutschland, sondern überhaupt*__), daß

*diese*

Eliten zu allem bereit sind:

Falls nichts anderes mehr geht, nichts anderes mehr hilft, hätten die keine Probleme damit, die Völker _*erneut*_ aufeinander zu hetzen[87] — anstatt die Macht mit der Masse der Menschen zu teilen oder diese gar an deren Vertreter freiwillig zu übergeben.

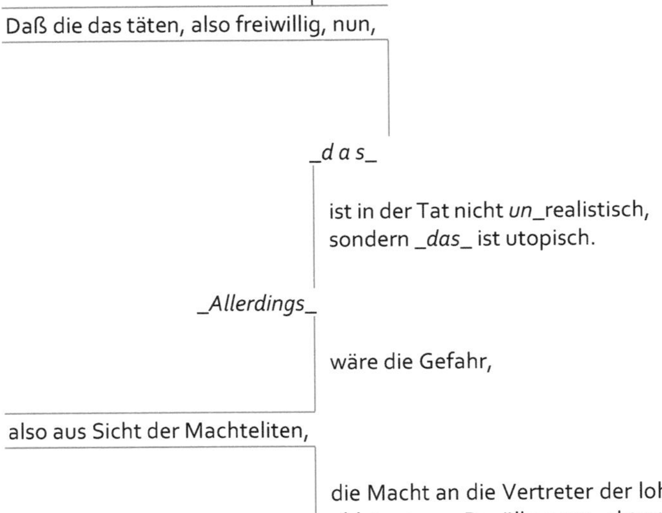

Daß die das täten, also freiwillig, nun,

*_d a s_*

ist in der Tat nicht *un_*realistisch, sondern *_das_* ist utopisch.

*_Allerdings_*

wäre die Gefahr,

also aus Sicht der Machteliten,

die Macht an die Vertreter der lohnabhängigen Bevölkerung abtreten zu müssen, tatsächlich erst dann gegeben, wäre der oben schon erwähnte Aufklärungsgrad bei der lohnabhängigen Bevölkerung weit höher, wären nämlich die Fähigkeit verbreitet sowie die Möglichkeiten gegeben, sich eine eigene Meinung *_fundiert_* bilden zu können.

---

[87] Daß das nicht einfach so dahergeredet ist, sondern sich genauso verhält, wird erläutert in: Die *tri_*logische Sezierung [...], Band I: *Es werde mehr Licht! [...]*, Teilband 3, Kapitel 15.

Dem

stehen allerdings alle möglichen neoliberalen *Spin*_Doktoren in Gestalt von Wissenschaftlern neoliberal interessengeleiteter Institute und die schreibenden Mitarbeiter der Medien_*Konzerne* geballt entgegen, abgesehen von den mehr oder weniger von der neoliberalen Ideologie beeinflußten Politikern — umstellt wie die von Lobbyisten nun einmal sind.

Vom „ominös Postfaktischen" zurück zum exemplarisch Postfaktischen

---

Jetzt, also nach dieser ausreichenden Ausleuchtung des Hintergrundes, möchte ich auf die „Kölner Silvesternacht" zurückkommen.

Wie eingangs schon erwähnt, gab es im Zeitalter der Smartphoneisten keine *aussage*_kräftigen Bilder

(__*selbstverständlich könnten lediglich Bilder gemeint sein, die die Art und Weise der Darstellung der Ereignisse tatsächlich bestätigt hätten*__),

die also zu dem gepaßt hätten, welches in den Tagen nach dieser Silvesternacht erzählt worden ist und, weiterhin, nun zu einem tendenziösen Mythos geworden,

erzählt wird, ohne wirkliche Fakten vorlegen zu können, aber das hindert entsprechend interessierte Kreise des rechten politischen Lagers nicht, das von den Fakten _*nicht*_ Gedeckte aufzugreifen —

aus solchen Kreisen eigen seienden niederen Beweggründen.

Als exemplarisch kann in diesem Zusammenhang jenes Video gelten, das nach besagter Silvesternacht recht zügig auf der Internetseite der „Focus Online-Redaktion" eingestellt worden ist und das aus einem Film und einer Tonspur besteht.

Schaut man sich lediglich den Film an

(__*also ohne Ton*__),

kann man tendenziell jenes sehen, welches schon seit den 90er Jahren Trend ist:

Bürgerkriegsähnliche Zustände in der Silvesternacht in großen Städten.

Das glauben Sie jetzt nicht ...

Nun, dann lassen Sie sich folgendes fragen _*und*_ berichten:

Sie mit dem Auto in einer solchen Nacht, so um halb Eins, in einer sogenannten ganz normalen Wohngehend schon einmal unterwegs gewesen?

Müssen Sie einmal machen, ich habe es lange Jahre getan, als ich noch mit meinem Taxi Stammgäste um diese Zeit gefahren hatte:

> Flaschen fliegen unter das Auto, Böller werden gegen die Fensterscheibe geworfen, auf das Auto wird geschlagen, nur Schritt-Tempo ist möglich. Flaschen mit abschußbereiten Raketen stehen auf der Straße und werden von ganz normalen „Nachbarn" bedient, deren Gesichtsausdruck nicht die Freude über den Jahreswechsel spiegelt, sondern automatengleich ist: Rakete abschießen, nächste Rakete auf die Flasche, abschießen usw. Dies ist seit langen Jahren der Fall.

Sie glauben ja gar nicht wie meine Frau und ich es genossen hatten, gerade diesen Jahreswechsel in Frankreich zu verleben: das ganze Knallkörper- und Raketengedöns können Sie dort in den Supermärkten erst gar nicht kaufen.

Der Grund dafür liegt übrigens darin, daß die Knallerei zu viele Schäden an Gebäuden und Fahrzeugen verursacht hatte, so daß seit 2011 ein allgemeines Feuerwerksverbot gilt.

Auch am Silvestertag selbst in Orléans, war die Stimmung entspannt und die Restaurants gut besucht.

Gewiß, es gibt eine zentrale Feuerwerksveranstaltung in Paris mit großer Party auf der Avenue des Champs-Elysées, aber ansonsten recht aufgeräumte Stimmung — so bspw. im kleinen Arbonne-la-Forêt, von wo man aus das Feuerwerk in Paris schwach tönen hört: man prostet sich zu, wünscht sich alles Gute fürs neue Jahr und feiert mit Familie und Freunden, oder geht in der Nachbarschaft von Haus zu Haus und wechselt ein Glas ...

Nun, leider verfüge ich nicht mehr über dieses originale Video, und zwar deshalb, da es entfernt worden ist — d.h. sein original gesprochener Text ist entfernt worden. Was Sie heutzutage auf „Focus Online" gezeigt bekommen, ist zwar dieses Video, aber es ist mit Änderungen versehen. So weist es einen anderen Titel auf und der Text wird von einem Sprecher gesprochen.

Der Text der originalen Tonspur dieses Videos wird von einer Frau gesprochen.

Auch der Inhalt des Textes ist verändert: Es ist die Rede davon, daß sich _*nach*_ schweren Ausschreitungen die Lage entspannt habe.

Wohlgemerkt: die Bilder sind die gleichen.

Andererseits ist weiterhin von jener unbewiesenen Behauptung die Rede, die im originalen Video _*ausschließliches*_ Thema war:

Die Bilder dieses (__*originalen*__) Videos sollten die Aussagen des

*Originaltons*

belegen, wer also für diese Ausschreitungen verantwortlich gewesen sei, *_obwohl_*

die Bilder das für sich genommen *_nicht_* hergeben.

Diese *un*_belegte Behauptung ist weiterhin Gegenstand dieses *_nachträglich_* komplett ausgetauschten Textes.

Das heißt ich kann bezeugen,

daß das originale Video, das Anfang des Jahres 2016 zu sehen und zu hören war,

*_bildlich_*

mit dem jetzt den Menschen vorgesetzten übereinstimmt, hingegen

*_textlich_*

eindeutig nicht mehr, wenn auch die gleiche Geschichte erzählt wird, nur

eben im Original derartig, als hätte sich das Geschehen in dem Moment der Videoaufnahme ereignet.

Wie gesagt,

*_obwohl_*

die Bilder das für sich genommen nicht bestätigen.

Wohingegen im textmäßig veränderten,

heute zu sehenden Video,

die Erzählung derartig ist,

daß der Zuschauer den Eindruck bekommt,

er sähe eine Video-Aufnahme _*nach*_

Ereignissen, von denen im Text die Rede ist.

Mit anderen Worten:

Dieses Video kann als doppelte Manipulation verstanden werden,

also auf akustischer _*und*_ auf visueller Ebene,

zum Zwecke der grundlegenden Beeinflussung der Bildung einer eigenen Meinung.

In beiden Fällen,

Irreführung auf akustischer und auf visueller Ebene, dient dies der Desinformation der Bevölkerung und wird helfen, die Gesellschaft weiter zu militarisieren.

Es gibt bereits als renommiert geltende Wissenschaftler, die sich darüber beklagen, daß „deutsche Männer sich nicht mehr prügeln" könnten — dies von einem Berliner Hochschulprofessor bezüglich _*dieses*_ Silvesternacht-Krawalls in Köln genauso gefaselt.

Es sei wiederholt: Der Text dieses Videos ist nicht mehr der originale. Schaut man sich also dieses auf „Focus Online" einsehbare Video an[88], und weiß um den originalen Ton dazu, fällt auf, daß _*weder*_ das mittels der originalen Tonspur _*noch*_ jenes mittels der heute verwendeten Tonspur „Berichtete" mit dem übereinstimmt, welches die Bilder zeigen. Das heißt

*faktisch*

sieht man _*einen*_ Silvesternacht-Krawall,

der für sich genommen _*nichts*_ über die tatsächlich stattgefunden habenden Ereignisse aussagt — noch wer dafür verantwortlich wäre.

Diesen, bei irgendwelchen Massenveranstaltungen fast schon als üblich zu bezeichnenden Krawall, einer bestimmten Gruppe von Menschen zuordnen zu können, ist nicht nur gewagt, sondern ist über das gezeigte Bildmaterial nicht gedeckt.

[88] Dieses Video trägt den Titel: „'Lage entspannt': Die verheerende Fehleinschätzung der Kölner Polizei". Der nachfolgend aufgeführte Internet-Pfad ist am 9. September '17 erneut geprüft worden: http://www.focus.de/politik/videos/nach-uebergriffen-am-koelner-hauptbahnhof-lage-entspannt-die-verheerende-fehleinschaetzung-der-koelner-polizei_id_5191477.html.

Später redete man einmal von „Kurden", dann von „Irakern", dann von „Marokkanern", schließlich schien man sich auf „Araber" geeinigt zu haben.

Dies alles kein Ausdruck dafür, vom Tatsächlichen eines Ereignisses berichten zu wollen,

sondern von tendenziöser Emotionalisierungs_*Absicht*,

die zudem durch dann aufgekommene pauschalisierende

Stigmatisierungs_*Kürzel*

wie „Nafri", welches für „nordafrikanische Intensivtäter" steht, belegt wird.

Was aber wären solche „Intensivtäter" im Vergleich zu jenen tatsächlichen

*_politischen_* Intensivtätern, die

*_vorher_*

ganze Weltregionen chaotisiert hatten und weiterhin chaotisieren — hierbei von

*_medialen_* Intensivtätern unterstützt,

die bspw. das Führen von „Menschenrechtskriegen" propagieren?

Was also wären solche pauschal mit Stigmatisierungskürzeln versehene „Intensivtäter"?

Möglicherweise _*ein*_ Symptom der praktizierten, lediglich wenigen Menschen dienenden Politik?[89]

Nun, was man hingegen in der Bildmitte des Videos tatsächlich sieht ist ein eindeutig weißfarbiger, sich im Halbkreis bewegender, mit einer Faustfeuerwaffe in die Luft schießender Mann.—

Nicht das um den herum irgendwelche ihn bedrohenden Figuren wären, denn die Kamera zeigt im Vordergrund kaum jemanden stehen, geschweige sich bewegen, sondern diese Figur ballert „nur so krawallmäßig" in die Luft.

Verstehen Sie das jetzt nicht falsch:

Es geht nicht um eine Verniedlichung von bspw. einem Silvesternacht-Krawall mit allen Auswüchsen, die sich zudem an Plätzen anläßlich von irgendwelchen Großveranstaltungen erst recht dann ereignen, erhöht sich der soziale Druck kollektiv immer weiter — ob in Köln, München, Berlin oder in einer

[89] Vgl. bspw. Lesung 14 sowie in: Die *tri*_logische Sezierung [...], Band II: *Zwischenrufe in satirisch-politischen Variationen [...]*, Zwischenrufe 6, 7 und 28.

anderen großen Stadt[90], spielt dabei keine Rolle —

sondern es ist etwas anderes, das dafür entscheidend ist.

Nun, es ist dieses „Andere", welches bspw. in Ereignissen von Silvesternächten seit langen Jahren schon zum Ausdruck kommt, und interessant sind diese gesellschaftlichen Symptome lediglich insofern, als sie u.U. auf ihre gesellschaftlichen Ursachen rückschließen lassen —

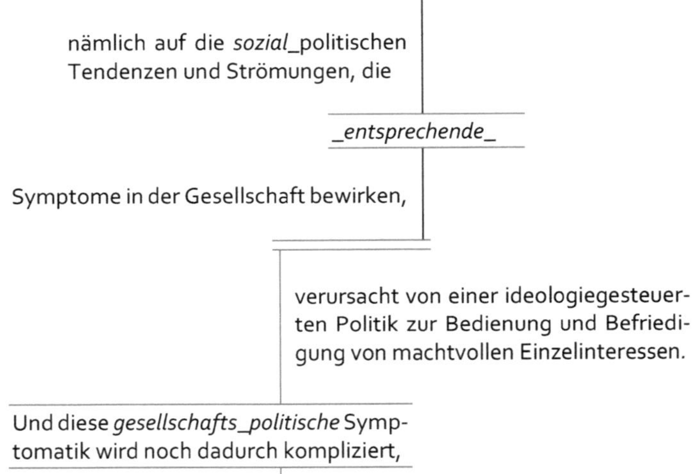

nämlich auf die *sozial*_politischen Tendenzen und Strömungen, die

*_entsprechende_*

Symptome in der Gesellschaft bewirken,

verursacht von einer ideologiegesteuerten Politik zur Bedienung und Befriedigung von machtvollen Einzelinteressen.

Und diese *gesellschafts_politische* Symptomatik wird noch dadurch kompliziert,

daß wir im Zeitalter der Massenmedien leben, wo es um die Absonderung von Slogans geht, damit eine sich an der Oberfläche zeigende gesellschaftspolitische Strömung sofort sprachlich gebannt und, nach Möglichkeit, entweder im Sinne der Machtelite entschärft,

---

[90] … wie bspw. in Marseille, anläßlich der Fußball-EM 2016 …

bzw. meinungsmachend derartig manipuliert werden kann, daß die gewünschte

(*__gesellschaftspolitische__*) Hauptrichtung

beibehalten bleibt.

Nun, in der Tat: Unter solchen Bedingungen ist die Bildung einer freien Meinung nicht *un*_realistisch, sondern sie ist utopisch.

Vierte Lesung

Meinungsbildung ist grundsätzlich Gefahren ausgesetzt[91]

In seinem Artikel zu einer Ausstellung, die vom 24. Juni 2016 bis zum 15. Januar 2017 im *Eisenacher Bachhaus* zu sehen war und deren aufklärendes Thema mit dem Titel warb:

> „Luther, Bach und die Juden",

merkt der Autor und Redakteur der Wochenzeitschrift „Der Freitag", Michael Jaeger, an einer Stelle an, daß

> *die Quelle zu verändern, zwar nicht anginge, aber man könnte es sich als kommentierte Ausgabe vorstellen.*

... Was? — Nun, das Johannesevangelium ist gemeint. Und zwar deshalb gemeint, da einige der um die 30 auf Luther zurückgehenden Choräle ihren Inhalt aus diesem Evangelium ziehen und in Bachs *Johannespassion* lebendig werden.

---

[91] Editorische Notiz: Der Text dieser Lesung stammt in seiner Originalfassung vom 27. Juli 2016 und ist für dieses Buch redigiert worden.

Während aber die antisemitischen Schriften Luthers erst wieder durch diese Ausstellung ins öffentliche Bewußtsein treten, sind die Lutherschen Choräle in Bachs *Johannespassion*, seit ihrer ersten Aufführung anläßlich des Karfreitags des Jahres 1724 in der Leipziger Nikolai-Kirche, relativ präsent geblieben.

(__*Das heißt drei Jahre vor der in der unweit gelegenen Thomaskirche in ihrer Urfassung aufgeführten Matthäuspassion, deren Choräle ebenso auf Luthers Übersetzung der Kapitel 26 und 27 des Matthäusevangeliums basieren, und ebenso Luthers Haß auf die Juden zum Ausdruck bringen — hier insbesondere in der kompositorischen Verarbeitung von Mt 27, 25.*__)

Übrigens beleuchtet die vom Leiter des Eisenacher Bachhauses Jörg Hansen organisierte Ausstellung jene, jenseits des „Luther-Mythos" liegenden, also bisher ausgeblendeten Charakterzüge des Reformators, so daß ein angemessenes Bild entsteht, d.h. schonungslos der reale Martin Luther (__1483-1546__) *ahn*_bar wird, hingegen geradedies dem Autor etwas unbehaglich zu sein scheint, wenn er schreibt:

„Mußte das denn sein?".

Obwohl er durchaus anerkennt, daß in der pauschalen Verdammnis aller Juden keiner Luther gleichkam. Ebenso geht aus dem Artikel hervor, daß dem Autor bekannt ist, daß Johann Sebastian Bach (__1685-1750__) nicht nur um _*diese*_

Schriften Luthers wußte, sondern daß er _*deren*_ Inhalt in seine Werke einfließen ließ,

> *(__und hier ist die Johannespassion insbesondere deshalb zu nennen, da deren Choräle sich auf die von dem oder den Schreibern des Johannesevangeliums erzählten, sich vor und während der Kreuzigung Jesu ereignet haben sollenden Ereignisse stützen__),*

findet aber, und damit hat er recht:

> Was hat [Bach] denn anderes getan, als Bibeltexte zu vertonen?

Daraus schlußfolgert er dann jenes, welches eingangs dieser Lesung schon zitiert worden ist, daß nämlich die „Quelle zu verändern, zwar nicht anginge, aber man könnte" sich eine „kommentierte Ausgabe" des Johannesevangeliums „vorstellen". Doch enden läßt der Autor seinen Artikel mit dem Satz:

> *... auch Jesus war kein Stiller im Lande: Er hat die Händler aus dem Tempel getrieben.*

Und setzt ihn damit mit dem Propheten Elias in Beziehung.[92]

* * *

[92] Vgl. „Der Freitag": *Haß als Passion — Das Eisenacher Bachhaus zeigt, wie der Komponist die Begleitmusik für Martin Luthers antijüdische Hetze lieferte*. Der nachfolgend aufgeführte Internet-Pfad ist am 9. September '17 erneut geprüft worden: https://www.freitag.de/autoren/michael-jaeger/hass-als-passion.

Es ist aus meiner Sicht gewohnheitsmäßig so, daß genau jenes anerkannt wird, welches wegen eines nicht abzuweisenden Eindrucks

für den Augenblick

nicht abgeleugnet werden kann — bspw. die Fragwürdigkeit von pauschaler Schuldzuweisung und, damit einhergehend, der Fragen aufwerfende Inhalt von Passagen eines als heilig geltenden und als Quelle für solche Pauschalierungen dienenden Textes selbst. Anstatt also nun weiterzugehen, wird anderes,

und genauso Fragwürdiges,

weiterhin als richtig und gültig angesehen, obwohl doch eher die Frage zu stellen wäre, ob denn überhaupt an solchen, als heilig geltenden Texten etwas heilig sein kann.

Also dient das in dieser Lesung zu Erläuternde der erweiterten Verdeutlichung dessen, dem die Meinungsbildung insbesondere ausgesetzt ist — fühlt sich die Elite eines Landes _*nicht*_ dazu aufgerufen, den normalen Menschen _*beizeiten*_ reinen Wein einzuschenken, obwohl sie das ohne weiteres könnte, sind die Fakten,

selbst jene mit hohem Alter,

doch so unbekannt nicht. Folglich muß es andere Gründe dafür geben, daß die Vertreter der Elite dieser Forderung nicht gerecht werden ...

Das heißt

Luther, Bach und all die anderen der als groß geltenden Vertreter der Vergangenheit unseres Geschlechts, sind das eine, das andere ist die Elite von Heute, die es weit besser wissen könnte — wäre sie nicht so eingebunden ins Machtgeschehen.

Verstünden ihre Vertreter allerdings ihre Aufgabe richtig, also die Masse der Menschen über gesellschaftliche, und in diesem Fall über geschichtliche und sogar „religiöse Kraft" entfaltet habende, bis in unsere Zeit hineinwirkende Zusammenhänge aufzuklären, ließe sie das sehr schnell nicht mehr die „Satelliten" der Machtelite eines Nationalstaates sein — da sie dann von Fakten berichteten, die die Machtverhältnisse in Frage stellen müßten ...

Aber es ist nun einmal so,

daß jede Machtelite

*_primär_*

im eigenen Interesse unterwegs ist, und zu

*_deren_*

Bedienung, also die Masse der Bevölkerung geneigt zu machen, sind nun einmal

deren,

gewohnheitsmäßig als Elite bezeichneten Satelliten da.

Und so ist es genauso nicht verwunderlich, wie wenig,

wenn wir schon beim Thema sind,

von als Religionsstiftungen bezeichneten,

tatsächlich aber Ausdruck von in längst vergangenen, oft lediglich vage bekannten Zeiten sich ereignet habenden,

interessengeleiteten Prozessen ins Bewußtsein der normalen Menschen gedrungen ist. Denn wie sollte das ein Wunder sein,

bedenkt man,

daß jene Leute, deren vornehme Aufgabe es wäre, genau diese Menschen zu unterrichten,

zu denkfaul sind oder (__*wahrscheinlicherweise*__) aus „Gründen der Karriere"

lediglich jenes wahrnehmen, zumindest lediglich jenes berichten wollen, welches ihnen selbst als „Elite" (__sprich: Satelliten der Machtelite__) nützlich ist?

Die Quelle zu verändern, geht zwar nicht an, aber man könnte es sich als kommentierte Ausgabe vorstellen,

stellt der Autor also fest ...

Ob sich in Sätzen wie diesem zitierten Aufgeklärtsein spiegeln soll? An welcher Quelle nichts ändern? An Schriften etwa, die

> *_nachträglich_*

zu dem Zweck abgefaßt worden sind, die Paulus-Briefe erzählerisch zu fundieren — also die 4 kanonischen Evangelien und die Apostelgeschichte? Dies Schriften, die als jenes zu bezeichnen sind, welches sie damals sein sollten und weiterhin sind:

> Propagandaschriften des Paulinischen Christentums.

Schriften also, die einem politischen Zweck dienten, nicht aber dem Heil der Menschen —

> wie es übrigens insbesondere für alle monotheistischen Religionen gilt.[93]

Für eine überzeugende Darlegung, daß Jesus zwar mit relativer Wahrscheinlichkeit gelebt hat, hingegen er und seine Bewegung andere Motive hatten als von den Vertretern des Paulinischen Christentums unterstellt, bedarf es übrigens keiner Kunst, sondern lediglich scheuklappenfreien *Nach*_Denkens.

Eine derartige Darlegung böte sich aber

93 Siehe hierzu die Anmerkung auf den Seiten 847-49: „Religionspolitische Verhinderung“. (__Übrigens hat der achte Band der Edition !_*scheuklappenfrei*_! das „gesellschaftspolitische Problem des Monotheismus“' zum Thema.__)

nicht nur deshalb an, da auf diese Weise ersichtlich würde, daß es nicht so gewesen sein kann, wie diese Schriften es weismachen wollen, sondern sie erlaubt vor allem viele ihrer Ungereimtheiten aufzudecken, so daß sie in dem Maße an Plausibilität gewinnt wie jene daran verlieren.

So könnte bspw. *ge*_fragt werden:

Wieso über fünfzig sogenannte heilige, das Christentum betreffende Schriften ausgefiltert und nach Möglichkeit von Vertretern des Paulinischen Christentums vernichtet worden sind? Dies vernichtete Schriften, die ein von jenen kanonisierten des Neuen Testaments abweichendes, wenn auch gleichfalls lediglich

zu vermutendes,

aber, im Gegensatz zu diesen Propagandaschriften, vermutlich plausibles Bild zeichnen könnten —

wären sie noch vorhanden.

Zumindest erlauben das die glücklicherweise nicht vernichteten, in Oberägypten legendenhaft bei Nag-Hammadi aufgefundenen Schriften zu schließen.

Oder *ge*_fragt werden:

Was an Verkaufsständen verwerflich war, die den Gläubigen ihrem Gottesdienst gemäße Objekte zu kaufen erlaubten, ob Rinder, Schafe oder Tauben, und zu diesem Zweck auch Geld zu wechseln? Und mit dieser Frage die folgende zu verbinden:

Was die _*tatsächliche*_ Intention Jesu gewesen sein könnte, stand diese Praxis in vollem Einklang mit der damaligen jüdischen und _*damals*_ schon seit langem *ent*_weibten Vorstellung von Gott — die folglich der im Johannesevangelium zu lesenden Aussage widerspricht?

ZITAT

Und er fand im Tempel die Händler, die Rinder, Schafe und Tauben verkauften, und die Wechsler, die da saßen. Und er machte eine Geißel aus Stricken und trieb sie alle zum Tempel hinaus samt den Schafen und Rindern und schüttete den Wechslern das Geld aus und stieß die Tische um und sprach zu denen, die die Tauben verkauften: Tragt das weg und macht nicht meines Vaters Haus zum Kaufhaus!

ZITATENDE[94]

Oder (__*ebenso bspw.*__) könnte *ge*_fragt werden:

Wer konnte tatsächlichen Vorteil aus der Ermordung Johannes' des Täufers ziehen? Und wieso wissen wir im Rahmen der

[94] Vgl. Joh 2, 14-16.

damit einhergegangen sein sollenden Episode, die vielleicht die meistbekannte des Neuen Testamentes ist[95], von dem Namen der Tochter Herodias' seltsamerweise lediglich dank der Erwähnung in Josephus' „Jüdischen Altertümern"?[96]

In denen Josephus übrigens von jener, in den „Tanz mit den sieben Schleiern" eingehüllten Schauergeschichte, wie später von Oscar Wilde in seinem Theaterstück *Salomé* erzählt[97], und die überhaupt die Phantasie so vieler Künstler sowie sich emanzipiert wähnender Frauen angeregt hat, _*nichts*_ zu erzählen weiß — hingegen von den plausiblen Gründen für die Ermordung Johannes'.

Übrigens, und obwohl es geradezu zum Stutzen einlädt, erzählen die Evangelien ziemlich freimütig davon, daß der eingesperrte und auf seine Hinrichtung wartende Johannes die Messianität Jesu bezweifelt:

> *Da aber Johannes, im Gefängnis von den Werken Christi hörte, sandte er seine Jünger und ließ ihn fragen: Bist du, der da kommen soll, oder sollen wir auf einen andern warten?*[98]

In wessen Interesse mochte der Tod des Täufers also sein?

---

[95] Vgl. Mt 14, 1-12, bzw. Mk, 6, 14-29.

[96] Vgl. *Des Flavius Josephus Jüdische Altertümer*, in der Übersetzung von Heinrich Clementz, Ausgabe des Fourier Verlages, Wiesbaden, 1994, XVIII. Buch, 5. Kapitel, die Seite 528.

[97] Uraufgeführt 1896 im *Théâtre de l'Œuvre* in Paris und von Richard Strauß als einaktige *Literaturoper* im Jahre 1905 aufgeführt.

[98] Vgl. Mt 11, 3 und, praktisch identisch, Lk 7, 19.

> Herodes Antipas konnte daraus jedenfalls keinen Vorteil ziehen, ganz im Gegenteil. Genausowenig ist anzunehmen, daß er den nekrophilen Neigungen seiner Stieftochter nachgeben wollte.

Folgt man der plausiblen Aussage Josephus', verhält es sich so, daß Aretas IV., als König von Nabataea, der Vater jener Frau war mit der Herodes Antipas verheiratet gewesen — bis er sich mit Herodias verband und die Tochter dieses Königs verstieß. Nabataea grenzte aber direkt an das von Herodes beherrschte Peräa.

> Und es war in diesem Grenzgebiet, wo der hochangesehene Johannes am Jordan taufte, auf dessen Rat viele Menschen hörten.[99]

Sollte sich dieser Herodes also gegen Johannes' Leben aussprechen, konnte das die Masse der Menschen veranlassen, sich gegen ihn selbst zu richten.

> Dann aber hätte er es auch mit Aretas IV. _und_ mit der Bevölkerung _nicht nur_ Peräas zu tun gehabt. Denn viel Volk war unterwegs auf den damals schon alten, Ägypten mit Mesopotamien und Kleinasien verbindenden Handelsstraßen. Und da Reisende von der Küstenstraße des Mittelmeeres bspw. auf die von Südarabien über Petra zur zentralen Handelsstadt Damaskus führenden Königsstraße wechselten, kamen mitunter auch diese Reisenden dort vorbei, wo Johannes taufte.

---

[99] Vgl. *Jüdische Altertümer*, 5. Kapitel, die Seite 525.

Deshalb mochte es ihn einzukerkern zwar notwendig gewesen sein

(__*da Johannes sich u.U. offen für Aretas und gegen Herodes aussprechen konnte*__),

aber ihn zu töten, hätte bedeutet, ihn zum Märtyrer zu machen, wodurch die politische Lage nicht zu entschärfen gewesen wäre. —

Es sei denn, es hätte jemanden gegeben, der die Masse der Anhängerschaft des Täufers politisch binden konnte.

Und die „Speisung der Fünftausend"? Ereignet sich diese, direkt der Ermordung des Täufers folgende Episode tatsächlich auf wundersame Weise?[100]

Nun, beantwortet man allein diese gestellten Fragen sowie die sich aus den gegebenen Hinweisen ergebenen Fragen richtig, erlaubt das viele Ungereimtheiten dieser Schriften aufzuklären, die nicht nur das Material für Unglück, Leid und Desorientierung des Menschengeschlechts geliefert haben, sondern folglich auch zur Deblockierung, d.h. zur Freisetzung seines Potentials *un*_geeignet sind —

was genauso für die anderen beiden monotheistischen Religionen gilt.

Hingegen ist dazu eine praktische Philosophie weit besser geeignet, die den diversen Glaubenstraditionen zwar privaten

[100] Vgl. Mt 14, 13-21, bzw. Mk 6, 30-44.

Raum gibt, aber von diesen die gesellschaftliche Entwicklung nicht bestimmen läßt.

Versteht es sich folglich nicht von selbst, daß auch dieses Thema von mir in einem späteren Buch noch angemessen zu bearbeiten ist? Ist diese Aufarbeitung doch schon allein zur Abgrenzung von der Elite des lobbykratischen Zeitalters und ihren alten Manipulationsmethoden notwendig — die sich bereits in als heilig bezeichneten Schriften finden.

Fünfte Lesung

Die nachträgliche Weitsichtigkeit neoliberaler *Spin*_Doktoren

Es gibt die Behauptung, daß die neoliberalen Strukturreformen innerhalb der EU einem gesellschaftlichen Groß-Experiment dienten, dessen Zweck und Ziel die Umwandlung primär binnenmarktorientierter Gesellschaften in primär exportorientierte sei.

> Zwar könnte im Inneren dieser Behauptung ein wahrer Kern zu suchen sein, aber es stellte sich dann die Frage, inwiefern die damit verbundene Sichtweise _*negativ*_ ideologisch oder _*positiv*_ideologisch, also wirklichkeitsgeprägt wäre.[101]

Denn es müßte sich bei dieser Sichtweise immerhin um eine handeln, die bisher im Verborgenen geblieben wäre —

> läge sie seit dem Beginn der europäischen Währungsunion dem Tun der Verantwortlichen tatsächlich als Handlungsmuster zugrunde.

Träfe diese Behauptung aber zu, läge sowohl ihr selbst als auch dem daraus resultierenden politischen Tun ein so be-

[101] Zum Begriff „Ideologie" siehe in Anhang I, die Seiten 801-8: „Exkursive Betrachtung des Begriffs 'Ideologie'".

denkliches wie seltsames Denken zugrunde, immerhin käme darin eine *Konsens*_Realität zum Ausdruck, die nicht wirklichkeitsgestützt, sondern *ideologie*_gestützt wäre.[102]

... eine problematische „EU-Polarität"

Wie dem auch sei, es ist typisch für „politische Erzählungen", daß die vor allem für die eigene Klientel abgefaßt werden.

> „Neoliberale Erzählungen" bilden da keine Ausnahme, sondern sie werden von den im Dienste der entsprechenden Machtelite stehenden *Spin*_Doktoren formuliert und dann von entsprechenden Ideologen eloquent den Insassen _*ihres*_ Nationalstaates erzählt — immerhin werden sie genau dafür bezahlt.

Zur besseren Akzeptanz der als unbedingtes Muß behaupteten sogenannten gesellschaftlichen „Strukturreformen", konstruieren solche Doktoren bspw. eine als problematisch erscheinende, aus Nord- und Süd-Ländern bestehende „EU-Polarität". Die von vielen im Land des Exportüberschüßlers dann auch _*sofort*_ „verstanden" werden _*mag*_:

> „Na klar, die 'Südländer' können's einfach nicht, ziehen uns das Geld aus der Tasche" —o.ä.

Nun, objektiv gesehen, ist eine solche „EU-Polarität" lediglich aus einer Reflexhaltung heraus als „Problem" möglich anzu-

---

[102] Zum Problem der „*Konsens*_Realität" siehe in: Die *tri*_logische Sezierung [...], Band II, Zwischenruf 10.

nehmen, kann hingegen nicht Ergebnis echten Nachdenkens sein.

Denn

wie viele „leistungsstarke Kerne" gibt es denn in den „Nordländern" selbst, die also im Sinne der neoliberalen Ideologie als profitable gelten könnten, und wie viele Gegenden gibt es dort, die, gemäß dieser Ideologie, als „mitzuschleppende" einzuschätzen wären?

Nun, gemäß einer solchen „neoliberalen Erzählung", wäre es jedenfalls genau diese „problematische Polarität", die *eigentlich* der Schaffung eines gemeinsamen Währungsraums entgegenstände und es genau aus diesem Grunde notwendig sei, diese „Problemländer" über *austeritäts*_gestützte „Strukturreformen" in erfolgreiche marktkonforme Gesellschaften umzuwandeln.

Anmerkung zu „schleifenden Strukturreformen"

Während mit der im Jahre 1991 erfolgten Auflösung des im Jahre 1955 gegründeten Warschauer Paktes zumindest eine strukturelle Veränderung,

also eine „Strukturreform",

der im Jahre 1949 gegründeten NATO hochnotwendig gewesen wäre, *und zwar schon allein deshalb, da sich beide,*

selbst als „Verteidigungsbündnisse" bezeichnet habenden Organisationen,

sozusagen komplementär in Konfrontationsposition gegenübergestanden hatten, und offenbar nicht einmal ansatzweise von seiten der Verantwortlichen im sogenannten Westen eine „Sicherheitspartnerschaft" zwischen allen am Kalten Krieg beteiligten Staaten reflektiert worden war, die dann die Grundlage für weit darüber hinaus ausstrahlende konstruktive Politik gebildet hätte — und folglich einen großen Teil der heute präsenten Chaotisierung großer Teile der von Menschen bevölkerten Gegenden der Erde erst gar nicht möglich geworden wäre,

konnte es nach dem Ende dieser über vierzigjährigen Konfrontationspolitik mit dem Schleifen des bürgerlichen Sozialstaats gar nicht schnell genug gehen.

Allein das belegt übrigens zur Genüge, daß der bürgerliche Sozialstaat keine andere Funktion hatte, dem sich erst (__*deswegen*__) nach dem Ende des zweiten Teils des Großen Krieges für einige Jahrzehnte konsolidieren könnenden Kapitalismus als Krücke zu dienen, und der sich in dieser Zeit zu dem wandelte,

insbesondere bereits bei der Gründung der Bundesrepublik Deutschland keimhaft angelegt, [103]

[103] Vgl. in: Die *tri*_logische Sezierung [...], Band I, Teilband 1, Kapitel 2.

> welches als Neoliberalismus bezeichnet wird, und im Grunde als eine Vorstufe dessen zu verstehen ist, das sich heute in seiner europäischen Ausprägung zu einer Art EU-Staatsmonopolkapitalismus ausbildet, dessen Ideologie eine Amalgamierung von *Neo*_Wilhelminismus und Neoliberalismus ist, die ich als Neowilhelmoliberalismus bezeichne.[104]

Das gerade zum Ausdruck Gebrachte, läßt sich auch folgendermaßen formulieren:

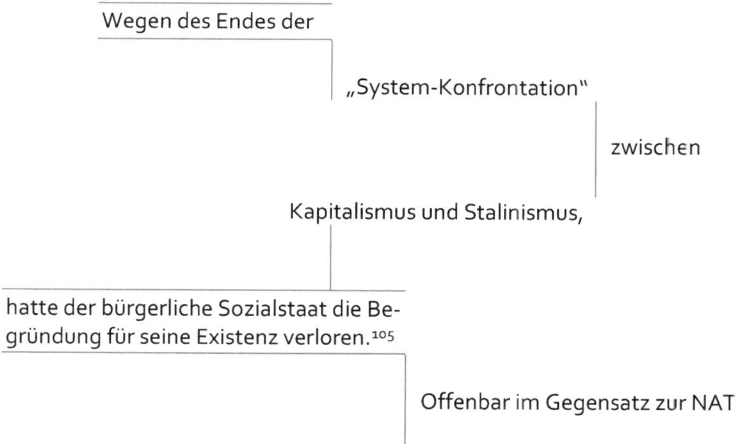

Aus der Sicht neoliberaler Ideologen ist folglich die Schleifung des Sozialstaates notwendig, die man aber nicht so nennen kann, sondern als „Strukturreformen" bezeichnet, damit

---

[104] Siehe die Seite 572: „Definition des Neowilhelmoliberalismus".

[105] Vgl. hierzu in: Die *tri*_logische Sezierung [...], Band I, Teilband 4, Kapitel 23: „Die Funktion des bürgerlichen Sozialstaates".

keine unnötige Unruhe in die bürgerlichen Gesellschaften getragen werde ...

Ende der Anmerkung zu „schleifenden Strukturreformen"

Wobei für solche „Reformen" _*selbstverständlich*_ das „deutsche Modell" als Matrize zu dienen habe — was jedes innerhalb der deutschen Staatsgrenzen marktkonform getrimmte Individuum _*sofort*_ versteht:

Denn es muß ja klar sein, daß

*„die da"*

erst noch und vor allem mehr zu leiden hätten als _*diese*_ schon durch und durch marktkonform getrimmten Insassen des „genetischen" Exportüberschüßlers, für deren,

*ihre*

Meinung bestimmenden Vertreter es ausgemacht zu sein scheint, daß _*weniger*_ das

Sinnhaltige einer Ideologie

ausschlaggebend zu sein habe als ihre,

andere leiden machenden *Glaubens*_Sätze,

insbesondere dann, handelte
es sich um „Südländer", oder?

Also müsse nach einem „großen Plan"

(__*der folglich grundsätzlich ein ideologischer wäre und dann lediglich die Frage bliebe: positiv oder negativ ideologisch?*__)

eine Homogenisierung von an sich unterschiedlich kultur- und traditionsgeprägten Eigenheiten zwingend erfolgen — so weiß die neoliberale Saga weiter zu berichten.

Gewiß, es gibt in Europa eine kultur- und traditionsgeprägte Pluralität, die ich allerdings als eine zu begrüßende verstehe.

(__*Diese Pluralität stellt übrigens unter der Bedingung kein Problem für eine Währungsunion dar, ist diese richtig konstruiert.*[106]__)

Ob diese *Spin*_Doktoren bei ihrer ganzen Erzählerei die Art und Weise der daraus resultierenden schwerwiegenden Konsequenzen bedacht haben?

Immerhin wüßte davon die Pressung deutscher Pluralität in den preußischen Einheitsstaat von 1871 und die auf die Weise ausge-

[106] Insbesondere davon ist in Lesung 22 noch die Rede. Eine tiefergehende Beschäftigung mit dem „Problem Wettbewerbsstaat", sowie mit den Besonderheiten einer Währungsunion, findet sich in: Die *tri*_logische Sezierung [...], Band I, Teilband 3, die Kapitel 10-12.

löste Entwicklung zum Wilhelminismus und seinem _*direkten*_ Folgeprodukt zu berichten.[107] — Diese mit entsprechender Mentalität verfolgte „Entwicklung“,

d.h. nach dem Scheitern seines ersten „Folgeproduktes“,

die aus meiner Sicht, und lediglich wegen des Kalten Krieges unterbrochen gewesen, führt aktuell zu seiner, den veränderten Bedingungen angepaßten Neuauflage.[108]

Daß diesem „technokratischen Tun“ der „große Plan“ innewohnen soll,

*negativ* ideologisch geprägt ist der zwar allemal[109],

mag stimmen, der dann allerdings anders zu verstehen wäre, als jener, solchen „neoliberalen Erzählungen“ behauptet zugrundeliegende, oben beispielhaft angerissene, von einer *post*_faktischen Perspektive aus erzählte „Plan“.

Wobei „postfaktisch“ hier im eigentlichen Sinne zu verstehen ist, nämlich „nach Eintritt des Ereignisses“, bzw., in diesem Fall: „nach Eintritt der Vermurksung“ — also _*nicht*_ derartig zu verstehen, wie es heutzutage von den Wahrheitsverkäufern der Medien_*Konzerne* zur Stigmatisierung dissidenter Meinung verwendet wird.[110]

---

[107] Vgl. die Lesung 16.

[108] Siehe die Lesungen 18 und 19.

[109] Siehe im Anhang I: „Exkursive Betrachtung des Begriffs 'Ideologie'“, die Seiten 801-8.

[110] Vgl. _*diesbezüglich*_ die Lesung 2.

Handelte es sich nämlich bei diesem Tun

(__*welches aus meiner Sicht hingegen als ein gewisses „Streben" zu verstehen ist*__)

tatsächlich um ein Experiment, nämlich die südeuropäischen Mitgliedsländer in stramme Export-Standorte *„ein*_zufor-men",

*so daß das EU-Europa sozusagen als „*Export_*Block*"
gegen den Rest der Welt antreten könne,

müßte,

wäre das von Anfang an so geplant gewesen, ein solches

„großes Planen"

bspw. damit einhergegangen sein, eben

*keine*

jungen, gut qualifizierten Leute aus diesen Ländern zu locken ins gelobte Modell-Land des Exportüberschüßlers — denn für einen solchen Umbau gebraucht würden die dann gerade

*dort*!_

*Dort*

ließe man auch nicht den Ausverkauf des lukrativen Restes zu, wie bspw. den Anfang 2017 beschlossenen Verkauf der 14 profitablen Flughäfen Griechenlands an die Fraport AG, während beim griechischen Staat die _*niemals*_ profitable zu betreibenden Flughäfen verbleiben, die nicht geschlossen werden können —

will man die Bewohner der kleinen Inseln nicht „*eigenverantwortlich*" sich selbst überlassen ...

Nun, diese beiden Beispiele belegen aus meiner Sicht zur Genüge, daß nicht von einem planvollen Tun im Sinne einer „Transformation" von einer binnenwirtschaftlich geprägten zu einer exportwirtschaftlich dominierten Gesamtwirtschaft gesprochen werden kann.

Es ist an dieser Stelle deshalb nicht weiter auf die damit einhergehenden gesellschaftlichen Konsequenzen einzugehen, da diese bereits exemplarisch erläutert worden sind.[111]

* * *

Im Zusammenhang mit dem sich in Europa Ereignenden von einem „planvollen Tun" zu reden, mag höchstens als so *nachträgliche* wie _*heuchlerische*_ Erklärung und fadenscheinige Sinngebung für einen ganz anders zu verstehenden Prozeß tauglich sein. — Dies ein Prozeß, der sich letztlich unter einer, arglistigen Täuschungscharakter habenden Verschleierung im Sinne eines gewissen „Strebens" ereignet, welches sich _*Ihnen*_ im weiteren Verlauf dieser „Lesungen" möglicherweise erschließen wird.

[111] Siehe in: Die *tri*_logische Sezierung [...], Band I, Tb 2, Kapitel 5: „Eigentlich unfaßbar die gefährliche Borniertheit der Machtelite".

Sechste Lesung

Von Demokratie-Rettern und anderen Lobbykratie-Blüten

*Grund*_sätzlich ist nicht zu erwarten, daß von

an sich lediglich am politischen Willensbildungsprozeß *mit*_wirken sollenden

Parteien zu erwarten wäre, daß die sich *grund*_sätzlich an die *grund*_gesetzlich verbriefte Meinungsfreiheit hielten.[112]

Wenn aber in Artikel 21 Absatz 2 GG zu lesen ist, daß „Parteien, die nach ihren Zielen oder nach dem Verhalten ihrer Anhänger darauf ausgehen, die freiheitliche demokratische Grundordnung zu beeinträchtigen oder zu beseitigen oder den Bestand der Bundesrepublik Deutschland zu gefährden", verfassungswidrig sind, ist zu konstatieren, daß das vom Ergebnis der praktizierten Politik her gesehen

(__*und von was anderem sollte bei dieser Beurteilung auszugehen sein?*__)

[112] Siehe weiter oben auch die Seite 4, beginnend mit: „aus Artikel 21 Absatz 1 GG ..." und die Seiten 85 f., beginnend mit: „Der Fakt des 'Parteienstaates'".

zumindest auf jene Parteien und ihre Abgeordneten zutrifft, die Vertragswerke à la TTIP verabschieden oder gutheißen. Denn solche führen zur Abschaffung der freiheitlich demokratischen Grundordnung — und zwar schon allein deshalb, da dadurch eine Sondergerichtsbarkeit geschaffen wird, die mit Demokratie _*grundsätzlich*_ nicht vereinbar ist.[113]

Allerdings können genausowenig die etablierten Medien als Garant für Meinungsfreiheit gelten, noch ist davon auszugehen, daß die sich selbst an die grundgesetzlich verbriefte Meinungsfreiheit hielten. — Ganz zu schweigen von den die großen Partikularinteressen vertretenden Einflußfaktoren einer Massengesellschaft, die man gewohnterweise als „Lobbyisten" bezeichnet und die nicht selten im dunklen Mantel des Politikers daherkommen.

Also ist meine Behauptung zu widerlegen, daß weder einzelne Mitglieder von Parteien noch die Parteien selbst noch die anderen relevanten Einflußfaktoren einer Massengesellschaft, also insbesondere etablierte Medien, wozu immerhin auch die „Öffentlich-Rechtlichen" gehören, und Lobbyisten sich an die Meinungsfreiheit halten. — Oder wer ist es, der die Meinungsfreiheit dadurch *unter*_gräbt, daß er direkten Einfluß auf die Bildung einer _*eigenen*_ Meinung nimmt?

Das heißt verlangten die Vertreter des lobbykratischen Establishments[114] von anderen die Einhaltung des von ihnen selbst

---

[113] Vgl. den Anhang II: „Beleg für die Behauptung, daß die EU ein antidemokratisches Gebilde ist".

[114] Vgl. die Seiten 614-16: „Anmerkung zum Establishment".

nicht Eingehaltenen, könnten höchstens Heuchler dazu nikken.

Es mutet jedenfalls grotesk an, wird von seiten der Politik und der etablierten Medien behauptet, die sogenannten SocialMedia-Plattformen seien sozusagen das Problem für d e Demokratie. —

Denn _wer_

liefert zuverlässig stets „beste" Realsatire, die sich ein Satiriker zwar aus dem ersten Eindruck heraus ausdenken, sein dann einsetzendes Nachdenken aber sofort verhinderte, daß er die sich selbst, geschweige denn seinem Publikum erzählen wollte,

da zumindest dieses eine solche für

mindestens etwas

geschmack_*los* übertrieben hielte?

Nun, mein Eindruck ist, daß es sich bei dieser Behauptung, daß also SocialMedia-Plattformen das Problem für die Demokratie seien, um den Versuch einer Meinungsmanipulation handelt. Denn zwar findet sich auf diesen Plattformen nicht abzuleugnender „Meinungsschrott", der aber fällt in der Tat unter Meinungsfreiheit.

Und zugegebenermaßen werden einem dort mitunter Photos oder Videos in den Blick gestellt, die zwar keinen Zusammenhang erkennen lassen, aber eine direkte manipulative Absicht, die lediglich dem Zweck dient, eine reflexhafte Reaktion auszulösen, die sich dann auch prompt in entsprechendem Kommentieren nieder schlägt. Selbstverständlich ist so etwas abzulehnen. Allerdings bleibt ein solcher, suggestiven Charakter habender Mißbrauch von Meinungsfreiheit nicht auf Internetmedien beschränkt, ist dieser doch ebenso bei den großen Medien_*Konzerne* festzustellen, deren schreibende Mitarbeiter allerdings davon überzeugt sind, daß FakeNews immer nur von den „anderen" verbreitet würden[115] — geglaubt von der Masse der Menschen dann, wie aus Gesprächen mit jenen deutlich wird, die SocialMedia kaum nutzen.

Auch ereignete sich solcher Mißbrauch längst vor dem Relevantwerden des Internets. Der Unterschied ist also, daß es heute über SocialMedia-Plattformen noch zusätzlich die Möglichkeit gibt, Fake News zu verbreiten. Allerdings, und das ist der eigentliche Punkt: Auf die nicht von ihnen selbst, sondern über solche Plattformen verbreiteten Nachrichten,

unter denen es so gewiß wie leider auch FakeNews gab und gibt,

hatten die etablierten, meinungsmachenden Medien sowie die Regierungspolitik bisher keinen direkt bestimmenden Einfluß. Und lediglich aus _*diesem*_ Grund gibt es die verschiedensten Bestrebungen der Einflußnahme auf solche Plattformen.[116]

Immerhin geht es um den Alleinanspruch auf „Wahrheit" — also auch FakeNews produzieren zu können.

[115] Vgl. die „Berichterstattung" zu Aleppo (__insbesondere von Ende 2015 bis Ende 2016__), und vgl. dazu exemplarisch: „Was Sie über Aleppo hören, ist bestenfalls ein kleiner Teil der Wahrheit"; der folgende Internet-Pfad zu diesem Artikel ist am 9. September '17 erneut geprüft worden: https://www.heise.de/tp/features/Was-Sie-ueber-Aleppo-hoeren-ist-bestenfalls-ein-kleiner-Teil-der-Wahrheit-3610881.html?view=print.

[116] Von einer davon ist im Schlußwort zu lesen: „Schlußsatz I".

Daß diese etablierten Medien aber längst noch die Meinung der Masse der Menschen bestimmen, belegt allein die Tatsache,

daß mit der von den etablieren Medien und Parteien verbreiteten Behauptung, im Internet gäbe es primär FakeNews,

die Masse der Menschen seitdem genau zu wissen glaubt, daß über die neuen Internet-Medien ausschließlich „FakeNews" verbreitet würden,

also ausschließlich die Mainstream-Medien zuverlässige Informationen im Angebot hätten und folglich lediglich unter

*_der_*

Bedingung etwas Informationsgehalt haben könne, wäre es von

*_ihnen_*

verpackt und bei

*_ihnen_*

zu lesen oder zu sehen oder zu hören — inklusive

*_wie_*

zu lesen, zu sehen oder zu hören ...

Gewiß, auf SocialMedia-Plattformen wird auch manipuliert.

Aber Meinungsmanipulatives ist potentiell *_allen_* „meinungsverbreitenden" Medien eigentümlich.[117]

> Immerhin gab es das längst vor dem Relevantwerden des Internets als Medium zur Verbreitung von Informationen. Allerdings war es „damals" relativ unwahrscheinlich, daß das quasi zeitgleich bekannt wurde. Erst nach dreißig Jahren oder so, wenn also lediglich noch Historiker und wenige andere daran Interesse zeigten, wurde das dann meist erst konsequenzenlos „aufgedeckt".

Hierin liegt der eigentliche Unterschied:

> Heute kann es geschehen, daß eine bewußt gestreute FakeNews-Information sehr schnell als solche entlarvt wird — von engagierten Leuten, die ihr eigenes Medium im Internet betreiben oder die großen SocialMedia-Plattformen zur Verbreitung solcher Aufdeckungen nutzen.

Das aber ist gerade Ausdruck von politischer Wachheit und der *Nicht*_Bereitschaft, erkennbares politisches *Ge*_Lüge zu ignorieren.

Von großer Bedeutung sind hierbei selbstverständlich Whistleblower, also Persönlichkeiten wie Edward Snowden oder Julian Assange sowie die von diesem gegründete Enthüllungsplattform *WikiLeaks*.org, aber auch andere Informationsplattformen wie bspw. *Mediapart*.fr oder *Voltairenet*.org.

Wird also von seiten des Establishments[118] die Verbreitung von FakeNews beklagt, verhält es sich damit so ähn-

---

[117] Da exemplarisch, siehe: „Die 'Kölner Silvesternacht' des Übergangs vom Jahre 2015 ins Jahr 2016 als Beispiel für den Mißbrauch der Meinungsfreiheit", die Seiten 95 ff., insbesondere ab der Seite 103.

[118] Vgl. Seiten 614-16: „Anmerkung zum Establishment".

lich wie mit der neoliberalen Verwendung des Adjektivs „post-faktisch"[119]:

> FakeNews verbreiten all jene, die die praktizierte Politik nicht nur für falsch halten, sondern das derartig belegen können, daß deren Fragwürdigkeit erkennbar wird, wohingegen die Repräsentanten des Establishments erwarten, daß die aus ihren Reihen verbreiteten Nachrichten per se als vertrauenswürdig zu gelten hätten.

Nun, das können diese Repräsentanten behaupten, allerdings sprechen die Fakten eine andere Sprache.

Da exemplarisch, sei jetzt lediglich bspw. auf die Art und Weise der „Berichterstattung" über die Ereignisse in Aleppo seit seiner Besetzung durch vom Westen unterstützten Islamisten in der Zeit von 2012 bis Ende 2016 hingewiesen, und im Gegensatz dazu auf die „Berichterstattung" über die Ereignisse in Mosul seit der im Oktober 2016 vom Westen gestarteten Offensive gegen den „Islamischen Staat", die sich dadurch auszeichnete und bis zur Abfassung dieser Zeilen auszeichnet, daß diese „Berichterstattung" genauso von „besonderer" Art ist wie die über Aleppo, nur mit dem Unterschied, daß es in Mosul offenbar keine Menschenopfer gab und gibt — denn davon berichten die „Qualitätsmedien" quasi nichts und zeigen keine, dem Zusammenhang dienlichen Bilder — also kann es keine geben. Also _müssen_ die über SocialMedia-Plattformen verbreiteten und _dazu_ im Widerspruch

[119] Vgl. Lesung 2.

stehenden Informationen „FakeNews" sein, wie die Verantwortlichen in Politik und Medien die Masse der Bevölkerung _„*wissen*"_ lassen.[120]

Auch sei an dieser Stelle auf die falschen Behauptungen hingewiesen, die 2011 einen Angriffskrieg gegen Libyen rechtfertigen sollten.

Es sind Artikel wie der von Garikai Chengu geschriebene[121], die nicht nur Ausdruck einer anderen Sichtweise auf folgenreiche, von den Hauptstaaten des „Westens" verursachte gesellschaftliche Chaotisierung sind, sondern auch eine andere Wahrnehmung erkennen lassen, die die Begründung für Haß auf derartig bewirkte Politik liefern kann.

Nicht anders verhält es sich mit der Propaganda, die der Rechtfertigung für den von März bis Anfang Mai 2003 geführten,

als „Präventivkrieg" bezeichneten Angriffskrieg gegen das Saddam-Hussein-Regime Iraks diente und dessen folgenreichen Konsequenzen noch immer nicht voll ausgelotet sind.

Es sollte folglich einleuchten, daß die Frage zu stellen ist:

---

[120] Vgl. dazu auch in: Die *tri*_logische Sezierung [...], Band II, Zwischenruf 28.

[121] Vgl. Garikai Chengu, *Gaddafi's Libya was Africa's most prosperous democracy*, Countercurrents.org:

http://www.countercurrents.org/chengu120113.htm; dieser Internet-Pfad ist am 9. September 2017 erneut geprüft worden.

Nun, offenbar u.a. wegen des Fakts, daß von seiten der Vertreter des Establishments zuviel Mißbrauch mit der Freiheit der Meinung getrieben wurde, so daß von diesen, zur Bedienung von Interessen, die offenbar im Widerspruch zu denen der Masse der Menschen stehen, deren Meinungsbildung schwerwiegend gestört worden ist und wird.

> Oder wie sollte das organisierte politische *Ge*_Lüge anders zu erklären sein?

Das heißt die Bevölkerung ist alles andere als über die normalen,

> *_sie_*

mittelbar oder unmittelbar betreffenden politischen Abläufe informiert. Denn wie sollten sich die normalen Leute selbst informieren können? Immerhin müssen die in der Regel ihren Lebensunterhalt sichern, könnten auch nicht an allen relevanten Plätzen sein, wo die sie betreffenden Entscheidungen getroffen werden. Dies ist schließlich der Grund, wieso sie der Informationsbeschaffung durch Journalisten bedürfen.

> Was aber, wenn Journalisten entweder kaum noch vorhanden, die meisten von ihnen zu Schreiberlingen geworden sind, die lediglich die Inhalte von ihnen zugesteckten Blaupausen zu „Stories" verarbeiten, die dann als „gemachte" Meinung veröffentlicht werden und den Menschen als „Informationsquelle" dienen sollen?

Oder nehmen diese die Schere im Kopf bereits als „psychisches Organ" wahr und „wissen" folglich ohne weiteren

Zweifel von selbst, was der Bevölkerung gerade noch berichtet werden darf?

Nun, dann wäre

(__*ist*__)

der Punkt erreicht, ab dem aus dem Mißtrauen gegenüber dem (__*lobbykratischen*__) Establishment[122] eine unabhängige Berichterstattung ein Muß wird — daß wenigstens noch demokratische Kerne im lobbykratischen Zeitalter überdauern können.

Wie sollte überhaupt die „freie Berichterstattung" bei Medien_*Konzernen* besser aufgehoben sein, sind die doch in erster Linie ihren Aktionären verantwortlich, auch

*jenen* gegenüber verantwortlich,

die ihnen Werbeeinnahmen ermöglichen, und

*jenen* gegenüber verantwortlich,

die sie über ihre eigenen Lobbyisten beeinflussen lassen, daß die, bspw. die Besteuerung in ihrem Sinne „verordnen".

Hier ist selbstverständlich eine wechselseitige Abhängigkeit gegeben.

Also ist in Zeiten des Wahlkrampfs die bestehende politische

[122] Vgl. Seiten 614-16: „Anmerkung zum Establishment".

Richtung

*letztendlich*

beizubehalten: entweder durch Unterstützen des einen Flügels der INeLiP _*oder*_ des anderen.

Die INeLiP ist übrigens die Internationale Neoliberale Partei mit ihren nationalstaatlichen Sektionen und deren „linken" und rechten Flügeln. Beispielsweise gehören alle in den Parlamenten der EU-Mitgliedsstaaten einsitzenden Parteien dem einen oder dem anderen Flügel an.[123]

Nun, das ist ein seit Jahrzehnten schon bestehender Sachverhalt in den Massengesellschaften modernen Typs. Und so ist es bezeichnend, daß dieser Sachverhalt

*keinen* kontrapunktischen Grundtenor

in der Art und Weise der Erzeugung öffentlicher Meinung durch die Massenmedien verursacht — denn wäre das so, gäbe es dagegen in der Bevölkerung längst einen breiten Widerstand:

und damit früher oder später einen _*tatsächlichen*_ Systemwechsel.

Dieses schon seit Jahrzehnten existierende Phänomen läßt sich über ein Zitat verdeutlichen, das mit: „Zitat Theodore

---

[123] Wie sich das darstellt, bzw. sich in der Praxis zeigt, ist exemplarisch in: Die *tri*_logische Sezierung [...], Band I, Teilband 4, Kapitel 25 erläutert, dort unter: „Kleiner politischer Aufguß aus dem neoliberalen Jetzt" (__ist auch als PDF-Datei auf EndemannVerlag.com abrufbar: https://endemann-verlag.com/wp-content/uploads/2018/04/Kleiner-politischer-Aufguß.pdf__).

Dreiser" betitelt ist und das Sie auf den Seiten 568 f. finden.

Daß das in diesem Zitat exemplarisch Beschriebene, also längst Existente, die gesellschaftlichen Verhältnisse und damit die Entwicklungsrichtung der Gesellschaft bestimmende Phänomen, der Masse der Menschen erst als in jüngster Zeit präsent zu sein

*er*_scheint,

hängt genau mit der Art und Weise des die Masse der Menschen Informierens, bzw. des sie *Des*_Informierens zusammen, nämlich solche faktisch längst kollektiv wirkkräftigen Tendenzen *_systematisch_* aus der von den Massenmedien bestimmten, öffentlichen Wahrnehmung auszublenden.

Denn täten sie das nicht, sondern berichteten sie darüber wahrheitsgemäß

*_vom Beginn_*

solcher Entwicklungen an, und blieben sie dann faktenbenennend am Thema *dran*, dazu aufgefordert und unterstützt von den Verantwortlichen und *Alpha*_Journalisten,

*_wegen_* eines ebenso bei diesen, als den Verantwortlichen der Massenmedien präsent seienden, per se kritischen und über die tatsächlichen Zusammenhänge die Bevölkerung unterrichten *_wollenden_* _*kontra*_punktischen Grundtenors,

so daß von dieser Seite den Journalisten schon einmal _*nicht*_ eine „Schere im Kopf" zu haben *ab*_gefordert würde,

wäre die so destruktive wie der Masse der Menschen unbewußt bleibende Entfaltung dieser kollektiv wirkkräftigen Tendenzen nicht so ohne weiteres möglich, da

*wegen*

dieses, den Interessen der Machtelite kontrapunktiscn, also

*dieser* Elite entgegenwirkenden Grundtenors,

die Masse der Menschen politisch wach bliebe und sie frühzeitig Widerstand leisten ließe gegen solche Tendenzen, die ganze Gesellschaften in die Klauen machtelitärer Interessen zwingen. —

Denn vom Kopf her stinkt der Fisch!

Das heißt dann aber auch, daß Machwerke à la TTIP „lediglich" der Schlußstein des lobbykratischen Systems sind, machen die doch das in solche Klauen kollektiv Gezwungensein dauerhaft perfekt.[124]

*Nichts*

[124] Vgl. diesbezüglich den Anhang II: „Beleg für die Behauptung, daß die EU ein antidemokratisches Gebilde ist.

an solchen Massengesellschaften kann noch repräsentativ demokratischen Charakter haben, fehlt es an allem dazu Notwendigen:

Die _*Legislative*_

ist von „Fraktionszwang" geprägt und umstellt von Lobbyisten machtvoller Einzelinteressen.

Die _*Judikative*_

wird von lobbyistisch bestimmten Parteien-Vertretern „berufen".

Die _*Exekutive*_

nicht anders. Sie, auf diese Weise sowohl Legislative und Judikative dominierend, betreibt zudem noch transparent_*lose*, lobbykratienotwendige Politik — Bedingung für reibungs_*loses* Einformulieren der entscheidenden Passagen _*vertraulicher*_ Blaupausen in Gesetzestexte und Verordnungen.

Die „vierte Gewalt",

als tatsächlich „meinungsbildendes Organ" einer Massengesellschaft, ist bestimmt von lobbykratisch funktionieren Parteienvertretern, so es sich um die „Öffentlich-Rechtlichen" handelt, _*oder*_ von auf diese Weise die öffentliche Meinung formulierenden Konzernen bestimmt, deren Repräsentanten oder Besitzer

mit Vertretern anderer Wirtschaftskonzerne und mit jenen, im Sinne der herrschenden Doktrin des Neoliberalismus' legislativ oder exekutiv Politik Praktizierenden vielfach interessen_*verschränkt* sind.

Das aber ist ein so demokratie_*unwürdiger* wie mit Demokratie *un*_vereinbarer Zustand, so daß es sich für jeden politisch wachen Menschen von selbst versteht, daß _*wegen*_ der für die Demokratie verheerenden Folgen,

ZITAT

[...] vor dem Beginn dieses Reformprozesses die Medien_*Konzerne* zu zerlegen und der völligen Kontrolle der Lohnabhängigen zu unterwerfen [sind] und deren Management von so sachkompetenten wie gemeinwohlorientierten Managern zu übernehmen [ist], damit in der Tat über diese Demokratisierungsreformen _*unabhängig*_ berichtet werden kann. [...]

ZITATENDE[125]

„Meinungsschrott" und FakeNews

Genauso wie es auf SocialMedia-Plattformen „Meinungsschrott" und FakeNews gibt, findet sich offenbar Vergleichbares in den Massenmedien. Beispielsweise das Verunglimpfen, weil irgend jemand meint, jemanden _*mal eben*_ schmähen zu dürfen, da ihm aus seinem Frust heraus danach ist. Und nicht nur das Verunglimpfen ist (__*so oder so*__) nicht über das Recht auf freie Meinungsäußerung gedeckt. Denn,

und wegen seiner Konsequenzen ist das jetzt selbstverständlich zu wiederholen,

es ist genauso mehr als fragwürdig, wenn mit suggestiven,

[125] Das Zitat findet sich in: Die *tri*_logische Sezierung [...], Band I, Teilband 4, Kapitel 24, die Seiten 102 f.

massenwirksamen Mitteln eine Meinungsbildung vorweggenommen wird —

ob aus propagandistischen Gründen oder der Erzeugung von massenwirksamen Wahnvorstellungen dienend, da genau dies die Bildung einer _*eigenen*_ Meinung verhindert — durch Meinungsmache eben. [126]

Die Bildung der eigenen Meinung wird verunmöglicht, ist der Prozeß zur Bildung der eigenen Meinung selbst von anderen bereits *vorweg*_genommen worden .

Und gewiß, auf Internet-Plattformen ist so manches auf schlechtem Niveau.

Gezwungen wird allerdings niemand sich selbst auf ein solches Niveau zu begeben. Und das Argumentationsniveau in den etablierten Medien kann kaum als beispielhaft gelten — immerhin findet sich ebenso dort jenes, welches an Internet-Medien bemängelt wird.

Allerdings müssen noch andere Regeln gelten

für tatsächlich einflußreiche, massenwirksame private oder öffentlich-rechtliche Medien, sowie für *spin*_doktorische, dann über

[126] Vgl. die Seiten 4 f., beginnend mit: „Wer die 'Aufgabe' von Journalisten bestimmt", sowie die Seiten 66-71, beginnend mit: „Im Sinne des 'Gemeinwohls' oder gar 'im Sinne « Europas » berichten'" und die Seiten 248-50, beginnend mit: „Wer will schon als Utopist gelten ...".

Politiker ebenso bestimmenden Einfluß auf die öffentliche Meinung ausübende Thinktanks —

vorausgesetzt, diese Medien, Thinktanks und Politiker wollten sich nicht dem Vorwurf des propagandistisch Tätigseins ausgesetzt sehen.

Zu solchen Regeln gehört gewiß genauso eine andere Kultur des Umgangs.

Und „Kultur des Umgangs" meint keineswegs jenes, welches die sogenannte *Political Correctness* so mißverstanden sein läßt,

*_sondern_*

Offenheit *_nicht_* mit Beleidigen

zu verwechseln — oder,

wie die Franzosen es sagen:

Tu peux dire tout, mais tu dois pouvoir l'exprimer.[127]

Denn

*_oft_*

wird bspw. solche *Un_*Kultur von deutschen Politikern praktiziert —

[127] „Du kannst alles sagen, aber du mußt es ausdrücken können".

wohl meinend, andere zu beleidigen sei ein _*ganz*_

*be*_sonders

„deutscher"

Ausdruck für „Offenheit".

Wer aber wollte in der EU an einen solchen Möchtegern-Hegemon über den Tag hinaus gekettet bleiben, an dem diese Verkettung zu lösen wäre?

So bspw. ein Herr Schäuble, der,

lange Jahre den deutschen Finanzminister spielend und in Deutschland als hochangesehen geltend, da über ihn die Medien nicht adäquat berichteten,

anläßlich eines Treffens im Rahmen des Weltwirtschaftsforums in Davos, betreffend die weitere „Überwachung Griechenlands" durch den IWF bei der fortgesetzten „internationalen Rettungsaktion",

(__*dies ein orwellianischer Begriff, denn gerettet wird da höchsten das Geld von gezockt habenden sogenannten Investoren, tatsächlich also eine gesellschaftszerstörende Aktion ist*__)

am 21. Januar 2016, Herrn Tsipras,

zu dem ich an anderer Stelle das Passende geschrieben habe[128],

---

[128] Siehe in: Die *tri*_logische Sezierung [...], Band II, die Zwischenrufe 6+7.

sagte:

> „It's the economy, stupid!".

Nun, mag schon sein, daß neowilhelministische Deutsche[129] es richtig finden, läßt ein Deutscher jede Haltung fahren und glaubt einen anderen beleidigen zu können — denn aus deren Sicht hatte Herr Schäuble wohl lediglich „offene Worte" gefunden.

Dabei liegt jedoch ein doppelter Irrtum vor.

> Denn a) ist Haltungslosigkeit eben _kein_ besonderer Ausdruck von „Haltung" und b) ist das eu-weit gelten sollende deutsche Austeritäts-Verlangen genau jenes oben Zitierte.

Also war es weder ein offenes Wort noch Ausdruck dafür, daß Herr Schäuble tatsächlich etwas von Wirtschaft versteht. Und so wird durch den „Schäubleismus"

> (__*wie Yanis Varoufakis diesen wirtschaftspolitischen Unverstand bezeichnet hat*[130]__)

jenes (__*fortgesetzt*__) praktiziert (__*werden*__), welches Herr Schäuble meinte, als er Herrn Tsipras _„o f f e n"_ sagte:

---

[129] Siehe die Seiten 324-26: „Anmerkung zum Prototyp des 'wilhelministischen Charakters'".

[130] Quelle: Yanis Varoufakis, „Schäuble leaves but Schäuble-ism lives on"; der folgende Internet-Pfad ist kurz vor Drucklegung des Ihnen vorliegenden Buches, d.h. am 29. September '17 geprüft worden: https://www.yanisvaroufakis.eu/2017/09/28/schauble-leaves-but-schauble-ism-lives-on/.

„It's the economy, stupid!".[131]

Allerdings, wenn schon, sollte der „Schäubleismus" nicht ohne Adjektiv bleiben, da, nämlich vom Ergebnis hergesehen, Vergleichbares für die von Frau Merkel verantwortete Politik gilt, so verliebt wie die in den Begriff „Austerität" ist[132], der tatsächlich also als „merkelesker Schäubleismus" zu bezeichnen wäre.[133]

Tatsächlich drückt sich in derartiger „Offenheit" vielfältige Armut aus, von der die seelische durchaus nicht die geringste ist.

Anmerkungen zu einer gewissen Art von Sozial- und Geisteswissenschaftlern

Im Grunde genommen ist jede Macht abzulehnen.

Es gibt Menschen, die gehen mit politischer Macht vernünftig um, andere hingegen nicht. Zumal nicht so ohne weiteres vorher erkennbar ist, wer sich nach einem Wahlkrampf noch an

[131] Zu dem, welches Herr Schäuble vertritt, bzw. dessen Credo ist (__und in dessen Tradition er steht__), vgl. die Lesungen 7, 16, 17 und 18.

[132] Zum Verhältnis zwischen Frau Merkel und der „Austerität", siehe in: Die *tri*_logische Sezierung [...], Band II, den Zwischenruf 3.

[133] Zum „Schäubleismus" siehe auch die Seiten 702 f. Zum „Merkelesken" siehe die Seiten 242-46 sowie insbesondere die Seiten 791-800, beginnend mit: „Das Merkeleske am Merkelesken ist stets".

seine in diesem Zustand abgesonderten „Aussagen" erinnern wollte. Und daß damit sowieso nicht zu rechnen ist, wurde übrigens von einem Herrn Müntefering im Jahre 2006 bestätigt, indem der meinte, daß es unfair sei, jemanden an seinen im Wahlkampf gemachten Aussagen zu messen. — Nun, seitdem erlaube ich mir den Begriff „Wahlkampf" durch „Wahlkrampf" zu ersetzen.

Ist man aber davon abhängig, daß jemand mit _politischer_ Macht vernünftig umgeht, dann ist es aus meiner Sicht notwendig, daß eine Kontrollinstanz da ist, die bei Machtmißbrauch

direkt

angemessen einschreitet.

In einer bürgerlichen Demokratie wird aber der Mißbrauch von Macht i.d.R. nicht adäquat geahndet — und im Rahmen ihrer Transformation in eine Lobbykratie spielt nicht einmal mehr die sogenannte *vierte Gewalt* die ihr zugedachte Rolle kritischer Berichterstattung, so daß sich in der Masse der Menschen kein ausreichend klares Verständnis von den tatsächlichen politischen Abläufen und ihren Folgen mehr ausbilden kann.

Macht zu teilen ist folglich zwar ein wichtiger, aber nicht ausreichender Punkt. Denn die Frage lautet:

In wessen Händen befindet sich die je geteilte Macht?

Ist nämlich diese Teilung zwar optisch gegeben, tatsächlich aber nicht, handelt es sich um eine der Täuschung der Masse der Menschen dienende Augenwischerei. Immerhin ist die berechtigte Frage:

„Wer hat tatsächlich Zugriff auf die Macht?"

(__Wer entscheidet also, was sich letztlich über politisches Handeln ausdrückt?__),

*dann*

nicht mit _*der*_ Antwort angemessen quittiert: „Wir haben eine Demokratie",

handelt es sich dabei _*objektiv*_ gesehen um eine Lobbykratie.[134]

Schon allein der Fakt, daß die personelle Besetzung einzelner Organe der Macht, ob Justiz oder die Verwaltung einer Stadt betreffend, von Parteien bestimmt wird, obwohl die doch lediglich bei der politischen Willensbildung des Volkes mitwirken sollen, führt auf Dauer dazu, daß die normalen Menschen keine Ahnung mehr von den wirklichen Entscheidungen haben können.

Denn längst bestimmen Lobbyisten machtvoller Einzelinteressen die Richtung, und Abgeordnete verkünden das von entsprechenden Machtinteressen Gewünschte in sowohl undurchsichtiger als auch irreführender Verpackung — da bekommen dann bspw. als demokratisches Highlight geltende, an den Rat einer Stadt zu richtende „Petitionen" geradezu kafkaesken Charakter.[135]

[134] Vgl. Die *tri*_logische Sezierung [...], Band I, die Teilbände 1 + 2.

[135] Siehe die Anhänge II + III.

Gewiß, ein Mindestmaß an Übertragung von politischer Macht auf die diese stellvertretend und zeitweise Ausübenden ist notwendig, aber das

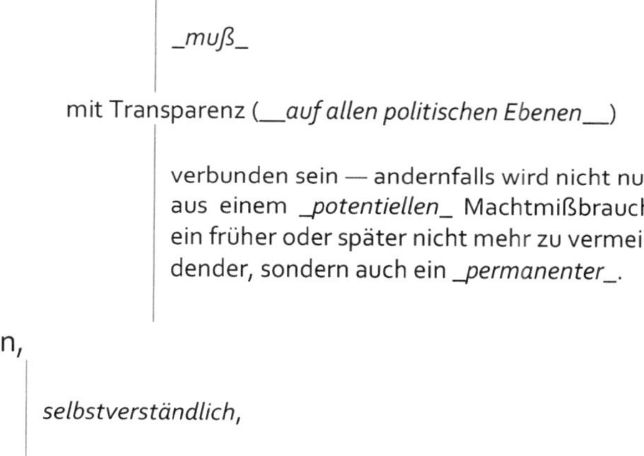

*muß*

mit Transparenz (__*auf allen politischen Ebenen*__)

verbunden sein — andernfalls wird nicht nur aus einem _*potentiellen*_ Machtmißbrauch ein früher oder später nicht mehr zu vermeidender, sondern auch ein _*permanenter*_.

Nun,

selbstverständlich,

relevant ist das grade Erläuterte lediglich für eine Demokratie, hingegen wäre Transparenz von politischen Entscheidungsprozessen in einer Lobbykratie oder in einer anderweitig verdeckt existenten „Diktatur der Wenigen" gar nicht möglich.

Denn würden solche Prozesse auf transparente Weise erfolgen, wäre die Masse der Menschen einer Gesellschaft nicht davon zu überzeugen, daß Entscheidungen zu treffen seien, die sich zur Bedienung von machtvollen Einzelinteressen zwangsläufig

*gegen*

ihre persönlichen Interessen richteten.

Folglich stehen Sozial- oder Geisteswissenschaftler, die ihre intellektuellen Fähigkeiten zur Entwicklung von Methoden verwenden, die dem Erhalt und der Ausdehnung grundsätzlich abzulehnender Machtstrukturen dienen, jeder konstruktiven gesellschaftlichen Entwicklung entgegen, da ihre Arbeit nicht der Erforschung der Gründe von praktizierter Politik dient ...

Also sind nicht diejenigen Wissenschaftler gemeint, die sich dieser Erforschung widmen, denn diese arbeiten nicht in machtelitenrelevanten Instituten oder Thinktanks, und falls solche dort doch beschäftigt wären, dann aus Feigenblatt-Gründen — oder aus behaupteter „Ausgewogenheit", wie sie mit jener „Minderheitenmeinung" vergleichbar ist, die regelmäßig ein paar Zeilen Kritisches im „Bericht" der sogenannten „Wirtschaftsweisen" schreiben darf — ist doch der Einfluß lobbykratie_*nonkonformer* Wissenschaftler auf die praktizierte Politik gleich null.

Denn, anstatt ihre intellektuellen Fähigkeiten zu deren Ersatz zu verwenden, entwickeln und liefern _*solche*_ Wissenschaftler den Vollziehenden der praktizierten Politik lediglich die entsprechenden Manipulationsmethoden zur Bekämpfung der durch _*solche*_ Politik verursachten extremistischen Entwicklungen.

Wodurch sie den *macht*_induzierten *Circulus vitiosus* gesellschaftlicher Barbarisierung in Gang setzen oder befördern.

Gewiß, konkrete extremistische Entwicklungen sind nicht gutzuheißen, aber sie wachsen nicht aus dem Boden: weder hier noch anderswo auf der Welt, sondern sie sind Symptome jahrzehntelang praktizierter falscher Politik.

Werden solche Symptome bloß _dann_ beseitigt, erreichen sie ein nicht mehr „wegzudrükkendes" Ausmaß, mag es wohl sein, daß, begleitet von entsprechender Propaganda, die

„Symptomträger"

zu beseitigen sind.

Aber das diente letztlich lediglich der Ablenkung von den Ursachen ihrer Entstehung.

Denn

wird behauptet, daß „wir" den Terrorismus „importieren" würden, wenn primär von falscher Politik des „Westens",

also _inklusive_ der deutschen,

die entsprechenden Terroristen gezüchtet worden sind [136] und dann als Werkzeuge verwendet werden[137],

oder

---

[136] Vgl. in: Die *tri*_logische Sezierung [...], Band I: *Es werde mehr Licht! [...]*, Teilband 3, Kapitel 15.

[137] Vgl. in: a.a.O., Band II: *Zwischenrufe in satirisch-politischen Variationen [...]*, Zwischenruf 28.

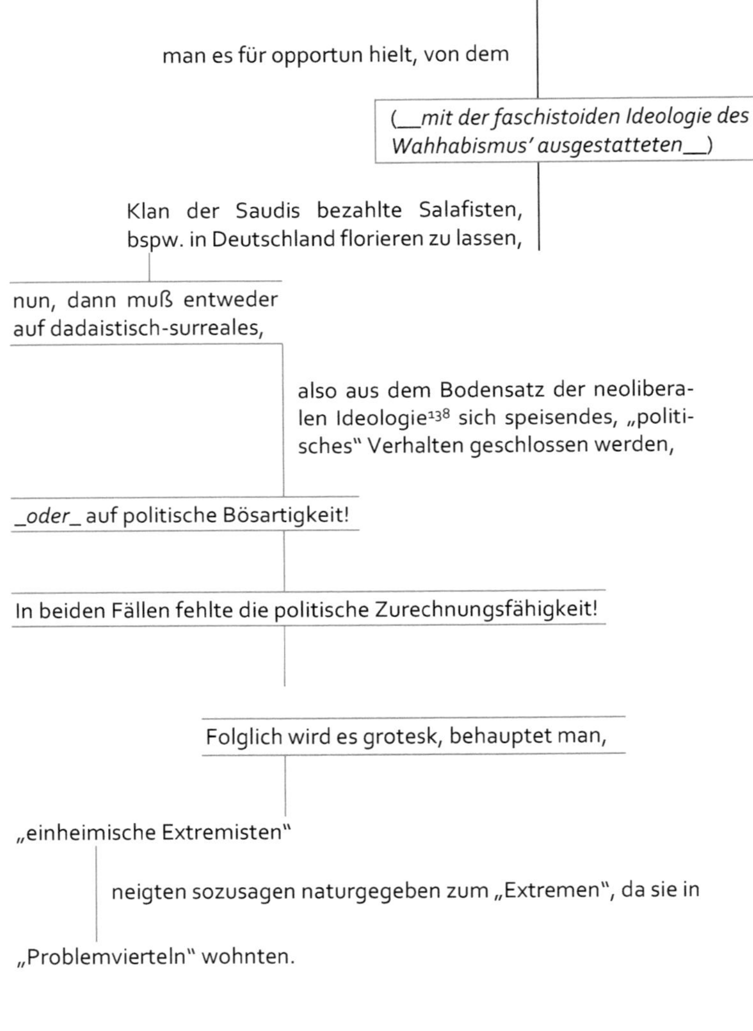

man es für opportun hielt, von dem

(__*mit der faschistoiden Ideologie des Wahhabismus' ausgestatteten*__)

Klan der Saudis bezahlte Salafisten, bspw. in Deutschland florieren zu lassen,

nun, dann muß entweder auf dadaistisch-surreales,

also aus dem Bodensatz der neoliberalen Ideologie[138] sich speisendes, „politisches" Verhalten geschlossen werden,

*oder* auf politische Bösartigkeit!

In beiden Fällen fehlte die politische Zurechnungsfähigkeit!

Folglich wird es grotesk, behauptet man,

„einheimische Extremisten"

neigten sozusagen naturgegeben zum „Extremen", da sie in

„Problemvierteln" wohnten.

---

[138] Siehe diesbezüglich die Seiten 21 f., beginnend mit: „Die *un*_bewußte Grundlage des Neoliberalismus' ist der Dadaismus" und die Seiten 721-23, beginnend mit: „Dada ≠ Dadaismus = Neoliberalismus".

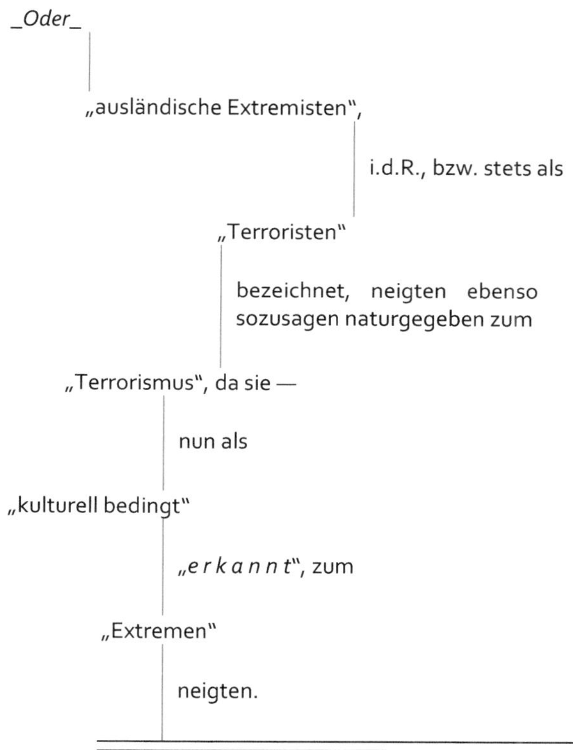

Nun, das ist eine kaum zu toppende, so engstirnige wie falsche Sichtweise — wollte man so etwas überhaupt als „Sichtweise" bezeichnen,

da es einem politisch Blinden gar nicht möglich ist,

die _*Ursachen*_ für soziale Symptome zu „sehen", sondern lediglich die diversen „Symptomträger".

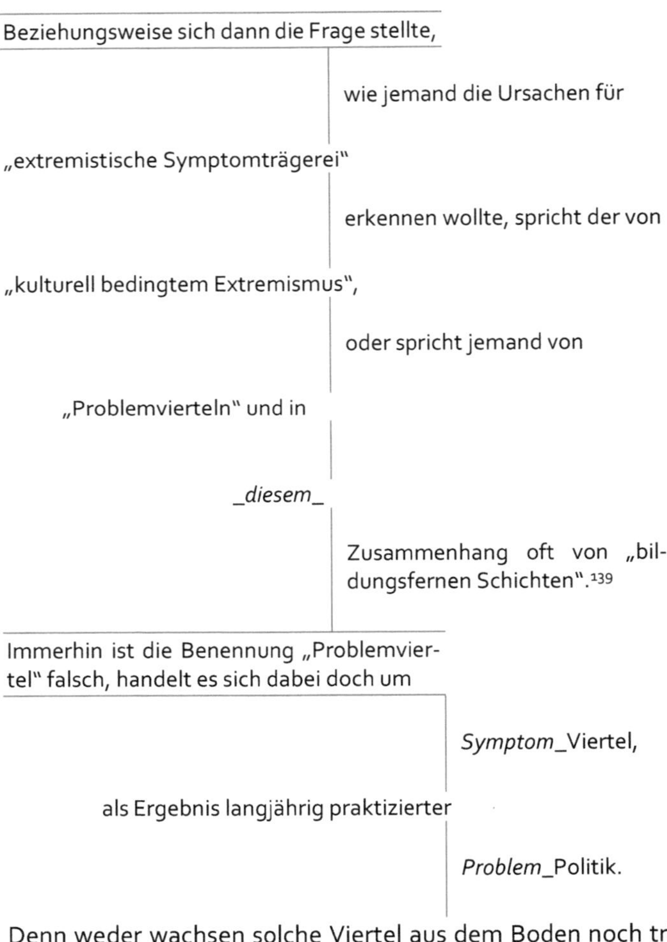

Denn weder wachsen solche Viertel aus dem Boden noch trifft das auf „extremistische Symptomträgerei" zu.

---

[139] Siehe zu „bildungsfernen Schichten" in: Die *tri*_logische Sezierung [...], Band II, den Zwischenruf 2.

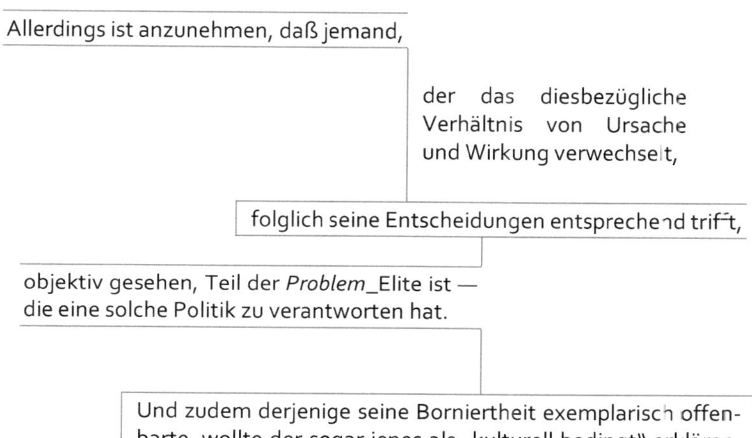
Allerdings ist anzunehmen, daß jemand,

der das diesbezügliche Verhältnis von Ursache und Wirkung verwechselt,

folglich seine Entscheidungen entsprechend trifft,

objektiv gesehen, Teil der *Problem*_Elite ist —
die eine solche Politik zu verantworten hat.

Und zudem derjenige seine Borniertheit exemplarisch offenbarte, wollte der sogar jenes als „kulturell bedingt" erklären, welches tatsächlicher Ausdruck eines Reflexes wäre, den man zwar für gewöhnlich als „Vogel-Strauß-Politik" bezeichnet — allerdings damit diesem Vogel selbst nicht gerecht würde.

Es ist also überhaupt nicht nachgedacht, will jemand „Terrorismus" bekämpfen und sagt, daß „wir" jetzt die Terroristen loswerden müßten, die seien nun einmal Terroristen und kämen sowieso aus einer Kultur, die solche produziere, aber nichts von seinen Ursachen wissen will.

Nun, wollte man aber „Terrorismus" tatsächlich bekämpfen, reichte es eben nicht aus, sich am laufenden Band dessen Symptome zu betrachten, sondern man müßte sich mit der von den

(__*nach Selbsteinschätzung*__)

„'Elitestaaten' der Welt"[140] praktizierten Politik auseinandersetzen — also die Frage stellen:

> Wieso wird diese derartig ausgeübt, d.h. wem dient diese Politik?

Ein paar der Phantasie eingeräumte Zeilen ...

Daß die Völker alle
*Problem*_Politiker und alle *Problem*_Eliten *weg*_tanzten

*_Übrigens_*

> wie wäre es, wenn entsprechend intentionierte Choreographen ein Tanzprojekt *_weltweit_* veranstalteten, dessen Ziel es wäre, daß die Völker alle *Problem*_Politiker und alle *Problem*_Eliten *weg*_tanzten —

vorausgesetzt das Projekt wäre spiralig richtig angelegt?

Nein, nein, ich bitte Sie, mir ist *_schon_* bewußt, daß das nicht *_sooo_* leicht geht.

> *_Aber_*

es sind derartige Gedanken, die ausgedrückt werden müssen, daß

---

[140] „'Elitestaaten' der Welt" wird erwähnt in: Die *tri* _logische Sezierung [...], Band I: *Es werde mehr Licht! [...]*, Teilband 3, Kapitel 18.

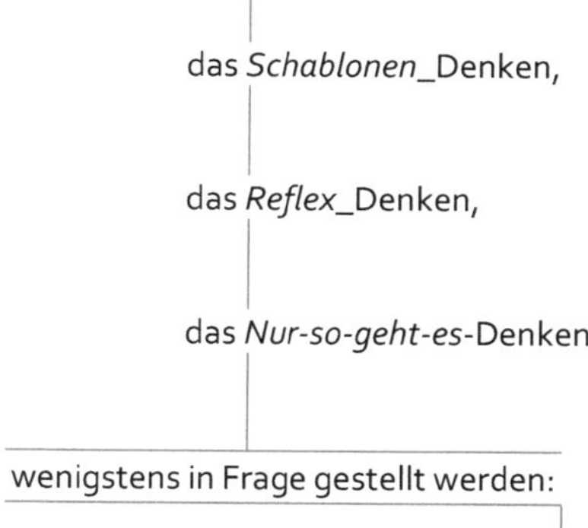

Unbedingte Voraussetzung dafür, daß überhaupt anders gedacht würde als tatsächlich gedacht wird.

Wenn es auch erst effektiv werden könnte, ergäbe sich aus solchem Denken eine allgemeine Handlungsrichtschnur — und käme es

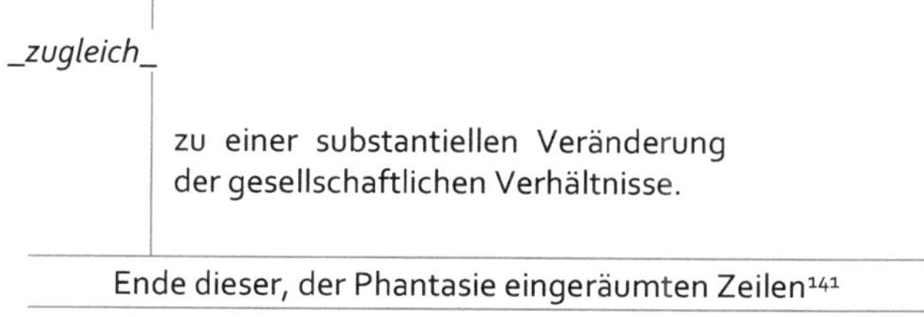

*Oder* solche Sozial- bzw. Geisteswissenschaftler sogar entsprechende Erklärungsmuster entwickeln, die,

[141] Siehe auch die Seiten 487-90, beginnend mit: „Eine der Phantasie-Anregung dienende Glosse".

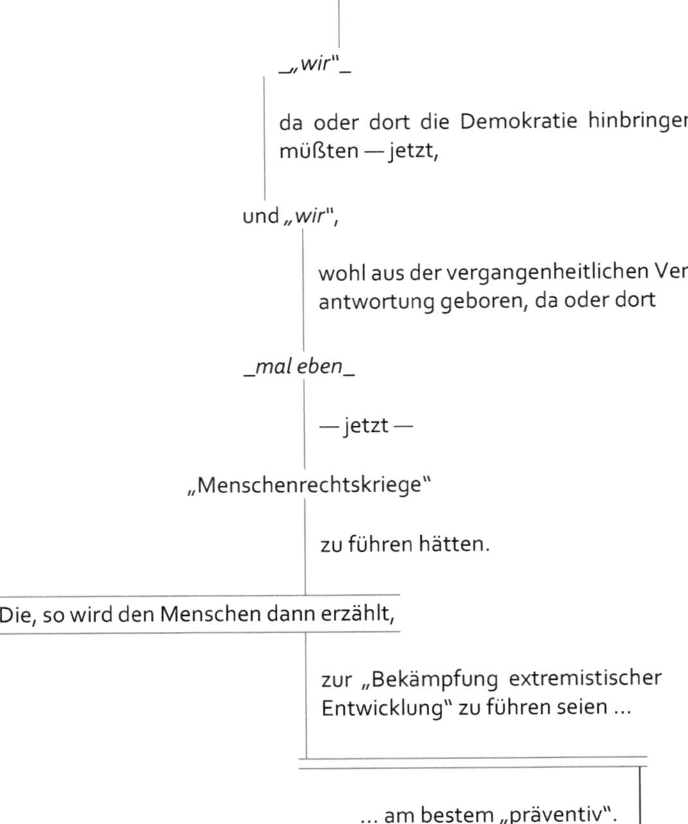

letztlich der Irreführung der eigenen Bevölkerung dienend,

von entsprechenden Politikern und entsprechenden Medien-Vertretern abgesondert werden, also daß

„*wir*"

da oder dort die Demokratie hinbringen müßten — jetzt,

und „*wir*",

wohl aus der vergangenheitlichen Verantwortung geboren, da oder dort

*mal eben*

— jetzt —

„Menschenrechtskriege"

zu führen hätten.

Die, so wird den Menschen dann erzählt,

zur „Bekämpfung extremistischer Entwicklung" zu führen seien ...

... am bestem „präventiv".

Anmerkung zu „Menschenrechtskriegen"

Als erster „Menschenrechtskrieg" könnte der im Jahre 1999 gegen Serbien geführte gelten — der wohl aus

> _Versehen_

noch ein Angriffskrieg gewesen war.[142]

Sie glauben, daß ich übertreibe?

> Nun, _nicht_ das wünschte ich mir, sondern daß ich mich irrte.

Jedoch ist davon schon längst zu lesen, so in einer als „liberal" geltenden „Die Zeit", oder in der als ebenso geltenden „Süddeutschen Zeitung", der als „wertkonservativ" geltenden „FAZ", in dem als _das_ Informationsmagazin geltenden „Der Spiegel".

> *Die Alpha-Journalisten dort, nun, als was sollte ich die bezeichnen?*

Vergleichbares ist längst auch von Politikern zu vernehmen,

> einst Pazifisten (__?__) und selbst niemals beim „Bund" gewesen,

wenn es nach denen ginge, hätten wir schon längst gewohnheitsmäßig solche „Menschenrechtskriege". —

[142] Vgl. in: Die *tri*_logische Sezierung [...], Band I, Teilband 3, das Kapitel 14: „Die Politik bürgerlicher Nichtversteher".

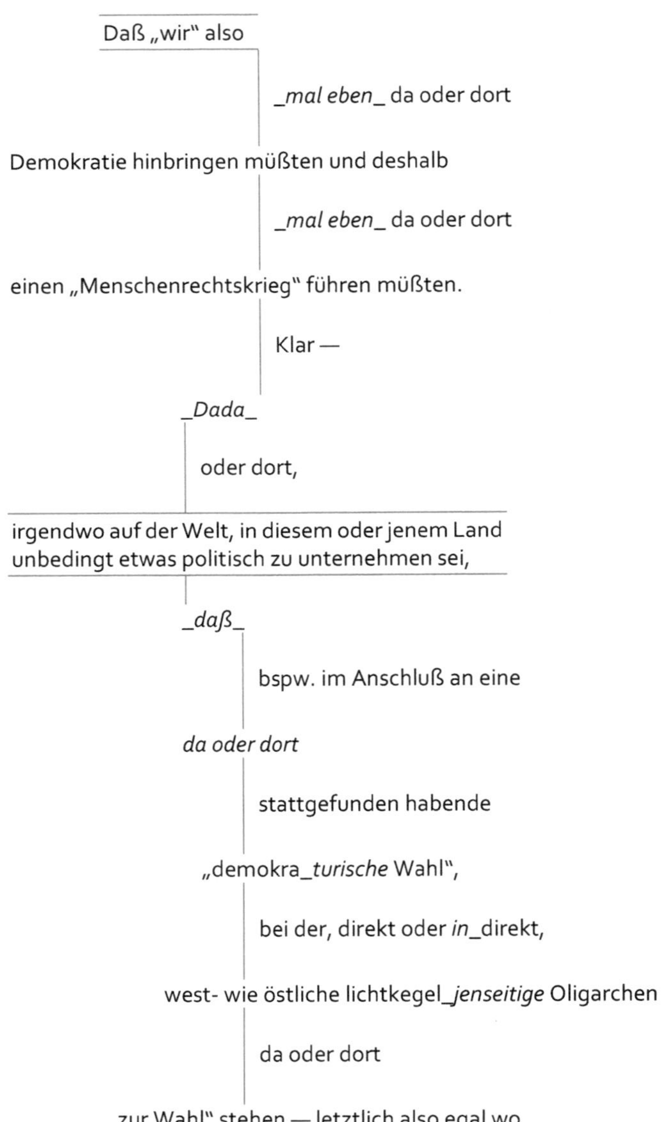

Daß „wir" also

*_mal eben_* da oder dort

Demokratie hinbringen müßten und deshalb

*_mal eben_* da oder dort

einen „Menschenrechtskrieg" führen müßten.

Klar —

*_Dada_*

oder dort,

irgendwo auf der Welt, in diesem oder jenem Land
unbedingt etwas politisch zu unternehmen sei,

*_daß_*

bspw. im Anschluß an eine

da oder dort

stattgefunden habende

„demokra_*turische* Wahl",

bei der, direkt oder *in*_direkt,

west- wie östliche lichtkegel_*jenseitige* Oligarchen

da oder dort

„zur Wahl" stehen — letztlich also egal wo

eine entsprechende Politik *be*_trieben werden sollte —

womöglich noch im Interesse der Masse der Menschen — _*dort*_?

*Also*

*deshalb* die „Demokratie“

*da oder dort*

hin zu exportieren sei,

_*da*_

*da oder dort*

die Profitinteressen der westlichen Unternehmen betroffen wären, da die

*da oder dort*

auch weiterhin nicht im Sinne der Masse der Menschen

*da oder dort*

produzieren *wollten*.

*Oder*

daß sich gar über das Führen von

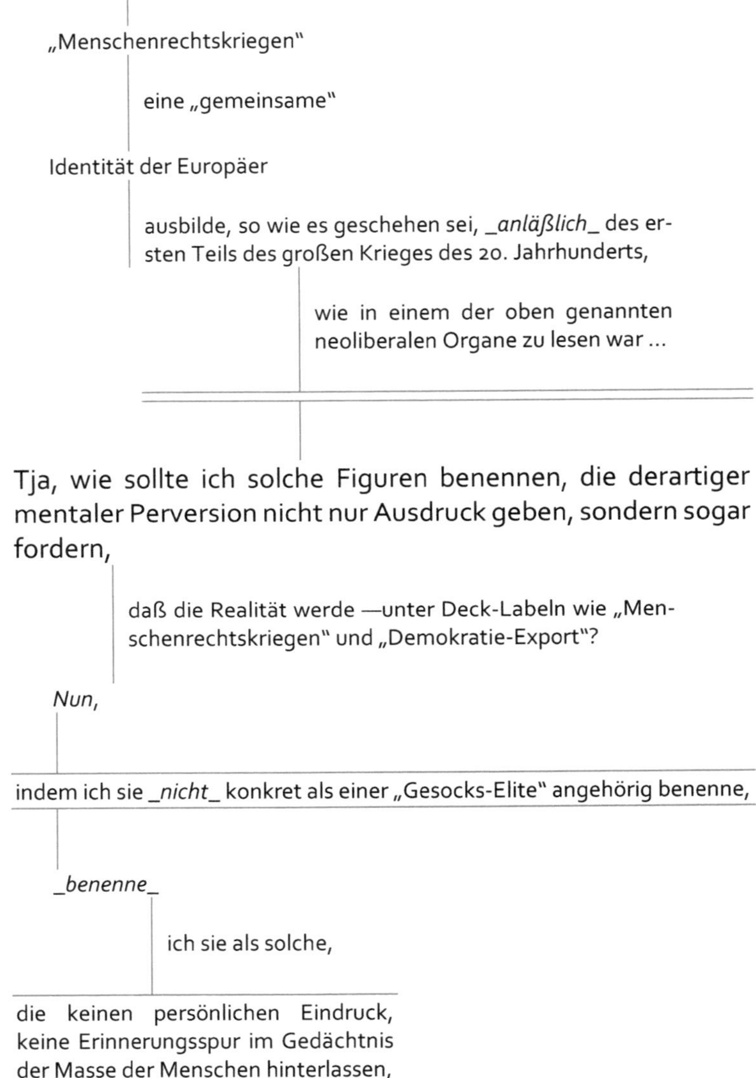

„Menschenrechtskriegen“

eine „gemeinsame“

Identität der Europäer

ausbilde, so wie es geschehen sei, _*anläßlich*_ des ersten Teils des großen Krieges des 20. Jahrhunderts,

wie in einem der oben genannten neoliberalen Organe zu lesen war …

Tja, wie sollte ich solche Figuren benennen, die derartiger mentaler Perversion nicht nur Ausdruck geben, sondern sogar fordern,

daß die Realität werde —unter Deck-Labeln wie „Menschenrechtskriegen“ und „Demokratie-Export“?

Nun,

indem ich sie _*nicht*_ konkret als einer „Gesocks-Elite“ angehörig benenne,

*benenne*

ich sie als solche,

die keinen persönlichen Eindruck, keine Erinnerungsspur im Gedächtnis der Masse der Menschen hinterlassen, _also_

als Person zwar schnell vergessen sein werden, wenn bspw. nicht mehr in politischer Funktion, hingegen zurücklassend Spuren der Zerstörung —

u.a. in der Mentalität, in der Seele, im Gedächtnis der Menschen.

Ende der Anmerkung zu „Menschenrechtskriegen"

Nun,

es sind solche *spin*_doktorischen „Wissenschaftler",

die jene zur „Bekämpfung extremistischer Entwicklung" erforderlichen Manipulationsmethoden aus_*hecken* und die auf diese Weise eine Politik decken helfen, die solche „extremistischen Entwicklungen" immer dort entstehen läßt, wo die Interessen westlicher „Elitestaaten" der Welt tangiert sind.

Und der deutsche Staat zählt sich zu diesen Staaten — folglich sind genauso *der*_artige Entwicklungen von der „im Namen des deutschen Volkes" praktizierten Politik mit verursacht: d.h. gewollt.[143]

---

[143] Vgl. in: Die *tri*_logische Sezierung [...], Band II: *Zwischenrufe in satirisch-politischen Variationen [...]*, Zwischenruf 28: „Wie das fürchterliche Wort 'Flüchtlingspolitik' erst seine eigentliche Bedeutung bekommt".

Mit anderen Worten:

zuerst werden solche „Entwicklungen" ausgelöst, dann müssen die bekämpft werden, auf diese Weise u.a. kollektive Fluchtbewegungen von Menschen auslösend.

Übrigens lösen „Schlepper" keine kollektiven Fluchtbewegungen aus, sondern die nutzen die zur eigenen Bereicherung —

wobei aus dem oben Erläuterten die Frage nach der *ur*_sächlichen Verantwortung deutlich hervortritt.

Und, wie gesagt, das Bekämpfen solcher selbstinitiierten Ursachen wird heute u.a. als das Führen von Kriegen im Namen der „Menschenrechte" und/oder der „Demokratie" bezeichnet.

Und genau darin liegt die Aufgabe solcher „Wissenschaftler",

nämlich die Gründe, die vermeintlichen Erklärungen für das Notwendigsein solcher Machenschaften zu formulieren und in „Worthülsen" zu füllen — gedacht zur Manipulation der Bevölkerung.

Solche Figuren nenne ich „wissenschaftliche" Satelliten der Machteliten.

Andere Satelliten

wären dann Politiker oder Journalisten,

die ich _*deshalb*_ als „schreibende Mitarbeiter“ der Medien_*Konzerne* bezeichne, da Konzerne nun einmal andere Verpflichtungen haben, als tatsächlich im Sinne der Masse der Menschen zu agieren, sind die doch per se lediglich ihren Aktionären, bzw. ihren Eignern verpflichtet,

das fordert der Markt —

und das weiß jeder, oder?

Wie naiv muß man also sein zu glauben, daß

Medien_*Konzerne*

ein Interesse daran haben könnten, daß Gesetze und Verordnungen erlassen würden, die im Interesse der Masse der Menschen wären? —

Das _*erste*_ solcher zu erlassenden Gesetze lautete dann nämlich:

„Medien_*Konzerne* sind verboten, da sie eine _*direkte*_ Gefahr für die Meinungsfreiheit darstellen“.

Gewiß, zwar wissen *spin*_doktorische „Wissenschaftler“ gewandt daherzureden, aber wozu benutzen sie ihre Sprachgewandtheit?

Nun, sie benutzen sie dazu, den normalen Menschen einzureden, es wäre in _*ihrem*_ Sinne, helfen sie die Interessen der Machtelite „ihres" Nationalstaates zu bedienen.

Auf diese Weise handeln die normalen Menschen aber gegen ihre eigenen Interessen, denn jene der Machtelite eines solchen Staates müssen grundsätzlich anderer Natur sein — andernfalls wäre sie nämlich keine Machtelite.

*Solche* Wissenschaftler

forschen im Auftrag

*solcher* Eliten,

verwenden demnach ihr Wissen fokussiert, forschen folglich mit Scheuklappen —

*also*

bilden sie auf diese Weise die gesellschaftliche Wirklichkeit *un*_zureichend ab.

Und sie wissen durchaus um diesen Umstand, verstehen ihre Aufgabe aber eben _*nicht*_ darin, im Dienste der Gesellschaft zur Aufklärung von Zusammenhängen beizutragen, sondern bestehende Machtstrukturen zu stützen. —

Damit aber haben sie den Status der Wissenschaftlichkeit verloren, denn machtinteressengeleitetes Forschen ist Lobbyarbeit.

Also sind _*solche*_ Forscher als „lobbykratische Wissenschaftler" zu bezeichnen, da die bestehenden Machtstrukturen nichts mehr mit Demokratie zu tun haben, sondern alles mit Lobbykratie.

Derartige Figuren sind es, die davon reden, man müsse „Menschenrechtskriege" führen —

geht es tatsächlich um die Bedienung von Machtinteressen.

Oder davon reden, die Menschen seien „demokratiemüde" —

sind sie tatsächlich lobbykratiemüde.

Denn was anderes sollten sie auch sein, leben sie tatsächlich in einer Lobbykratie?

Das ist wohl der Grund dafür, daß diese frech behaupten, das Grundgesetz bedürfe der Änderung —

zur Rettung der Demokratie.

Hingegen ist es keineswegs so, daß das Grundgesetz zur Rettung der Demokratie geändert werden

m u ß,

sondern _*deshalb*_ geändert werden muß, da die deutsche Politik schon längst *jen*_seits des im Grundgesetz Verfaßten agiert.[144] — Übrigens, und das ist lediglich eine bedingt rhetorische Frage:

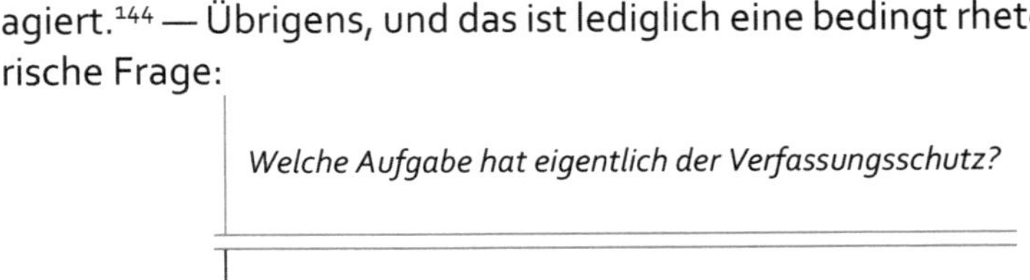

Deshalb ist es ein schlechter Witz, wenn bspw. eine Frau Merkel davon redet, es müsse „das Gesetz" geändert werden[145], denn gemeint ist damit die Änderung des Grundgesetzes, zum Schutz der Demokratie — behauptet sie.

Nun, es sind aber solche lobbykratischen Wissenschaftler, die das Argumentationsfutter für _*solche*_ Aussagen liefern.

Das heißt deren moralische Verkommenheit ist _*nicht*_ leicht zu toppen.

Ende der Anmerkungen zu gewissen Sozial- und Geisteswissenschatlern

Nun, die Menschen werden nicht um die Erkenntnis herumkommen, daß sie lediglich Insassen von Staaten sind, die nur deshalb Nationalstaaten heißen, da es bürgerliche Staaten sind. Und das bedeutet genau nicht, daß dessen Institutionen

---

[144] Siehe dazu die Lesung 10.

[145] Siehe dazu ebenda.

für die Insassen in diesem Staat da wären, sondern primär für dessen Machtelite.

> Das heißt ein Nationalstaat ist von seiner ganzen Anlage her die Spielwiese solcher Elite und ihrer Satelliten in Poli_*tik*, Journalis_*tik* und Wissenschafts_*tik*.

Und dieser Fakt wird nicht dadurch aufgehoben, daß dieses nationalstaatliche Herrschaftsprinzip nun auf EU-Ebene transformiert wird zum *Neo*_Wilhelmo-Liberalismus.[146]

> Es ist das interessengeleitete Tun der Machteliten der EU-Mitgliedsländer unter Führung des deutschen EU-Hegemonen und ihrer neoliberalen EU-Kaderelite sowie ihre damit einhergehende scheuklappenbedingte Phantasielosigkeit, die verhindern, daß eine freudige Zukunft für die Masse der Menschen ein Traum bleiben muß — und nicht deshalb, da eine solche Zukunft nicht möglich wäre. — Denn es gibt Alternativen. [147]

---

[146] Siehe die Seite 572: „Definition des Neowilhelmoliberalismus".

[147] Siehe in: Die *tri*_logische Sezierung [...], Band I, Teilband 4: „Der Lösungsweg".

Zu den Aussagen in dieser Lesung finden Sie übrigens wichtige Informationen im Internet: *German-Foreign-Policy.com*. Das heißt in diesem Zusammenhang die folgenden drei Berichte, deren Internetpfade am 9. September '17 erneut geprüft worden sind: „Internationale Dissidenz (I)" (__http://www.german-foreign-policy.com/de/fulltext/59484__); „Internationale Dissidenz (II)" (__http://www.german-foreign-policy.com/de/fulltext/59488__); „Internationale Dissidenz (III)" (__http://www.german-foreign-policy.com/de/fulltext/59491__).

Zweiter Teil

Von neoliberaler Ideologie, marktkonformen Arbeitnehmervertretern und einigen exemplarischen Konsequenzen

Siebte Lesung

Über die *Glaubens*_Vorstellung von der „Effizienz der Märkte"

Ist es eine Frage der Perspektive, ob das auf Profit fokussierte System, in dem wir alle leben und dementsprechend sozialisiert sind, und uns somit widersprüchlich verhalten, als effizient erscheint?

Was ist nicht alles „effizient"? Auch die Methoden der Mafia sind „effizient". Eine Macht ist „effizient" — bis sie unterliegt, dann war sie nicht mehr „effizient".

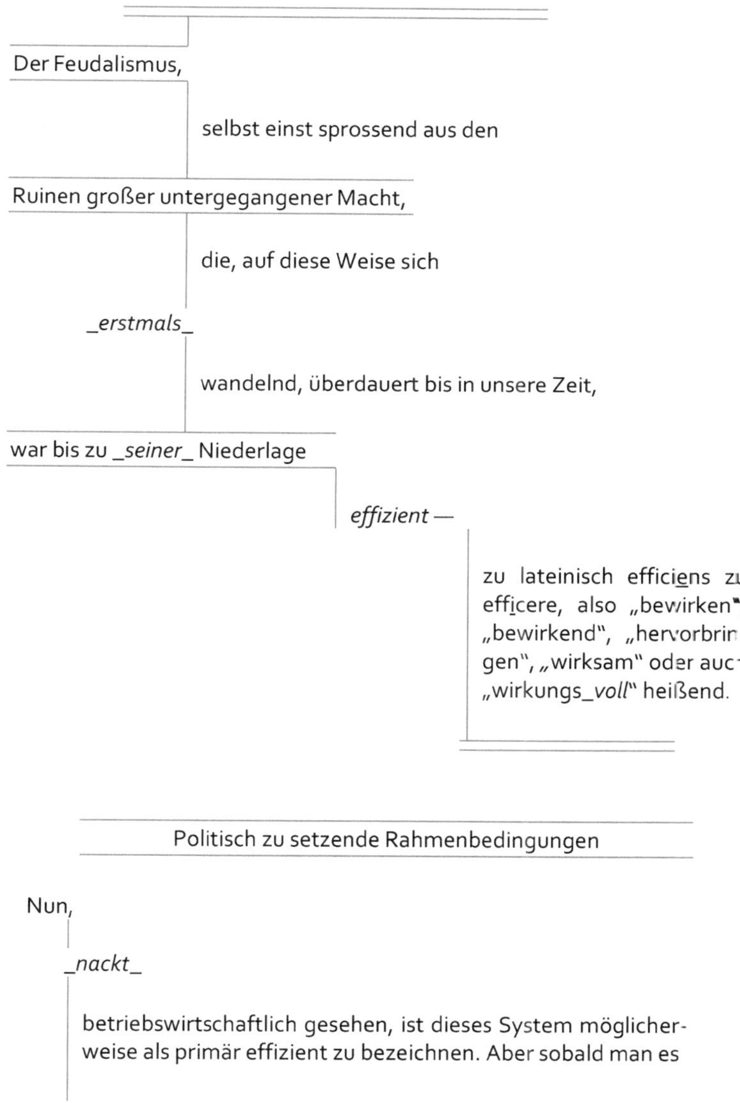

Der Feudalismus,

selbst einst sprossend aus den

Ruinen großer untergegangener Macht,

die, auf diese Weise sich

*erstmals*

wandelnd, überdauert bis in unsere Zeit,

war bis zu _*seiner*_ Niederlage

effizient —

zu lateinisch efficiens zu efficere, also „bewirken", „bewirkend", „hervorbringen", „wirksam" oder auch „wirkungs_*voll*" heißend.

Politisch zu setzende Rahmenbedingungen

Nun,

*nackt*

betriebswirtschaftlich gesehen, ist dieses System möglicherweise als primär effizient zu bezeichnen. Aber sobald man es bekleidet betriebswirtschaftlich sieht, erlangt es erst dann echte Effizienz, wird die sogenannte soziale Komponente in die unternehmerische Überlegung mit einbezogen.

Denn, bspw., und nun aus _*meiner*_ Perspektive betrachtet:

Ein Betrieb, in dem bspw. die Durchmischung stimmt, also die Geschlechter und die Altersgruppen gut *ver*_treten sind, der Ausbildungsgrad dynamisch *an*_gepaßt wird, eine, möglicherweise mit anderen Betrieben *ge*_teilte Kindertagesstätte *ein*_gerichtet ist, die Löhne *an*_gemessen sind und sich der Produktivitätsentwicklung wie auch der Inflationsentwicklung gemäß *ent*_wickeln, also der Betrieb dynamisch_*flexibel*_stabil ist, entwickelt erst auf _*diese*_ Weise *gesamt*_wirtschaftliche, also *gesell*_schaftliche Effizienz.

Ein solcher Betrieb ist „am Markt" dann erfolgreich, sind die _*politisch*_ zu setzenden *Rahmen*_Bedingungen erfüllt — nämlich bspw. seine Besteuerung eine andere zu sein hat, als die eines _*lediglich*_ gemäß der Lohn_*Knechtschaft* funktionierenden Betriebs.

„Politisch zu setzende Rahmenbedingungen" bedeutet:

*un*_beeinflußt von lobbyistischen Beeinflussungsversuchen, denn die sind naturgemäß

*partikular*_interessengeleitet,

welches schädlich für eine gesellschaftlich effiziente

Rahmensetzung

ist. Denn einen „Rahmen" setzt man für eine Gesamtheit, in diesem Fall eine *Gesamt*_Wirtschaft, und dazu bedarf es

*un*_abhängiger, *gemeinwohl*_orientierter,

stets den Blick auf den

*Gesamt*_Zusammenhang gerichtet habender Fachleute.

*Denn*

ein derartig wirtschaftender Betrieb entlastet die Gesellschaft wie den Einzelnen von Ausgaben, die für diese potentiell entstehen — gelten lediglich die *nackt*_betriebswirtschaftlichen Kostenfaktoren als *markt*_wirtschaftlicher Maßstab.

„Lohnnebenkosten"

Die durch die Art und Weise der in arbeitsteiligen Gesellschaften organisierten Menschen entstehenden Kosten, werden meist als „Lohnnebenkosten" oder „Lohnzusatzkosten" bezeichnet.

Die sogenannten Lohnnebenkosten beinhalten vor allem jene der aus den Elementen Krankenversicherung, Pflegeversicherung, Rentenversicherung, Arbeitslosenversicherung und Unfallversicherung bestehenden Sozialversicherung sowie die Aufwendungen für Aus- und Weiterbildung.

Die Bezeichnungen „Lohnnebenkosten" oder „Lohnzusatzkosten" sind deshalb absurd, da es sich dabei um Kosten handelt, die _*wegen*_ der Existenz solcher Gesellschaften entstehen. Das heißt es gibt ausschließlich Lohnkosten.[148]

Da es einleuchtet,

daß für einen gesamtwirtschaftlich effizient arbeitenden Betrieb ein politisch gewollter Niedriglohnsektor tödlich ist,

muß ein solcher „Lohnsektor" auch gesamtwirtschaftlich schädlich sein.

Ein oben skizzierter, gemeinwohlorientierter Betrieb versteht sich

*tatsächlich*

als eine „soziale Veranstaltung", wodurch er sich, d.h. bei richtiger Rahmen_*Setzung*, sowohl betriebswirtschaftlich als auch gesamtwirtschaftlich rechnet —

denn er lagert Teile seiner Kosten nicht aus!

---

[148] Der neoliberale Begriff „Lohnnebenkosten" wird auf den Seiten 190-94, beginnend mit: „Anmerkungen zu den sogenannten 'Lohnnebenkosten'", weiter erläutert.

Muß also ein solcher Betrieb aufgeben,

da er aus ideologischen Gründen keinen Ausgleich mehr für seine gesamtwirtschaftlich effiziente Produktionsweise bekommt, bei gleichzeitig ebenso ideologisch begründeter Etablierung eines bedeutenden Niedriglohnsektors,

erhöhen sich die gesamtwirtschaftlichen Kosten:

Wegen der Dominanz

*ausschließlich*

profitorientierter Unternehmensausrichtung, deren

Effizienz

eine ist, die lediglich dann gilt, erfolgt die

Kosten-Nutzen-Analyse

*ohne*

Einrechnung aller, unter anderem auch jener oben angerissenen, der Gesellschaft dann aufgebürdeten und im einzelnen gar nicht bezifferbaren Kosten.

Liegt aber eine Dominanz _*ausschließlich*_ profitorientierter Unternehmen vor, bildet sich früher oder später Marktmacht aus.

Auf diese Weise funktioniert „Marktwirtschaft" nur noch eingeschränkt.

Die eigentlich einfache Frage: „Was ist eine 'Marktwirtschaft'?", wird i.d.R. im Sinne der neoliberalen Ideologie beantwortet. Aber diese Frage verlangt erst einmal nicht, ideologisch beantwortet zu werden.

Denn

„Marktwirtschaft" an sich bedeutet nichts anderes als die Partizipation aller arbeitsfähigen Mitglieder einer Gesellschaft zum Zwecke arbeitsteiliger Produktion sowie die Teilhabe *aller* an den, in Abhängigkeit von der Produktivität erarbeiteten Früchten.

Es ist dann „lediglich" die Frage:

Zu welchem Zweck wird produziert und unter welchen Bedingungen?

Das entscheidende Element einer Marktwirtschaft

Da es sich aber mit einer „Marktwirtschaft" derartig verhält,

ist an ihr das Arbeitsteilige das entscheidende Element, hingegen nicht das Profitorientierte,

folglich läßt sich eine arbeitsteilige Gesellschaft anders organisieren als es neoliberal organisierte Gesellschaften typischerweise sind.

Nichts spricht gegen eine genossenschaftliche oder gegen eine von der Belegschaft organisierte Produktionsweise. Die einzige Bedingung für die Entfaltung _*dieser*_ gesellschaftlichen Effizienz ist, daß die rein profitorientierte Produktionsweise nicht mehr als die tatsächlich effizierte angesehen wird, somit die, diese Produktionsweise anwendenden Unternehmen nicht mehr (__u.a.__) als von „Lohnnebenkosten" zu entlasten zu gelten haben,

damit diese auf diese Weise erst ihre volle *nackt*_betriebswirtschaftliche Effizienz entfalten könnten,

*sondern* die profitorientierte Produktionsweise als das erkannt wird, was sie ist: *gesamt*_gesellschaftlich *in*_effizient.

Es könnte einleuchten, daß eine gesamtgesellschaftlich orientierte Marktwirtschaft lediglich im weltweiten Maßstab oder unter Bedingungen des Schutzes gegen die in anderen Regionen der Welt weiterhin zur Anwendung kommende profitorientierte Produktionsweise möglich ist.[149]

[149] Diese Erläuterung ist als Ergänzung der Aussagen in: Die *tri*_logische Sezierung [...], Band I, Teilband 4: „Der Lösungsweg", zu verstehen.

Anmerkung zu den sogenannten „Lohnnebenkosten"[150]

Der Begriff „Lohnnebenkosten" ist typisch neoliberal, d.h. absurd. Denn wodurch entstehen solche Kosten? Nun, von neoliberalen Ideologen und ihren politischen und medialen Helfern ist anscheinend der Fakt verdrängt worden, daß solche Kosten deshalb entstehen, daß es meist _*irgendwie*_ marktwirtschaftlich beschaffene Gesellschaften gibt, in denen auch Menschen als Kinder, Jugendliche, Erwachsene oder als Alte leben. Bei diesen Kosten handelt es sich also um solche, die nicht entstehen würden, gäbe es solche Gesellschaften nicht. Da diese Kosten aber genau aus diesen Gründen anfallen, solche Gesellschaften also _*ohne*_ deren über die Löhne erfolgende Bezahlung nicht oder lediglich schlecht funktionieren würden, unterläge derjenige einem schwerwiegenden Trugschluß, der da glaubte

(__und nicht nur „er" glaubt das ja tatsächlich___),

diese Kosten *weg*_sparen zu können.

Folglich handelt es sich bei diesen Kosten um Aufwendungen, die der Sicherung des individuellen wie des gesellschaftlichen *Da*_Seins dienen.

[150] Siehe auf den Seiten 185 f. die kleine, als Vorbemerkung zu dieser Anmerkung zu verstehende Passage: „Lohnnebenkosten".

Und da es sich bei marktwirtschaftlichen Gesellschaften tatsächlich um arbeitsteilige handelt, muß die Masse der Menschen diese Aufwendungen über eigene Arbeit erwirtschaften. Da sie das i.d.R. aber in Lohnabhängigkeit tun müssen, fließen diese Kosten in _den_ Lohn ein, den derjenige zu bezahlen hat, der von der Lohnabhängigkeit anderer profitiert.

Das heißt es gibt keine Lohnnebenkosten, hingegen lediglich Lohnkosten.

Ist also ein Unternehmer der Meinung,

und dieser Meinung sind sogar viele, sich als „links" verstehende Politiker,

daß er von einem Teil dieser Kosten zu entlasten sei, d.h. die Lohnabhängigen diese selbst ganz von dem bezahlen sollten, welches, ebenso absurd, als „direkter Lohn" bezeichnet wird, dann hat dieser

(__*und mit ihm viele, sich als „links" verstehende Politiker auch*__)

a) nicht verstanden, was Marktwirtschaft bedeutet

und

b) als Unternehmer nichts in ihr zu suchen,
hat also vom Markt zu verschwinden.

Was zeichnet einen Unternehmer aus?

Eine Person wird dadurch zu einem Unternehmer, daß sie gesamtwirtschaftlich wertschöpfend[151] dann aktiv ist, ergibt sich aus ihrer Sicht daraus die Wahrscheinlichkeit einen Gewinn zu erzielen, so daß ihr das Risiko eines finanziellen Verlustes als kalkulierbar erscheint, sie also davon ausgeht, daß Ergebnis ihrer Unternehmung verkaufen zu können, wozu sie in ihre unternehmerische Überlegung mehrere Fragen einfließen läßt, bspw. folgende:

Wie stellt sich die Konkurrenzsituation für das Produkt _*dort*_ dar, wo es abgesetzt werden soll? Stimmt das Preisleistungsverhältnis? Liegen Belege für die Vermutung vor, daß eine zur Absetzung des Produktes ausreichende Kaufkraft vorhanden ist?

(__Soll sich nämlich der Satz bewahrheiten, daß sich ein Angebot seine Nachfrage schaffe, so setzt das ausreichende Kaufkraft voraus.__)

Übrigens „verliert eine Person jene, einem Unternehmer eigenseiende Eigenschaft, will diese Person ihre Investitionen vertraglich einklagbar geschützt haben, gar selbst solche, die noch gar nicht getätigt worden sind, auf diese Weise ihren Profit zu maximieren — obwohl doch die Bedingung für das Recht auf ein gewisses Maß

[151] Zur „gesamtwirtschaftlichen Wertschöpfung“ siehe Seiten 729-32: „Investitionen bedingen die Höhe der *gesamt*_wirtschaftlichen Wertschöpfung“.

> an Profit lediglich darin bestehen kann, daß dies mit der Übernahme des _*vollen*_ unternehmerischen Risikos einhergeht."[152]

Löhne haben Januskopf-Charakter

Gibt es also Kosten allein aus dem Grund der Existenz einer arbeitsteilig funktionierenden Gesellschaft, lassen die sich lediglich über das im Arbeitsprozeß Erwirtschaftete bezahlen. Diese Kosten aber auf die Lohnabhängigen abzuwälzen ist schon deshalb kontraproduktiv, da auf diese Weise die massenwirksame Verteilung der Kaufkraft abnimmt. Eine gut verteilte Kaufkraft ist jedoch Bedingung für _*jeden*_ arbeitsteiligen Wirtschaftsprozeß — denn Löhne haben Januskopf-Charakter: Die Lohnkosten des einen, sind die potentielle Einnahmemöglichkeit des anderen, d.h.:

> „Autos kaufen keine Autos".

*Die* Bedingung für eine nachhaltige Produktionsweise

Eine gut verteilte Kaufkraft ist insbesondere _*die*_ Bedingung dafür, daß sich jene politisch oft zu vernehmende Absicht, eine Wirtschaft auf eine nachhaltige Produktionsweise hin umzubauen, verwirklichen kann, denn nachhaltig produzierte Güter sind i.d.R. teurer. Folglich ist ein solcher Umbau nur

[152] Siehe Anhang II.

dann möglich, verfügt die Masse der Menschen einer Gesellschaft über die notwendige Kaufkraft solche Produkte in Masse nachfragen zu können, ansonsten bleibt „nachhaltig Produziertes“ eine wirtschaftliche Nische und die Forderung „nachhaltigen Produzierens“ eine Floskel.

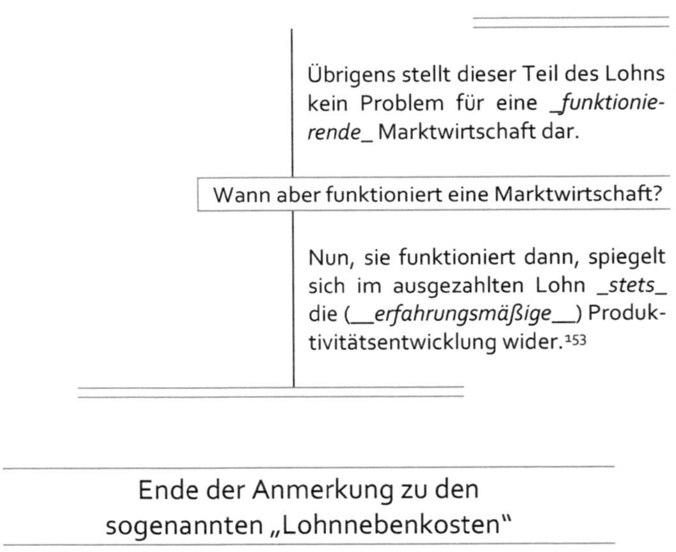

Ende der Anmerkung zu den sogenannten „Lohnnebenkosten“

Selbstverständlich ist die Ausbeutung auch in einem oben skizzierten Betrieb weiterhin gegeben, aber sie ist nicht maximiert. Das heißt der Fokus liegt nicht auf Gewinn_*Maximierung*, sondern auf …

[153] Vgl. die Lesung 22.

„Gewinn" im doppelten Sinne:

a) Risikodividende für den _*innovativen*_ Unternehmer und
b) Freiheitsgrad_*Entwicklung* für die Mitarbeiter.

Das rechnet sich für eine menschliche Gesellschaft als Ganzes, da erst auf diese Weise eine Wirtschaft gesamtgesellschaftlich effizient wird.

Die notwendigen Bedingungen, die Erzielung dieses „doppelten Gewinns" zu gewährleisten, ist Aufgabe des Sozialen Rechtsstaates, der nicht mit dem bürgerlichen Sozialstaat verwechselt werden darf.[154]

Das heißt auf gesamtwirtschaftlicher Ebene ist ein Wirtschaftssystem erst dann als effizient zu bezeichnen, werden die Kosten für das *Da*_Sein als *an*_teilige Betriebsausgaben verstanden.[155]

Eine in diesem Sinne ausgerichtete Wirtschaft verdient den Namen Soziale Marktwirtschaft, denn erst auf diese Weise bietet sie *demokratie*_konforme Weiterungen — da sie originärer Teil des Sozialen Rechtsstaates ist.

Also hat, im Gegensatz dazu, in der neoliberalen Ideologie die Phrase „soziale Marktwirtschaft" eine völlig andere Bedeutung[156]

---

[154] Siehe dazu in: Die *tri*_logische Sezierung [...], Band I, Teilband 4: „Der Lösungsweg".

[155] Zur Frage, ab wann und auf welche Weise eine gesellschaftliche Fehlentwicklung den *Sozialen Rechtsstaat* auf den Plan rufen muß, siehe a.a.O., das Kapitel 22.

[156] Siehe dazu in: a.a.O., den Teilband 1.

Und wie könnte dann der Finanzmarktanteil eines Wirtschaftssystems selbst noch im profitorientierten Sinne,

also unter Ausblendung aller an die Gemeinschaft ausgelagerten Kosten

weiterhin als „effizient" bezeichnet werden, hat dessen finanz_*dienstleistende* Funktion

*tatsächlich*

ausschließlich darin zu bestehen, Kreditlinien bereitzustellen, also

*lediglich*

*real*_wirtschaftliche Betriebe bei der Wertschöpfung zu unterstützen

*sowie*

den gesamtgesellschaftlichen „Geldfluß" sicherzustellen, so daß sich, heruntergebrochen auf den einzelnen *real*_wirtschaftlichen Betrieb,

erst *gesamtwirtschaftliche Effizienz* ergäbe — da sich die Funktion des Finanzsektors allein auf _*diese*_ Dienstleistung beschränkte?

Hingegen,

in der existierenden „neoliberal effizient" arbeitenden Spekulationswirtschaft, d.h. in dem von der *Real*_Wirtschaft abgelösten und diese bestimmenden, als „finanzmarktdominierte Marktwirtschaft" bezeichneten Profitsystem, stehen *real*_wirtschaftliche Betriebe unter dem permanenten Druck des *Be*_ oder *Ver*_zocktwerdens.

Denn bei dieser, von der neoliberalen Ideologie vorgegebenen, profitorientierten Funktionsweise, erfolgt dann Akkumulation nicht nur leer und unter Abbildung eines stets falschen, nämlich unter Zockergesichtspunkten sich bildenden Preises, sondern auch im sozusagen *selbst*_andauenden, also die *Real*_Wirtschaft zerstörenden Sinne —

ja, im sie mafiaisierenden Sinne.

Es sei lediglich an die Lebensmittelskandale der letzten Jahre erinnert wie dioxinverseuchtes Tierfutter, Unkrautvernichtungsmittel in Bier, Antibiotika in Schweine-, Rinder- und Hühnerfleisch, massenhaft an Kunden verkauftes verdorbenes Fleisch oder mit dem Insektenvernichtungsmittel Fipronil belastete Eier. Allen diesen Skandalen ist eines gemeinsam:

Die notwendigen Konsequenzen werden nicht gezogen.

Wieso auch, regelt der Markt doch alles selbst, oder?

Eher wäre allerdings der Schluß zu ziehen,

daß eine, nicht vom Sozialen Rechtsstaat eingehegte, also lediglich profitorientierte Produktionsweise früher oder später in eine mafiöse umschlägt.

Nun, zwingen die Vorgaben eines wenigen Nutzen bringenden Systems, seine Akteure dessen Grundlage zu verzocken, kann ich weder deren Tun noch dieses System als effizient bezeichnen.

Achte Lesung

Vom heiligen Zeremoniell der Tarifautonomie und anliegenden Chosen

Abgesehen von diversen Bewirtungselementen und Ruhemöglichkeiten, ereignet sich das Tarifverhandlungs-Ritual in einem Raum, in dem ein Tisch und ein paar Stühle stehen und der geschlossen ist. Herrschte nun

> _*im Nu*_

Transparenz bei allen politischen Entscheidungen

> (__*und insbesondere Tarifverhandlungen sind politisch*__),

könnte man feststellen, daß bei diesem, die „Tarifautonomie" krönenden Ritual die Stühle auf der Seite _*des*_ Tisches, wo die Interessenvertreter der Arbeitnehmer sitzen müßten, leer, bzw. von solchen Figuren besetzt sind, die diese Interessen _*nicht*_ vertreten,

> immerhin verstehen die sich als Partner im Rahmen der zwischen ihnen und den Vertretern der Arbeitgeberseite geschlossenen „Sozialpartnerschaft".

Daß es zwischen _*solchen*_ Partnern keinen grundsätzlichen Konflikt geben kann, versteht sich zwar von selbst, anderseits gibt es aber einen _*grundsätzlichen*_ Interessen_*Konflikt* zwischen Arbeitgebern und Arbeitnehmern.

Folglich können am Zeremoniell dieses Rituals der Tarifautonomie keine Vertreter der Arbeitnehmerseite beteiligt sein.

Denn zwar sind Verhandlungen zwischen den Vertretern dieser widerstreitenden Interessen zu führen,

d.h. solange das weit besser geeignete Mittel nicht zur Anwendung kommt, von dem in Lesung 22 die Rede ist,

aber zwischen ihnen kann es keine sogenannte Sozialpartnerschaft geben — wegen des grundsätzlichen Charakters der widerstreitenden Interessen, die nicht dadurch

*mal eben*

aufzuheben sind, daß man sagt:

Wir sind modern und gehen jetzt eine Partnerschaft mit den Arbeitgebern ein und schließen mit denen einen Pakt für Arbeit, wodurch alle zu regelnden Fragen viel leichter aus der Welt zu schaffen sind.

Auf wessen Kosten aber — im In- wie Ausland?

Das heißt „Sozialpartnerschaft" ist nicht nur eine Schimäre, sondern sie hat u.a. auch dazu geführt, daß die Mitglieder der Gewerkschaftsführung sich als „Sozialmanager" verstehen, also als Teil der neoliberalen Funktionselite. — Was aber ist ein „Sozialmanager"?

Nun, zwar ist seine Aufgabe nicht neu, und wenn er auch mit dem „Migrationsmanager" nicht zu verwechseln ist, ist diese Bezeichnung durchaus genauso passend — nämlich im Rahmen des neoliberalen Projektes.

> Der verschleiernde Begriff „Migrationsmanager" wird übrigens im Rahmen absolut fragwürdiger Politik verwendet.[157]

Die Funktion eines „Sozialmanagers" läßt sich folgendermaßen beschreiben:

> Ein Sozialmanager ist jemand, der, u.a., dem Arbeitgeber sein Ohr _*insofern*_ leiht, daß er das mit der feststellenden Absicht zum Hineinhorchen in den Betrieb verwendet — ob da also eine „gewisse" Unzufriedenheit herrsche, und, ab einem

„gewissen situativen Punkt"

> dem Arbeitgeber mitteilt:

[157] Vgl. hierzu in: Die *tri*_logische Sezierung [...], Band II, den Zwischenruf 28: „Wie das fürchterliche Wort 'Flüchtlingspolitik' erst seine eigentliche Bedeutung bekommt".

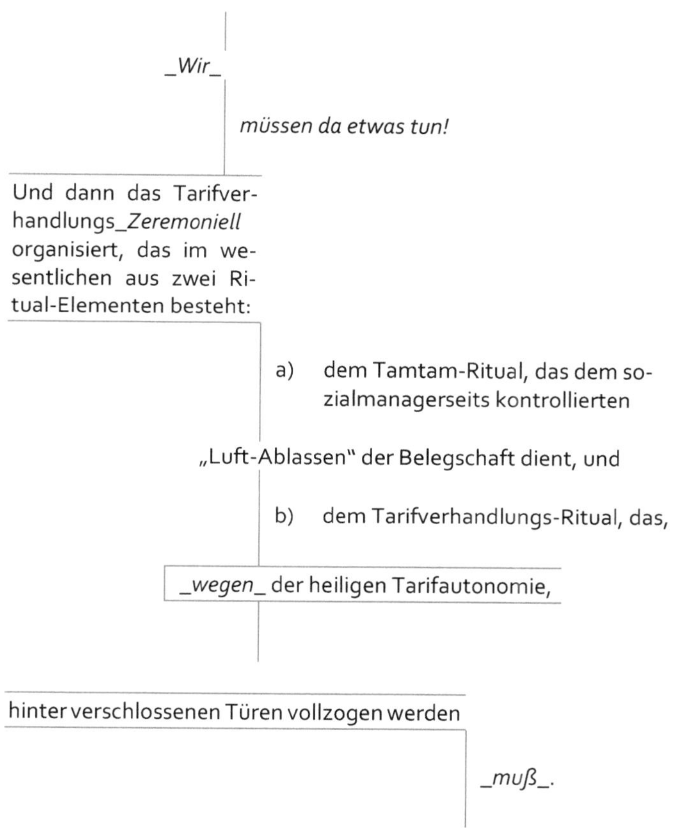

Mit anderen Worten, nicht Gewerkschaften sind das Problem, sondern die neoliberale Gewerkschaftsführung, so wie nicht die Bevölkerung das Problem ist, sondern, wie eh und je, die Elite eines Nationalstaates.

Zwar

könnte man entgegnen, daß das vor der Gründung solcher Staaten längst schon so gewesen sei (__*also die Sache mit der Macht und so*__),

man damit aber nicht zeigte,

*erhellend*

nachgedacht zu haben.

*Denn*

aus welchem Grund kam man einst auf die grundsätzlich richtige Idee, daß Demokratie das politische Mittel der Wahl sei, die gesellschaftlichen Belange

(__*also die Sache mit der Macht und so*__),

im Sinne der Masse der Bevölkerung zu regeln? Wobei ich jetzt durchaus die repräsentative Demokratie meine, die allerdings

*unbedingt*

etwas voraussetzt:

Transparenz — auf _*allen*_ politischen Entscheidungsebenen,

da es nun einmal so ist, daß gesellschaftliche Konflikte immer aus widerstreitenden Interessen resultieren.

Das heißt lediglich Transparenz kann Kungelrunden verhindern.

(__Folglich auch Kriege.__)

Spielen Interessenvertreter der lohnabhängigen Bevölkerung nicht mehr ihre Rolle, oder beklagen diese, „machtlos“ zu sein, muß man ihnen das Werkzeug aus der Hand nehmen, welches sie im Rahmen der „Tarifautonomie“ für sich beanspruchen, denn sie dienen dann nicht mehr dem Gemeinwohl. Bezogen auf die Tarifautonomie lautet dementsprechend folgendermaßen die

Konsequenz_*Ziehung*:

Abschaffung eines untauglich gewordenen Mittels und seine Ersetzung durch die strukturelle Verankerung und grundsätzlich jährliche Anwendung der *Goldenen Lohnregel* — denn in „der […] drückt sich die _*ausbalancierte*_ Beziehung von Nominallöhnen, […] Produktivitätsentwicklung und […] *Ziel*_Inflationsrate aus.[158]

158 Siehe die Lesung 22; siehe auch in: Die *tri*_logische Sezierung […], Band I, Teilband 3, Kapitel 12: „Währungsunion und Wirtschaftsregierung: zwei Seiten einer Medaille“.

Neunte Lesung

Von Altersarmut und Niedriglöhnern

Niemand weiß gesichert, wie viele Arme es in Deutschland gibt, denn eine Statistik vorweisen zu können bedeutet nicht, daß deren Aussage darüber Auskunft gäbe. Die von der Bundesregierung dazu verwendete Statistik-Methode heißt abgekürzt EU-SILC[159].

> „Die deutsche EU-SILC-Erhebung (__deutsche Bezeichnung: LEBEN IN EUROPA__) wird auf Stichprobenbasis seit 2005 durchgeführt und umfaßt etwa 13.000 Haushalte beziehungsweise 28.000 Personen. Auswahlgrundlage ist die Dauerstichprobe befragungsbereiter Haushalte, die aus einer Teilmasse der im Mikrozensus befragten Haushalte gewonnen wird. [...]"[160]

Wie üblich, erfolgt die Befragung auf freiwilliger Basis und die

---

[159] „EU-SILC" steht für *European Union Statistics on Income and Living Conditions*.

[160] Quelle: Bundesamt für Statistik: Sebastian Czajka, Luca Rebeggiani „Die Dauerstichprobe befragungsbereiter Haushalte als Auswahlgrundlage für EU-SILC"; der folgende Internet-Pfad ist am 9. September '17 erneut geprüft worden: https://www.destatis.de/DE/Publikationen/WirtschaftStatistik/WirtschaftsrZeitbudget/DauerstichprobeHaushalteAuswahlgrundlage_102014.pdf?__blob=publicationFile.

Erfassung von sogenannten Randgruppen ist unzureichend

> ZITAT: [...] Ob die Teilnahmequoten als ausreichend oder zu gering einzustufen sind, läßt sich an dieser Stelle nicht abschließend klären. Deutlich wird allerdings, daß die Teilnahmebereitschaft an der DSP [__'Dauerstichprobe'; Anm. d. A.__] in den letzten Jahren rückläufig ist. Außerdem treten Selektionseffekte auf [...]. Verzerrungen entstehen bei freiwilligen Erhebungen unvermeidlich, weil die Teilnahmebereitschaft mit verschiedenen soziodemographischen Faktoren korreliert: Tendenziell nimmt sie vor allem an den Rändern der Gesellschaft ab, also bei sehr reichen [__die wollen nicht preisgeben, wie 'reich' sie tatsächlich sind; Anm. d. A.__] oder armen Individuen [__die wollen nicht zugeben, wie 'arm' sie tatsächlich sind; Anm. d. A.__], bei sehr alten Personen und bei Menschen mit geringer Bildung. Als Einflußfaktoren spielen dabei das Interesse an den Befragungsthemen [...], die Bereitschaft, auf sensible Fragen zum Einkommen zu antworten [...], aber auch die verfügbare Zeit [...] eine Rolle. Grundsätzlich muß zudem die Fähigkeit vorhanden sein, mit dem angebotenen Befragungsinstrumentarium zurechtzukommen [...]. ZITATENDE[161]
>
> ZITAT: [...] Sowohl in der DSP als auch in der EU-SILC-Stichprobe sind Personen mit niedrigem Bildungsniveau unterrepräsentiert. Ähnlich wie bei der mangelnden Erfassung von Ausländern zeigt sich hier eine für freiwillige Haushaltsstichproben typische Schwierigkeit, gesellschaftliche Randgruppen zu erreichen. [...] ZITATENDE[162]

Auch findet keine Kontrolle der Aussagen statt.

---

[161] Vgl. a.a.O., Seite 3.

[162] Vgl. a.a.O., Seite 8.

Das soll übrigens nicht bedeuten, daß ich, zur Klärung der Frage, ob bspw. die Angaben zum Verdienst oder Vermögen tatsächlich stimmen, für eine Kontrolle der Kontoauszüge oder für den Nachweis von Vermögenswerten plädierte.

Wer gibt schon gerne zu, daß er arm ist, und wer, auf der anderen Seite, daß er (__*sehr*__) reich ist? Also, so sie können, rechnen sich die einen reich und die anderen arm, wobei das Sicharmrechnen leichter ist als das sich Reichrechnen, da einerseits die Lebensverhältnisse nicht mal eben auf „Reichtum" getrimmt werden können und es andererseits keine Vermögenssteuer gibt, die so nebenbei zu erfassen erlaubte, auf wieviel Prozent der Bevölkerung sich _*tatsächlich*_ der Reichtum konzentrierte und in welcher Höhe.

Sondern es soll an dieser Stelle darauf aufmerksam gemacht werden, daß es sozusagen höherer Unsinn ist, werden statistische Daten mittels feinster Methodik erhoben und analysiert, die Basis der Erhebung selbst aber aus ungesicherten Angaben besteht. Denn auf diese Weise wird eine Aussagekraft suggeriert, die nicht einmal Wahrscheinlichkeitscharakter haben kann.

Solange das so ist, lehne ich es ab, mich mit den Definitionen wie „Armutsgefährdungsquote", „Äquivalenzskala" oder, bspw., der Armutsberechnung nach der „Median-Methode" zu beschäftigen.

Der „Median" ist übrigens ein „Mittelwert", von dem aus auf einer Skala nach rechts, bspw. jemand mehr als jemand mit

„Mittelwert-Einkommen" hat, dem „Zentralwert", sowie jemand links von diesem „Zentralwert" weniger als jemand mit „Mittelwert-Einkommen" hat, die Bevölkerung also statistisch in zwei Hälften geteilt wird: höheres Einkommen als der „Zentralwert" oder geringeres als der „Zentralwert", so daß die mit dem höchsten Einkommen auf der Skala ganz rechts abgebildet sind und die mit dem niedrigsten ganz links.

Auf dieser Basis können selbst verfeinerte Erhebungsmethoden nicht zu einer gesicherten Aussage über die tatsächlichen Armutsverhältnisse kommen. Das ist auch nicht notwendig, denn die nachfolgenden Aussagen zeichnen ein vollkommen ausreichend realistisches Bild, das zudem deutlich werden läßt, wie heuchlerisch und primitiv in dieser marktkonformen Gesellschaft üble Politik zu verschleiern versucht wird.

Zumal selbst das Ministerium für Arbeit davon ausgeht, daß bis zu 5 Millionen Menschen keine Leistungen nach dem HARTZ IV-Gesetz in Anspruch nehmen, obwohl sie ein Anrecht darauf hätten. Der Hauptgrund hierfür wird von den untersuchenden Wissenschaftlern mit

„Scham"

angegeben, wobei dieses Gefühl durch jenes, über die Medien gepushte, von der lobbykratischen tischen Elite betriebene Mobbing noch befördert wird.[163]

Anmerkungen zu HARTZ-IV-Leistungsberechtigten

Da anzunehmen ist, daß sich an dieser Dunkelziffer nicht viel geändert hat, ist davon auszugehen, daß heute (__2017__), allein bezogen auf HARTZ IV-Leistungsberechtigte, 11 Millionen Menschen direkt von Armut betroffen sind.

Nach Aussage des Statistischen Bundesamts waren Ende 2015 etwa 6 Millionen Menschen von „HARTZ IV-Leistungen" abhängig.[164]

Für das Jahr 2017 beträgt der monatliche HARTZ-IV-Regelsatz 408,96 EUR. Für einen alleinstehenden HARTZ-IV-Bezieher sieht die Agentur für Arbeit vor, daß sich in _*dieser*_ Gesellschaft dieser Betrag auf die Lebenshaltungskosten gemäß folgender Tabelle verteilt:

---

[163] Quelle: *Der Tagesspiegel*, Online-Ausgabe vom 1. Juli 2013: „Verdeckte Armut in Deutschland: Mehr als jeder Dritte verzichtet auf Hartz IV"; der nachfolgende Internetpfad ist am 9. September '17 erneut geprüft worden: http://www.tagesspiegel.de/politik/verdeckte-armut-in-deutschland-mehr-als-jeder-dritte-verzichtet-auf-hartz-iv-/8427514.html.

[164] Quelle: https://www.destatis.de/DE/PresseService/Presse/Pressemitteilungen/2016/11/PD16_419_228.html; dieser Internet-Pfad wurde ebenfalls am 9. September '17 erneut geprüft.

Verteilung des HARTZ-IV-Regelsatzes 2017
auf die einzelnen Kostenfaktoren für den Lebensunterhalt in Euro

Nahrung, alkoholfreie Getränke	145,20
Freizeit, Unterhaltung, Kultur	45,15
Nachrichtenübermittlung	36,11
Bekleidung, Schuhe	34,36
Wohnen, Energie, Wohninstandhaltung	34,19
Innenausstattung, Haushaltsgeräte usw.	31,00
andere Waren und Dienstleistungen	29,94
Verkehr	25,77
Gesundheitspflege	17,59
Gastronomie	8,10
Bildung	1,55

Quelle: Bundesagentur für Arbeit

Die über diesen Betrag in Höhe von 408,96 EUR hinausgehenden Kosten für eine Versicherung in einer gesetzlichen Krankenkasse, werden von der Sozialagentur übernommen. Ebenso die Kosten für die Kaltmiete. Die folgende Anmerkung befaßt sich mit der Kostenübernahme von „Mietnebenkosten".

Anmerkung zu „Mietnebenkosten" und HARTZ IV

„Mietnebenkosten" sind die Betriebskosten für eine Wohnung (__*oder für ein Gebäude*__). Zu diesen Kosten gehören jene für Müllabfuhr, Heizung, Warmwasser, Strom, und u.U. Gas fürs Kochen.

Schuldenfalle „Mietnebenkosten"

Übernommen werden in „angemessener" Höhe die Kosten für Heizung und Müllabfuhr. Nicht übernommen werden die Kosten für Strom, Warmwasser und Gas fürs Kochen, d.h. diese Kosten sind aus dem Regelsatz zu bestreiten.

> Das liegt daran, daß der Gesetzgeber die unsinnige Meinung vertritt, daß diese Kosten nicht als Teil der Kosten für die Unterkunft zu gelten hätten.[165]

Insbesondere die Kosten für Strom sind weit höher als von der Bundesregierung behauptet:

> Bei einem Verbrauch von 1.500 KW pro Jahr beträgt (__2017__) für einen Single-Haushalt im Bundesdurchschnitt die Stromrechnung 40,50 EUR pro Monat.

Wie aus der obigen Tabelle hervorgeht, findet die Bundesre-

[165] Quelle: sozialleistungen.info/; der nachfolgende Internet-Pfad ist am 9. September '17 erneut geprüft worden: http://www.sozialleistungen.info/hartz-iv-4-alg-ii-2/miet-nebenkosten.html.

gierung aber, daß dafür lediglich _*ein Teil*_ eines Teils des Regelsatzes zuzugestehen sei, also von jenen 34,19 EUR, welche die Aufwendungen für „Wohnen, Wohninstandhaltung _*und*_ Energie" decken sollen.

Diese unverantwortliche Politik _*zwingt*_ die Betroffenen in eine Schuldenspirale.

Ein Darlehen vom JobCenter für HARTZ IV-Leistungsbezieher …

Das einzige Mittel dagegen ist das Stellen eines Antrags auf Darlehen beim zuständigen JobCenter, das ein solches allerdings lediglich unter der Bedingung gewährt, liegt aus Sicht des entsprechenden Sachbearbeiters kein Eigenverschulden vor.

Und wie soll ein HARTZ IV-Leistungsbezieher dieses Darlehen zurückzahlen? Nun, die „Idee", welche die Regierung dieses Staates dazu hat, findet ihren Niederschlag im § 42 a SGB 2, daß nämlich mit der Rückzahlung ab dem Folgemonat nach der Darlehensgewährung in Höhe von 10 Prozent des geltenden Regelbedarfssatzes zu beginnen sei.[166]

Obwohl das Sozialgericht Frankfurt am Main am 3. Februar 2007

[166] Quelle: Interessengemeinschaft Sozialrecht e.V., Berlin; der nachfolgende Internet-Pfad ist am 9. September '17 erneut geprüft worden: https://www.hartz4hilfthartz4.de/nebenkosten/#Stromkosten.

entschieden hatte[167], daß die Differenz zwischen tatsächlichen Stromkosten und dem entsprechenden Regelsatzanteil vom JobCenter zu erstatten sei, wird diese Rechtsprechung ignoriert. Hingegen kann es vorkommen, daß ein Gerichtsurteil zu dem Schluß kommt, daß für Stromschulden ein Darlehen zu gewähren sei.[168]

Wer einen langen Atem hat, sollte sich auf die Entscheidung des Sozialgerichts Frankfurt berufen und durch die Instanzen gehen, ist die Argumentation der Bundesregierung doch nicht stichhaltig, denn zum Wohnen in *dieser* Gesellschaft gehört selbstverständlich auch eine angemessene Stromversorgung.[169]

Fazit:

Der HARTZ IV-Leistungsbezug entspricht dem Niveau der sogenannten Grundsicherung.[170] Das heißt jeder HARTZ-IV-Lei-

---

[167] Az: S 47 AS 349/06. Der nachfolgende Internet-Pfad ist ebenfalls am 9. September '17 erneut geprüft worden und führt zu diesem Urteil: https://sozialgerichtsbarkeit.de/sgb/esgb/show.php?modul=esgb&id=123804.

[168] Landessozialgericht NRW, Beschlußsache vom 13. Mai 2013, Az.: L 2 AS 313/13 B ER. Der nachfolgende Internet-Pfad ist ebenfalls am 9. September '17 erneut geprüft worden und führt zu diesem Urteil: http://www.justiz.nrw.de/nrwe/sgs/lsg_nrw/j2013/NRWE_L_2_AS_313_13_B_ER.html.

[169] Quelle: anwalt.de; der nachfolgende Internet-Pfad ist ebenso am 9. September '17 erneut geprüft worden: https://www.anwalt.de/rechtstipps/stromkosten-und-hartz-iv_023053.htm.

[170] Zur „Grundsicherung“ siehe die Seiten 218-20, beginnend mit: „Anmerkung zur 'Grundsicherung'“.

stungsberechtigte bewegt sich im Bereich der Armutsgrenze.

Ende der Anmerkungen zu
HARTZ-IV-Leistungsberechtigten

Aus dem Vorstehenden geht hervor, daß die Aussagekraft von „Armutsberichten" der Bundesregierung nicht lediglich wegen der genannten Gründe unzureichend sein muß, sondern auch deshalb, da die auf diese Weise gefundenen Werte zum Zwecke der Selbstdarstellung „positiv interpretiert" werden können. Das mag mancher als „normal" ansehen, ist es aber nicht:

Worum geht es also?

Etwa darum, daß eine Regierung am laufenden Band Murks fabrizieren kann, es ihr aber möglich gemacht wird, den zu verschleiern?

Oder hat es nicht ihre Aufgabe zu sein, die gesellschaftlichen Verhältnisse flächendeckend zu verbessern?

Und ist etwa nicht überhaupt zu gewährleisten, daß diese Realisierung für die Öffentlichkeit

*durchgängig* transparent,

also objektiv nachprüfbar ist?

Allein das bisher Erläuterte genügt für die Aussage, daß die Anzahl der materiell armen

Menschen in der deutschen lobbykratischen, anderen Ländern als „Modell-Vorlage" dienen sollenden Gesellschaft *in*_akzeptable ist!

Hinweis:

Materielle Armut läßt sich beseitigen

Ist es so, daß in allen Gesellschaftsbereichen die Kaufkraft flächendeckend verteilt ist, läßt sich materielle Armut vollständig beseitigen. Allerdings müssen dazu zwei Bedingungen erfüllt sein.

1. Der in einer Gesellschaft ausgezahlte Mindestlohn[171] hat der Hälfte des in ihr ausgezahlten Durchschnittslohns zu entsprechen.

Mindestlohn und Durchschnittslohn

Im Jahre 2016 lag im „produzierenden Gewerbe und im Dienstleistungsbereich" für Männer in Vollzeit der durchschnittliche Bruttomonatsverdienst (__*ohne Sonderzahlungen*__) bei 3.898 EUR. Nimmt man 38 Arbeitsstunden pro Woche als Berechnungsgrundlage, ergibt sich daraus ein Bruttostundenlohn von 25,64 EUR. Entsprechend dieser Berechnungsgrundlage müßte der Mindestlohn 12,82 EUR betragen.

---

[171] Zum „Mindestlohn" siehe auch die Seiten 588 f., beginnend mit: „Der seit Anfang 2015 auch in Deutschland geltende Mindestlohn".

Allerdings ist zu bedenken, daß sich diese 3.898 EUR lediglich auf die bis zur Beitragsbemessungsgrenze von z.Z. 5.400 EUR (__*in den alten Bundesländern*__) in die gesetzliche Rentenkasse einzahlenden, *voll*_zeitbeschäftigten Männer bezieht. Das heißt eigentliche müßte die

*_tatsächliche_*

Höhe aller Bruttolöhne mit in diese Rechnung einfließen, da erst dann näherungsweise der gezahlte Durchschnittslohn zu ermitteln wäre. Man wird aber nicht zu hoch greifen, dann von einem bei 30 EUR liegenden Durchschnittslohn auszugehen. Das heißt in *_dieser_* Gesellschaft hätte heute (__2017__) der Mindestlohn 15 EUR zu betragen, wollte man materielle Armut vollständig beseitigen. [172]

Wieso lediglich der Lohn für Männer als Basis genommen worden ist? Nun, einmal deshalb, da das Statistische Bundesamt selbst damit wirbt: „[...] Im Jahr 2016 verdiente ein Vollzeitbeschäftigter im Durchschnitt mehr als 3.800 Euro. [...]"[173], zum anderen deshalb, da der für Frauen deutlich niedriger ist. — Sehen Sie dafür etwa eine Rechtfertigung?

[172] Daten-Quelle: https://www.destatis.de/DE/ZahlenFakten/GesamtwirtschaftUmwelt/VerdiensteArbeitskosten/VerdiensteVerdienstunterschiede/Tabellen/Bruttomonatsverdienste.html; der Internet-Pfad ist am 9. September 17 erneut geprüft worden.

[173] Siehe: https://www.destatis.de/DE/ZahlenFakten/ImFokus/VerdiensteArbeitskosten/VerdiensteZeitvergleich.html; ebenfalls am 9. September '17 erneut geprüft.

2. Die jährliche Lohnanpassung hat sich in allen Wirtschaftsbereichen gemäß der *Goldenen Lohnregel* zu entwickeln, so daß sich die erfahrungsmäßige Produktivitätsentwicklung in der Lohnentwicklung widerspiegelt.[174]

> Das Geschrei gegen einen angemessenen oder gegen Mindestlohn überhaupt, findet übrigens seinen Grund nicht darin, daß die persönliche Produktivität bestimme, wie hoch ein ausgezahlter Lohn zu sein habe, da sich „persönliche Produktivität" nicht messen läßt, sondern darin, daß die Zahlung eines solchen Mindestlohnes bedingen würde, daß vom oberen Rand der ausgezahlten Löhne, also solche an Manager usw. ausgezahlten, entsprechend weggenommen werden müßte — wollte man nicht die Gesamtlohnsumme erhöhen.

Ende des Hinweises:
Materielle Armut läßt sich beseitigen

Die angemessene Definition „materieller Armut"

Die angemessene Definition „materieller Armut" hat sich an den Verhältnissen _der_ Gesellschaft zu orientieren in der man selbst lebt, folglich lautet sie für _diese_ lobbykratische Gesellschaft folgendermaßen: Ein Mensch ist als materiell

[174] Zur „Goldenen Lohnregel", siehe Lesung 22.

arm zu bezeichnen, liegt sein Nettohaushaltseinkommen unterhalb der sich an der Entwicklung des mittleren Nettoeinkommens orientierenden Armutsgrenze. Denn nach allgemeiner Definition liegt die „Armutsgrenze bei 60 Prozent des mittleren, bedarfsgewichteten Nettoeinkommens der Bevölkerung in Privathaushalten.[175]

> „Das Nettohaushaltseinkommen ergibt sich aus den Gesamteinkünften aller Mitglieder eines Haushaltes, also *nach* Steuern und Sozialabgaben. Zu diesen Einkünften zählen u.a. das Arbeitnehmerentgelt, Unternehmens- und Vermögenseinkommen sowie staatliche Transferzahlungen und Mietersparnisse durch selbst genutztes Wohneigentum." [176]

Bezogen auf das Jahr 2016 bedeutet das, daß in _*dieser*_ marktkonform getrimmten Gesellschaft für eine alleinstehende Person materielle Armut bei unter netto 969 Euro begann.

---

[175] Quelle: Statistisches Bundesamt, Pressemitteilung vom 28. November 2016 — 419/16: „8 Millionen Empfängerinnen und Empfänger von sozialer Mindestsicherung am Jahresende 2015", Seite 3; der zugehörige Internet-Pfad ist am 9. September '17 erneut geprüft worden: https://www.destatis.de/DE/PresseService/Presse/Pressemitteilungen/2016/11/PD16_419_228pdf.pdf?__blob=publicationFile.

[176] Quelle: Wissenschafts- und Sozialwissenschaftliches Institut (WSI), „Entwicklung der Armutsgrenzen (in Euro) nach Haushaltsgröße in Deutschland, Ost- und Westdeutschland, 2005-2016. Armutsgrenze für Einpersonenhaushalte und für Haushalte mit zwei Erwachsenen und zwei Kindern unter 14 Jahren", Seite 3. Der Internetpfad zur PDF-Datei dieser Quelle ist am 9. September '17 erneut geprüft worden: https://www.boeckler.de/pdf/wsi_vm_armutsgrenze.pdf. (__**HINWEIS**: Die in dieser PDF-Datei angegebenen Werte werden jährlich aktualisiert, d.h. die diesbezüglichen Angaben in dem Ihnen vorliegenden Buch beziehen sich auf jene, Anfang Oktober '17 abrufbar gewesenen.__)

Bezogen auf dasselbe Jahr lag diese Grenze für einen Haushalt mit zwei Erwachsenen und zwei Kindern unter 14 Jahren bei netto 2.035 Euro.[177]

Anmerkung zur „Grundsicherung"

Die „Grundsicherung" wurde im Jahr 2003 eingeführt und dient der materiellen Sicherung des Lebensunterhalts für Menschen, die entweder 65 Jahre alt _*oder*_ dauerhaft erwerbsgemindert sind. Es handelt sich bei dieser Lebensunterhaltssicherung um ein Leistungssystem, das seit dem Jahre 2005 Teil des Sozialgesetzbuchs (__Buch XII__) ist.

> Also ist die „Grundsicherung" eine (__bei Erwerbstätigen übrigens als „Aufstockung" bezeichnete__) Ergänzungsleistung, die dann gewährt wird, reicht das eigene Einkommen oder das eigene Vermögen für den eigenen Lebensunterhalt nicht aus.

Zur Ermittlung, ob Anspruch auf eine solche Leistung besteht, werden das Einkommen und das Vermögen des Ehe- oder Lebenspartners herangezogen, sowie das Einkommen der Eltern bzw. der Kinder, verdienen diese über 100.000 Euro im Jahr.

> Die gewährte Grundsicherung gilt immer für ein Jahr und muß dann erneut rechtzeitig beantragt werden.

---

[177] Die Angaben beziehen sich auf Gesamtdeutschland; siehe a.a.O., Seiten 1 f.

Die Berechnungsformel für die Höhe der Grundsicherung ist folgende:

Grundsicherungsbedarf _*minus*_ anzurechnendes Einkommen und/oder Vermögen.

Zum Grundsicherungsbedarf gehören jene Elemente, die für die Existenz in _*dieser*_ Gesellschaft notwendig sind

*ohne* betteln zu müssen.

Der „maßgebliche Regelbedarf"

Als Grundlage für die Ermittlung des „Grundsicherungsbedarfs" dient der „maßgebliche Regelbedarf", von dem es drei Stufen gibt:

Stufe 1: alleinstehend oder alleinerziehend mit eigenem Haushalt
Stufe 2: ehe- oder lebenspartnerschaftsähnliches Verhältnis
Stufe 3: Haushaltsangehörige

Je nach „Regelbedarfsstufe" erfolgt dann die Berechnung für die folgenden

„Grundsicherungsbedarfselemente":

- Kosten für Unterkunft und Heizung, einschließlich der (__*darlehensweisen*__) Schuldenübernahme zur Sicherung der Unterkunft sowie Leistungen für Mehrbedarf (__*bspw. bei Alleinerziehenden oder Behinderung*__).
- Beiträge für Kranken- und Pflegeversicherung sowie für die Altersvorsorge (__*werden normalerweise von der Rente abgezogen und fallen dann nicht unter* „Grundsicherungsleistung"__).

- Leistungen für einmalige Bedarfe (__*bspw. Erstausstattung für Wohnung, inkl. Haushaltsgeräten*__).
- Leistungen für Bildungsbedarfe (__*für Kinder und Jugendliche, bspw. Schulbedarf: hier gelten unterschiedliche Sätze, die sich danach richten, ob es sich um eine Einschulung* [__70 EUR im Jahre 2012__] handelt oder um ein Folgejahr [__30 EUR / 2012__]; mögliche Lernbeförderung etc.__).
- Darlehen für unabweisbaren Bedarf (__*bspw. für die Reparatur oder den Ersatz eines Haushaltsgerätes, wenn kein erspartes Geld vorhanden ist*__).

Die genannten Elemente des Regelbedarfs haben lediglich den Charakter einer Richtschnur, von der u.U. nach unten (__*ist anderweitig schon eine Bedarfsdeckung erfolgt*__) oder nach oben (__*liegt der Bedarf unabweisbar über dem Durchschnitt*__) abgewichen werden kann — Wird ein Darlehen als Sachleistung oder in Form von Geld gewährt, zieht das Grundsicherungsamt jeden Monat vom maßgeblichen Regelbedarf fünf Prozent ab. Von dieser Regelung darf nur in Ausnahmefällen abgewichen werden.[178]

Ende der Anmerkung zur „Grundsicherung"

Seit dem Jahre 2005 läßt sich übrigens an der statistischen Meßgröße „Grundsicherung" bequem ablesen, daß mindestens mit dem Einsetzen der das deutsche Sozialsystem und

178 Quelle: „Die Grundsicherung – Ihr gutes Recht. Ein Ratgeber des SoVD", Ausgabe 2012. Die Internet-Adresse dieser Quelle ist am 9. September '17 erneut geprüft worden: http://www.sovd.de/fileadmin/downloads/broschueren/pdf/grundsicherung.pdf.

den Arbeitsmarkt betreffenden Agenda 2010-„Reformen" im Jahre 2003, die prekären Rentenverhältnisse deutlich zunehmen. Allerdings war diese Entwicklung von Anfang an absehbar, da sie, neben der Absenkung des Rentenniveaus, eine Folge der zunehmenden Niedriglohn-Arbeitsverhältnisse seit der Einführung dieser „Reformen" ist.

Anmerkungen zu „Niedriglohn" und „Niedriglohnsektor"

Die Bezeichnung „Niedriglohnsektor" ist irreführend, da in diesem Zusammenhang „Sektor" keineswegs für einen bestimmten Bereich der Wirtschaft steht, sondern sich auf all jene Arbeitnehmer bezieht, die, nach internationaler Definition (__OECD, ILO__), einen in Vollzeit um mehr als ein Drittel geringeren Bruttolohn bekommen als der mittlere, in einer _*bestimmten*_ Gesellschaft gezahlte Bruttolohn beträgt — und damit im Bereich der Armutsgrenze liegt[179].

> Das heißt ein „Niedriglohn" ist nach obiger Definition das Bezahlen eines entweder weit unter Tarif, bzw. weit links vom Median liegenden Lohns.

[179] Quelle: International Labour Organization (__ILO__): Damian Grimshaw, „What do we know about low-wage work and low-wage workers? Analysing the definitions, patterns, causes and consequences in international perspective". Der zugehörige Internet-Pfad ist am 9. September '17 erneut geprüft worden: http://www.ilo.org/wcmsp5/groups/public/---ed_protect/---protrav/---travail/documents/publication/wcms_157253.pdf.

Die Etablierung eines Niedriglohnsektors

stellt übrigens einen tiefen staatlichen Eingriff in die Tarifautonomie dar, da auf diese Weise das systematische Auszahlen von Niedriglöhnen gesetzlich erlaubt ist.

In allen Bereichen der Wirtschaft, wo ein Niedriglohn nach obiger Definition gezahlt wird, handelt es sich also um „legale" Beschäftigungsverhältnisse,

*_obwohl_*

diese Verhältnisse es den Betroffenen in *_dieser_* Gesellschaft nicht erlauben, gemäß den in ihr vorhandenen materiell-kulturellen Möglichkeiten zu leben und

*_obwohl_*

die politisch Verantwortlichen behaupten, es handele sich um eine freie Gesellschaft — denn

tatsächlich erleiden auf diese Weise immer mehr Menschen eine Abnahme ihrer materiell-kulturellen *Freiheits*_Grade.

Wegen des als legal angesehenen Charakters einer solchen potentiell massenwirksamen Entlohnungsmöglichkeit, war also absehbar, daß sich solche, sowohl die Masse der Lohnabhängigen als auch die der Rentner betreffenden prekären Lebensverhältnisse ausweiten mußten — denn die Masse der Unternehmer läßt sich diese *_legale_* Möglichkeit zur Kostenreduktion nicht entgehen.

Die Entwicklung der Anzahl der Beschäftigten im Niedriglohnsektor von 1995 bis 2011

1995 waren 15 Prozent der Beschäftigten im Niedriglohnsektor tätig, 2011 waren es bereits 22 Prozent. Das sind mehr als 6,5 Millionen Niedriglohnbeschäftige — ohne Schüler, Studierende und Rentner. Rechnet man die noch hinzu, waren im Jahre 2010 knapp 8 Millionen Menschen im Niedriglohnsektor beschäftigt. Von diesen knapp 8 Millionen im Niedriglohnsektor tätigen Lohnabhängigen arbeiteten im Jahre 2010:

4 %	für unter	5 EUR
7,4		6
12		7
16,7		8
19,9		8,50

Quelle.[180]

Es ist gewiß davon auszugehen, daß hierbei die verschiedensten Motive eine Rolle gespielt haben, aber die Behauptung, daß bspw. für _jene_ Menschen, die das Rentenalter erreicht haben, es eine Art von Leidenschaft sei, noch einer Minijob-Tätigkeit nachzugehen, muß als zynische Lüge bezeichnet werden. Denn die

durchschnittliche

Brutto-Rente für Männer, die _vor_ 2013 Rentenbezieher geworden sind, liegt bspw. in Nordrhein-Westfalen noch bei etwas über 1.150 Euro, während Männer, die _seit_ 2013 ihre Brutto-Rente beziehen, in diesem Bundesland nur noch etwas über 1.000 Euro bekommen.

[180] Hans-Böckler-Stiftung, „Böckler Impulse", Ausgabe 2012: „Acht Millionen mit Niedriglohn"; der am 9. September '17 erneut geprüfte Internet-Pfad ist folgender: https://www.boeckler.de/impuls_2012_06_6.pdf.

Für Frauen ist die Altersarmut allerdings schon jetzt Realität: Die Altersrente liegt seit 2013 für sie bei 502,99 Euro, dies ist ein leichter Anstieg um 4,30 EUR im Vergleich zum Jahre 2012, als diese Rente 498,69 Euro betragen hatte. Dieser „Anstieg" ist darauf zurückzuführen, daß nun mehr vollzeitbeschäftigte Frauen in Rente gehen. — Es mag wohl stimmen, daß sich dieser Trend fortsetzen wird, aber es muß bedacht werden, daß dies von einer sehr niedrigen Rentenhöhe aus geschieht und daß sich das Rentenniveau bis 2030 auf ca. 43% verringern wird.[181]

Niedriglohnsektor weder Sprungbrett noch ...

Übrigens stimmt weder die Behauptung, daß der Niedriglohnsektor ein Sprungbrett für einen beruflichen Aufstieg sei[182], was sich allein an seiner Ausweitung zeigt, noch stimmt es, daß lediglich schlecht ausgebildete Menschen betroffen seien, denn von allen Niedriglöhnern hatten 2010

- 19,4 keine schulische Ausbildung,
- 70,1 eine abgeschlossene Berufsausbildung und
- 10,5 Prozent einen Hochschulabschluß.[183]

Das heißt im Jahre 2012 war jeder vierte Beschäftigte in Deutschland ein Niedriglöhner.[184]

---

[181] Quelle: „DGB Rentenreport 2014"; der folgende Internet-Pfad ist am 9. September '17 erneut geprüft worden:
nrw.dgb.de/presse/++co++016b649a-2c32-11e4-947d-52540023ef1a.

[182] Quelle: Pressemitteilung des DGB vom 30. August 2011: "Niedriglohnsektor ist Sprungbrett in die Armut"; der folgende Internet-Pfad ist am 9. September '17 erneut geprüft worden:
http://www.dgb.de/presse/++co++0ec537f4-d2ff-11e0-4902-00188b4dc422.

[183] Quelle: ebenda.

[184] Quelle: ebenda.

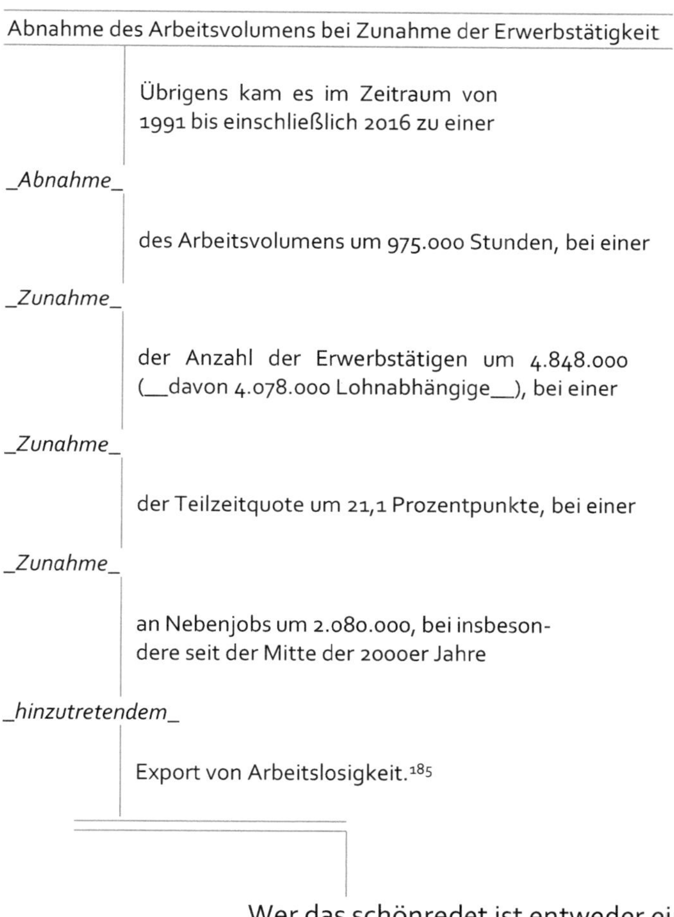

Abnahme des Arbeitsvolumens bei Zunahme der Erwerbstätigkeit

Übrigens kam es im Zeitraum von 1991 bis einschließlich 2016 zu einer

*_Abnahme_*

des Arbeitsvolumens um 975.000 Stunden, bei einer

*_Zunahme_*

der Anzahl der Erwerbstätigen um 4.848.000 (__davon 4.078.000 Lohnabhängige__), bei einer

*_Zunahme_*

der Teilzeitquote um 21,1 Prozentpunkte, bei einer

*_Zunahme_*

an Nebenjobs um 2.080.000, bei insbesondere seit der Mitte der 2000er Jahre

*_hinzutretendem_*

Export von Arbeitslosigkeit.[185]

Wer das schönredet ist entweder ein

[185] Siehe Anhang VII sowie die Seiten 576-79: „Anmerkungen zum deutschen Dumpinglohn-Regime".

(__im heute verstandenen Sinne__)

Demagoge, also ein Populist, oder ein unverbesserlicher neoliberaler Ideologe

oder

ein politischer Idiot.

Wie weiter oben schon angemerkt, sinkt mit der Etablierung eines Niedriglohnsektors die individuelle Lebensperspektive, wozu bspw. die Abnahme der Möglichkeit gehört am kulturellen Leben _frei_ teilzunehmen, einhergehend mit psychisch bedingtem Krankwerden.

Übrigens sinkt unter solchen gesellschaftlichen Verhältnissen die Lebensperspektive im Krankheitsfall weiter, da angemessenes Versorgtsein mehr und mehr von Leistungen abhängig ist, die der persönlich Betroffene zusätzlich selbst zu bezahlen hat.

Ende der Anmerkungen
zu „Niedriglohn" und „Niedriglohnsektor"

Vergleichbares gilt für die Rentenansprüche aus der gesetzlichen Rentenversicherung und der gleichzeitigen Unmöglichkeit, zusätzlich noch private Rentenansprüche aufzubauen.

> Abgesehen von der ganzen Unsinnigkeit einer kapitalgedeckten Rente überhaupt, immerhin wird da nichts auf einem besonderen Konto _*desjenigen*_ angespart, der dafür Beiträge einzahlt, sondern dieses Geld wird „genommen" es auf dem Kapitalmarkt anzulegen, wobei es dann völlig unklar bleibt, ob in 30 Jahren dieses vermeintlich angesparte Geld auch tatsächlich ausgezahlt wird — und in welcher Höhe ...

Zugleich nimmt die Verteilung der sich gesamtwirtschaftlich relevant auswirken könnenden Kaufkraft ab. Hinzu tritt, daß das Renteneintrittsalter für junge Arbeitnehmer (__2017__) bei 67 Lebensjahren liegt und das Netto-Niveau der gesetzlichen Rente kontinuierlich abgesenkt wird:

> 1999 betrug es 53,3 % (__*des Nettolohns*__),
> 2015 47,8 und
> 2030 prospektive 43,7 %.

Behaupteterweise soll das sogenannte Drei-Säulenmodell, bestehend aus

gesetzlicher Rente (__GRV__), staatlich geförderter privater Altersvorsorge (__pAV__) und betrieblicher Altersvorsorge (__bAV__),

ermöglichen, daß auch im Jahre 2030 jenes Rentenniveau zu erzielen sei, das noch 1999 galt und _*allein*_ aus der gesetzlichen Rentenkasse bestritten worden war.

Das ist perfide Augenwischerei.

Einmal deshalb, da die meisten Arbeitgeber über kein betriebliches Rentenkonzept verfügen:

Allein für NRW gilt, daß in 61 Prozent der Betriebe mit bis zu 500 Mitarbeitern kein arbeitgeberfinanziertes Rentenversorgungssystem existiert.[186]

Überdies haben von dieser „Säule" weder Arbeitslose noch in Privathaushalten Beschäftigte noch Selbständige etwas.

In der pAV sieht es so aus, daß lediglich 45 Prozent der Lohnabhängigen „riestern", und von denen, die im Niedriglohnsektor beschäftigt sind, riestern lediglich 25 Prozent. Ganz zu schweigen davon, daß allein das Verzehren des auf diese Weise angesparten Geldes, davon abhängig ist, wie alt man wird, und wollte man dieses Geld mit einer kleinen Rendite wieder zurückbekommen, setzte dies das

---

[186] Vgl. die Seite 9 in: „Die Zukunft der Alterssicherung", PDF-Datei des NRW-Ministeriums für Arbeit, Integration und Soziales; der erneut am 9. September '17 geprüfter Internet-Pfad ist folgender:

https://www.mags.nrw/sites/default/files/asset/document/schriftenreihe_zukunft_der_alterssicherung_bd.1.pdf.

Erreichen eines utopischen Lebensalters voraus.

Eine Studie des Deutschen Instituts für Wirtschaftsforschung DIW ergibt dazu kurzgefaßt folgendes:

Möchte eine Person, die 2011 für einen Zeitraum von 35 Jahren die einfachste Variante eines Ansparvertrags nach dem sogenannten Riestermodell abgeschlossen hat

(__d.h. die reine „Garantieleistung", also _*ohne*_ Inflationsausgleich, _*ohne*_ Rendite und _*ohne*_ Hinzurechnung von evtl. Überschüssen__),

bei Renteneintritt allein von ihrem eingesetzten Geld zehren

(__also lediglich einschließlich der staatlichen Zulage__),

muß diese Person 84,2 (__Frau__) bzw. 86,9 (__Mann__) Jahre leben, das auf diese Weise angesparte Geld zurückzubekommen. Möchte diese Person _*diese*_ Variante mit einer Rendite von 2,5 Prozent abschließen, bei ansonsten gleichen Konditionen, muß sie 109,8 (__Frau__) bzw. 124,5 (__Mann__) Jahre leben, ihr angespartes Geld plus 2,5 Prozent Rendite verzehrt zu haben.[187]

[187] DIW Wochenbericht 47/2011: „Riester-Rente: Grundlegende Reform dringend geboten", Seite 10; als PDF-Datei abrufbar über folgenden, am 9. September '17 erneut geprüften Internet-Pfad:
http://www.diw.de/documents/publikationen/73/diw_01.c.389130.de/11-47.pdf.

(__Übrigens liegt laut statistischem Bundesamt die Lebenserwartung für Frauen bei 83,6, für Männer bei 78,18 Jahren.[188]__)

Das Fazit der Studie lautet entsprechend: „'Riestern' ist oft nicht besser als das Geld in den Sparstrumpf zu stecken".[189]

Das heißt die eingezahlten Beiträge sind nicht nur zu niedrig, das einst _*allein*_ über die GRV bestrittene Rentenniveau zu halten, sondern es sinkt dramatisch ab.[190] Und das trotz der staatlichen Förderung, die allein im Jahre 2012 bei 3,1 Milliarden Euro gelegen hatte. Die Konsequenzen liegen auf der Hand, ZITAT: In absoluten Zahlen ausgedrückt bedeutet dies, daß ein Durchschnittsverdiener [__bezogen auf das 1. Halbjahr 2014; Anm. des Autors__] [...] über 28 Jahre, bei einer Absenkung des Rentenniveaus auf 43 Prozent [__im Jahre 2030; Anm. des Autors __] über 31 Jahre Beiträge zahlen muß, um eine Rente oberhalb des durchschnittlichen monatlichen Grundsicherungsbedarfs von 719 Euro [__Stand: 31.12. '13 ; Anm. des Autors __] zu erhalten. Die tatsächlichen Auswirkungen der Rentenniveauabsenkung werden jedoch erst deutlich,

---

[188] Vgl. die über den folgenden, ebenfalls am 9. September '17 erneut geprüften Internet-Pfad abrufbare Tabelle:
https://www.destatis.de/DE/ZahlenFakten/GesellschaftStaat/Bevoelkerung/Sterbefaelle/Tabellen/LebenserwartungDeutschland.html.

[189] Vgl. DIW Wochenbericht, Seite 13.

[190] Vgl. ebenda.

wenn man berücksichtigt, daß die wenigsten Rentenbezieher 45 Jahre lang durchgehend gearbeitet und gleichmäßige Sozialabgaben gezahlt haben. ZITATENDE[191] — Also kann an „Altersarmut" nichts überraschend sein.

Hinzu kommt, daß in körperlich belastungsintensiven Branchen, wie dem Baugewerbe oder dem Gesundheitswesen, viele nicht einmal das 60. Lebensjahr *voll*_erwerbsfähig erreichen, also in die sogenannte

Erwerbsminderungsrente

gehen müssen, die, neben der Verlängerung des regulären Renteneintrittsalters auf 67 Lebensjahren, mit deutlichen Auszahlungsabschlägen einhergeht.

… demographischer Wandel …

Die Behauptungen, daß der demographische Wandel eine längere Arbeitszeit erfordere und die Rentenbeiträge auf keinen Fall erhöht werden dürften

(__*ohne weitere argumentativ stichhaltige Begründung*__),

sind lediglich deshalb möglich, da sie auf dem allgemein als solchen nicht erkannten neoliberalen Mist sprießen. Denn mit Einhaltung der *Goldenen Lohnregel*[192] erledigen sich

[191] Vgl. a.a.O., die Seite 13.

[192] Vgl. die Lesung 22.

diese ideologischen Behauptungen von selbst — genauso weitere Diskussionen über ein bedingungsloses Grundeinkommen.

Anmerkung zum „Bedingungslosen Grundeinkommen" (__BGE__)

Es ist die falsche deutsche Politik, die den Eindruck erweckt, als ginge die Arbeit aus, und daß es ohne so schwerwiegende wie vielschichtige Konsequenzen möglich sei, Löhne zahlen zu können, von denen immer mehr Menschen immer schlechter leben, bzw. „aufstocken" müssen und Arbeitslosigkeit exportiert wird, wodurch jener Teufelskreis erst in Gang kommt, aus dem auszubrechen ein BGE den Ausweg weisen soll.

Allerdings ist die Ausgangslage auch dadurch kompliziert, daß man auf die Bemerkung hin:

> Die Löhne müßten konstant und jährlich im Rahmen der *Goldenen Lohnregel* steigen,

sowohl von Gewerkschaftern als auch von SPDlern und anverwandten Parteienvertretern,

> die sich Reformen offenbar lediglich im Rahmen der neoliberalen Ideologie_*Vorgabe* vorstellen können,

die Antwort bekommen kann, daß das gar nicht ginge, da

> die Menschen dann immer mehr verdienten ...

Nun, solchen Figuren scheint jener neoliberale *Ideologie*_Satz erfolgreich eingetrichtert worden zu sein, daß der heilige Markt alles über seine unsichtbare Hand regle. Das ist nicht traurig, sondern dumm, da auf diese Weise

a) die eigene (__?__) Klientel geschädigt wird

und

b) man sich in der Folge selbst abschafft.

Dabei ist es gar nicht so schwierig zu verstehen, daß sich der Erfindungsgeist von Unternehmern in Wertschöpfung erschöpfen sollte, nicht aber darin

(__*über entsprechende Lobbyisten*__),

auf die Politik derartig Einfluß zu nehmen, daß die solche Unternehmer beim Zahlenkönnen schlechter Löhne auch noch kräftig unterstützt.

> Dies belegt übrigens auch, daß es keineswegs gut sein kann, bestimmen Unternehmer die politischen Geschicke eines Landes — verfügen die lediglich über den für Unternehmer typischen, streng betriebswirtschaftlichen Tunnelblick.

Ist es doch erst eine flächendeckend _*direkt*_ an die erfahrungsmäßige Produktivitätsentwicklung gekoppelte Lohnentwicklung, die

a) immer neue Geschäftsfelder eröffnet,

während andere nicht weiter bestellt werden mögen, was aber kein sonderliches Problem darstellt, da sich, _*wegen*_ der guten Kaufkraftverteilung, neue Geschäftsfelder erschließen lassen, wo die weggefallenen ersetzen könnende, neue Arbeitsplätze entstehen,

und

b) niemand so ohne weiteres eine harte Arbeit *unter*_bezahlt annehmen muß.

Das schaffte quasi nebenbei eine völlig andere Ausgangslage für *progressiv*_perspektivische gesellschaftliche Entwicklungsmöglichkeiten, wie beispielsweise eine nachhaltige Wirtschaftsentwicklung —

wegen der massenmäßigen Partizipationsmöglichkeiten.

Wer also die Bedeutung und die Notwendigkeit einer gleichlaufenden Entwicklung von Produktion und Löhnen für Wirtschaft und Gesellschaft eines Landes nicht erkennt, sollte alles tun, was er für richtig hält, aber nicht bestimmen wollen, daß ein BGE zu einem weiteren gesellschaftlich normsetzenden Mittel gemacht wird, _*ohne*_ sich _*vorher*_ über die Konsequenzen klargeworden zu sein!

Das heißt der ganze Agenda 2010-Nonsens ist über ein solches Grundeinkommen nicht zu überwinden, sondern ist erst die Bedingung dafür, solch ein „Einkommen" als vermeintliche Lösung auszumachen.[193]

---

[193] In diesem Zusammenhang lohnt die Lektüre des Buches von Heiner Flassbeck, Friederike Spiecker, Volker Meinhardt und Dieter Vesper, *Irrweg Grundeinkommen — Die große Umverteilung von unten nach oben muß beendet werden*, Westend Verlag, 2012.

Dennoch ist es zu begrüßen, daß im Jahre 2016 die Stadt Utrecht mit einem mehrjährigen, universitätsgestützten Projekt begonnen hat, das abklären helfen soll, wie und ob ein Grundeinkommen realisiert werden könnte.[194]

Die Annahme der Verantwortlichen dieses Projektes ist dabei, daß jemand mit Grundeinkommen dennoch alles unternehmen werde, schnellstmöglich wieder einer Erwerbsarbeit nachzugehen.

Belegt aber nicht allein diese Fragestellung, daß der andere Weg besser wäre, dies also über eine flächendeckende Lohnzahlung gemäß der *Goldenen Lohnregel* zu erreichen? Aus meiner Sicht ja, aber die Widerstände wären dann entschieden größer. Also müßte man darum kämpfen!

Denn es handelte sich dabei um originär neoliberale Widerstände, die über das so übliche wie massenmediale Tamtam, das Absondern düsterer, von wissenschaftlich heruntergekommenen Think-

[194] Quelle: „Grundeinkommen in den Niederlanden?"; der folgende Internetpfad ist am 10. September '17 erneut geprüft worden: https://www.uni-muenster.de/NiederlandeNet/aktuelles/archiv/2015/august/0818grundeinkommen.html.

tank-Geistes- und Sozialwissenschaftlern ausgeheckten Szenarien und mit Unterstützung von so manchen bedenklich dreinschauenden „Zeugen" aus dem sogenannten Kulturbetrieb gefördert würden.

Nun, für mein Verständnis ist es lediglich dann verständlich, daß sich als politisch „links" eingestellte Menschen für ein solches utopisches BGE-Vorhaben starkmachen, geht man davon aus, daß die entweder den oben erläuterten Zusammenhang nicht kennen oder tatsächlich auf der anderen Seite der Barrikade stehen. Denn, so oder so, indem sie sich für ein solches „Einkommen" einsetzen, vernachlässigen sie

*_unverzeihlich_*

die einzig richtige Vorgehensweise — nämlich

ohne Wenn und Aber

für einen angemessenen, grundsätzlich in allen Branchen geltenden und gemäß der *Goldenen Lohnregel* flächendeckend zu zahlenden Lohn zu kämpfen.

Indem sie das aber nicht tun, hingegen ein BGE propagieren, und sich auf diese Weise mit so manchem als fortschrittlich geltenden Unternehmer einig wähnen, dessen Überlegungen dabei aber i.d.R. gänzlich anderer Art sind, denn, um eine davon zu nennen:

Vom Niveau des ausgezahlten BGEs aus gerechnet wären für BGEler erst Löhne zu zahlen,

> wodurch das unternehmersubventionierende „Aufstocken" flächendeckend würde,

zeigen sie, zumindest vom Resultat hergesehen, ein vergleichbares, in der achten Lesung beleuchtetes, von seiten der Gewerkschaftsführung gezeigtes Verhalten.

Dritter Teil

Wenn die gesellschaftspolitisch Verantwortlichen auf der falschen Seite stehen

Zehnte Lesung

Es bedarf schleunigst der Änderung des Grundgesetzes — zur Deckung der praktizierten Politik

Was bedeutet es, sagt eine politische Führungskraft eines sich nach Abschluß der Transformationsphase von der bürgerlichen Demokratie zur Lobbykratie gewandelt habenden Nationalstaates, daß nun „das Gesetz" zu ändern sei?

> Dies gemünzt zwar auf die Ereignisse in der Silvesternacht von Köln des Jahres 2015 in das Jahr 2016, die erst durch einen beispiellosen Medienhype hochgepeitschte Stimmung in der Bevölkerung als „Horrornacht von Köln" bekannt wurde, dieser Hype tatsächlich aber auf die emotionale Geneigtmachung der Bevölkerung gerichtet war, den nun beschleunigten Ausbau des neowilhelministischen Überwachungsstaates protest_*arm* hinzunehmen.[195]

[195] Siehe hierzu auch Lesung 3, in der u.a. vom Widerspruch zwischen Realität und der nicht von nachprüfbaren Fakten gestützten, nur noch als Hetze zu bezeichnenden, von Medien und Politik veranstalteten Kampagne im Anschluß an diesen weiteren Ausdruck eines bereits in den 1990er Jahren eingesetzt habenden Trends von Krawallen bei Großveranstaltungen die Rede ist. Bezüglich des Ausbaus des neowilhelministischen Überwachungsstaates, und dies protest_*arm* hinzunehmen, siehe den „Schlußsatz II: 'Der Gipfel'" des Schlußworts, das sich im Teilband 2 des Ihnen vorliegenden Bandes III der *Tri*_logischen Sezierung des lobbykratischen Zeitalters findet.

Der Sinn dieser merkelesken Aussage[196] erschließt sich, setzt man diese zu jener von dieser politischen Führungskraft am 1. September 2011 abgesonderten in Beziehung:

> „Wir müssen die Demokratie marktkonform machen".

(__*Siehe dazu auf den* Seiten 450 f. *den verwandten Begriff des „marktkonformen Rechtsstaates unter*: „Der wirtschaftskonforme Rechtsstaat".__)

Genau genommen hatte Frau Merkel das anläßlich einer Pressekonferenz, wie üblich merkelesk ummantelt, in folgendem Originalzitat gesagt:

> *Wir leben ja in einer Demokratie und das ist eine parlamentarische Demokratie und deshalb ist das Budgetrecht ein Kernrecht des Parlaments und insofern werden wir Wege finden, wie die parlamentarische Mitbestimmung* [__sic!__] *so gestaltet wird, daß sie trotzdem auch marktkonform ist.*[197]

Wenn diese Person, die im Stalinismus sozialisiert worden ist, von „parlamentarischer Mitbestimmung" spricht, obwohl doch das Parlament es ist, welches in einer parlamentarischen (__*repräsentativen*__) Demokratie die gesetz_*gebende* Ge-

---

[196] Zum „Merkelesken" siehe weiter unten sowie die Seiten 791-800, beginnend mit: „Das Merkeleske am Merkelesken ist stets ...".

[197] Quelle: Dradio: http://ondemand-mp3.dradio.de/file/dradio/2011/09/01/dlf_20110901_1822_a7746d5b.mp3. Leider ist dieser Link nicht mehr aktiv, das Zitat findet sich aber noch auf YouTube: https://youtu.be/y4CIiBL-EKg; dieser Pfad wurde am 10. September '17 erneut geprüft.

walt darstellt (__*in Deutschland zusammen mit dem Bundesrat*__), dann lautet die Kernaussage dieses Satzes:

> *Wir leben* [...] *in einer* [...] *parlamentarische*[n] *Demokratie und* [...] *wir werden Wege finden,* [...] *sie* [...] *marktkonform* — zuzurichten.

Von seiten der anwesenden Journalisten löste diese Äußerung übrigens keine hörbare Reaktion aus ...

> Tja, die neoliberale Ideologie wirkt sich eben vielfach aus: z.B. absterbend auf Politik, Demokratie und kritischen Journalismus — denn die „unsichtbare Hand des Marktes" regelt

*alles*

> Gesellschaftliche besser. Und genau deshalb muß das erst gar nicht bewiesen werden, zumal sich die Resultate bestens ignorieren lassen — trägt man Scheuklappen, läßt sich zudem den Blick von neoliberalen *Spin*_Doktoren sowie entsprechenden Medien vernebeln

*und*

> weist, wenn gar nichts anderes mehr geht, auf „die" anderen

*oder*

> greift zum letzten Mittel, im Falle absoluter sozialer Unruhe in der eigenen Gesellschaft — dem Krieg.

Später dann konnte man auf FAZ.NET lesen, wie diese Merkelsche Äußerung tatsächlich zu verstehen sei. Nun, dieser Interpretationsversuch ändert an deren Aussage nichts, _*aber*_

er erklärt, wie *ver*_ideologisiert die schreibenden Mitarbeiter der Medien_*Konzerne* sind: sie finden solche Aussagen völlig richtig — _*wegen*_ der Märkte ...

*und*

da ansonsten drohe das Herrschen des „Volkes Wille".[198]

„Marktwirtschaft" = „Leistungsträgerwirtschaft"?

Was bedeutet eigentlich „Marktwirtschaft"? Haben wir die überhaupt, wenn so oft von „Leistungsträgern" die Rede ist? Zeichnet eine Marktwirtschaft etwa eine möglichst hohe Anzahl solcher „Träger" aus? Oder handelte es sich dann gar um eine „Leistungsträgerwirtschaft"?[199]

Nun, sicher ist zum einen lediglich, daß man ein politischer Idiot oder ein neoliberaler Ideologe sein muß,

---

[198] Diesen Interpretationsversuch von Herrn Jasper von Altenbockum: „Marktkonforme Demokratie? Oder demokratiekonformer Markt?", können Sie über folgenden, am 10. September '17 erneut geprüften Internet-Pfad abrufen: http://www.faz.net/aktuell/politik/harte-bretter/marktkonforme-demokratie-oder-demokratiekonformer-markt-11712359-p2.html?printPagedArticle=true#pageIndex_1. Erinnern Sie auch die Bemerkung auf der Seite 175 des Ihnen vorliegenden Buches, beginnend mit: „Wie naiv muß man also sein zu glauben, daß Medien_*Konzerne* [...]".

[199] Zur „Marktwirtschaft" siehe auch die Seiten 25 f., beginnend mit: „Ein Satz zur mythisch umrankten Phrase: 'soziale Marktwirtschaft'", und die Seiten 188 f., beginnend mit: „Was ist eine 'Marktwirtschaft'?".

vielleicht sogar ein Apokalyptiker oder gar ein Vulgärmarxist, der erträumte, man „steure" *auf diese Weise beschleunigt auf den* „revolutionären Umschlagspunkt" zu,

überläßt man die relevanten Belange einer Gesellschaft der „unsichtbaren Hand des Marktes" — schon allein deshalb, da es diese Hand nicht gibt.[200]

Also kommt in dieser Merkelschen Absonderung genau jenes zum Ausdruck, welches das Credo der neoliberalen Ideologie ist: die marktkonforme Trimmung der Gesellschaft.

Wer wollte da noch von Demokratie sprechen, handelt es sich doch längst um eine Lobbykratie?

... eine „merkeleske Aussage" ...

Nun, die merkeleske Aussage: „Wir müssen die Demokratie marktkonform machen", bedeutet tatsächlich, daß die Verfassung so zu verändern ist, daß die marktkonforme Trimmung der Gesellschaft ihren abschließenden und für die Ewigkeit gedachten, gesetzlichen Überbau bekommt. Und da diese merkeleske Äußerung ...

Sie fragen sich jetzt vielleicht, was eine „merke-

---

[200] Vgl. in: Die *tri*_logische Sezierung [...], Band I, Tb 4, das Kapitel 25: „Skizzierung des Sozialen Rechtsstaates _ 2. Teil Und Schlußfolgerungen", dort die Seiten 134 f., beginnend mit: „Wie oft verwendet übrigens Adam Smith ...".

leske Aussage" sei? Nun, eine politische Aussage weist dann „merkelesken Gehalt" auf, wird sie zwar beiläufig gesprochen, ist aber die politische Richtung bestimmend gemeint. Aussagen dieser Art geben Auskunft über den Charakter eines Menschen. Das heißt wer die verwendet, trifft politische Entscheidungen stiekum, also an denen vorbei, die davon betroffen sind. Das aber ist zwar tödlich für jede Demokratie, hingegen notwendig in einer Lobbykratie —

Wie sollte auch die Bedienung von partikularen Interessen auf Kosten der Masse der Menschen anders möglich sein?[201]

Die politische Selbstfesselung „Schuldenbremse"

Da also diese merkeleske Äußerung keine weitere Reaktion beim journalistischen Publikum auslöste, bedeutet das auch, daß die Wahrnehmung der vom demokratischen Job-Verständnis her gesehen wachsam seien müssenden Journalisten von den Glaubenssätzen der neoliberalen Ideologie derartig durchtränkt ist, daß denen die Bedeutung solcher Aussagen gar nicht bewußt wird. —

Wie aber sollte diese Bedeutung dann jenen bewußt werden, die ihre „Informationen" von solchen „Journalisten", also den schrei-

[201] Zum Merkelesken siehe auch die Seiten 791-800: „Das Merkeleske am Merkelesken ist stets ...".

benden Mitarbeitern der Medien_*Konzerne*, vorgesetzt bekommen?[202]

Zumal die normalen Menschen in den bürgerlichen Gesellschaften per se wirtschaftskonform getrimmt sind, was einmal mehr daran deutlich wird, daß die Masse der Menschen die zur politischen Selbstfesselung führende und dennoch im Grundgesetz verankerte, als „Schuldenbremse" bezeichnete politische Torheit, schon längst als absolute Notwendigkeit

„erkannt" hat …

Beschlossen wurde diese politische Torheit im Jahre 2009 von der 2007 bis 2009 bestanden habenden, aus Bundestag und Bundesrat bestehenden „Föderalismuskommission II", deren Aufgabe die „Modernisierung der Bund-Länder-Finanzierung" war und zu der, neben den steuerrechtliche Fragen behandelnden und den Länderfinanzausgleich betreffenden Themenkomplexen, auch jener gehörte, der die „Begrenzung der Staatsverschuldung" zum Gegenstand hatte, und seit dem Jahr 2011 Bund und Länder gemäß dieser, auf dem neoliberalen Hauptglaubenssatz beruhenden „Bremse" zwingt, auf so selbstfesselnde wie unsinnige Weise das Haushaltsdefizit abzubauen. Dieser wirtschaftspolitische Nonsens findet seinen Ausdruck in Artikel 109 GG Absatz 3, wo es u.a. heißt: „Die Haushalte von Bund und Ländern sind grundsätzlich ohne Einnahmen aus Krediten auszugleichen. […]".

Wie sollte es verwunderlich sein, daß die Masse der Menschen

---

[202] Könnte jetzt die Bemerkung auf der Seite 175 verständlich geworden sein, beginnend mit: „Wie naiv muß man also sein zu glauben, daß Medien_*Konzerne* […]"?

diese politische, seit dem Jahre 2012 auch für den ganzen EU-Raum geltende Selbstfesselung für normal hält?

... Wer will schon als Utopist gelten ...

Wie sollte also,

vor einem solchen Hintergrund,

von der Masse der Menschen der Zusammenhang zwischen der praktizierten Politik und den daraus resultierenden Symptomen erkannt werden?

Wer will schon als Utopist gelten ...

Das seltsam Eigentümliche am lobbykratischen Zeitalter

Hat es nicht etwas Seltsames an sich, redet jemand davon, daß eine Demokratie marktkonform zu machen sei, während zugleich behauptet wird, man lebe dann weiterhin in einer solchen? Oder scheint das deshalb kaum Widerspruch auszulösen, da wir sowieso in einer „bedingten Demokratie" leben?

Immerhin ist die „freie Meinungsäußerung" von einer freien Meinungs_*Bildung* abhängig, die in einer Massengesellschaft _*stets*_ besonderen Gefahren ausgesetzt ist.[203]

Dieses Seltsame scheint mir jedenfalls etwas dem lobbykratischen Zeitalter Eigentümliches zu sein, welches ich deshalb als

„dadaistisch-surrealen Komplex der Lobbykratie"

bezeichne. [204]

Wie dem auch sei, wer derartige Sätze sagt, hat kein Verständnis von Demokratie, geschweige weiß er, was „repräsentative Demokratie" bedeutet, bzw. fordert — nämlich

Transparenz.

Denn _*ohne*_ Transparenz auf _*allen*_ politischen Ebenen kann die nicht funktionieren, sondern höchstens noch als Label zur Verschleierung einer Lobbykratie dienen, in der alle relevanten Entscheidungen am Parlament vorbei

*vor*_abgeklärt

und die Abgeordneten dann von Lobbyisten

*be*_arbeitet

[203] Siehe die Lesungen 3+4 (__*und erinnern Sie auch die Lesung 2*__).

[204] Siehe die Seiten 721-23, beginnend mit: „Dada ≠ Dadaismus = Neoliberalismus".

werden, so daß die Abstimmung

reibungs_*los* lobbykratie_*konform* erfolgt.

Nun, solche merkelesken Absonderungen sind letztlich Ausdruck dessen, welches bereits seit Jahrzehnten konsequenzenreich gesellschaftsbestimmend ist:

Die Überlassung der Macht an die als „Märkte" bezeichneten Partikularinteressen.

Überraschend sind solche Absonderungen also nicht, wenn auch _*unvereinbar*_ mit demokratischen

*Mindest*_Standards.

Folglich wäre es utopisches Hoffen, daß in dieser derartig strukturierten Gesellschaft _*ernsthaft*_ die Forderung aufgestellt würde:

Wir müssen die Wirtschaft demokratie_*konform* machen —

geschweige könnten sogenannte Freihandelsabkommen à la TTIP in einer Demokratie überhaupt ein Thema sein!

Denn wer will schon als Utopist gelten, oder?

Das heißt beide Aussagen,

- „Wir müssen die Gesetze ändern"

und

- „Wir müssen die Demokratie marktkonform machen",

besagen zusammengenommen, daß die bürgerlich-demokratischen Gesetze nun derartig zu ändern sind, daß der gesellschaftliche *Ist*_Zustand mittels des „neoliberalen Funktionsmechanismus'" *un*_widerruflich gesellschaftsbestimmend bleibt, dieser Zustand also festgeschrieben wird, wodurch jede dynamische Gesellschaftsentwicklung verhindert wird, folglich ein, unser Geschlecht als Ganzes betreffender Degenerationsprozeß eingeleitet wird.

Wesentliches Element dieses „neoliberalen Funktionsmechanismus'" ist übrigens das künstlich gesetzte „Prinzip des Wettbewerbs" das staatlicherseits in der bürgerlichen Gesellschaft derartig verankert wird, daß *_stetig_* marktkonforme Trimmung *_kollektiv_* erfolgen kann. [205]

Das heißt, sollte eine gesellschaftliche Entwicklung überhaupt noch möglich sein, diese lediglich im marktkonformen Sinne erfolgen könnte.

Hierin liegt der Grund dafür, daß so viel von Demokratie-Verdrossenheit in den Massenmedien die Rede ist

[205] Siehe auch die Seiten 24-30: „Anmerkung zur Phrase: 'Zur Vollendung bringen'", sowie in: Die *tri*_logische Sezierung [...], Band I, Teilband 1.

(__*Obwohl es doch* „Lobbykratie-Verdrossenheit" *heißen muß.*__)

Das heißt eine weitere gesellschaftliche Verankerung lobbykratischer Elemente ist *un*_vereinbar mit demokratischen Mindeststandards.

Gelingt es also, der Masse der Menschen weiszumachen, daß die „Demokratie" den

(__*von der praktizierten Politik produzierten*__)

„Herausforderungen"

(__*als tatsächlicher Ausdruck politischer Vermurksung*__)

nicht mehr gerecht werden könne, erleichtert das deren Abschaffung.

... die Bundesanwaltschaft scheint die einzige Organisation zu sein, für die das aktuell geltende Grundgesetz noch verbindlich ist ...

ZITAT

Die Bundesanwaltschaft erhebt zum wiederholten Male Anklage gegen Unterstützer einer von der Bundesregierung begünstigten syrischen Miliz. [...] Das Stuttgarter Oberlandesgericht, das Anfang Oktober [__2016; Anm. des Autors__] ein erstes Urteil in Sachen Ahrar al Sham gefällt hat, stuft die Miliz sogar als „eine besonders schlagkräftige terroristische Vereinigung" ein [...] Frank-Walter Steinmeier [...] hat sich im Januar [__2016; Anm. des Autors__] dafür eingesetzt, die Miliz nicht von den Genfer Syrien-Verhandlungen auszuschließen; Rußland hatte gefordert, mit Terroristen — darunter der IS und Al-Qaida, aber eben auch Ahrar al Sham — nicht zu verhandeln. Laut Urteil der deutschen Justiz hat sich Steinmeier mit dem Einsatz für die Miliz für eine terroristische Organisation stark gemacht.

ZITATENDE[206]

Nun, die Bundesanwaltschaft scheint die einzige Organisation zu sein, für die das aktuell geltende Grundgesetz noch verbindlich ist, während die Bundesregierung schon nach dem neuen, bisher offenbar

*in*_offiziellen

(__*sich sozusagen im neoliberalen Probelauf befindlichen*__)

Grundgesetz agiert.[207]

Die eingangs dieser Lesung erwähnten Merkelschen Äußerungen

[206] Quelle: *German Foreign Policy*, „Terrorunterstützer". Der nachfolgende Link ist am 10. September '17 erneut geprüft worden: http://www.german-foreign-policy.com/de/fulltext/59489.

[207] Vgl. in: Die *tri*_logische Sezierung [...], Band II, den Zwischenruf 13.

- „Wir müssen die Gesetze ändern"
- „Wir müssen die Demokratie marktkonform machen"

waren nämlich zwar beiläufig, aber _*keineswegs*_ zufällig, sondern merkelesk abgesondert worden. Denn sowohl der Spruch: „Wir müssen das Gesetz ändern, die Demokratie zu verteidigen" ...

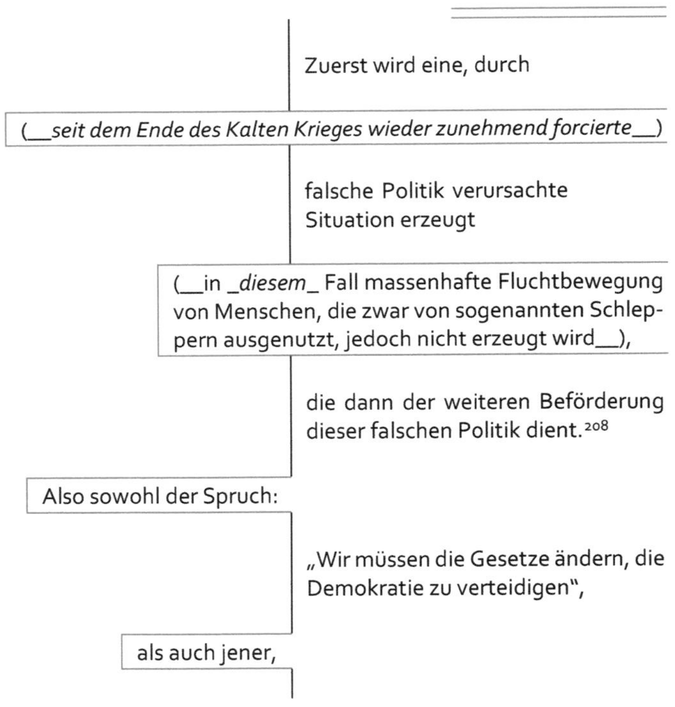

Zuerst wird eine, durch

(__*seit dem Ende des Kalten Krieges wieder zunehmend forcierte*__)

falsche Politik verursachte Situation erzeugt

(__in _*diesem*_ Fall massenhafte Fluchtbewegung von Menschen, die zwar von sogenannten Schleppern ausgenutzt, jedoch nicht erzeugt wird__),

die dann der weiteren Beförderung dieser falschen Politik dient.[208]

Also sowohl der Spruch:

„Wir müssen die Gesetze ändern, die Demokratie zu verteidigen",

als auch jener,

[208] Vgl. Die *tri*_logische Sezierung [...], Band II, den Zwischenruf 28.

der die marktkonforme Homogenisierung der Gesellschaft fordert, d.h. deren „marktkonforme Trimmung[209], dienen der Vollendung des neoliberalen Projektes, dessen Ideologie ich als Neowilhelmoliberalismus bezeichne.[210]

Übrigens ist _*die*_ Behauptung absurd, zur Verteidigung der Demokratie müsse das Gesetz geändert werden, da es

(__*objektiv gesehen, also ohne Scheuklappen betrachtet*__)

eine bürgerliche, d.h. _*repräsentative*_ Demokratie längst nicht mehr gibt. Hätten wir die nämlich noch, würden bspw. keine als „Handelsabkommen" deklarierten internationalen, die menschlichen Gesellschaften knebelnden Abkommen durch von Lobbyisten umstellte Parlamente gepeitscht, so daß den Abgeordneten genau jene Zeit genommen wird, die sie einmal für die Feststellung brauchten, daß _*bilaterale*_ Freihandelsabkommen eine Sinnhaftigkeit suggerieren, die sie nicht haben, und ihnen zum anderen klar würde

(__*also unter der Voraussetzung, sie wären nicht von neoliberalen Lobbyisten umstellt, die ihnen das zu erkennen unmöglich machen*__),

[209] Siehe auf der Seite 251 die Bemerkung zum „neoliberalen Funktionsmechanismus", beginnend mit: „Wesentliches Element dieses ...".

[210] Siehe Lesung 11. Bezüglich des „Neowilhelmoliberalismus" siehe Seite 572: „Definition des Neowilhelmoliberalismus".

daß „Freihandelsabkommen" à la TTIP Sargnägel für jede Demokratie sind — also auch für eine bürgerliche.[211]

... wer in der EU *anti*_demokratisch ist ...

Zum besseren Verständnis, welcher Art das Problem an sogenannten Freihandelsabkommen à la TTIP ist sowie wer in der EU *anti*_demokratisch ist, sei an dieser Stelle nachfolgendes zitiert.

ZITAT

[...] Die belgischen Regionen Wallonien und Brüssel sagten am 14. Oktober 2016 „Nein" zum sogenannten Freihandelsabkommen zwischen der EU und Kanada, das abgekürzt CETA heißt und für *Comprehensive Economic and Trade Agreement* steht, was soviel wie: „Umfassendes Wirtschafts- und Handelsabkommen" bedeutet, d.h. ein à-la-TTIP-Abkommen ist.

In den insbesondere von der Region Wallonien formulierten Bedingungen [__zur Annahme dieses Abkommens, Anm. des Autors__] kommt das ganze Problem zum Ausdruck, was die Unterzeichnung solcher Abkommen bedeutet:

praktisch keine

[211] Vgl. auf Makroskop.eu: Erik Jochem, „Trojanisches Pferd der Konzerne? — Sieben Anmerkungen zu CETA", dessen folgender Internet-Pfad am 10. September '17 erneut geprüft worden ist: https://makroskop.eu/2016/11/trojanisches-pferd-der-konzerne-sieben-anmerkungen-zu-ceta/.

repräsentativ-demokratischen Eingriffsmöglichkeiten in politische Entscheidungsprozesse mehr, denn lediglich unter folgenden Bedingungen wären die Wallonen zu einem Ja bereit gewesen:

> - Kein Sonderrecht für Konzerne
> - Öffentliche Dienstleistungen dürfen nicht unter Privatis erungsdruck gesetzt werden
> - Die bäuerliche Landwirtschaft darf nicht gefährdet werden

> Dem Nein Walloniens war übrigens ein anderthalbjähriger Klärungsprozeß vorausgegangen, an dem das Regionalparlament, die regionale Wirtschaft, die verschiedenen, mit der Bevölkerung direkt verbundenen Gruppen und Organisationen und die Gewerkschaften beteiligt waren.

Das heißt in der belgischen Region Wallonien hat es jenes gegeben, das man in einer repräsentativen Demokratie erwarten muß — und die auch nur auf diese Weise funktionieren kann:

Das

> - Transparentmachen politischer Vorhaben, das
> - Artikulieren der diversen Interessenlagen der verschiedenen gesellschaftlichen Gruppen und Organisationen, die
> - Abklärung, wo *_dann_* der Schuh drückte, wollte man ein solches Vorhaben umsetzen, bzw. unter welchen Bedingungen es umgesetzt werden oder/und welche Alternativen es dazu geben könnte.

Daß diese oben aufgeführten Punkte *_genau nicht_* Teil dieses und vergleichbarer Abkommen (_also à la TTIP_) sind und folglich keinen Niederschlag in solchen „Freihandelsabkommen“ finden sollen, ist dafür Beleg genug,

daß Abkommen dieser Art grundsätzlich demokratiefeindlich sind und lediglich hinter verschlossenen Türen ausgekungelt werden können,

da keine aufgeklärte Bevölkerung mit der Nichtberücksichtigung obiger Punkte einverstanden sein kann,

und das belegt erneut,

was von dem ganzen Gerede neoliberaler Politiker zu halten und was von ihrem tatsächlichen Tun zu erwarten ist:

bspw. nichts Gutes für die Europäer.

Das heißt es ist eine Beleidigung, behaupten sogenannte Wissenschaftler und sogenannte Politiker sowie sogenannte Journalisten, daß Europa an demokratischen Entscheidungsprozessen scheitern würde.

Es ist umgekehrt:

ihr Reden und ihr Verhalten sind eine Bedrohung für jenes, welches erst den Namen „repräsentative Demokratie“ verdiente:

Alle politischen Entscheidungen müssen in einem offenen, also transparenten Prozeß _vorab_ auf ihre Demokratieverträglichkeit hin abgeklopft werden.

Das „initiale Nein“ der Wallonen zu CETA bedeutet übrigens auch, daß die Menschen nicht demokratieverdrossen, sondern lobbykratieverdrossen sind. [...]

ZITATENDE[212]

Aus dem Vorstehenden könnte deutlich geworden sein, wer

tatsächlich

keinen Sinn für demokratische Entscheidungsprozesse hat und offenbar

tatsächlich

demokratieverdrossen ist, folglich anderen erzählen muß, _sie_ seien demokratieverdrossen, obwohl die Masse der Menschen

tatsächlich

lobbykratieverdrossen ist.[213]

Ende der Anmerkung:
... wer in der EU *anti*_demokratisch ist

Wenn zum Ende des obigen, die Anklage der Bundesanwalt-

[212] Das Zitat findet sich in: Die *tri*_logische Sezierung [...], Band II, Zwischenruf 11. Im Ihnen vorliegenden Buch ist übrigens das CETA-Abkommen elementarer Teil von Anhang II.

[213] Vgl. auch in: Die *tri*_logische Sezierung [...], Band II, Zwischenruf 1, sowie in: Die *tri*_logische Sezierung [...], Band I, Teilband 2, Kapitel 6.

schaft betreffenden Zitates[214] davon die Rede ist, daß die Verantwortlichen der Bundesregierung eine Terrormiliz stark gemacht haben, ist das aus meiner Sicht wohlwollend ausgedrückt. Denn, neben anderen Islamisten, war es diese Terrorgruppe, die vor der Befreiung Aleppos Mitte Dezember 2016 genau dort ihr Unwesen getrieben, d.h. alles andere als jenes getan hatte, das von deutschen Medien und Politikern den Menschen eingetrichtert worden ist — bis, ja bis es nicht mehr zu leugnen war, welche Greueltaten von diesen Islamisten unter der Bevölkerung Aleppos begangen worden und nicht mehr abweisbar war, wer ihnen dabei behilflich gewesen ist — nun, ab dem Zeitpunkt wurde es ganz still im deutschen Propaganda-Wald.[215] — Daß das nicht lange vorhalten konnte, leuchtet zwar ein …

---

[214] Siehe Seiten 252 f.: „Die Bundesanwaltschaft erhebt zum wiederholten Male Anklage …".

[215] Vgl. diesbezüglich den Artikel von Karin Leukefeld, „Waffen für Dschihadisten", in: *Junge Welt* vom 3. Januar '17, der lediglich im Abonnement über folgenden, am 10. September '17 erneut geprüften Internet-Pfad abrufbar ist:

https://www.jungewelt.de/loginFailed.php?ref=/artikel/300222.waffen-f%C3%83%C2%BCr-dschihadisten.html.

Ebenso ist der auf *Telepolis* veröffentlichte Artikel von Fabian Köhler zu empfehlen: „Was Sie über Aleppo hören, ist bestenfalls ein kleiner Teil der Wahrheit", dessen ebenfalls am 10. September '17 erneut geprüfter Internet-Pfad folgender ist:

https://www.heise.de/tp/features/Was-Sie-ueber-Aleppo-hoeren-ist-bestenfalls-ein-kleiner-Teil-der-Wahrheit-3610881.html?view=print.

Eine gute Hintergrundausleuchtung bietet übrigens der Artikel von Reinhard Merkel, „Der Westen ist schuldig", abrufbar auf FAZ.NET; Internet-Pfad: http://www.faz.net/aktuell/feuilleton/debatten/syrien-der-westen-ist-schuldig-12314314.html?printPagedArticle=true#pageIndex_2; ebenfalls am 10. September '17 erneut geprüft.

Es war übrigens in jenem Dezember seit langen Jahren das erste Mal, daß die syrisch-orthodoxen Christen ihr Weihnachtsfest, das sie im Gegensatz zu den anderen orthodoxen Christen nicht erst am 6. Januar, sondern bereits am 25. Dezember feiern, offen und fröhlich vorbereiten und begehen konnten — zusammen mit den Muslimen Aleppos.

Mit anderen Worten, und nun konkret anklagend:

Die Verantwortlichen der deutschen Politik wie die Meinungsmachenden der Medien sowie jene, die sich als Kulturschaffende verstehen, sind bezogen auf die Ereignisse in und um Aleppo als _*direkt*_ schuldig zu bezeichnen! Und heute, also im September 2017, was haben diese nichts Besseres zu tun?

Nun, sie hetzen weiter und wollen in einem „zweiten Anlauf" Syrien für sich — d.h. islamistische Gruppen sollen sich Syrien ruhig aufteilen: Hauptsache sie

*dienen*

deutschen und den Interessen der anderen „Elitestaaten" dieser Welt:

Die Bevölkerung dort?

Mag die doch sehen wo sie bleibt.

Welch ein gefährliches politisches Fahrwasser mit einer derartigen „Haltung" und einer derartig praktizierten Politik angesteuert wird, erschließt sich Ihnen möglicherweise auf den Seiten 352-54: „Wieso gerade _*diese*_ Elite Thema dieser Lesung sein muß".

Komisch nur, daß der größere Teil der Syrer das Assad-Regime solchen Schlächtern und ihren Helfern vorzieht. Oder anderes ausgedrückt:

> Die Machtpolitik des „Westens", und damit die deutsche mit, ist so heuchlerisch und ekelhaft wie destruktiv.

Die Einschätzung der sozialen und der politischen Lage durch die syrische Bevölkerung selbst und welches Licht das insbesondere auf die deutsche Machtelite wirft

ZITAT

Es sei an dieser Stelle ergänzt, daß es eine glaubwürdige Umfrage unter der syrischen Bevölkerung gibt, von der in einem am 16. September 2016 auf der Website der unabhängigen Online News Organisation „Middle East Eye" erschienenen Bericht die Rede ist:

> „Poll suggests Syrians believe civil war resolvable despite social strife".[216]

Diese Umfrage zeichnet ein differenziertes Bild von der Einschätzung der sozialen und der politischen Lage durch die syrische Bevölkerung selbst, und deren Ergebnis zum einen

---

[216] Der am 10. September '17 erneut geprüfte Internet-Pfad ist folgender:
http://www.middleeasteye.net/news/new-poll-suggests-syrians-believe-civil-war-resolvable-despite-social-strife-1647775093.

deutlich macht, daß es in der syrischen Bevölkerung eine differenzierte Haltung gegenüber der eigenen Regierung gibt, die von einem deutlichen Pro bis zu einem deutlichen Contra reicht, sowie sie nicht glaubt, daß die vom Westen unterstützten Gruppen geeignet sein könnten, ihnen und ihrem Land nützlich zu sein. Zum anderen verdeutlicht diese Umfrage, daß die Masse der Syrer davon überzeugt ist, daß es eine eigene Lösung für die Chaotisierung ihres Landes gibt.[217]

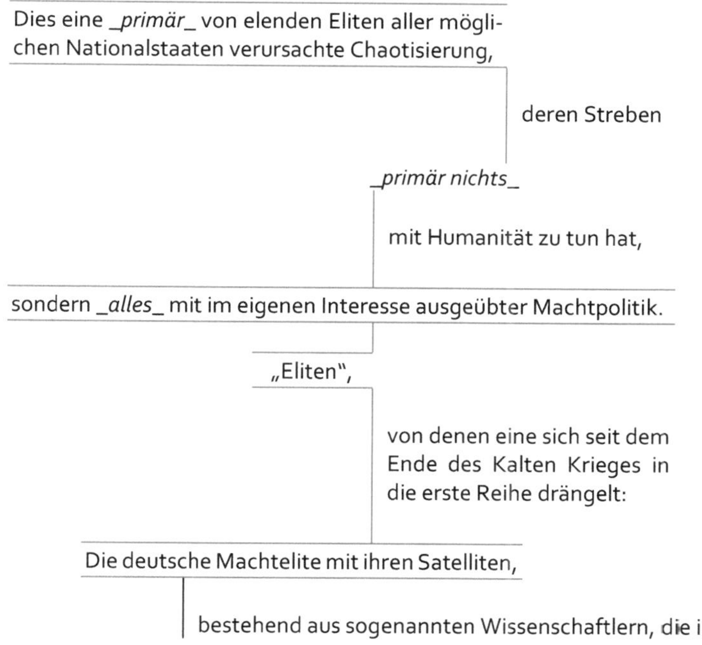

[217] Das wird gestützt von der Anmerkung eingangs des Hinweises „Was überhaupt nicht geht ...", siehe die Seiten 434-39.

Thinktanks alles Machtpolitische ausformulieren; sogenannten Journalisten, die ebenso um den tatsächlichen Sachverhalt wissen müssen

(*__andernfalls wäre das Beleg für ihre journalistische Stümperhaftigkeit__*),

und somit es ihre Aufgabe ist, die Masse der Bevölkerung *_bewußt_* im Unklaren zu halten, ja sie sogar in dem Glauben zu wiegen, sie praktizierte eine ganz besondere Art von „Willkommenskultur" — dies tatsächlich aber

(*__nach alter Tradition__*)

der kollektiven Selbsttäuschung dienend:

*_nämlich_*

zur Deckung einer Politik, die erst Menschen massenhaft ins Laufen gebracht hatte:

*_Also_*

Politik mit Hilfe von Menschen auf der Flucht vor dem von solcher Politik angerichteten Chaos.

*_U n d_*

sogenannten Politikern,

die in allen der ab der 19. Legislaturperiode im Deutschen Bundestag vertretenen Parteien zu finden sind, und deren Aufgabe es offenbar ist, der je potentiellen Klientel eine politische Verpackung zu präsentieren[218], so daß ihr das Wesen des deutschen

(__*prinzipiell unveränderten, also vom Wilhelminismus geprägten, sich lediglich an die gewandelten Bedingungen angepaßt habenden*__)

machtpolitischen Strebens verdeckt bleibe.

Denn es kann

*nicht*

sein, daß deren Führungskräfte nicht um den tatsächlichen Sachverhalt wissen — und all jene Abgeordneten es genauso wissen müssen, die sich mit Fragen der Außenpolitik per se beschäftigen, während der einfache Abgeordnete es nicht zwingend wissen müßte, aber ebenso wissen könnte, so er das nur wollte.

(__*Immerhin sind meine diesbezüglichen Quellen allgemein zugänglich.*__)

So ergibt sich, daß es in den verschiedenen Fraktionen der im Bundestag vertretenen Parteien zwar Unterschiede in der außenpolitischen Bewertung geben mag, aber _*keine*_ grundsätzliche Infragestellung der seit dem Ende des Kalten Krieges

[218] Vgl. in dem Ihnen vorliegenden Buch den „Schlußsatz I: 'Kein Klärungsbedarf mehr'" des Schlußworts.

von der jeweiligen deutschen Regierung praktizierten Politik.

Das Tamtam von Parteien, die in Opposition sind, ist nichts wert, sondern lediglich jenes, das sich in der praktischen Regierungspolitik zeigt. Und da gibt es nichts, welches die Behauptung stützen könnte, daß grundsätzlich andere Politik geboten würde, wären sich als „links" oder „fortschrittlich" gebende Parteien in Regierungsverantwortung.[219] Wieso das so ist findet sich ausführlich und an vielen Stellen erläutert in: Die *tri*_logische Sezierung *[...]*, Band I.

Und dies zeigt einmal mehr, daß

a) die deutsche Machtelite mit der wilhelministischen Politik-Tradition nicht gebrochen hat

*_und daß_*

b) alle bürgerlichen Parteien, also alle im Bundestag vertretenen Parteien — inklusive jener, die ab der 19. Legislaturperiode dort auch sitzt, diese Elite letztlich bei der Verfolgung *_dessen_* unterstützen und unterstützen werden, welches nur als *neo*_imperialistisches Machtstreben bezeichnet werden kann.

Da möge zwar ein größtmögliches Phrasendreschen einen gegenteiligen Eindruck erwecken.

[219] Vgl. hierzu die Beispiele auf den Seiten 50 f.: „Kleiner politischer Aufguß aus dem neoliberalen Jetzt", sowie auf der Seite 307: „Ein anderes Beispiel für politische Schimären".

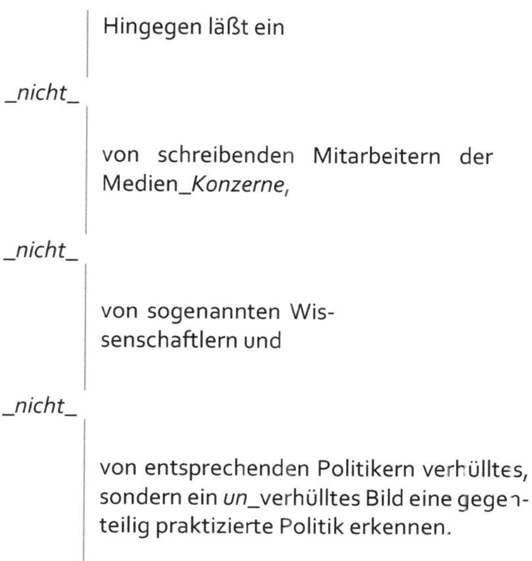

Hingegen läßt ein

nicht

von schreibenden Mitarbeitern der Medien_*Konzerne*,

nicht

von sogenannten Wissenschaftlern und

nicht

von entsprechenden Politikern verhülltes, sondern ein *un*_verhülltes Bild eine gegenteilig praktizierte Politik erkennen.

Daß diese 19. Legislaturperiode nicht gleich nach der Bundestagswahl am 24. September 2017, d.h. nach einer etwa zweiwöchigen organisatorischen Pause eröffnet worden ist, liegt an einer anderen Unvereinbarkeit mit demokratischen Prozessen, die sich, kurz vor Drucklegung des Ihnen vorliegenden Buches, im deutschen Parteienstaat erneut abspielte, d.h. wie schon nach der Bundestagswahl im September 2013.[220]

Das heißt nach dem Ende des Kalten Krieges, als also die ersten Ansätze von zurück_*gegebener* nationalstaatlicher „Souveränität" eine freiere deutsche Politik _*erneut*_ ermöglichte, ist dieses Quentchen mehr an Souveränität _*sofort*_ genutzt

[220] Vgl. die Seiten 487-90: „Eine der Phantasie-Anregung dienende Glosse".

worden, dort weiter zu machen, wo die deutsche Politik mit dem Ende des ersten Teils des Großen Krieges aufhören mußte:

> im wilhelministischen Sinne aktiv eigene *Macht*_Politik zu betreiben.

Folglich waren und sind alle gegenteiligen Reden, insbesondere, wenn sie mit Begriffen wie „Verantwortung" gespickt sind, kein Ausdruck dafür, daß man tatsächlich eine andere, ausschließlich auf Frieden ausgerichtete Politik betreiben wollte, sondern sie dienen der Verschleierung einer Politik, die maximal _*jenes*_ im eigenen *Macht*_Interesse praktiziert, welches ihr andere zugestehen: auf Kosten dieser anderen noch zudem! [...]

> Das heißt mit der deutschen Machtelite ist lediglich dann „Frieden" denkbar, versagt man ihr den Zugriff auf relevante Hebel der Macht: und zwar in ihrem eigenen Interesse — und sowieso im Interesse der Insassen _*ihres*_ Nationalstaates: Denn man „muß [...] in diesem Zusammenhang daran erinnern, daß die Führungsschicht dieses Staates noch _*nie*_ etwas Konstruktives mit ihrer Souveränität anzufangen wußte [...]" [221]

ZITATENDE[222]

[221] Diese Zitatstelle findet sich in: Die *tri*_logische Sezierung [...], Band II, Zwischenruf 14, die Seite 193.

[222] Das Originalzitat findet sich in: a.a.O., Zwischenruf 28, d.h. es ist für diesen abschließenden Teil der *Tri*_logischen Sezierung des lobbykratischen Zeitalters verändert worden (__Anm. des Autors__).

Nun, das Besondere an der Politik der deutschen Machtelite ist nicht, daß diese Machtpolitik betreibt, handelt es sich dabei doch lediglich um eine für nationalstaatliche Machteliten typische Politik, *_sondern_* es ist die ihr eigen seiende neowilhelministische Art und Weise.[223]

Ende von:
Die Einschätzung der sozialen und der politischen Lage durch die syrische Bevölkerung selbst und welches Licht das insbesondere auf die deutsche Machtelite wirft

---

Die Absicht islamistischer Gruppen wie Ahrar al Sham

Die Absicht solcher islamistischen Gruppen wie Ahrar al Sham war und ist es, eine Abspaltung vom syrischen Staatsgebiet zu erzwingen, d.h. einen zweiten „Islamischen Staat" zu gründen. Denn auf diese Weise ließe sich deutlich besser agieren. Und „besser agieren" bedeutet in der Konsequenz auch: besser in Europa zu agieren.

---

[223] … von der es im Verlauf des Ihnen vorliegenden Buches noch weitere Beispiele gibt. Siehe auch in: Die *tri*_logische Sezierung […], Band I, Teilband 3, das Kapitel 13 sowie das Kapitel 15.

So gesehen stellt sich die Frage, wer für Terroranschläge in Europa _*letztlich*_ die Verantwortung trägt, verüben sogenannte Kämpfer solcher Gruppen auch dort Anschläge? Immerhin agieren die _*ausdrücklich*_ mit deutscher, französischer, britischer und überhaupt mit „westlicher" Unterstützung. So lieferten die USA

(__*also noch in den letzten Zügen der Obama-Regierung*__)

tragbare Boden-Luft-Raketen an eine dieser islamistischen Milizen.[224] Mit solchen Waffen lassen sich aber Militärjets genauso abschießen, wie zivile Passagierflugzeuge.

Schlepper sind nicht das *ur*_sächliche Problem

Gibt es bspw. Schlepper von massenhaft ins Laufen geratenen Menschen, dann insbesondere _*wegen*_ der von den Staaten des Westens _*dort*_ betriebenen Destabilisierungspolitik, wo solche Menschen ihr Zuhause hatten.

Und Frau Merkel muß sich den Schuh anziehen, daran wesentliche Mitschuld zu tragen.

Denn was sind diese „Schlepper", gegen die Frau Merkel härt-

[224] Vgl. „Syria war: Rebel group supplied with anti-air missiles", in: Middle East Eye; der am 10. September '17 geprüfte Internet-Pfad ist folgender: http://www.middleeasteye.net/news/syria-manpads-rebels-war-russia-609832353.

est vorgehen will, wie sie anläßlich der „Generaldebatte“ im Bundestag am 23. November 2016 meinte, worauf weiter unten noch etwas einzugehen ist?

Nun, Schlepper sind nicht das ursächliche Problem, sondern diese nutzen „lediglich“ etwas aus, daß u.a. _*auch*_ die Vertreter der deutschen Politik verursacht hatten und noch verursachen werden:

Die Destabilisierung ganzer Regionen der Welt.

Und so ist das kollektive auf der Fluchtsein von Menschen primärer Ausdruck für die durch solche Machtpolitik in Gang gesetzte Spirale.

Folglich sind die Interessen der deutschen Machtelite nicht nur Teil des verursachenden Problems,

*sondern*

(__*wegen des Strebens nachweltpolitischer Neupositionierung*__)

selbst verursachendes Problem.

Das läßt sich an der seit dem Ende des Kalten Krieges mählich forciert betriebenen Politik dieser Machtelite ablesen.[225]

Vor allem aber hat eine solche Neupositionierung lediglich un-

---

[225] Und das ist alles bereits erläutert worden in: Die *tri*_logische Sezierung [...], Band I, siehe dazu die entsprechenden Belegstellen am Ende dieser Lesung. Siehe diesbezüglich auch die Ausleuchtung auf den Seiten 622-65 des Ihnen vorliegenden Buches: „Exemplarische Beispiele kontraproduktiver Konsequenzen deutscher Machtpolitik“.

ter dem Deckmantel der EU eine Chance auf Realisierung —

wegen der traditionellerweise fehlenden eigenen Substanz.[226]

Und solange dieses Streben die Politik der EU hegemonial bestimmt, kann die EU weder demokratischen noch nach innen wie nach außen friedlichen Charakter haben, sondern lediglich reaktionären — eben neowilhelmoliberalistischen.

Und hier treffen sich die Interessen der Machteliten der europäischen Nationalstaaten:

Sie haben nichts dagegen, daß sich diese Staaten zu einem Imperium transformieren, indem sie weiterhin die Macht innehaben —

vorausgesetzt die Insassen in _ihren_ Nationalstaaten

(__gemeinhin als Völker bezeichnet__)

werden nicht renitent und drohten sich gegen sie zu richten. Da diese Gefahr des kollektiven Renitentwerdens aber

immer

besteht, stehen die entsprechenden nationalistischen Parteien bereit, diese Insassen mittels entsprechender Rhetorik zu binden.

[226] Siehe hierzu die Seiten 609-14: „Die traditionell fehlende eigene Substanz".

Wie weiter oben festgestellt,

sind Schlepper nicht das ursächliche Problem, sondern die gibt es immer dort, wo Menschen kollektiv in existentielle Not geraten sind.

Wer folglich etwas gegen Schlepper tun wollte, brauchte „lediglich" eine Politik zu betreiben, die ermöglichte, daß Menschen kollektiv _*nicht*_ in existentielle Not geraten.

Ganz einfach, nicht wahr? — Nun, zumindest dann, hegt man keine Interessenbedienung auf Kosten anderer.

Gewiß, daß ist solange nicht realisierbar, wie es Nationalstaaten oder entsprechende „Nationalstaatserweiterungen" gibt.[227]

Die EU als „Nationalstaatserweiterung"

Die EU läßt sich als „Nationalstaatserweiterung" verstehen, denn das Prinzip des Herrschaftsmediums „Nationalstaat" wird durch ihre Struktur nicht aufgehoben, sondern lediglich der territoriale Raum ausgedehnt — einhergehend mit gewisser „Herrschaftsmodifizierung" zwar. Etwas Neues, von den Völkern selbst Betriebenes und Ausgehendes entsteht auf diese Weise nicht, sondern das einzig „Neue" ist eine sich auf diese Weise ausbildende EU-Elite, der es an Grausamkeit nicht mangeln wird. — Und da das als einzig sicher gelten kann, haben wir es spätestens mit der Realisierung einer EU-Armee unter Führung des deutschen Hegemonen mit einem

[227] Dies ist dargelegt in: Die *tri*_logische Sezierung [...], Band I: *Es werde mehr Licht! [...]*, Teilband 3, Kapitel 15.

Monstrum zu tun, das, zur stetigen Ablenkung aufbegehrender Bevölkerungsteile im Territorium dieser EU, eine stetige Konfliktsituation mit anderen Herrschaftskonstrukten benötigt, wie bspw. Rußland.

Daß von deutscher Seite überhaupt nicht daran gedacht worden ist, zu einer _*tatsächlich*_ nationalstaatlichen Auflösung und zu einer _*tatsächlich*_ konstruktiven EU-Entwicklung beizutragen

(__was _*erste*_ und _*einzige*_ außenpolitische Aufgabe gewesen wäre — belegbar _*ausschließlich*_ über substantielles politisches Tun, nicht, wie geschehen, durch Reden fürs Fenster__),

zeigt das faktische Streben der Satelliten dieser Machtelite seit dem Ende des Kalten Krieges, welches quasi _*sofort*_ nach der Rückgabe einer gewissen nationalstaatlichen Souveränität einsetzte.[228]

Nationalstaaten sind keine naturgegebenen Entitäten

Daß eine _*tatsächlich*_ nationalstaatliche Auflösung und eine _*tatsächlich*_ konstruktive EU-Entwicklung nicht _*mal eben*_ realisierbar sind, ist mir bewußt. Aber, es sei wiederholt, das liegt an den Machteliten und deren Satelliten — die Angehörigen der Völker selbst hätten damit

[228] Siehe die Seiten 622-65: „Exemplarische Beispiele kontraproduktiver Konsequenzen deutscher Machtpolitik.

keine Probleme, ja, ihre Mitglieder kämen erst auf diese Weise

*_tatsächlich_*

zu sich selbst, allerdings nicht im kopfgeburtlichen Sinne à la Hegel.[229] — Oder anders gesagt: sie lernten dann erst das ihnen Gemeinsame des menschlichen Wesens kennen ...

(*__Gewiß, dies schwerstes Alpdrücken beim Fußvolk der Machteliten verursachend — dem Kleinbürgertum. Sie gehen also besser nicht davon aus, daß es das nicht mehr gäbe ...__*)

Denn Fakt bleibt, daß es die Machteliten und ihre nationalstaatlichen „Spielwiesen" sind, die das friedliche Zusammenleben der Völker verhindern.

Dafür muß eine Lösung und dafür kann eine Lösung gefunden werden, denn:

Nationalstaaten sind Konstrukte bürgerlicher Eliten, aber keine naturgegebenen Entitäten.[230]

Das heißt die Beseitigung der Ursachen von kollektiven

---

[229] Vgl. die Seiten 35-38: „Der Nationalstaat ist eine Konstruktion des Bürgertums [...]"; bzw. im Teilband 2 dieses Buches, die Seiten 593 f.: „Die politisch folgenreiche *Ideen*_Setzung: 'Völker sind Gedanken Gottes'", und die Seiten 628 f.: „Das Denken der Westeuropäer ist immer noch abgesättigt von [...]".

[230] Siehe hierzu in: Die *tri*_logische Sezierung [...], Band I, Teilband 3, die Kapitel 15-17.

Fluchtbewegungen, bringt die daraus resultierenden Symptome zum Verschwinden.[231]

Unter den gegebenen Verhältnissen geht es folglich nicht um die Menschenrechte oder um einen „Demokratie-Export"

Wobei man auch nicht sicher sein kann, ob nicht schon soviel an Demokratie exportiert worden ist, daß in den Ländern des Exports, bspw. in Deutschland, *_kernmäßig_* gar keine mehr vorhanden ist — also abgesehen vom Label.

Immerhin muß sich heutzutage Satire schon wieder rechtfertigen, oder muß sich ernsthafte Kritik an den bestehenden Machtverhältnissen als Satire tarnen, damit die sich „lediglich" rechtfertigen muß und nicht als „FakeNews" stigmatisiert wird — *mit nachfolgender, auf quasi selbstzensierende Weise erfolgender Verbannung aus dem eigenen Kopf*.

Wird Demokratie also zum Schauspiel, aufgeführt als Schauer- oder Trauerspiel? — Vielleicht.

Von einer solchen Aufführung, sowie aus dem daraus Resultierenden, finden Sie ein Beispiel weiter unten in: „Schlußsatz I: 'Kein Klärungsbedarf mehr'" des Schlußworts dieser *Tri*_logischen Sezierung.

Nun, auf jeden Fall ist es so, daß Frau Merkel irgendwann im

[231] A.a.O. entwickle ich in Teil 4 einen vom gesellschaftspolitischen *Ist*_Zustand ausgehenden „Lösungsweg", so daß, u.a., solche „Symptome" erst gar nicht entstehen.

Laufe der zweiten Hälfte des Jahres 2016 sinngemäß meinte, daß „wir" die „Demokratie jetzt auch nach Tschetschenien bringen" sollten.

> In welchem Zusammenhang diese sinngemäße Äußerung Frau Merkels steht und wie seicht der „Copy-and-Paste-Journalismus" mittlerweile ist, könnte sich Ihnen möglicherweise aus einem Reisebericht von Gert-Ewen Ungar erschließen: „Besuch in Tschetschenien: Auf Tuchfühlung mit Homosexuellen in Grosny".[232]

Frau Merkel ließ dabei aber offen, ob „Demokratie" über einen „Menschenrechtskrieg" nach Tschetschenien gebracht werden sollte oder auf anderem Weg ...

Vielleicht von Usbekistan aus?

> Immerhin kann als sicher gelten, daß man mit dem dortigen Terrorregime langjährig beste Beziehungen unterhalten hat, wobei unklar bleiben muß, inwiefern das weiterhin gilt. — Wenn es auch in den letzten Jahren wegen der hohen Mietforderungen für die militärische Nutzung des Flughafens in Termez gekriselt haben soll, der aber seit Ende 2015 _*nicht*_ allein deshalb militärisch nicht mehr genutzt wird.

> (__Die *flug*_militärische Nutzung Termez' war von Anfang 2002 an notwendig gewesen, da die geeigneten Militärmaschinen fehlten, die Versorgung der deutschen Soldaten in Afghanistan, anläßlich der „Vertei-

---

[232] Abrufbar über folgenden, am 11. September '17 erneut geprüften Internet-Pfad: https://deutsch.rt.com/russland/55663-tschetschenien-auftuchfuhlung-mit-homosexuellen/.

digung Deutschlands am Hindukusch" sicherzustellen, und Termez deshalb der sichere Flughafen für militärische Flüge von Köln-Wahn aus und von dort zum Luftlinie ca. 60 km entfernten, in der Nähe der Stadt Mazar-e Sharif liegenden Militärlager Marmal war, wo noch heute die Masse der deutschen Soldaten im Norden Afghanistans stationiert ist.__)

Heutzutage (__2017__) erfolgt diese Versorgung übrigens primär über us-amerikanische Militärmaschinen.

Wegen der Geheimhaltung über die Zusammenarbeit mit dem usbekischen Terrorregime, läßt sich übrigens nur vermuten, daß es eine Reihe weiterer Gründe für das unbedingte Festhalten an einer „Partnerschaft" mit diesem Terrorregime gegeben hatte und deshalb dieses auch weiterhin anzunehmen nicht verwegen wäre.

Zumal die Verschärfung der Lage in Afghanistan seit dem Ende des offiziellen Kampfeinsatzes der westlichen Truppen Ende 2014, aber auch wegen des seit 2015 deutlich zu registrierenden Engagements Rußlands, sich dort als Alternative zum „Westen" zu empfehlen

(__übrigens auch wegen des vermehrten Einsatzes von Kämpfern des sogenannten Islamischen Staates in Afghanistan__),

sowie wegen des militärischen Wiedereinstiegs der USA dort im Verlauf des Jahres 2017, könnten Grund für eine mögliche

Veranlassung sein, Termez noch einmal als flug-militärische Basis zu nutzen.

Dann jedoch nutzen zu müssen, da die Annahme nicht abwegig ist, daß das militärische Ziel in Afghanistan nicht erreicht werden wird, also dort westlicherseits dominanten Einfluß zu behalten, sondern im Gegenteil ein hastiger Komplett-Rückzug der Soldaten von dort dann lediglich noch über Termez möglich wäre.

(__*Dies absolut realistisch, faßt man die militärische Entwicklung seit 2017 in Afghanistan ins Auge.*__)

Das aber könnte bedeuten, daß dazu mit Rußland noch entsprechende „Vereinbarungen" zu treffen wären, und in _*diesem*_ Fall würde folglich Rußland die Bedingungen bestimmen — als

lediglich ein weiteres Ergebnis

der seit dem Ende des Kalten Krieges vom „Westen", also inklusive der Machtelite Deutschlands, praktizierten, ganze Weltgegenden ins Chaos stürzenden Politik.

Denn wo sollte dort noch mit Unterstützung zu rechnen sein?

Es ist aber anzunehmen, daß zu diesen Gründen, intensive Beziehungen mit dem Terrorstaat Usbekistan zu pflegen, gewiß die Hoffnung und jenes Begehren gehörten, direkten Zugriff auf die für jede Industrienation wichtigen und reichen Bodenschätze Usbekistans zu bekommen, abgesehen davon, daß Usbekistan für die Textilindustrie von großer Bedeutung ist, und zwar nicht nur, da es sich dabei um einen der größten Baumwollproduzenten der Welt handelt, sondern auch deshalb, da die dort so billig zu kriegen ist — u.a. wegen des massenhaften Einsatzes von Schulkindern sowie der Zwangsarbeit von Erwachsenen bei der Ernte.

Darum wußte man von deutscher Seite von Anfang an der bis vor kurzem noch engen Beziehungen zu diesem Terrorstaat.

Übrigens war und ist, sowohl der Opium-Anbau als auch dessen Transport über die ganze Zeit des von 2002 bis (__*offiziell*__) 2014 währenden Krieges dort (__*nicht nur, aber auch*__) unter den Augen der deutschen Soldaten ungehindert möglich gewesen.

Und das hat sich nicht durch _*den*_ Umstand geändert, daß sich die deutschen Soldaten dort im Norden Afghanistans heute als „Berater“ der afghanischen Streitkräfte eingemauert haben und nach Möglichkeit sowieso nur per Helikopter oder anderweitig von A nach B durch die Lüfte eilen.

Immerhin wäre es auf dem Landweg viel zu gefährlich — so „befriedet“ wie Afghanistan vom „Westen“ heute ist.

Kann es da noch von Interesse sein, daß das Opium seinen Weg u.a. in die von den deutschen

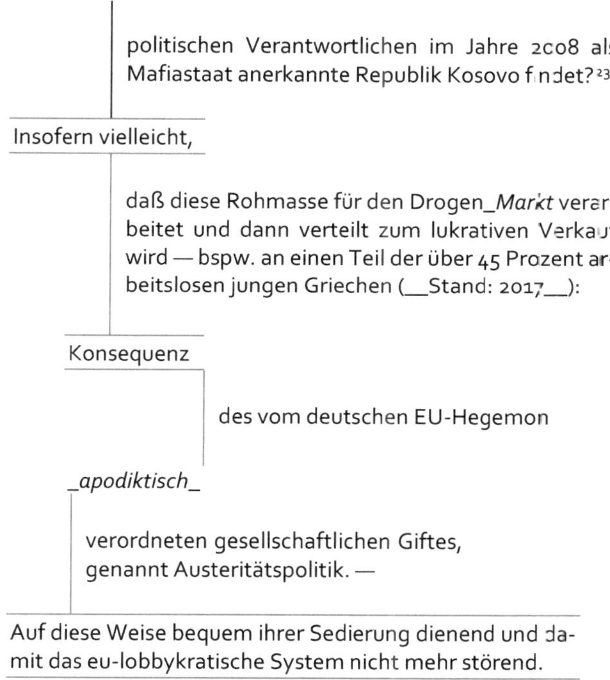

politischen Verantwortlichen im Jahre 2008 als Mafiastaat anerkannte Republik Kosovo findet?[233]

Insofern vielleicht,

daß diese Rohmasse für den Drogen_*Markt* verarbeitet und dann verteilt zum lukrativen Verkauf wird — bspw. an einen Teil der über 45 Prozent arbeitslosen jungen Griechen (__Stand: 2017__):

Konsequenz

des vom deutschen EU-Hegemon

*apodiktisch*

verordneten gesellschaftlichen Giftes,
genannt Austeritätspolitik. —

Auf diese Weise bequem ihrer Sedierung dienend und damit das eu-lobbykratische System nicht mehr störend.

Hingegen dienen Floskeln dieser Art, also selbst die „Demokratie" in das Portfolio der eigenen Exportwaren aufzunehmen, lediglich der *Geneigt*_machung der Bevölkerung, nämlich letztlich eine,

[233] Vgl. in: Die *tri*_logische Sezierung [...], Band I, Tb 3, Kapitel 14, die Seiten 345-49, beginnend mit: „Es ist an dieser Stelle noch einmal auf das Kosovo zurückzukommen".

einst als imperialistisch bezeichnete Politik zu bejahen,

an deren Ende Kriege stehen — genannt dann „Menschenrechtskriege".

Diese imperialistische Politik nenne ich *neo*_wilhelministisch.

Dies also eine an sich alte deutsche Machtpolitik, allerdings insofern modifiziert, daß die sich nun unter dem Deckmantel der „*kauder*_welschsprechenden EU" ereignet …

„Deutschsprechende EU" ist nämlich eine Beleidigung für jeden Deutschen, dem also das wilhelministische Denken fremd ist.

„Schleppern das Handwerk legen"

Aus dem Vorstehenden erhellt, daß Aussagen wie bspw. diese von Frau Merkel abgesonderte: den „Schleppern das Handwerk legen" zu wollen, unglaubwürdig sind[234]. Denn sie denkt nicht einmal daran, daß die von ihr verantwortete Politik geändert werde, sondern sie trifft sich lieber mit Vertretern von Terror-Organisationen, die selbst die Regierung stellen — wie in Äthiopien, sich mit deren Anführern bei der Anwendung

[234] Vgl. die „Generaldebatte" im Bundestag am 23. November '16, siehe hierzu weiter unten den aufgeführten Internet-Pfad zum entsprechenden YouTube-Video-Ausschnitt.

eines wesentlichen Elements der „Flüchtlingspolitik" abzusprechen, das

„Migrations-Management"

heißt und zu dem u.a. die Errichtung von geschlossenen Flüchtlingslagern gehört.[235]

Frau Merkel behauptet also, den Schleppern das Handwerk legen zu wollen, denkt aber nicht daran, die von ihr praktizierte bzw. zu verantwortende Politik aufzugeben, die ausschließlich den Interessen der deutschen Machtelite entspricht:

> Bisher habe ich keinen größeren opportunistischen, zynischen und zugleich heuchlerischen Menschen in politischer Verantwortung erlebt, als Frau Angela Merkel.

Anmerkungen zur „Generaldebatte" über die Regierungspolitik im Bundestag am 23. November 2016

In der Fußnote 241 auf der Seite 288, ist der Internet-Pfad zu einem Video angegeben, das einen Ausschnitt der „Generaldebatte"

[235] Vgl. Die *tri*_logische Sezierung [...], Band II, Zwischenruf 28: „Wie das fürchterliche Wort 'Flüchtlingspolitik' seine eigentliche Bedeutung bekommt".

über die Regierungspolitik im Bundestag vom 23. November 2016 enthält. Darin kommt Frau Merkel u.a. auf das „Flüchtlingsabkommen" mit der Türkei zu sprechen und macht dann Schlepper für den Tod tausender Flüchtlinge auch im Jahre 2016 verantwortlich — ohne also ihre eigene _*wesentliche*_ Schuld daran zu erwähnen ...

Blockierung des „Relocation-Programms"

Die _*fortgesetzte*_ Verlogenheit deutscher, die EU dominierenden Politik zeigte sich bspw. an der Blockierung des sogenannten „Relocation-Programms", das 2015 von den meisten der EU-Staaten beschlossen worden war. So hatte es diese deutsche Regierung unter Frau Merkel abgelehnt, die, im Rahmen der Umsetzung dieses Programms, zugesagte Anzahl an Flüchtlingen von Griechenland und Italien zu übernehmen.

Das heißt von diesen auf andere EU-Staaten zu verteilenden 160.000 Flüchtlingen hatte sie bis Ende Mai 2017 lediglich 4.478 nach Deutschland einreisen lassen, obwohl der Verteilungsschlüssel dafür eine Aufnahme von 27.536 bis September 2017 verlangte.[236]

Zugleich läßt diese Regierung, unter mißbräuchlicher Anwendung der „Dublin-III-Verordnung", Flüchtlinge nach Griechenland abschieben.

---

[236] Quelle: https://www.nds-fluerat.org/20357/aktuelles/bundesregierung-blockiert-eu-relocation-programm/; erneut geprüft am 11. September 2017.

„Dublin-III-Verordnung"

In der sogenannten „Dublin-III-Verordnung" ist u.a. festgelegt, in welchem EU-Land ein Flüchtling Asyl beantragen kann.[237]

Obwohl diese seit dem 26. Juni 2013 geltende Verordnung eben nicht erlaubt, daß ein Flüchtling wieder dorthin deportiert wird, hat eine Prüfung der „Rechts- und Sachlage in dem Mitgliedstaat" ergeben, daß die dortige katastrophale Situation ihn veranlaßt hatte, in einem anderen EU-Mitgliedsland einen erneuter Asylantrag zu stellen, läßt Frau Merkel Flüchtlinge nach Griechenland in die dort herrschenden Zustände *re*_deportieren —

denn dort hätten die ja ihren Asylantrag gestellt.[238]

Und das vor dem Hintergrund, daß die Lage für Flüchtlinge dort nicht nur auf den Inseln katastrophal ist,

---

[237] Vgl. hierzu den Artikel 3 Absatz 2 der Verordnung Nr. 604/2013, sprich „Dublin-III-Verordnung"; im Internet abrufbar unter folgender, am 11 September '17 erneut geprüften Adresse: http://eur-lex.europa.eu/LexUriServ/LexUriServ.do?uri=OJ:L:2013:180:0031:0059:de:PDF.

[238] Quelle: https://www.proasyl.de/news/griechenland-abschiebungen-trotz-schutzlosigkeit-und-miserablen-bedingungen/, ebenfalls am 11. September '17 erneut geprüft.

sondern vergleichbar auf dem Festland auch, wo genauso in Lagern, umgeben von Stacheldraht und bewacht von Polizei, Flüchtlinge vor sich hinvegetieren oder in Hallen oder gar in Parks nächtigen, tagsüber betteln und Schwache der gegen sie ausgeübten Gewalt und rassistischen Übergriffen schutzlos ausgesetzt sind, sowie eine medizinische Versorgung in den Krankenhäusern, wenn überhaupt, lediglich schmerzstillend erfolgt — denn schon für die griechische Bevölkerung selbst ist die Versorgung in den Krankenhäusern sehr schlecht, und zwar als

*_eine_*

Konsequenz der insbesondere auf Druck der Merkel-Regierung von der EU verlangten Haushaltskürzungen.[239]

Die Folge dieser ganzen Misere ist, daß insbesondere Länder mit Mittelmeer-Grenzen, wie Griechenland und Italien, nun (*__wieder__*) gehalten sind, diese weitgehend undurchlässig zu machen, so daß Flüchtlinge möglichst gar nicht mehr dazu kommen können, einen Asylantrag in einem der beiden genannten Ländern zu stellen.

Hierbei bedient man sich (*__wieder__*) alter Frontex-Methoden,

die also bereits galten, als es im Jahre 2015 unabweisbar wurde, welche Flüchtlingskatastrophe durch die vom Westen", also in-

---

[239] Quelle: „Das Prinzip Abschreckung", bzw. „Flüchtlinge in Griechenland", beide auf: German Foreign Policy:

http://www.german-foreign-policy.com/de/fulltext/59600, bzw.

http://www.german-foreign-policy.com/de/fulltext/59599; beide Internet-Pfade sind am 11. September '17 geprüft worden.

klusive der EU und *in_*klusive Deutschlands, praktizierte Politik ausgelöst worden ist, indem man nämlich nicht davor zurückschreckt, solche an sich illegalen Methoden wie das sogenannte *Push-Back* anzuwenden, also die unverzügliche Zurückweisung von Personen in Länder, wo sie bspw. Folter erwartet.

Und was „Zurückweisen" bedeutet, erfolgt diese auf dem Mittelmeer, muß nicht weiter dargelegt werden, oder?

„... öhm ..."

Als also nun Frau Merkel in dieser „Generaldebatte" auf das „Flüchtlingsabkommen" mit der Türkei (*__übrigens mit den anderen EU-Mitgliedsstaaten völlig unabgesprochen__*) zu sprechen kommt und, wie gesagt, Schlepper für den Tod tausender Flüchtlinge auch im Jahre 2016 verantwortlich macht, wie gesagt: *_ohne_* ihre eigene *_wesentliche_* Schuld daran zu erwähnen, empört sich eine Abgeordnete und ruft Frau Merkel entgegen:

„Schande! Schande! Schande!".

Das quittiert Frau Merkel mit:

„Ganz vorsichtig!

_ ... ö h m ... _

... Das ist Ihre Möglichkeit, sich frei zu äußern."

Nun, daß das eine der Möglichkeiten ist, das Recht auf freie Meinungsäußerung _lebendig_ zu erhalten, sollte eigentlich klar sein — obwohl es quasi täglich von Politikern und sogenannten Journalisten mißbraucht wird, lassen diese die Bevölkerung über die Absichten der Machtelite im Unklaren.[240]

> Hingegen bleibt unklar, was Frau Merkel an Stelle des lautmalenden „Öhms" hatte eigentlich sagen wollen.[241]

Denn dieses „Öhm" hätte sie wahrscheinlich nicht gesagt, hätte sie auf den Zwischenruf hin gar nicht reagiert oder vorher etwas anderes gesagt hätte, wie bspw.:

> „Gut, ich bin mit dem Zwischenruf nicht einverstanden, aber Sie haben selbstverständlich das Recht, ihre Meinung offen zum Ausdruck zu bringen".

Aber genau das hat Frau Merkel nicht getan, sondern statt dessen sagte sie auf diesen Zwischenruf hin:

> „Ganz vorsichtig!"

Anzunehmen ist folglich, daß das „Öhm" für einen Moment des Überlegens steht, daß dieser Person tatsächlich noch so eben eingefallen war, daß in einem solchen Zusammenhang ein Ausspruch wie: „Ganz vorsichtig!" für eine Demokratie

---

[240] Bezüglich des Mißbrauchs der Meinungsfreiheit siehe die Lesungen 3+4.

[241] Siehe den entsprechenden YouTube-Video-Ausschnitt: „Merkel warnt kritische Zwischenruferin", dessen folgender Internet-Pfad erneut geprüft worden ist am 11. September '17: https://youtu.be/WiBYswYfVD8.

überhaupt nicht geht — zumindest dann nicht, behauptet man, wir hätten eine. Deshalb sind Äußerungen dieser Art so entlarvend.

Folglich belegen derartige Äußerungen, wo jemand tatsächlich steht:

diese Frau mentalitätsmäßig dort, wo sie sozialisiert worden ist, nämlich im Stalinismus,

und wo jemand nicht steht:

diese Frau mentalitätsmäßig _*nicht*_ dort, wo Demokratisches sein Zuhause hat.

Kleine Reflexion über Frau Merkel

Damit sage ich nicht, daß sie sozusagen automatisch eine demokratische Gesinnung hätte, wäre sie in der BRD aufgewachsen. Sondern ich will damit zum Ausdruck bringen, daß sie als klassische Opportunistin ihre Karriere in der stalinistischen DDR gemacht hätte — hätte es dieses für so viele unerwartete Ereignis der Maueröffnung am 9. November 1989 nicht gegeben.

ZITAT

[...] ich [...] vermute, daß [...] Frau Merkel heute so etwas wie eine Staatsratsvorsitzende wäre, gäbe es die Ex-DDR noch, lege ich bei dieser Vermutung ihren dort auf Karriere angelegten Studiengang sowie ihr Verhalten in der akuten

Umbruchsphase in der Ex-DDR zugrunde, als es noch hieß: *„Wir sind _das_ Volk!"* und noch nicht: *„Wir sind _ein_ Volk!"*.

(__Diese zweite Parole diente übrigens schon der Ablenkung von den tatsächlichen Interessen eines *_jeden_* Volkes

[__nämlich sich in Freiheit *_selbst_* zu regieren__]

— also jenseits der *Eigen*_Interessen von Machtgruppen. Immerhin ist es das typische Bestreben solcher Gruppen [__die unter dem Begriff „Machtelite" zusammengefaßt werden können__], sich die menschliche Gesellschaft in *_ihrem_* Sinne dienstbar zu machen.__)

ZITATENDE[242]

ZITAT

[...] Es ist sehr unwahrscheinlich, daß Angela Merkel zur Elitewissenschaftlerin ausgebildet wurde und am Elite Institut der DDR [__in Berlin Adlershof; Anm. des Autors__] FDJ-Chefin und Leiterin der FDJ wurde, die für

---

[242] Das Zitat findet sich in: Die *tri*_logische Sezierung [...], Band II: *Zwischenrufe in satirisch-politischen Variationen [...]*, Zwischenruf 27: „Fragmentarische Reflexion über ein politisches Dilemma".

> [...] Agitation und Propaganda zuständig war, aber gleichzeitig die ihr unterbreitete Stasiverpflichtungserklärung nicht unterzeichnet haben will. Umgekehrt könnte man fast vermuten, daß die Stasi Tätigkeit eine Vorbedingung für die Arbeit am DDR Eliteinstitut war. [...]
>
> ZITATENDE[243]

Ende dieser kleinen Reflexion über Frau Merkel

... stalinistische Mentalität ...

Das heißt das von Frau Merkel gezeigte politische Verhalten entspricht dieser stalinistischen Mentalität, die übrigens eine Mentalität ist, die ideal zur Durchsetzung der Bedürfnisse der Machtinteressen in einer Lobbykratie verwendet werden kann: Entscheidungen werden mit Leuten getroffen, von denen die Masse der Menschen kaum die Namen kennt — wenn überhaupt. Dann werden die (_*also lobbykratisch*_) getroffenen Entscheidungen dem Parlament möglichst erst kurzfristig vorgelegt, so daß den Abgeordneten _*nicht*_ einmal ausreichende, geschweige *un*_beeinflußte Kenntnisnahme

[243] Quelle: InternetzZeitung: „Angela Merkel diente zuerst Erich Honekker, später Helmut Kohl und heute Obama. Diente sie damals der Stasi und heute der NSA"; der folgende Internet-Pfad ist am 11. September '17 geprüft worden: https://web.archive.org/web/20151011174351/http://internetz-zeitung.eu/content/angela-merkel-diente-zuerst-erich-honecker-sp%C3%A4ter-helmut-kohl-und-heute-obama-diente-sie#sthash.1YAXZrn3.dpuf.

(__*des längst Entschiedenen*__)

möglich wäre, sondern ihnen

(__denjenigen also, die zur gesetz_*gebenden* Versammlung gehören__)

lediglich noch das „Abnicken“ bleibt. Wobei es durchaus vorkommt

(__*und möglicherweise sogar noch im Vorfeld einer solchen lobbykratischen Auskungelung*__),

daß diese Person von etwas zukünftig zu „Entscheidendem“ der Öffentlichkeit in einer beiläufigen Bemerkung mitteilt —

also dann merkelesk mitteilt.[244]

Wer so etwas mit Demokratie vereinbar hält, soll das tun, denn das ist aus dem Grunde unerheblich, da, objektiv gesehen, so etwas _*nicht*_ einmal mehr mit demokratischen Mindeststandards zu tun hat!

Ende der Anmerkungen zur „Generaldebatte“ über die Regierungspolitik im Bundestag vom 23. November 2016

[244] Zum „Merkelesken“ siehe u.a. die Seiten 242-46 sowie die Seiten 791-800: „Das Merkeleske am Merkelesken ist stets ...“.

Nun, objektiv gesehen, ist für diese, allgemein im Ausland sowie insbesondere eu-mäßig schwerwiegende Konsequenzen nach sich ziehende Politik nicht eine Frau Merkel allein verantwortlich, obwohl sie seit langen Jahren dieser Regierung vorsteht und über den oben geschilderten Zusammenhang nicht nur informiert ist, sondern dafür die wesentliche politische Verantwortung trägt.

Streiflicht auf exemplarisch falsche deutsche Politik nach dem Kalten Krieg

Diese folgenreiche Politik setzte quasi mit dem Ende des Kalten Krieges _*wieder*_ ein. Das heißt sie begann mit der Rückgabe relativer Souveränität, die sich mit dem Abschluß des Zwei-Plus-Vier-Vertrages am 12. September 1990 eröffnete.

Dieser Vertrag hat übrigens deshalb diesen Namen, da die Kohl-Regierung die Bezeichnung „Friedensvertrag" ausdrücklich vermeiden wollte, da andernfalls Verhandlungen notwendig geworden wären, die die Entschädigung für die von der deutschen Wehrmacht verursachten materiellen und immateriellen Verwüstungen in den vom nazistischen Deutschland besetzten Ländern zum Gegenstand gehabt hätten, und genau aus diesem Grund dieser Zwei-Plus-Vier-Vertrag kein

Friedenvertrag ist, sondern lediglich einer, der bis zu einem definitiven Friedensvertrag alles weitere regelt.

(__*Dieses zeigt einmal mehr ein Verhalten, das fürs Fenster alles mögliche heuchelt, aber die tatsächlichen Konsequenzen womöglich wegdrückt und letztlich nicht bereit ist, tatsächliche Verantwortung für die Konsequenzen _selbst_ verursachter Politik zu übernehmen.*__)

Nun, an diesen nicht existierenden Friedensvertrag werden sich die europäischen Eliten spätestens dann erinnern, haben die Völker in _*ihren*_ Ländern kollektiv die Nase von der vom deutschen EU-Hegemon geforderten Austeritätspolitik voll. Und zwar wird dieser Fakt in dem Sinne eine Rolle spielen, daß man der deutschen Elite anbieten wird, _*ihre*_ Schulden mit denen zu verrechnen, die die deutsche Seite als Gläubiger von diesen einfordern wollte, wenn immer mehr Länder die EWU verlassen werden. — Ob die deutschen Forderungen gegen die anderen Mitgliedsländer der EU allerdings höher wären als umgekehrt, ist berechtigterweise zu bezweifeln.

Als folgenreiche Beispiele falscher deutscher Politik seinen nun exemplarisch die deutsche Jugoslawienpolitik Anfang der 1990er Jahre (__siehe hierzu die Seiten 622-65__) und der völlig falsche Umgang mit der Eurokrise genannt, die Anfang 2010 durch ein eindeutiges Bekenntnis von Frau Merkel

(__*das sie aus rein innenpolitischen Gründen nicht abgegeben hatte*__)

einer konstruktiven Lösung hätte zugeführt werden können — daß also der Euro selbstverständlich die gemeinsame Währung der EWU sei und deshalb jegliches Spekulieren auf diese Währung entsprechend beantwortet würde, wie es der EZB-Chef Draghi Mitte 2012 mit einem „Machtwort" getan hatte.

In _*diesem*_ Zusammenhang wäre es gewesen, wo sich etwas Positives am deutschen Hegemonialstreben hätte zeigen

müssen.

In beiden exemplarisch genannten Fällen waren und sind die Konsequenzen verheerend. Nicht anders verhält es sich mit der, ebenso aus rein innenpolitischen Gründen _*mal eben*_ verfügten Grenzöffnung für jene Menschen, die _*vorher*_ lediglich deshalb kollektiv ins Laufen gekommen waren, da der „Westen" ganze Regionen in Nordafrika sowie Syrien destabilisiert hatte — ohne jede _*vorherige*_ Abstimmung mit jenen EU-Ländern, durch die diese Flüchtlinge erst noch ziehen mußten. Wenig berechtigt also, sich über mangelnde Bereitschaft der anderen EU-Mitgliedsländer zu beklagen und darüber zu schimpfen, daß „die" nicht bereit seien „mitzuziehen" ...

Auch war nicht allein ein Herr Steinmeier für diese deutsche

Machtpolitik verantwortlich — also bis zur Übernahme des Bundespräsidentenamtes.

> Wo er gewiß noch eine wichtige Rolle spielen wird, geht es um die erleichterte Absegnung von Gesetzen, die dem Zwecke dienen werden, die aktuelle Politik wieder in Einklang mit dem Grundgesetz zu bringen — selbstverständlich indem das Grundgesetz geändert wird, nicht aber die praktizierte Politik.[245]

*Sondern*

dafür genauso verantwortlich sind jene schreibenden Mitarbeiter der Medien_*Konzerne*, deren Aufgabe es zu sein scheint, die Bevölkerung zu *des*_informieren — geht es um die eigentlichen Entscheidungsprozesse und das dabei zu Entscheidende.

Nicht anders sind jene politischen Parteien mitverantwortlich, deren Vertreter hetzerische Reden halten oder entsprechende Artikel veröffentlichen.[246]

Und nicht anders solche politischen Figuren und Parteien, die diese gefährliche Politik zwar mittels rhetorischer Floskeln „angreifen", in letzter Konsequenz aber doch genau jenes verteidigen, welches nach solcher Politik verlangt, die erst zur Zerstörung von Gesellschaften als Gemeinwesen

---

[245] Vgl. diesbezüglich in: Die *tri*_logische Sezierung [...], Band II, Zwischenruf 18: „Die zwiefache Staatsraison neoliberaler Staaten alten Typs".

[246] Erläutert habe ich das in: a.a.O., Zwischenruf 16: „Die Bedeutung der Null für das politische Tun und für das gesellschaftliche Leben"; exemplarisch gezeigt an der Partei *Die Grünen*. In diesem Zusammenhang sei auch verwiesen auf, in: Die *tri*_logische Sezierung [...], Band I, Teilband 3, Kapitel 14, wo dieses gesellschaftspolitische Problem etwas erweitert beleuchtet wird.

führt. Wobei solche Figuren und Parteien, also

*_nachdem_*

dieses lobbykratische System

(*__gemeint ist in diesem Kontext die EU mit ihrem deutschen Hegemon__*),

mit *_ihrer_* Unterstützung, also wie eh und je, wieder „Luft" zu seiner Stabilisierung bekommt, dann wieder

*_dieses_* oder *_jenes_* Element

potentieller Auswirkung solcher gefährlichen Politik herausgreifen *_und_*

(*__nun vom Gesamt-Zusammenhang wohl isoliert__*)

(*__wieder__*) als zu „bekämpfender Teil des 'Systems'" deklarieren.

Obwohl doch jedem politisch aufgeklärten Menschen klar sein muß, daß es dieses System selbst ist, welches nach Umsetzung solcher „Elemente" verlangt — denn dazu dient es schließlich: alle potentiell lukrativ sein könnenden gesellschaftlichen „Elemente" der partikularen Profitmehrung zuzuführen — wie bspw. die Privatisierung von Autobahnen.

Exkursive Erläuterungen zu einem „Appell" und zu einer „Aufforderung"

Diese gerade entwickelte Aussage zu verdeutlichen, soll an dieser Stelle zum einen ein Statement dienen, das ich am 7. Mai 2017 abgegeben hatte und das sich auf einen an die sogenannte französische Linke gerichteten Appell Gregor Gysis bezieht, da diese „Linke" vor dem 2. Wahlgang der französischen Präsidentenwahl keine Aussage zugunsten Macrons abgegeben hatte.

... und zwar aus guten Gründen ...

Zum anderen der mit einigen Bemerkungen versehene Hinweis auf eine Aufforderung Sarah Wagenknechts, quasi direkt im Anschluß an die Wahl Macrons, und der damit „gewonnenen Luft" fürs neoliberale Projekt, geäußert, ein solches (__*isoliert gesetztes*__) „Element" zu „bekämpfen". — Beide, also dieses Statement und dieser Hinweis finden sich in dieser nun folgenden „exkursiven Erläuterung".

Appell Gregor Gysis an die französische Linke, Macron zu wählen

Als erster Teil dieser exkursiven Erläuterung, soll mein Statement zu jenem Appellieren Gregor Gysis dienen, welches der sogenannten französischen Linken galt und kurz vor der französischen Präsidentschaftswahl 2017 mit folgender Schlagzeile über die Medien verbreitet worden ist:

ZITAT

Zum Schutz der Demokratie: Gysi ruft französische Linke zur Wahl Macrons auf.

ZITATENDE[247]

Nun also das

Statement zu dem Appell Gregor Gysis

ZITAT

Hören Sie, Herr Gysi, bei dieser Wahl geht es nicht darum, sich für ein „kleineres Übel" und damit gegen ein „größeres Übel" zu entscheiden, sondern lediglich um „Pest _*oder*_ Cholera" — nicht mehr und nicht weniger! Sie reden davon, daß „die" Demokratie zu retten sei?

> Mit wem denn, mit Ihnen und Ihrer Partei etwa?[248] Zudem existiert _*die*_ Demokratie nicht und die bürgerliche, also die repräsentative Demokratie ist längst durch eine Lobbykratie ersetzt worden.

Das heißt Leute wie Sie verhindern, daß dagegen überhaupt erst eine überzeugen könnende Politik möglich werden kann, folglich sollte keiner mehr auf Sie oder Ihre Partei setzen, geht es darum, einen entsprechenden Widerstand zu organisieren

---

[247] Der diesbezügliche Internet-Pfad ist am 11. September '17 erneut geprüft worden: http://www.zeit.de/news/2017-05/05/deutschland-gysi-ruft-franzoesische-linke-zur-wahl-macrons-auf-05080403.

[248] Siehe auch die Lesung 12.

und zwar europaweit!

Die EU ist immerhin ein technokratisches Gebilde mit *anti*_demokratischen Zügen, das *neo*_imperialistische Ambitionen hegt, angeführt vom deutschen Hegemon, dessen Ideologie eine Amalgamierung von Neoliberalismus und Neowilhelminismus ist, die ich „Neowilhelmoliberalismus" nenne.[249]

Nein, wer sich selbst ernst nimmt, kann lediglich mit „Blanc" votieren, ist lediglich zwischen Pest oder Cholera zu „wählen". Übrigens:

Die Mehrheit der Franzosen schätzt Macron korrekt ein

Der ehemalige Investmentbanker Macron hatte bereits als Wirtschaftsminister unter Hollande bewiesen, daß er im Sinne des deutschen Hegemonen funktionieren würde.

Das neue Arbeitsgesetz ist von Macron nach deutscher Vorgabe gestrickt worden — gegen den heftigen, aus _*allen*_ Schichten der französischen Gesellschaft kommenden Widerstand. Und beschlossen worden ist es Mitte 2016 an der Nationalversammlung vorbei, d.h. unter Ausnutzung des seit Ende 2015

[249] Siehe die Seite 572: „Definition des Neowilhelmoliberalismus".

herrschenden Ausnahmezustandes. Die ganze Palette der Agenda 2010 spiegelt sich darin — inklusive der statistischen Verschleierung der tatsächlichen Arbeitslosigkeit![250]

Mit anderen Worten, Macron will die nicht funktionierende deutsche Modellvorgabe für Frankreich wiederholen. Somit votiert für die „Pest", wer für Macron votiert![251]

Wer das nicht sehen will, bitte, aber er sollte anderen keine Empfehlungen geben, wie er bei welcher Wahl auch immer abzustimmen habe, was für sich genommen eine Dreistigkeit sondergleichen ist, wenn auch wohl typisch für Figuren mit (*__bewußter oder unbewußter__*) *neo_*wilhelministischer Gesinnung — *_oder_* für jene mit einer, eine solche (*__bewußt oder unbewußt__*) befördernden Gesinnung ausgestatteten. Also bleibt lediglich noch der „vote blanc"! Das ermöglicht das französische Wahlrecht.

Le vote blanc

„Vote blanc" bedeutet, daß man einen leeren Stimmzettel ab-

---

[250] Vgl. Lesung 9: „Von Altersarmut und Niedriglöhnern" sowie Anhang VII: „Überblick über die gegenläufige Entwicklung von Arbeitsvolumen und Erwerbsarbeit im Zeitraum von 1991 bis einschließlich 2016".

[251] Wie es mit der Unterstützung für diesen Herrn in Frankreich bestellt ist, war schon am *_tatsächlichen_* Ergebnis seiner Wahl zum französischen Präsidenten abzulesen, vgl. hierzu den Anhang V.

gibt, da einen keiner der zur Wahl stehenden Kandidaten überzeugen kann und man es ablehnt, jenes zu wählen, welches als „kleineres Übel" bezeichnet wird.

Und das ist richtig so, denn wohin hat uns die jahrzehntelange Aufforderung geführt, das „kleinere Übel" zu wählen? Nun, genau dahin, wo es vielen egal wird — wen sie wählen.

Im übrigen ist es François Asselineau, der Begründer der UPR (__*Union Populaire Républicaine*__), und einer der 11 Kandidaten der Präsidentenwahl 2017 gewesen, der diese Möglichkeit demokratisch weiterentwickeln will.

Daß nämlich die „Vote-blanc-Stimmen" in der Tat gezählt werden — und zwar in beiden Wahlgängen. Diese Stimmen also nicht so wie bisher mit den ungültigen Stimmen zusammen rechnerisch entfallen, wodurch die tatsächlich den einzelnen Kandidaten zuzuordnenden Stimmen weiterhin zu Hundert gerechnet werden können, sondern der je prozentuale Anteil erhalten bleibt — unter Herausrechnung lediglich der ungültigen Stimmen. Sowie, falls die Anzahl der „Vote-blanc-Stimmen" über der Anzahl der auf die einzelnen Parteien bzw. Kandidaten entfallenen Stimmen liegt, die Wahl wiederholt werden muß.

(__*Dies im übrigens eine Vorstellung, die ins deutsche Wahlrecht aufgenommen werden sollte.*__)

Die Option des „vote blanc" wahrzunehmen ist also ein demokratisches Recht. Merken Sie sich das!

Sie und Ihre Partei ziehen es hingegen offenbar vor, ein Gebilde zu unterstützen, das Ursache für Elend, Nationalismus und Chauvinismus ist, und, wie die Entwicklung seit dem Ende des Kalten Krieges belegt, nicht einmal Kriege in Europa verhindert hat, geschweigen zu einem guten Ende führen konnte.

> Man schaue sich die Situation auf dem Balkan an, bzw. was dort in den 90er und 2000er Jahren in Ex-Jugoslawien geschehen ist — mit tatkräftiger Förderung der EU-Hauptstaaten, und u.a. _dem_ Ergebnis, daß es dort nun einen etablierten Mafiastaat Kosovo gibt![252] Das heißt wer sich für ein solches Gebilde einsetzt, mag sich bezeichnen wie er will, aber er ist dann, objektiv gesehen, also unabhängig von seiner subjektiven Einschätzung, weder „demokratisch" noch „links" gesinnt — denn er spricht sich damit für ein sich imperialistisch entwickelndes Monstrum aus, das bei voller Etablierung nach innen wie nach außen eine veritable Bedrohung für jeden, wie auch immer gearteten demokratischen Prozeß darstellen wird.[253]

Das heißt mit der Unterstützung Macrons verteidigt man nicht die Demokratie, aber die existierende Lobbykratie!

Echte Demokraten votieren hingegen mit „Blanc". Denn was bedeutete das dann? Nun, es bedeutete, daß nach dieser Wahl ein _*sauberer*_ Widerstand aufzubauen wäre. Und wen

---

[252] Die aus den mehr und mehr hervortretenden Charakterzügen des „neoliberalen Projektes EU" sich ergebenden Konsequenzen finden sich in der Lesung 19 skizziert, deren Ursachen wiederum in: Die *tri*_logische Sezierung […], Band I, erläutert sind und, noch zusätzlich verdeutlichend, in: a.a.O., Band II, angerissen sind.

[253] Siehe die diesbezüglichen Erläuterungen in Lesung 19.

sollte man dann unterstützen? Nun, hierzu gibt es einen Kandidaten mit einem adäquaten Programm, das (__*abgewandelt*__) als Vorbild anderen Völkern in Europa dienen kann — denn:

Die Masse der Europäer ist so ziemlich fertig mit den Politik-Forderungen des EU-Hegemonen.

François Asselineau

Bisher entdecke ich darauf lediglich _*eine glaubwürdige*_ Antwort: François Asselineau, der sich ausdrücklich für einen Frexit ausspricht,

*ohne*

chauvinistisch-nationalistische Parolen zu verwenden und dessen umfassendes Programm vorbildlich für ein demokratisches _*und*_ friedliches Europa sein kann.

Die von Asselineau im Jahre 2007 gegründete Partei *Union Populaire Républicaine* (__UPR__) anerkennt durchaus die Unterschiede zwischen politisch „links" und „rechts", hält es aber in der aktuellen Situation für geboten, diese Differenzen hintanzustellen, da es um die Rettung des demokratischen Prinzips selbst geht, denn um

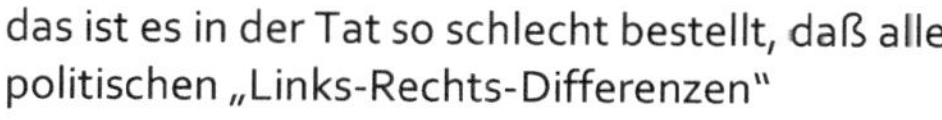

das ist es in der Tat so schlecht bestellt, daß alle politischen „Links-Rechts-Differenzen"

(__*die sich sowieso lediglich im Rahmen neoliberaler Denkschablonen noch ergeben, also lediglich für Veranstaltungen in „Wahlkrampf-Arenen" geeignet sind*__)

als nachrangig erscheinen müssen. Denn womit haben wir es heute noch zu tun, wenn nicht mit politischen, die Köpfe der Masse der Menschen verschattenden Schimären?

Folglich ist festzustellen, daß weiterhin eine _*Reanimation*_ tatsächlich politisch „linken" Denkens und Handelns aussteht — jenseits der neoliberalen Denkschablonen.[254]

Ende der Zitierung dieses Statements

Soweit dieses Statement, das den „Appell" eines als „links" geltenden Politikers einer als „links" gelten Partei thematisiert. Ein Appell, der mit der Absicht abgegeben worden ist, Menschen aufzufordern die „Pest" zu wählen — zur Vermeidung der „Cholera".

Es folgt der mit einigen Bemerkungen versehene Hinweis auf eine Aufforderung Sahra Wagenknechts.

---

[254] Das Programm der UPR ist übrigens abrufbar unter: https://www.upr.fr/wp-content/uploads/2011/01/Programme-Francois-Asselineau-legislatif-2017.pdf.

Frau Wagenknecht und die Privatisierung der Autobahnen

*Nachdem*

also diesem „neoliberalen Projekt EU" durch die Wahl Macrons etwas „Luft" verschafft worden ist — eben auch unterstützt von Vertretern sich als „links" gerierender Parteien, denn nicht Herr Gysi allein hatte die Franzosen aufgefordert, die „Pest" zu wählen. Nun, _*nachdem*_ also diesem „neoliberalen Projekt EU" durch die Wahl Macrons etwas „Luft" verschafft worden ist, und wie es nach solcher „Gefahrenabwendung" dann so üblich ist, preschte Frau Wagenknecht mit der Aufforderung an die Abgeordneten des Deutschen Bundestages nach vorne, bloß nicht dem Grundgesetzänderungsentwurf zuzustimmen, da der, u.a. die Privatisierung von Autobahnen faktisch erleichtern werde.[255]

Für sich genommen ist diese Aufforderung selbstverständlich richtig, allerdings nicht im Kontext gesehen, denn, es sei wiederholt, wer das

(__*wie im obigen Statement verdeutlich*__)

„neoliberale Projekt EU" _*stets*_ im entscheidenden Moment stützt, das immerhin genau aus dem Grunde existiert, solche

[255] Quelle: https://www.facebook.com/sahra.wagenknecht/photos/a.220243721326366.71218.206307219386683/1709559735728083/?type=3&theater; der Internet-Pfad ist am 11. September '17 erneut geprüft worden.

Privatisierungen zur Profitmehrung forciert zu ermöglichen, ist aus meiner Sicht völlig unglaubwürdig.

Ein exemplarisches Beispiel dafür, was zu erwarten ist, wäre eine „Linke" à la „Die Linke" mit in Regierungsverantwortung, finden Sie, in: Die *tri*_logische Sezierung [...], Band I, Teilband 4, Kapitel 25, dort auf den Seiten 156-58 erläutert unter: „Kleiner politischer Aufguß aus dem neoliberalen Jetzt" (__ist übrigens auch als PDF-Datei auf EndemannVerlag.com abrufbar: https://endemannverlag.com/wp-content/uploads/2018/04/Kleiner-politischer-Aufguß.pdf__).

Ein anderes Beispiel für *politische* Schimären

1998 wurde mit 47,6 Prozent der abgegebenen Stimmen, eine aus SPD (__40,9 %__) und Grünen (__6,7 %__) bestehende Bundesregierung möglich. Viele Menschen hatten in diese Regierung große Hoffnung auf gemeinwohlorientierte Politikausrichtung gesetzt. Tatsächlich aber war es _*diese*_ Konstellation, die in den 2000er Jahren dann _*jenes*_ unter dem Label „Agenda 2010" durchsetzte, welches niemals durchzusetzen gewesen wäre, wären CDU und FDP in Regierungsverantwortung gewesen: eine neoliberale Politik, die, wenn auch anlagemäßig schon seit Jahrzehnten vorbereitet, sich seitdem ganz offen gegen die Rechte und Interessen der Masse der Menschen in Deutschland richtet. Das heißt ohne diese Rot-Grüne Bundesregierung gäbe es kein HARTZ IV, da diese politischen Schimären in der Opposition mit dem größtmöglichen Tamtam „Opposition gespielt" hätten — so aber gab es keinen Widerstand dagegen und seitdem eine sich beschleunigende, gegen die Masse der Bevölkerung in Deutschland gerichtete Politik, die sich nachfolgend dann gegen die Masse der Bevölkerung in der ganzen EU richtete und weiterhin richtet.

Ende der exkursiven Erläuterungen zu einem „Appell" und zu einer „Aufforderung"

„Wir müssen mehr Verantwortung übernehmen"

Das heißt von der deutschen Machtelite geht eine Gefahr aus, die sich sowohl gegen die eigene Bevölkerung, als auch gegen andere richtet. Wie sich eine solche Politik mit dem von Herrn Gauck vor ein paar Jahren abgesonderten Spruch vertragen kann, erschließt sich lediglich unter der Voraussetzung, daß damit das genaue Gegenteil gemeint gewesen sein muß:

„Wir müssen mehr Verantwortung übernehmen".

Das sagte Herr Gauck nicht erst Anfang des Jahres 2014 sinngemäß, also anläßlich der als „Münchner Sicherheitskonferenz" bezeichneten, lobbyistischen Veranstaltung der deutschen Rüstungsindustrie,

sondern, wenn ich mich recht erinnere,

auch schon kurz nach der Bundestagswahl im Jahre 2013, als, wie Sie wissen, die „CDU" unter Frau Merkel 41,5 % der abgegebenen Stimmen bekommen hatte, während die „SPD" 25,7, die Partei „Die Linke" 8,6 und die Partei „Bündnis 90/Die Grünen" 8,4 % auf sich vereinigen konnten, woraus eine Sitzverteilung von 311 für die „CDU", 193 für die „SPD", 64 für die „Linke" und 63 für die „Grünen" resultierte, was bedeutete, daß Frau Merkel lediglich 11 Stimmen fehlten, allein zu regieren.

Vom _*demokratischen*_ Verständnis hergesehen, wäre es also besser gewesen, hätte zu dieser Zeit eine *_demokratisch_* sozialisierte Person die Wahl gewonnen.

Und damit meine ich *_nicht_* per se eine Person, die in der BRD des „Westens" aufgewachsen wäre, sondern eine, die, wo auch immer,

*_demokratisch_*

sozialisiert worden wäre.

Immerhin liegt das Copyright dazu weder in der schon lange marktkonformen BRD des „Westens", noch lag es in der DDR des stalinistischen „Ostens".

Die Mythisierungen diesseits und jenseits des Eisernen Vorhangs sind nicht hilfreich, der einen Seite

„Demokratie" zuzusprechen

und der anderen Seite

„Sozialismus" zuzusprechen.

Denn weder in dem einen war „Demokratie" realisiert noch „Sozialismus" in dem anderen Staat, sondern beide, BRD und DDR, waren Ergebnisse des zweiten Teiles des Großen Krieges, die sich in verschiedenen „Lagern" wiederfanden: hie kapitalistisch dominiert, da stalinistisch.[256]

Dabei kann es für eine Demokratie nur gut sein, sich für seine politischen Vorhaben eine Mehrheit suchen zu müssen, da unter solchen Bedingungen zwangsläufig mehr Überzeugungsarbeit in einer im Parlament ausgetragenen Debatte zu leisten ist, also konkret im Bundestag zu leisten wäre, und wodurch

(__*unerläßlich für eine Demokratie*__)

mehr von dem nach außen dringt — das _*alle*_ angeht.

Nun, so gewiß richtig die Bemerkung ist, daß in Deutschland für eine Minderheitsregierung die politische Kultur fehle

(__*was übrigens belegt, daß es mit der „Demokratie" in diesem Land der Schaufensterdemokraten nicht allzuweit her sein kann* __),

ist es genauso richtig, daß eine offen geführte Debatte für eine Lobbykratie giftigen Charakter hätte (__*wie das für eine Diktatur auch gar nicht anderes sein könnte*__),

denn in der störte nicht nur eine solche demokratische Mehrheits_*Suche*_

[256] Ob zur Blickweitung das Buch von Josef Foschepoth beitragen könnte, dessen Titel lautet: *Überwachtes Deutschland — Post- und Telefonüberwachung in der alten Bundesrepublik*, Vandenhoeck & Ruprecht, Göttingen, 2012, 2014?

(__d.h. eine mit tatsächlich _*offenem*_ Ergebnis__),

sondern eine solche „Suche" stellte für die _*konkret*_ lobbykratische Verfaßtheit der bürgerlichen Gesellschaft eine _*direkte*_ Bedrohung dar.

Dann gäbe nämlich die Legislative, also die vom Volk gewählten Abgeordneten, die ja die Gesetze _*geben*_ sollen

*tatsächlich* die Gesetze,

die von der Regierung „lediglich" zu exekutieren, also umzusetzen wären.

Gewiß, dies ist ein Alptraum für merkeleske Politiker und für jeden Lobbykraten.

Also stand 2013 eine hinter verschlossenen Türen fallende Entscheidungen liebende, stalinistisch sozialisierte Frau Merkel genau richtig an dieser Stelle, daß nun „endlich"

*forciert*

im lobbykratischen Sinne Entscheidungen getroffen werden konnten — zwangsläufig gegen die Masse der Menschen gerichtet.

Dies aber aber mehrheitlich Menschen, die darum gar nicht wissen.

Einmal deshalb, da derartige Entscheidungen

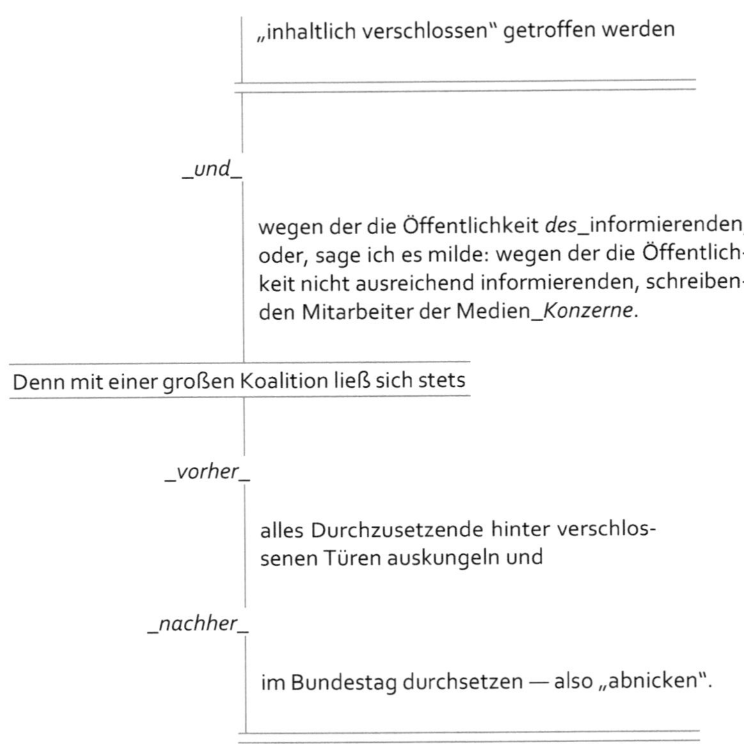

Es war also keineswegs ein Zufall, daß Herr Gauck schon Ende 2013 von „größerer Verantwortungsübernahme" sprechen konnte. Denn _*jetzt*_ war,

also _*nach*_ all der bereits erfolgten marktkonformen Trimmung

und dem vielfachen, sich schon längst _*gewohnheitsmäßig*_ ins Gedächtnis geschlichen habenden Gebrauch von Phrasen wie:

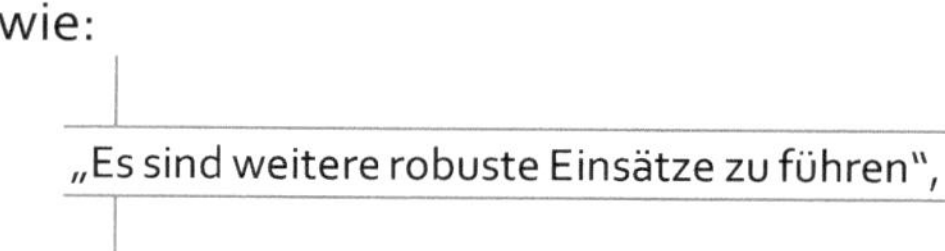
„Es sind weitere robuste Einsätze zu führen",

eine tatsächlich *vor_*bereitende Militarisierung der Gesellschaft — nach wilhelministischem Muster möglich geworden. Und dies eine nun in der Tat _*forciert*_ möglich werdende Militarisierung, die schwerlich realisierbar gewesen wäre, hätte Frau Merkel sich für solche, die Lobbykratie_*Etablierung* betreffenden Angelegenheiten eine Mehrheit im Bundestag suchen müssen. Zumindest hätten die „Oppositions-Parteien" entsprechendes Tamtam machen _*müssen*_ — wegen der Glaubwürdigkeit ihrer eigenen Klientel gegenüber. Wenn auch gewiß und stets von Frau Merkel bei diesen Parteien _*mehr*_ als lediglich jene 11 Stimmen einzusammeln gewesen wären. _*Aber*_

wegen eines solchen Tamtams der „Oppositions-Parteien" hätte es sich nicht vermeiden lassen, daß alarmierende Informationen nach außen gedrungen wären.

Das aber hätte die „Gefahr" mit sich gebracht, daß das

*tatsächlich*

demokratisch gesonnene Menschen hätte auf den Plan rufen können — dies ein Alptraum für jeden Lobbykraten.

Wieso „Oppositions-Parteien" in An- und Abführungszeichen gesetzt ist, sollte sich Ihnen bereits aus dem bisher Erläuterten erschlossen haben, sich spätestens aber über das im Schlußwort unter „Schlußsatz I: Kein Klärungsbedarf mehr" Stehende erschließen.

Anfang März 2017 übten übrigens erstmals Bundeswehr und Polizei gemeinsam — selbstverständlich lediglich zur „Terrorabwehr".

Etwa zur Abwehr von Anschlägen, ausgeübt von Terroristen, die man selbst gezüchtet, unterstützt oder gar ausgebildet hat?

Oder nicht doch und vor allem zur Unterdrückung von „Bürgerbegehren", solche praktizierte Politik loszuwerden — _*bezeichnet*_ dann als „terroristisch"?[257]

Nun, vor _*diesem*_ Hintergrund, nämlich zur weiteren Geneigtmachung der Bevölkerung, sind die Ereignisse zu interpretieren, die im Schlußwort unter „Schlußsatz II: Der Gipfel" thematisiert sind:

Das heißt „G20 2017" war eine „polizeimilitärische Übung" zur Sammlung von Erfahrungen, falls auf Grund des weiter zunehmenden sozialen Drucks die innere Sicherheit" zukünftig nicht mehr im Sinne der Machtelite anders zu gewährleisten wäre als durch die Anwendung _*direkt*_ repressiver Staatsgewalt.

Nun, das glauben Sie jetzt nicht.

---

[257] Bezüglich der „Unterdrückung von 'Bürgerbegehren'" vgl. Seiten 487-90: „Eine der Phantasie-Anregung dienende Glosse", sowie bezüglich: „bezeichnet dann als terroristisch", vgl. in: Die *tri*_logische Sezierung [...], Band II, Zwischenruf 11, dort die Seiten 175 f., beginnend mit: „Allerdings soll an dieser Stelle doch angemerkt werden, daß ...".

Ob Sie das glauben oder nicht, ist wirklich unerheblich, denn das, welches ich Ihnen in diesen Lesungen mitteile, gibt eine tatsächlich

*_unverstellte_*

Aussicht auf jenes, welches Sie noch mehr als mich erwartet — ab dem Jahr 2018.

Gewiß, noch ist man diesbezüglich in Frankreich weiter, denn dort herrscht bereits seit Ende 2015 Ausnahmezustand — wegen der

(__*selbst-induzierten*__)

Terrorgefahr.

Herrschte aber dieser „Zustand" „lediglich" aus _*diesem*_ Grund, bräuchte man keine Gesetze an der Nationalversammlung vorbei zu verfügen, die damit nichts zu tun haben, oder?

Genau das ist aber seit Mitte des Jahres 2016 der Fall und wird nun unter Macron forciert fortgesetzt. Also wird der Ausnahmezustand auch _*hier*_ nicht mehr lange auf sich warten lassen — im Rahmen des „EU-Homogenisierungsprozesses".

Beziehungsweise Machtpolitik „Verantwortung" anders definiert, als jeder normale Mensch Verantwortung definieren würde ...

* * *

Das heißt aus meiner Sicht ist das Agieren der politischen Repräsentanten nicht mehr durch das Grundgesetz gedeckt. Insofern leuchtet es ein, daß aus deren Sicht schleunigst eine Änderung des Grundgesetzes erfolgen muß, die eine schon längst praktizierte Politik rechtlich abdecken hilft, die von der offiziell noch geltenden Fassung des Grundgesetzes _*nicht*_ gedeckt ist.[258]

---

[258] Siehe im Zusammenhang mit dieser Lesung in: Die *tri*_logische Sezierung […], Band I, Teilband 3, das Kapitel 13: „Die Welt als 'Hinterhof' der Machteliten oder der Nationalstaat als grundlegendes Problem für Frieden" und das Kapitel 18: „Eine kurze Beschäftigung mit der Frage nach der neoliberalen Strategie des Westens und der Funktion seiner Medien bei der Vermittlung dieser Strategie"; sowie in: a.a.O., Band II, den Zwischenruf 15: „Das Weihmacht-Spiel", den Zwischenruf 16: „Die Bedeutung der Null für das politische Tun und für das gesellschaftliche Leben", den Zwischenruf 18: „Die zwiefache Staatsraison neoliberaler Staaten alten Typs", den Zwischenruf 19: „Randständige Anmerkung zu Wahlkrämpfen und Müdigkeit", den Zwischenruf 20: „Die politische Klasse Deutschlands im besonderen und die der EU im allgemeinen" und den Zwischenruf 28: „Wie das fürchterliche Wort 'Flüchtlingspolitik' erst seine eigentliche Bedeutung bekommt".

Elfte Lesung

Frau Merkel und die Welt-*Un*_Ordnung

Anläßlich seiner Abschiedstour besuchte am 17. November 2016 Herr Obama auch Berlin. Bei dieser Gelegenheit sonderte Frau Merkel u.a. ab, daß Deutschland jetzt in der Lage sei, die Ordnung in der Welt aufrechtzuerhalten.[259]

Daß es sich bei dieser „Welt-Ordnung" hingegen um eine groteske *Un*_Ordnung handelt, läßt sich übrigens bequem nachlesen.[260]

Und daß ein solches machtpolitisches Streben gleich aus mehreren Gründen im Fiasko enden muß, wird allein daran deutlich, daß es Deutschland dazu in jeder Hinsicht an der notwendigen Substanz mangelt.[261]

(__Ob man eine solche überhaupt haben sollte, ist eine andere Frage, bzw. aus meiner Sicht keine.__)

---

[259] Quelle: ZDF heute auf *Twitter*: https://twitter.com/ZDFheute/status/799298897093001216, erneut geprüft am 10. September '17.

[260] Siehe die diversen Stellen in den Bänden der *Tri*_logischen Sezierung [...].

[261] Siehe die Erläuterung auf den Seiten 609-14: „Die traditionell fehlende eigene Substanz".

Denn Frau Merkel spricht _explizit_ von Deutschland, nicht von Europa.

Auf jeden Fall ist es so, daß Deutschland seine momentane Rolle lediglich deshalb spielen kann, da es sich auf Grund der falschen EWU-Konstruktion[262] die Rolle des europäischen Hegemonen anmaßen konnte. Diese Rolle steht dieser Elite aber allein deshalb nicht zu, da deren Verhalten viel zu egozentrisch ist:

> Immer die Richtung bestimmen wollen, die Verantwortung für die Folgen will sie jedoch stets auf alle verteilt sehen.

Auch ist diese Elite mit ihrem Nationalstaat für die anderen Mitgliedsländer aus _dem_ Grunde alles andere als ein Gewinn, da ein Exportüberschüßler niemals für Prosperität in anderen Ländern sorgen kann, denn diese Rolle will diese Elite ja nicht aufgeben, oder?[263]

> Nun, sie möchte überhaupt nichts aufgeben, sondern den anderen immer mehr Exportanteile abjagen — wohlgemerkt, insbesondere denen abjagen, die zur selben Währungsunion gehören …

> … darüber hinaus anderen selbstverständlich auch: ist ja unter neoliberalen Ideologen sozusagen _das_ anerkannte Prinzip.

Nun, Frau Merkel will zwar nachfolgendes zum Ausdruck brin-

---

[262] Vgl. die Lesung 22.

[263] Vgl. die Lesung 17.

gen, sagt sie, daß Deutschland jetzt in der Lage sei, die Ordnung in der Welt aufrechtzuerhalten:

> Eine Fortsetzung der aktuellen, vom deutschen Hegemon bestimmten Entwicklung in Europa mit Hilfe seines Machtinstrumentes EU und auf _*dieser*_ Basis der Entwicklung der Beziehungen zu anderen Regionen in der Welt.

Objektiv gesehen[264] bedeutet das aber eine schlechte Entwicklung für alle — außer für die deutsche Exportwirtschaft. So jedenfalls die traditionellerweise nicht von zureichendem Blick auf die Realität geleitete Vorstellung der deutschen Machtelite — also neben anderem von ihr Wunschgeträumtem.[265] — Nun, bei scheuklappenfreier Betrachtung kann es unter solchen Bedingungen in der Welt keinen Frieden geben, sondern nicht einmal „lediglich" eine Fortsetzung der falschen US-Politik.[266]

Denn es kommt noch etwas Spezifisches hinzu, das bedeutete, daß die von der deutschen Machtelite angestrebte Füh-

[264] ... d.h. vor dem Hintergrund des in den Bänden der *Tri*_logischen Sezierung [...] gut belegt Dargelegten.

[265] Vgl. diesbezüglich in: a.a.O., Band II, Zwischenruf 10: „Die Welt in der Realität", Zwischenruf 11: „Frau Merkels Großzügigkeit oder Die Irrationalität deutscher Politik", Zwischenruf 18: „Die zwiefache Staatsraison neoliberaler Staaten alten Typs".

[266] Vgl. die Lesung 18.

rungsrolle, diese US-Politik nicht nur einfach fortführen, sondern sie sogar noch zum schlechteren hin fortsetzen würde.

Während nämlich die USA stets, also wie es in machtelitären Kreisen so üblich ist, aus machtpolitischen Gründen die Dominanz in der Welt innehaben wollten, andererseits aber stets die Lokomotive für die Weltwirtschaft waren, würde sich die *Un*_Ordnung in der Welt noch dramatisch verschlechtern, erfolgte dies unter einer verkappten deutschen Führung, denn deren Elite ist davon überzeugt, einer „natürlichen" Exportnation vorzustehen. Die Politik einer solchen Elite könnte dann aber lediglich darin bestehen, die eigene Exportwirtschaft noch auf Deubel komm raus weiter zu fördern —

zwangsläufig auf Kosten anderer.

Und da diese Führungsrolle eigentlich nur über die EU möglich ist, kann dies lediglich auf dem Rücken der EU-Europäer realisiert werden.

Das heißt die Europäer müssen jetzt wissen, was sie wollen:

Ein friedliches, prosperierendes und auf Gemeinschaftlichkeit hin organisiertes Europa, in dem alle Mitgliedsländer gleichberechtigt sind, _*oder*_ mehr oder weniger bedeutende Anhängsel eines neowilhelministischen Deutschlands zu werden.

Dies ein Deutschland, das erst mit diesen „Anhängseln" zu dem werden konnte und bleiben will, welches es nach seiner

Nationalstaatsgründung im Jahre 1871 zwar schon immer sein wollte, nämlich ein staatsmonopolistisches Gebilde — und wovon der Wilhelminismus der _erste_ Ausdruck war.[267]

Dies ein Deutschland, das Europa zur Verwirklichung seiner imperialen Machtziele nun zu instrumentalisieren gedenkt.[268]

Das heißt wer seine Export-Dominanz nicht aufgeben und gleichzeitig die neoliberale Weltordnung verteidigen will, stellt eine potentielle Bedrohung für jede andere Nation dar, denn Export-Dominanz und politische Macht-Dominanz bedeuten zwangläufig Handelskriege, die früher oder später in offene militärische Kriege umschlagen, kann kein anderes Druckmittel mehr Verwendung finden.

Zwar sollen die Europäer nichts bestimmen dürfen, aber in solche Kriege ziehen müßten diese schon — denn woher wollte Deutschland sonst die Soldaten nehmen?

Gewiß man kann mit sogenannten Drohnen schon viel anrichten, ohne direkt eingesetzte Soldaten, auch durch „Beratung" des militärischen Arms von Staaten, stellvertretend Krieg zu führen,

aber man muß dann sehr früh eingreifen, denn sind erst große Menschenmassen virulent geworden, lassen sich solche

[267] Zum „Wilhelminismus" vgl. die Lesung 16.

[268] Vgl. in dem Ihnen vorliegenden Buch den Anhang II: „Beleg für die Behauptung, daß die EU ein antidemokratisches Gebilde ist", und in: Die *tri*_logische Sezierung [...], Band I, Teilband 2, das Kapitel 6, sowie in: a.a.O., Band II, die Zwischenruf 11 + 18.

Widerstände lediglich noch mittels Bodentruppen niederkämpfen — immerhin, wenn auch längst daran gearbeitet wird, die supermodernen Kampfmaschinen, nun die gibt es so ohne weiteres erst einmal lediglich noch als Science Fiction ... wenn die auch gewiß kommen werden.

Übrigens, mehr als so mancher glauben mag, haben damit sogenannte Freihandelsabkommen à la TTIP zu tun — und dies betrifft sowohl die Beziehung dieses Hegemonen gegenüber dem Rest der Welt, als auch jene zu den EU-Mitgliedsstaaten, wie der barsche Ton deutscher Politiker schon jetzt belegt — spuren die anderen Machteliten und deren Satelliten nicht im neowilhelministischen Sinne, also die Insassen in _*deren*_ Nationalstaaten nicht genügend schnell marktkonform zu trimmen.[269]

Zumal die „europäische Armee", die sich bis spätestens 2020 konstituiert haben soll, unter deutscher Führung genug mit dem Niederschlagen von Aufständen in Europa selbst beschäftigt sein wird, immerhin ist die neoliberale Doktrin gegen das Menschliche in den Menschen selbst gerichtet.

Europa unter einer Führung, die vollständig in der Tradition des Wilhelminismus' steht, wie sich nun deutlich abzeichnet? Nun, ich will nicht glauben, daß das die Mehrheit der Europäer oder die der Deutschen will, denn es widerspricht dem, was Europa ausmacht: Vielfalt.

[269] Vgl. die Lesung 17 und den Anhang II.

*Und*

es widerspricht genauso dem, welches das

*eigentlich*

Deutsche ausmacht: Vielfalt. Denn es war gerade diese Vielfalt, die mit der Gründung des deutschen Nationalstaates von 1871 in das enge Korsett des, _*nach Möglichkeit*_ das Partikulare negierenden, preußischen Einheitsstaates eingebunden wurde.

Es ist diese „Einbindung", die diesen Einheitsstaat schon von seiner Anlage her enormen sozialen Druck erzeugen ließ — forciert über jenes mit diesem gesellschaftlichen Prozeß Einhergehender, welches mit dem Begriff „Wilhelminismus" richtig umschrieben ist.[270]

---

[270] Zum Begriff „Wilhelminismus" siehe die Seiten 590-93, beginnend mit: „Was übrigens den Begriff 'Wilhelminismus' anbelangt ...".

Anmerkung zum Prototyp des „wilhelministischen Charakters"

Man könnte sich den Prototyp des „wilhelministischen Charakters" mit Merkmalen ausgestattet vorstellen, wie sie sich bei Emil Kirdorf[271] und bei dem von Heinrich Mann beschriebenen „Untertan" finden[272]. Wobei in der konkreten Ausprägung einmal jene eines Kirdorfs oder jene des „Untertanen" vorherrschend sein können.

Das heißt der „**Kirdorf-Typ**" zeigt insbesondere die negativen Charakterzüge der berüchtigt für brutale, lediglich die direkt eigenen Interessen berücksichtigende Macht ausübenden Vertreter des Junkertums.

Wohingegen der „**Untertanen-Typ**" auf besondere Weise ein nach oben Buckeln und zudem ein Strampeln zeigt, daß nicht nur nach unten, sondern insbesondere auch gegen (__*im Treitschkeschen Sinne*[273]__) „die anderen" gerichtet ist.

Diese Spezifik des „Untertanen" rührt übrigens daher, daß seine Vertreter selbst direkt von jener Brutalität des in Preußen das Militär befehligenden Junkertums betroffen waren — worin ihre widersprüchliche emotionale wie mentale Verkettung mit dem „Kirdorf-Typ" begründet liegen mag.

Das bedeutet keineswegs, daß es zu jener Zeit in anderen bürgerlichen Nationalstaaten keine allgemein als „Kleinbürger" bezeichneten „Untertanen" gegeben hätte — ganz im Gegenteil.

---

[271] Zu dieser Person gibt es eine Erläuterung in: Die *tri*_logische Sezierung [...], Band I, Teilband 3, das Kapitel 15.

[272] Vgl. Heinrich Mann, *Der Untertan*, Aufbau-Verlag, Berlin, 1951.

[273] Vgl. die Seiten 496-500: „das Verhalten des Hochschulprofessors Heinrich von Treitschke".

Und es gibt sie selbstverständlich auch heute national wie international verbreitet — immerhin stellen diese die „Zwischenklasse" des nationalstaatlichen Organisationssystems dar, wenn auch heutzutage auf Grund der veränderten Verhältnisse zwar weniger gewandelt als psychosozial verkappt.

In psychosozialen Krisenzeiten wie den heutigen bricht diese Verkappung auf — und damit wird aufgestaute, „eingepanzerte" psychische Energie (__vgl. Wilhelm Reich__) aggressiv frei, was der Reaktion auf den immer mehr sozialem Druck ausgesetzt seienden Schichten der Gesellschaft sozusagen eine „Untertanen-Typ-Dynamik" verleiht, die sich gegen alles „Fremde" richtet — oder besser gesagt: diese „besondere Dynamik" richtet sich gegen alles in sich selbst nicht Zugelassene, also gegen alles „Weg-Projizierte".[274]

*Aber* die Spezifik des wilhelministischen Untertanen-Charakters bestand genau darin. Und es ist dieser, aus den beiden oben genannten Elementen bestehende Charakter, der bestimmend wurde für die nachfolgend sich zwar wandelnde, im Kern jedoch erhalten bleibende

„wilhelministische Mentalität",

die heute _*deshalb*_ als

[274] Siehe zu diesem Phänomen die Seiten 358 f.: „Das Ausmaß der Projektion".

*„neo_*wilhelministisch"

zu bezeichnen ist, da diese Mentalität während des Kalten Krieges lediglich eingeschränkte Ausdrucksmöglichkeiten hatte, hingegen seit dem Ende des Kalten Krieges wieder, und dennoch verändert, also

„neo- zu sich kommt".[275]

Ende der Anmerkung zum
Prototyp des „wilhelministischen Charakters"[276]

Nun, ob die deutsche Politik wenigstens Denkanstöße aus dem Inhalt der folgendermaßen benannten Artikelserie ziehen könnte: „Eine Reise durch das Land der Wachstumsverweigerer"[277]?

> Zwar könnte dieses Beispiel für sich genommen zu dem Trugschluß führen, daß das unter den gegebenen profit*_orientierten* Bedingungen *_mal eben_* flächendeckend umzusetzen wäre.

[275] Siehe auch die Lesung 16.

[276] Siehe auch den Hinweis in der Fußnote 274 sowie die Lesung 16.

[277] Der folgende Internet-Pfad dieser kleinen bedenkenswerten Serie ist am 13. September '17 erneut geprüft worden:
https://makroskop.eu/2016/11/eine-reise-durch-das-land-der-wachstumsverweigerer-1/).

Nun, das gewiß nicht, denn dazu müßten die allgemeinen Produktionsbedingungen grundlegend verändert sowie die Geldversorgung auf andere Füße gestellt werden. Aber darum geht es jetzt nicht, sondern lediglich um den in diesem Zusammenhang sinnvollen Hinweis darauf, daß die tatsächliche Aufgabe einer Wirtschaft _*nicht*_ im Erzielen einer möglichst hohen Exportquote liegt.

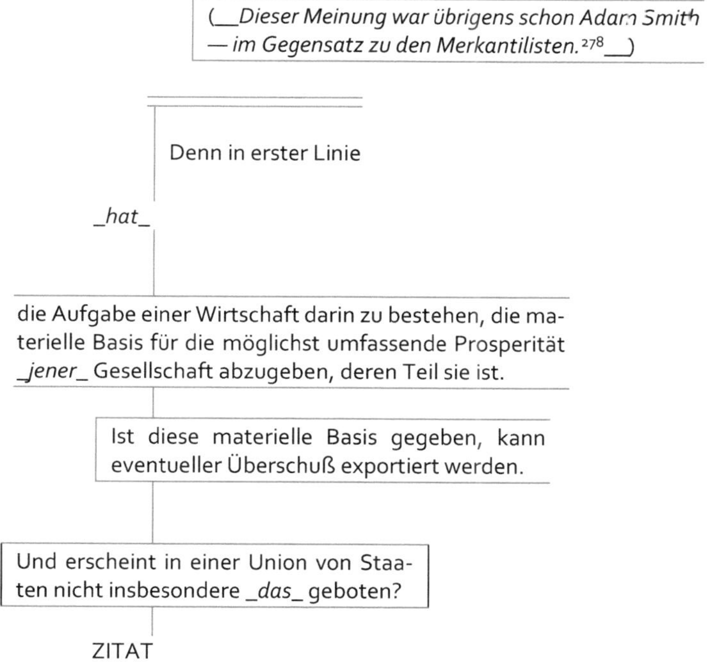

[...] Welche Kosten verursacht der Export deutscher Arbeitslosigkeit in den

[278] Vgl. Seiten 420-22: „Anmerkung zum 'Merkantilismus'".

Raum der Europäischen Währungsunion, der durch fortgesetztes Lohndumping von deutscher Seite verursacht wurde und verursacht wird, unter besonderer Berücksichtigung ihrer Folgen in den Mitgliedsländern dieser Union sowie im Land dieses multiplen Exporteurs selbst? […]

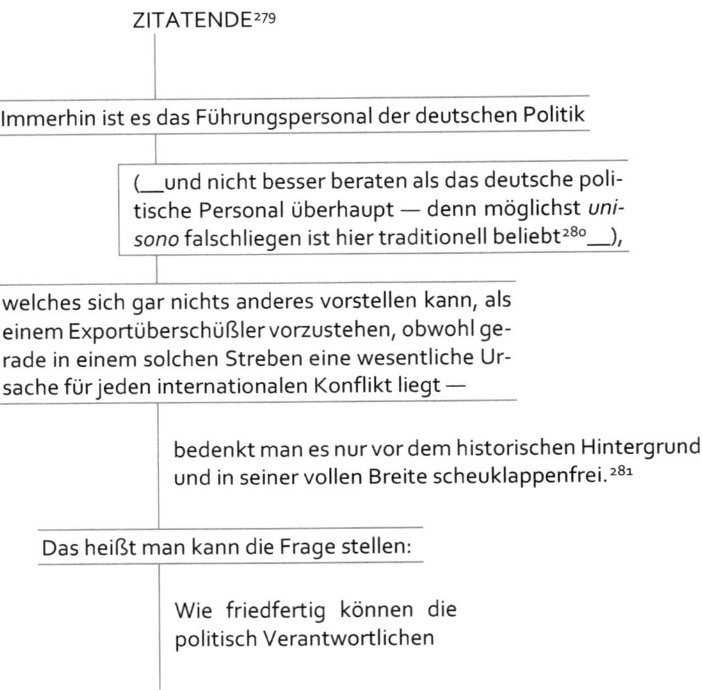

ZITATENDE[279]

Immerhin ist es das Führungspersonal der deutschen Politik

(__und nicht besser beraten als das deutsche politische Personal überhaupt — denn möglichst *unisono* falschliegen ist hier traditionell beliebt[280]__),

welches sich gar nichts anderes vorstellen kann, als einem Exportüberschüßler vorzustehen, obwohl gerade in einem solchen Streben eine wesentliche Ursache für jeden internationalen Konflikt liegt —

bedenkt man es nur vor dem historischen Hintergrund und in seiner vollen Breite scheuklappenfrei.[281]

Das heißt man kann die Frage stellen:

Wie friedfertig können die politisch Verantwortlichen

---

279 Quelle: Die *tri*_logische Sezierung […], Band I, Tb 1, Kapitel 4.

280 Vgl. den Anhang III: „Die Konsequenzen des neoliberalen Denkens auf kommunaler Ebene — gezeigt am Beispiel des Umgangs mit dem Gebäude der Heinrich-Thöne-Volkshochschule der Stadt Mülheim an der Ruhr".

281 Vgl. in: Die *tri*_logische Sezierung […], Band I, bspw. in Teilband 3 das Kapitel 13.

*_tatsächlich_*

sein, sind die nicht nur der Meinung, sie ständen einer „natürlichen" Exportnation vor, sondern wollten die

*_zugleich_*

die Rolle

*_der_*

Ordnungsmacht in der Welt übernehmen?

Das heißt die deutsche Politik ist auf einem gefährlichen Weg, der allerdings bereits seit dem Ende des Kalten Krieges beschritten wird.

Hierfür steht exemplarisch die seit Anfang der 1990er Jahre von deutscher Seite betriebene Balkanpolitik.[282]

Und wo die Reise hingeht, wird nun immer deutlicher — neben der bereits erfolgten marktkonformen Trimmung der deutschen Gesellschaft, nun auf ganz Europa ausgedehnt:

Die Folgen sind verheerend, will die deutsche Machtelite doch offenbar eine Richtung einschlagen, die in der Tradition des Wilhelminismus' steht, und das unter dem Deckmantel der EU.

[282] Siehe hierzu die Seiten 622-65, beginnend mit: „Exemplarische Beispiele kontraproduktiver Konsequenzen deutscher Machtpolitik".

Objektiv gesehen agieren die Verantwortlichen deutscher Politik längst jenseits des Grundgesetzes.[283]

Das bedeutet, daß die noch fehlende Änderung des Grundgesetzes, bzw. seine „Reinigung" von nicht marktkonform erscheinenden Elementen, in absehbarer Zeit erfolgen *muß*.

Nicht unwahrscheinlich also, daß einer der Gründe dafür, daß Herr Steinmeier seit Februar 2017 deutscher Bundespräsident ist, darin liegt, daß eine solche Änderung insbesondere mit diesem Herrn ohne Probleme möglich sein wird.

Notstandsgesetze

Oder es kommt nicht mehr zur Anwendung,

da die am 30. Mai 1968 erlassenen und am 28. des folgenden Junis in Kraft getretenen „Notstandsgesetze" gelten, wegen, wie in Frankreich seit Ende 2015,

eines „permanenten Ausnahmezustandes" —

erzeugt durch die praktizierte Politik.[284]

---

[283] Siehe Lesung 10.

[284] Vgl. ebenda sowie in: Die *tri*_logische Sezierung [...], Band I, Teilband 3, das Kapitel 18.

Denn tatsächlich dient solche Politik _*ausschließlich*_ der „Verteidigung" bzw. der Stärkung innenpolitischer wie außenpolitischer Interessen der deutschen Machtelite, einhergehend mit weiterer Ausdehnung des eigenen Einflußbereichs — bis zu dem Punkt, daß sie lediglich unter _*der*_ Bedingung noch weiterverfolgt werden kann,

ruft man den „Notstand" aus.

Immerhin zieht das „Verteidigen" bzw. das Ausdehnen der Einflußsphäre einer Machtelite immer innerstaatliche und außerstaatliche Konsequenzen nach sich, die ab einem bestimmten Punkt,

ab dem nämlich die „harten" Interessen einer Machtelite innerstaatlich in Frage stehen könnten oder/und, im Bestreben sie auszudehnen, außerstaatlich anders nicht zu wahren wären,

ohne Notstandsgesetze nicht mehr unter Kontrolle gehalten werden können.

Des Herrn Steinmeiers Geeignetsein

Daß übrigens Herr Steinmeier von gern abgedunkelt agierenden Gruppen in der deutschen Machteliten-Szene zum Nachfolger eines Herrn Gauck _*bestimmt*_ worden ist, hat genau hierin seinen Grund.

Denn ein Quer-Einsteiger in dieses Amt bzw. ein

tatsächlich unabhängiger, nicht von eigener Fragwürdigkeit gekennzeichneter Präsident würde nicht nur seinen Widerstand anmelden, wenn es zukünftig noch um ganz anderes gehen wird, und dazu das Grundgesetz, u.a. und bspw., so wie die Gesellschaft es schon ist, marktkonform zu trimmen

(__erst _*dann*_ als auf Ewigkeit unveränderbare „Verfassung" geltend__),

sondern ihm müßten auch die Haare zu Berge stehen, erführe er als

(__*unabhängig von den Vertretern dieser „Szene" in dieses Amt gekommener*__)

Präsident dieses Staates davon, was von deutscher Seite seit dem Ende des Kalten Krieges bereits an Politik betrieben und seit den 2000er Jahren vorbereitet worden ist, so daß die Bezeichnung „Demokratie" lediglich noch als Hohn für jenes System gelten könnte, dem Herr Steinmeier seit Februar 2017 präsidial vorsteht.

Immerhin kennt sich diese Figur bestens darin aus, wie ein gesellschaftlicher Diskussionsprozeß zu verhindern wäre, in dem, bspw. folgende machtpolitische Frage reflektiert würde:

Welche Art von Politik ist seit dem Ende des Kalten Krieges tatsächlich von deutscher Seite praktiziert worden?

Nun, wie es anzustellen ist, einen solchen Diskussionsprozeß zu verhindern, weiß dieser Herr recht gut. Da vom Prinzip her gesehen nicht anders, kann folgendes Beispiel zur Verdeutlichung verwendet werden.

Man läßt sich zum Kanzlerkandidaten aufstellen, so am 18. Oktober 2008, damit erst gar nicht Tacheles über die von der Agenda-2010-Politik verursachten gesellschaftlichen Verwerfungen geredet werden könne, und verliert man im Jahre 2009 diese Wahl

(__*mit dem bisher schlechtesten Ergebnis für die SPD*[285]__),

macht man sich quasi selbst zum Fraktionsvorsitzenden, anstatt den Rückzug aus der Politik zu erklären.

*Denn* wie anders wäre in der SPD dann noch

eine, _*nicht*_ im Schröderschen Sinne mit „Basta!" endende Diskussion zur von Herrn Steinmeier wesentlich abgefaßten *Agenda 2010* — gemäß der Vorgabe der *Bertelsmann-Stiftungs-Blaupause* — zu verhindern gewesen?

Aber Tacheles, oder in _*diesem*_ Sinne: „Basta!" reden, nun, so etwas geht natürlich nicht in einer,

die Welt in

„dadaistisch-surreale Ordnung"

bringende Lobbykratie.

Und das geht schon gar nicht, wollen die Vertreter der deut-

[285] Das heißt man mußte bis zum 24. September 2017 warten, daß die SPD ein noch schlechteres Wahlergebnis erzielen würde: 20,5 %. (__*2009 waren es übrigens 23 % gewesen und 2013 25,7 %.*__)

schen Machtelite diese herrschende Unordnung in der Welt aufrechterhalten wollen, wie eine Frau Merkel am 17. November 2016 Herrn Obama versprochen hatte —

anläßlich seiner Abschiedstour.[286]

Und so kann die im März 2017 offiziell begonnen habende Zusammenarbeit von Polizei und Bundeswehr durchaus als damit im Zusammenhang stehend aufgefaßt werden.

Falls Sie sich fragen wollten,

wer diese Zusammenarbeit angeleiert hat, könnten Sie in Baden-Württemberg fündig werden, dort arbeiten nämlich bestens zusammen (__Stand: September '17__) ein Herr Kretschmann, in seinen besonderen Eigenschaften als Ex-Maoist und Ministerpräsident dieses Bundeslandes, und ein Herr Strobl, in dessen besonderen Eigenschaften als CDU-Innenminister des genannten Bundeslandes und Schwiegersohn von Herrn Schäuble, der sich übrigens eine schwarzgrüne Bundeskoalition _*gut*_ vorstellen kann.

Die den Grünen gegenüber immer noch bestehenden Bedenken so vieler Bundesbürger sind lediglich deshalb zu verstehen, da die von den etablierten Medien nicht richtig informiert werden und sich vom politischen Tamtam verschrecken lassen — *denn das paßt*.[287]

---

[286] Der Inhalt dieser Anmerkung: „Herrn Steinmeiers Geeignetsein", entspricht sinngemäß der Passage auf den Seiten 372 f. in: Die *tri*_logische Sezierung [...], Band II.

[287] Vgl. bspw. in: Die *tri*_logische Sezierung [...], Band I, Teilband 3, das Kapitel 14, sowie in: a.a.O., Band II, den Zwischenruf 16.

Realistisch anzunehmen also, daß die Bundeswehr-Polizei in absehbarer Zeit gegen „Terroristen" vorgehen wird — die über Abkommen à la TTIP verbrieften Rechte der Konzerne zu verteidigen, bzw. die Lobbykratie zu verteidigen.

„... gegen 'Terroristen' vorgehen ..."

Wem _*das*_ überlegungsmäßig doch zu weit ginge, wird wohl noch zu überraschen sein, erlebte er

_*j e n e s*_

innenpolitisch selbst, welches der eigentliche Auslöser für den ersten Teil des großen Krieges des 20. Jahrhunderts gewesen war.[283]

Und es ist völlig unerheblich, ob vorübergehend innenpolitisch schimärisch gewandelt erscheinend, denn tatsächlich gilt *un*_verändert, verlangten es die Umstände aus Sicht der Machteliten:

Sie hetzten „eher die Völker aufeinander", als daß sie jemals „von sich aus dauerhaft die Macht" teilten.

„Das taten diese 'Eliten' — und lösten doch keines der ursächlichen Probleme: im Gegenteil."[289]

Die wissenschaftlichen, politischen und medialen Helfer finden sich dann schon:

„Karrieremachen ist geil!"

---

[288] ... es ist also eben _*nicht*_ das vermeintliche „Hineinschlittern" gemeint.

[289] Vgl. in: Die *tri*_logische Sezierung [...], Band I, das Kapitel 15: „Menschenrechte, Völkerrecht und das Konstrukt des Nationalstaates", dort die Seite 384.

Und damit kann als sicher gelten, daß die seit dem Ende des Kalten Krieges stiekum eingesetzt habende Politik der Expansion sich nun deutlich beschleunigt fortsetzen wird — auf dem Fuß gefolgt vom

(__*im Endeffekt*__)

traditionell Fiaskös-Fatalen deutscher Politik.

Übrigens gehört zur richtigen Einschätzung dieser Politik die Notwendigkeit, das von deutschen Politikern verbal Abgesonderte angemessen zu übersetzen.

So wissen wir schon aus heutiger Erfahrung, daß ein Spruch wie: „Wir müssen mehr Verantwortung übernehmen", das genaue Gegenteil bedeutet:

*Un*_Verantwortung.

Zwölfte Lesung

Bürgerliche Auffangbecken für linksorientierte Menschen

Das folgende Zitat entstammt einem im wirtschaftspolitischen Online-Magazin *Makroskop* erschienenen Artikel, in dem der Autor Andreas Nölke über eine Veranstaltung berichtet, die am 19. und 20. November 2016 in Kopenhagen stattgefunden hatte und an der Vertreter von über 20 bürgerlichen Linksparteien und sozialen Bewegungen beteiligt waren. Der ursächliche Grund für diese Veranstaltung war die prekäre Lage in vielen der Mitgliedsländer der EU, folgerichtig bestand die vorrangige Frage darin, wie ein „Plan B" aussehen könne, dessen Ziel die Abschaffung des gemeinsamen Zahlungsmittels Euro wäre — wenn nicht gar die „Abkehr von der EU" selbst.

ZITAT

> Gerahmt wurden die Workshops durch Plenarveranstaltungen mit Stellungnahmen der führenden Repräsentantinnen und Repräsentanten der europäischen Linksparteien sowie deren Diskussion mit dem Publikum. Auffällig war dabei, daß die Parteiführungen — in etwas staatstragender Manier — weniger klar gegen die gemeinsame Währung Stellung

bezogen als die übrigen Anwesenden, vor allem zu Beginn der Veranstaltung.

ZITATENDE[290]

Nun, bei bürgerlichen Linksparteien ist es quasi immer schon _*so*_ gewesen:

*letztlich*

stützen sie jenes System doch, das

*letztlich*

der Mehrheit der lohnabhängigen Bevölkerung schadet.

Heutzutage kommt noch hinzu, daß dieses System lobbykratisch geworden ist, deshalb dürfte im eingangs Zitierten eigentlich nicht stehen: „in etwas staatstragender Manier", sondern die Phrase im Zitat müßte lauten:

> [...] *daß die Parteiführungen — in* [__etwas *lobbykratietragender__] Manier — weniger klar gegen die gemeinsame Währung Stellung bezogen* [...]

---

[290] Quelle dieses und des folgenden Zitats in dieser Lesung: Andreas Nölke, „Europäische Linksparteien verstärken den Ruf nach Plan B", Makroskop.eu, 22. November '16; der folgende Internet-Pfad ist am 14. September '17 erneut geprüft worden:

https://makroskop.eu/2016/11/europaeische-linksparteien-verstaerken-ruf-nach-plan-b/. _ Diese Zitierung, sowie weiterer kurzer Passagen aus diesem Bericht, erfolgen mit freundlicher Genehmigung der Makroskop-Redaktion.

Die „übrigen Anwesenden" dürften zwar noch etwas mehr abgepowert haben

(__*das durften bspw. die Jusos auch immer*__),

kämen die aber erst in politische „Verantwortung", legten _*auch*_ die spätestens dann „lobbykratietragende Manieren" an den Tag.

Nun, bürgerliche Linksparteien spielen die Rolle von Auffangbecken für _*berechtigterweise*_ empörte Menschen, die es gewiß ehrlich meinen, aber auf diese Weise politisch ausgebremst werden — *sollen*.
Überdies ist in diesen Parteien meist keine klare Vorstellung von einer lobbykratie_*jenseitigen* politischen Stoßrichtung vorhanden — sieht man also vom üblichen Phrasendreschen ab, das dem Zelebrieren eines „Linksseins" oder gar „Progressivseins" dienlich sein _*mag*_ — zumal es gar keinen Gegensatz mehr zwischen Links und Rechts geben soll, wie zumindest mitunter von Auffangbecklern zu hören ist,

_*s o n d e r n*_

es gäbe höchstens noch einen zwischen „Unten" und „Oben".

Das aber läßt auf eine gewisse, raumgreifende Benebelung in den phrasendreschenden Köpfen schließen.

Vor diesem Hintergrund ist es jedenfalls nicht überraschend, wenn Andreas Nölke weiter berichtet, daß die Partei „Die

Linke" bei dieser Veranstaltung recht isoliert war:

ZITAT

> DIE LINKE ist in diesem Prozeß weitgehend isoliert. Das ist aber auch nicht unbedingt verblüffend, wenn ihr Ko-Vorsitzender Bernd Riexinger eine Auflösung des Euros unter anderem mit Hinweis auf die dann eintretenden Probleme für die exportorientierte deutsche Wirtschaft ablehnt [...], eine gegenüber Südeuropa wenig solidarische und fast schon nationalistische Position.

ZITATENDE[291]

Mit anderen Worten, Herr Riexinger würde „niemals etwas gegen die deutsche Wirtschaft tun".

Nun, das hat dieser Herr mit einem Herrn Schröder gemein, der hatte nämlich schon Ende der 90er Jahre u.f.Z. das Zitierte abgesondert, wobei das zwar damals auch von jenem Herrn Ex-Straßenkämpfer Joseph Fischer hätte stammen können,

zumal es schien,

dieser wollte gar richtig kotzen ...

Verzeihung:

zumal es schien, daß dieser richtig kotzen wollte ...

[291] Siehe die Angaben weiter oben in Fußnote 290.

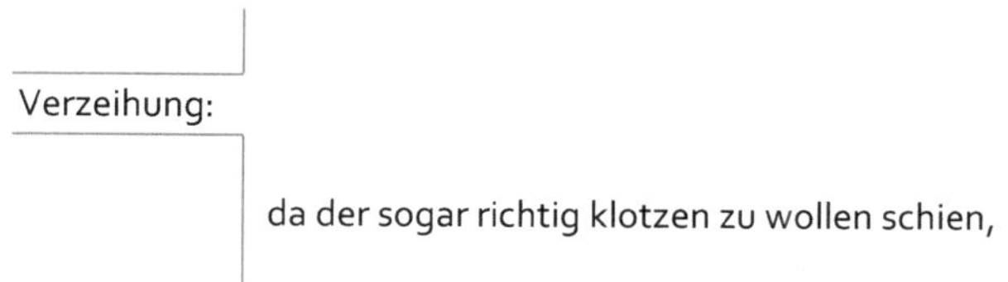

Verzeihung:

da der sogar richtig klotzen zu wollen schien,

indem der sich in einem ähnlichen Satz gleich aufs ganze Finanzsystem bezogen hatte — allerdings im fragenden Sinne: „Wollt Ihr etwa etwas gegen das Finanzsystem tun?". Sie wissen schon, damals wäre das

(__also eine Regulierung des Finanzmarktes, die nämlich dieser Ex-Straßenkämpfer _*keinesfalls*_ wollte__)

etwas ganz Schlimmes gewesen — weit schlimmer jedenfalls, als einen Angriffskrieg gegen Serbien mit _*dem*_ Argument zu führen:

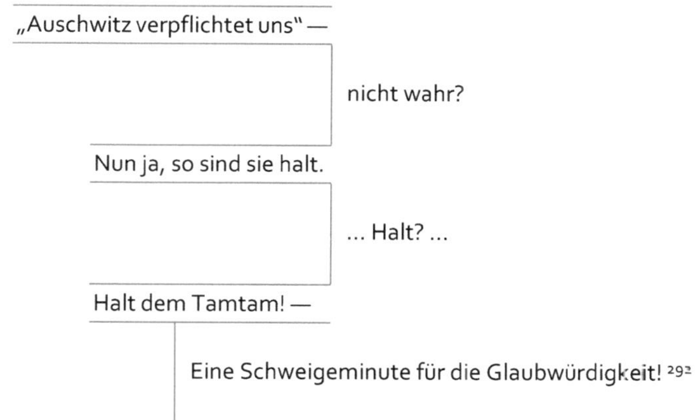

„Auschwitz verpflichtet uns" —

nicht wahr?

Nun ja, so sind sie halt.

... Halt? ...

Halt dem Tamtam! —

Eine Schweigeminute für die Glaubwürdigkeit! [292]

[292] Vgl. Die *tri*_logische Sezierung [...], Band I, Teilband 3, das Kapitel 14: „Die Politik bürgerlicher Nichtversteher".

Tja, wäre es jetzt unfair auf den Mafiastaat Kosovo zu verweisen, als ein *post_*faktisches Ergebnis[293] einer bereits Anfang der 90er Jahre u.f.Z. eingesetzt habenden, insbesondere von deutscher Seite zu verantwortenden Balkan-Politik?[294]

Nun gut, also auch Herr Riexinger von der bürgerlichen Linkspartei *Die Linke* dächte nichts gegen die *_Schieflage_* des deutschen Exportjunkies zu unternehmen.

Offenbar erscheint es solchen „Linken" viel zu konstruktiv, wollte man bspw. den auf zehn bis fünfzehn Jahre angelegten Flassbeckschen Plan umsetzen, der nicht nur erlaubte, diesen Junkie mählich zu cleanen, sondern zugleich der Eurozone sowohl eine sinnige Überlebenschance böte, als ihr auch eine insbesondere in jeder Hinsicht prosperierende Richtung gäbe.

Übrigens soll die Bezeichnung: „konstruktive Überlebenschance" den Unterschied zu dem, andernfalls erfolgenden und in Siechtum übergehenden Scheitern der EU betonen

(*__zumindest bezogen auf die Eurozone__*),

bzw. zu dem dann zur Anwendung kommenden Versuch betonen, ihr Scheitern durch destruktive, auf internationale Konflikte ausgerichtete Politik zu verschleiern, also die Militarisierung der Gesellschaft im Sinne eines auf die heutigen Verhältnisse angepaßten Wilhelminismus'.[295]

Oder glaubt hier jemand daran, daß es einen Automatismus

---

[293] Siehe die Lesung 2.

[294] Siehe Seiten 622-65 beginnend mit: „Exemplarische Beispiele kontraproduktiver Konsequenzen deutscher Machtpolitik".

[295] Siehe den Teilband 2 dieses Buches.

gäbe, der, nach dem dann

(__*wiederholten*__)

Scheitern des herrschenden Profitsystems, der Masse der Menschen _*einfach so*_ eine lichte Zukunft eröffnete? Nun, _*das*_ wäre so naiv wie fahrlässig geglaubt.

Dieser von Heiner Flassbeck stammende Plan

sieht übrigens vor, daß im gesamten EWU-Gebiet über einen Zeitraum von 10 bis 15 Jahren die Lohnsteigerungen in jenen Ländern jährlich etwa um ein bis zwei Prozentpunkte

*über* der *Goldenen Lohnregel*[296]

zu liegen hätten, die, gesamtwirtschaftlich gesehen, seit der Einführung des Euros

*unter* ihren Verhältnissen gelebt

hatten, und hier ist in erster Linie Deutschland zu nennen, während in jenen Ländern, die in dieser Zeit

*über* ihre Verhältnisse gelebt

hatten, die Löhne lediglich um 1 Prozent jährlich steigen dürften, so daß sich die

(__*insbesondere wegen des von der deutschen Seite betriebenen Lohndumpings*__)

[296] Siehe Lesung 22.

immer weiter öffnende Wettbewerbs-Schere tendenziell wieder schließen könne, so daß auf diese Weise der Zusammenbruch des Euro-Systems zu verhindern sei, der, andernfalls, diesen zwangsläufig notwendigen Anpassungsprozeß auf ein Wochenende reduzierte — mit der Folge, daß sich, je nach dem um welches Land es sich handelte, deutsche Produkte quasi über Nacht zwischen 20, 30 oder 40 Prozent verteuerten, mit der Konsequenz schwerster Schädigung der deutschen Wirtschaft, da sie einen Exportanteil von gegen 50 Prozent aufweist, der übrigens Ende der 90er Jahre noch bei gegen 30 Prozent gelegen hatte.[297]

Gewiß, es ist viel einfacher

(__*und unter den präsenten gesellschaftlichen Bedingungen der eigenen politischen Karriere ohne Frage dienlich*__),

den Bedürfnissen dieses Exportjunkies weiter zu entsprechen —

Richtung Abgrund, notwendig begleitet von nationalistischem Tamtam dann.

[297] Informationen zu Heiner Flassbeck finden Sie auf den Seiten des wirtschaftspolitischen Online-Magazins *Makroskop*, das er zusammen mit Paul Steinhardt unter: „Makroskop.eu" herausgibt.

Nun, objektiv gesehen, also mit der gehörigen Distanz, verhält es sich insbesondere mit der deutschen Linkspartei folgendermaßen: Deren Repräsentanten wollen eigentlich nichts anderes als Lobbykratie-Linksabstützer sein. Und vielleicht darf man sich auf diese Weise sogar dem „System" empfehlen?[298]

Beispielsweise als politischer *Aus*_Putzer für in der Tat _*jenseits*_ der neoliberalen Ideologie ausformulierten Strategien zu diene, an deren Ende _*tatsächlich*_ der Ersatz des lobbykratischen Systems durch ein sich _*spiralig*_ entfaltendes demokratisches System stände — _*jenseits*_ der Nationalismen also, dafür aber, u.a., mit _*guter*_ emotionaler Beteiligung der Masse der Europäer.

Selbstverständlich darf man darüber erst gar nicht nachdenken lassen, scheinen solche politischen Ausputzer zu denken[299] —

viel zu populistisch! ...

und überhaupt: Wo bliebe da die Schlagseite des

---

[298] Siehe weiter oben die Seiten 298-307: „Exkursive Erläuterungen zu einem 'Appell' und zu einer 'Aufforderung'".

[299] Vielleicht noch so eben in einer Parteistiftung möglich, für deren Arbeit sich jedoch _*praktisch*_ niemand interessiert — wenn sie auch in gewissen Zusammenhängen als Aushängeschild dienen _*mag*_ ...

deutschen Exportüberschüßlers — die man phrasendreschenderweise noch Bemäkeln könnte, oder?

Tja, darüber ist aber schon nachgedacht worden:

Alles liegt bereit, alles ist *aus*_reichend ausformuliert worden, lediglich umsetzbar ist es nicht, und _*nicht*_ deshalb, da es utopisch wäre, denn es ist lediglich *un*_realistisch — und zwar _*auch*_ wegen solcher „linken" Tamtam-Figuren.

ZITAT

[...] ... es ist nämlich nicht so, daß ich tatsächlich ein Utopist wäre, nur weil ich meinen (__*utopisch erscheinenden*__) Überlegungen schriftlichen Ausdruck verleihe – denn tatsächlich sind es die neoliberal dominierten und induzierten gesellschaftlichen Verhältnisse, die diese Überlegungen in einem solchen Licht erscheinen lassen ... Nein, ich bin Realist.

(__Dazu gehört allerdings auch, daß mir das neoliberale Projekt von seiner ganzen Anlage her suspekt ist — da es sich nicht an der [__stets!__] unsicheren Realität orientiert, sondern sich an einem [__Sicherheit suggerierenden__] Modell „orientiert", das die Abbildung von „Realität" suggeriert, die tatsächlich lediglich eine ökonomisiert reduzierte Vorstellung von Realität ist.__)

„Realist zu sein" bedeutet jedoch nicht, Opportunist zu sein! [...]

ZITATENDE[300]

Immerhin sind es solche Figuren, von denen die berechtigt

[300] Dieses Zitat findet sich in: Die *tri*_logische Sezierung [...], Band I, Teilband 3, das Kapitel 16, dort die Seiten 328 f.

Empörten in die Irre geleitet werden — und wenn nicht von diesen, dann eben von jenen von der gegenüberliegenden politischen Seite — sind die Wahlkrämpfe nur groß genug.

In diesem Zusammenhang kann übrigens der Hinweis auf folgenden, wissenschaftlichen Beitrag[301] von Bedeutung sein, da er das oben Ausgedrückte erhellend unterstreicht, wenn man weiß, daß die in dem folgenden Zitat (*__aus diesem Beitrag__*) angesprochenen Autoren[302] sich als politisch „links" verstehen:

ZITAT

Die Autoren stellen, [...] stimmig heraus, daß es in unterschiedlichen Wechselkursregimen zu „falschen" Wechselkursen kommen kann, also: daß die Währungen einzelner Länder über längere Zeiträume über- oder unterbewertet sein können.

Der Fokus gilt nun der Überbewertung, der auf zwei Arten begegnet werden kann:

Durch eine nominale Abwertung des Kurses der eigenen Währung gegenüber anderen Währungen

oder durch

„interne" Abwertung, also durch relative Disinflationierung mit Hilfe von Lohnsenkung gegenüber anderen Ländern.

---

301 Martin Höpner, Heiner Flassbeck, „Nutzlose Wechselkurskorrekturen?", *Makroskop*.eu, 22. November '16; der nachfolgend aufgeführte Pfad ist am 14. September '17 erneut geprüft:
https://makroskop.eu/2016/11/nutzlose-wechselkurskorrekturen/.

302 Klaus Busch, Axel Troost, Gesine Schwan, Frank Bsirske, Joachim Bischoff, Mechthild Schrooten und Harald Wolf.

Hinsichtlich ihrer ökonomischen Wirkung,

insbesondere aber hinsichtlich ihrer sozialen Konsequenzen,

seien sich diese beiden Optionen derart ähnlich, so die Autoren, daß kein Anlaß bestünde, der nominalen Wechselkursanpassung

(__*was im Fall von Euro-Teilnehmern den Austritt aus der Währungsunion voraussetzen würde*__)

gegenüber der internen Abwertung den Vorzug zu geben. [...]

ZITATENDE[303]

Wie Leute so argumentieren können, behaupten diese andererseits auf seiten der lohnabhängigen Bevölkerung zu stehen

(__*dem sie durch ein solches Argumentieren übrigens genau widersprechen*__),

ist für mich keineswegs überraschend, sondern entspricht meiner begründeten Annahme vom *So-tun-als-ob*[304] jener Intellektuellen, die sich dem „Reformismus" verschrieben ha-

303 Siehe Quellenangabe in Fußnote 301. Diese Zitierung erfolgt mit freundlicher Genehmigung der Makroskop.eu-Redaktion. (__Diese zitierte Textpassage ist vom Autor zur Hervorhebung einzelner Satzelemente besonders layoutet worden.__)

304 Vgl. die Lesung 8.

ben — also dem letztlichen doch Stützen einer Fehlkonstruktion.[305]

> Eine Fehlkonstruktion, die übrigens keine hätte sein müssen, sondern, bei _*richtiger*_ Konstruktion[306], ein relativ flächendeckendes Prosperieren im gesamten EWU-Raum ermöglichen könnte.

Auf diese Weise könnten nicht nur wir Europäer jetzt ganz anders „unterwegs" sein ...

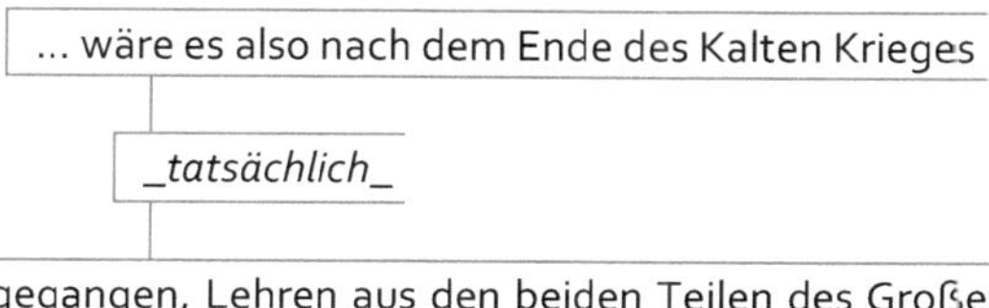

... nämlich allgemein prosperierend und _*jenseits*_ der Nationalismus-Kakophonie oder anderen *dadaistisch-surrealen Phänomenen in der Lobbykratie* ...

---

[305] Zum „Reformismus" finden sich weitergehende Angaben in: Die *tri*_logische Sezierung [...], Band I, Teilband 1, Kapitel 3, dort auf den Seiten 100 f., beginnend mit: „Der „Reformismus" ist jene Ideologie ...", sowie in Teilband 4 das Kapitel 23, dort die Seiten 82 unten bis 84 oben, beginnend mit: „Läßt man also diese Phase Revue passieren, ist das Scheitern dessen erkennbar ...".

[306] Siehe die Lesung 22.

[307] Das daran von seiten der Politstrategen der deutschen Machtelite nicht einmal gedacht worden ist, wird im weiteren Verlauf dieser Lesungen noch deutlich werden (__*vgl. diesbezüglich insbesondere die Lesung 19*__).

Dreizehnte Lesung

Alles läuft bestens für „unsere" Eliten, oder?

Es geht um jene Leute, um die es oft geht, d.h. aus deren Sicht geht es um die zwar immer, aber ich meine das jetzt thematisch: Es geht um die „Elite".

In der Türkei löst sich der Rest demokratischen Verständnisses in Luft auf, und, zum Beispiel, eine vom Stalinismus geprägte Person, die, wenn es Ende der 80er Jahre nicht ein unerwartetes Ereignis gegeben hätte, ihre politische Karriere im stalinistischen Staat der beiden aus dem zweiten Teil des Großen Krieges hervorgegangenen deutschen Staaten gemacht hätte, nicht aber in der sogenannten parlamentarischen Demokratie ...[308]

> Ich sage „sogenannte parlamentarische Demokratie", da man von repräsentativer Demokratie nicht mehr sprechen kann, umstellt von Lobbyisten wie die Abgeordneten nun einmal sind, die lediglich noch die längst hinter verschlossenen Türen getroffenen Entscheidungen abzunicken haben, wenn auch vielleicht vorher in einer „parlamentarischen Stunde" diese, ohne weitere Konsequen-

[308] Siehe zu: „Karriere im stalinistischen Staat", in Lesung 10 die Seiten 289-91: „Kleine Reflexion über Frau Merkel".

zen bleibend, bemäkeln durften, und jedenfalls Entscheidungen immer dann hinter verschlossenen Türen getroffen werden, geht es um die eigentlichen Interessen der die gesellschaftliche Richtung vorgebenden, *außer*_parlamentarischen Machtgruppen, dabei von deren Satelliten in Polit_*ik*, *spin*_doktorischer Wissenschafts_*tik* und Journalis_*tik* unterstützt.

Wie sollte sich unter solchen Bedingungen ein Abgeordneter lange halten, wollte der sich dagegenstellen, also eine Abschätzung verlangen:

Nutzt das Partikularinteresse dem Gemeinwohl oder schadet es ihm? [309]

... und aus Sicht _*dieser*_ Person diese parlamentarische Demokratie nicht nur eine „marktkonforme Demokratie"[310] —

die in der Tat eine „optische Demokratie" ist,

zu sein, also im Sinne des „Marktes" zu funktionieren, und

---

[309] Vgl. hierzu in: Die *tri*_logische Sezierung [...], Band I, Teilband 4, das Kapitel 24, dort die Seiten 117 ff., beginnend mit: „[...] Entscheidend für die *Funktionsweise des Sozialen Rechtsstaates* [...]"; sowie im Ihnen vorliegenden Buch den „Schlußsatz I: 'Kein Klärungsbedarf mehr'" und den Anhang II: „Beleg für die Behauptung, daß die EU ein antidemokratisches Gebilde ist".

[310] Vgl. die Seiten 242-44, beginnend mit: „Genau genommen hatte Frau Merkel das anläßlich einer ...".

nicht der „Markt" im Sinne der Demokratie zu funktionieren habe, was für jede Demokratie normal wäre:

> Denn der „Markt", also die Wirtschaft, hätte selbstverständlich im Sinne der Gesellschaft zu funktionieren und nicht die Gesellschaft im Sinne der Wirtschaft, wie es in der Tat, in der präsenten Lobbykratie der Fall ist — und folglich die Gesellschaft dann lediglich noch eine „marktkonforme" sein *k a n n.*

Aus diesem Grund entspricht die auf der Seite 242 zitierte Aussage Frau Merkels vollkommen dem Postfaktischen des Demokratischen.[311]

… Nun, diese Person …

… aber warten Sie,

den gerade zu entwickelnden Gedankengang will ich weiter unten fortsetzen, denn erst sei noch Verfassungs_*Typisches* der deutschen Machtelite eingeflochten, so daß sich Ihnen die ganze Misere besser erschließen möge …

Wieso gerade _*diese*_ Elite Thema dieser Lesung sein muß.

> Es ist nämlich bemerkenswert seltsam: Das folgende zu Schildernde ist deshalb kein von den schreibenden Mitarbeitern der Medien_*Konzerne* thematisiertes Problem, da es

[311] Zum „Postfaktischen" siehe zwar Lesung 2, aber dort bezieht sich die Erläuterung des „Postfaktischen" vor allem auf jenes „Postfaktische" _*im*_ lobbykratischen Zeitalter — Hingegen machte es Sinn, im Zusammenhang mit _*dieser*_ Lesung, erinnerten Sie _*jetzt*_ das Erläuterte in der Vorrede: „Wie sich das Problem darstellt".

von dieser „Elite" selbst verursacht ist. Das heißt die Masse der Menschen ist nicht zureichend informiert, weiß gar nicht um die Zusammenhänge[312].

Denn zwar wird irgend etwas von sogenannten Leit-Journalisten erzählt. Jenes, was sie erzählen ist jedoch nicht das, was ist, sondern höchstens ein Teil davon, und dieser Teil wird dann auch noch so dargestellt, daß erst recht ein falsches Bild entsteht.

Wenn die Faktenlage eine andere Sprache spricht ...

Nun, das ist insbesondere dann notwendig, spricht die Faktenlage eine andere Sprache und ist nicht mehr abweisbar, was beispielhaft in Aleppo von Ende 2015 an bis Ende 2016 erkennbar wurde, also bezogen auf die tatsächliche Situation dort, ihre Ursachen sowie die zweifelhafte Berichterstattung über die Massenmedien.[313]

Auch liest und hört man hier nichts von dem durch die Trump-Administration eingeleiteten Wandel im Nahen Osten, wo alte Fronten in Auflösung begriffen sind, sogar eine gemeinsame Front gegen Islamisten sich formiert und, und das ist in der Tat eine fundamentale Veränderung, das von der saudischen Familie beherrschte Arabien bspw. nicht mehr die Islamisten in Syrien unterstützt.

Das allerdings bedeutet nicht, daß die nicht mehr unterstützt würden, aber nun quasi ausschließlich noch von europäischen Mächten wie Frankreich, Großbritannien _*und*_ Deutschland — und von der Türkei: darüber verläuft auch aktuell die Konfliktlinie Arabien — Katar, was daran deutlich wird, daß _z.Z._ (__Mitte 2017__) allein

312 Siehe bspw. den Anhang II dieses Buches.

313 Hierzu findet sich eine weiterführende Erläuterung in: Die *tri*_logische Sezierung [...], Band II, insbesondere im Zwischenruf 28.

Katar als Unterstützer von Islamisten gilt, also im Gegensatz zu Arabien — nun.

Daß davon aber in den Mainstreammedien des EU-Hegemonen nichts verlautet, läßt auf eine völlige Fehleinschätzung der Situation durch dessen Elite schließen, oder zwar auf dem Wissen davon schon, das dann aber hieße, damit nicht konstruktiv umgehen zu können, und in der Konsequenz bedeuten würde, daß dieser Hegemon real so weit weg von seinen Zielen wäre, die er in seinen Träumen quasi schon am Horizont erscheinen sah, und in dem Fall müßte man vermuten, daß Deutschland dabei ist, isoliert zu *werden*, also selbst darin dann nicht selbstbestimmt — und, da der Hegemon Europas: die EU gleich mit.[314]

Das heißt man hat nicht einmal mehr ansatzweise die Absicht sich faktengestützt, d.h. _*wahr*_ auszudrücken.

Exkursion: Das Credo des *Neo*_Wilhelminismus' kurzgefaßt

Folgende Erläuterung knüpft zwar an die Erläuterung in der Vorrede zu diesen Lesungen an: „Wie sich das Problem darstellt", erfolgt aber nun auf der Basis eines Zitats aus einem

[314] Vgl. Thierry Meyssan, „Ajustements au Moyen-Orient", Réseau Voltaire, 20. Juni 2017; der folgende Internet-Pfad ist am 15. September '17 erneut geprüft worden:
http://www.voltairenet.org/article196878.html#nh11.

am 20. Juni 2017 auf der Informationsseite *German Foreign Policy* erschienenen Bericht, aus dem zum besseren Verständnis hier nun eine kurze Passage zitiert sei.

ZITAT

> Die Bundesakademie für Sicherheitspolitik (BAKS) fordert eine Propagandakampagne zur Stärkung der Widerstandskraft (__„Resilienz"__) der deutschen Bevölkerung gegen Angriffe feindlicher Kombattanten im Inland. In Zusammenarbeit mit „medialen Partnern" und „Multiplikatoren" müsse „Verständnis" dafür erzeugt werden, daß die „Krisenfestigkeit jedes einzelnen Bürgers" gegenüber „Terroranschlägen" ein „wichtiger Baustein" für die „gesellschaftliche Gesamtresilienz" sei, erklärt der militärpolitische Think-Tank der Bundesregierung. Explizit beruft sich die BAKS auf das 2016 vom deutschen Verteidigungsministerium vorgelegte „Weißbuch zur Sicherheitspolitik und zur Zukunft der Bundeswehr", in dem ebenfalls für den „Ausbau der Widerstands- und Adaptionsfähigkeit von Staat und Gesellschaft" zur Vorbereitung auf Attacken aller Art plädiert wird. Ziel sei das „Miteinander aller in der gemeinsamen Sicherheitsvorsorge", heißt es darin. Passend dazu lanciert die staatliche Fraunhofer-Gesellschaft bereits seit einigen Jahren städtebauliche Projekte, bei denen „jeder einzelne Bürger" als „Teil eines umfassenden Konzeptes zur Resilienz gegenüber vielfältigen Sicherheitsrisiken" betrachtet wird. [...]

ZITATENDE[315]

[315] „Bürgerbeteiligung (I)". Dieser Bericht ist in voller Länge lediglich im Abonnement einsehbar über folgenden, am 15. September '17 erneut geprüften Internet-Pfad: http://www.german-foreign-policy.com/de/fulltext/59621.

Nun, während die _*bewirkenden*_ Ursachen,

also bspw. die Destabilisierung ganzer Regionen oder Länder, wodurch gesellschaftschaotisierende Prozesse ausgelöst werden

(__ob nun von Geheimdiensten inszeniert oder „am Ort" *re*_aktiv__),

und die nun zerstörerisch auf die Verursacher selbst zurückzufallen drohen,

also diese Ursachen der aktuellen Entwicklung bereits an vielen Stellen erläutert worden sind[316], geht es jetzt um die daraus sich ergebenden Konsequenzen.

Das heißt „wir" sind an einem politischen Punkt,

der es aus Sicht der Machteliten notwendig werden läßt, internationale Konflikte forciert anzuheizen, da sich der soziale Druck _*auch*_ in den (__*nach Selbstaussage*__) „Elite-Staaten" dieser Welt nun (__*wieder*__) systembedingt kollektiv spürbar erhöht und gewisse dieser Machteliten offenbar erneut die Zeit für einen Showdown ihrer „Machtspiele" gekommen sehen, es aus Sicht dieser „Eliten" deshalb unerläßlich wird, die Masse der Bevölkerung entsprechend propagandistisch zu manipulieren, also

„Bürgerbeteiligung" zur Unterstützung falscher Politik,

wodurch es jetzt _*konkret*_ zu dem kommt, welches die

[316] Vgl. neben diesem, die Bände I + II der *Tri*_logischen Sezierung [...].

Masse der Menschen in den Nationalstaaten der Machteliten in der Tat zu _*Insassen*_ werden läßt — mit bedingt freiem Vollzugs.[317]

Sollten Sie also immer noch glauben, Sie bewohnten _*Ihren*_ Staat, der zudem zunehmend einem Standort gleicht: im Wettbewerb stehend mit anderen „nationalstaatlichen Standorten" — folglich ein *Konzern*_Staat ist, werden Sie noch böse zu überraschen sein.

Leider gilt es irrigerweise als ausgemacht, daß der „Nationalstaat die Heimstatt eines Volkes" sei, hingegen ist es richtig, daß er die Spielwiese _*seiner*_ Machtelite ist, die stets bemüht sein *muß*, die Insassen _*ihres*_ Staates derartig zu manipulieren, daß diese ihr folgen, denn allein, also mangels eigener Masse, wäre sie nicht in der Lage, _*ihre*_ Interessen durchzusetzen.[318]

[317] Vgl. hierzu in: Die *tri*_logische Sezierung [...], Band I, Teilband 3, die Kapitel 13, 16 und 18 sowie „Anstatt eines Nachworts", und in: a.a.O., Band II, die Zwischenrufe 11, 12, 18, 25 und 28.

[318] Welcher Art das Problem des „Nationalstaates" ist, findet sich erläutert in: a.a.O., Band I, Teilband 3, Kapitel 13: „Die Welt als 'Hinterhof' der Machteliten oder Der Nationalstaat als grundlegendes Problem für Frieden — dokumentiert am Beispiel der 'Sicherheitspolitik' der USA seit dem Ende des Kalten Krieges". Wie aus dem Titel dieses Kapitels hervorgeht, handelt es sich um ein Beispiel, denn das Problem selbst ist nicht an die USA gebunden, sondern hängt originär mit den Machteliten dieser Staaten zusammen und wird bestimmt von jener, die sich erfolgreich weltdominant machen kann — dies das _*real*_ gespielte „Spiel" solcher „Eliten"; vgl. dazu in: a.a.O., Band II, Zwischenruf 15: „Das Weihmachtspiel".

Mit anderen Worten, bevor die Satelliten der Machtelite die falsche Politik änderten, nehmen diese eher die Bürger nicht nur mit in Haftung, sondern unternehmen auch den Versuch, sie „widerstandsfähig" gegen deren Auswirkungen zu machen.

Beziehungsweise:

Man stumpft sie menschlich ab und erzeugt eine kollektive Paranoia — zur Erzeugung eines Gefühls der Zusammengehörigkeit:

Die „andren" und „wir".

Wer aber sind die andren?

Nun, in erster Linie jene, die diese Art von „Gemeinschaftsgefühl" für eine psychosoziale Krankheit halten, denn die *_anderen_* andren sind ja sowieso diejenigen andren, die man zur Abgrenzung benötigt — zur Projizierung *_eigener_* Unzulänglichkeit.

Das Ausmaß der Projektion

Das Ausmaß der Projektion gibt übrigens nicht nur darüber Auskunft, wie emotional versaut man selbst ist, sondern auch über den Illusionsgrad eigener emotionaler Sauberkeit, der genau dem tatsächlichen Grad emotionaler Verkommenheit entspricht. Es dürfte einleuchten, daß, zur Vermeidung ihres Gewahrwerdens, das stetige Projizieren notwendig ist, da ansonsten ein *_Projektionist_* nicht funktionsfähig bliebe. Einerseits ist das einem Projektionisten glücklicherweise nicht bewußt, andererseits ist es ihm genau aus diesem Grund nicht möglich zu sich selbst zu kommen, denn wesentliche Elemente seiner selbst hat er ja *weg*_projiziert, so daß es nicht ratsam wäre, ließe man ihn allein — wollte er sich _*tatsächlich*_ die Frage stellen: „Wer bin ich?". Demnach liegt es auf der Hand, daß das projektionistische Phänomen nicht kleiner, sondern gefährlich größer würde, stellten Projektionisten die Sinnfrage kollektiv: „Wer sind wir?".

„Flugbetrieb" ist übrigens der orwellianische Begriff für „Luftangriffe"

In Reaktion auf den Abschuß eines syrischen Flugzeugs am 18. Juni 2017, das vom Luftraum über dem eigenen, also über dem _*syrischen*_ Territorium auf Stellungen von mit dem Westen verbündeten kurdischen Söldnern Bomben abgeworfen haben soll, hatte Rußland angekündigt, alle westlichen Kampflieger und Drohnen westlich des Euphrats ins Visier zu nehmen. Während daraufhin die australische Regierung beschlossen hatte, vorerst die Beteiligung an Luftangriffen in der Region einzustellen, da eine Fortsetzung in der mehr und mehr vom „Westen" bewußt provokativ sich zuspitzenden Lage zu gefährlich sei, befindet das deutsche Verteidigungsministerium, daß die „Auswirkungen auf den Flugbetrieb beherrschbar" seien ...[319]

Im Lichte der Anmerkungen auf den Seiten 352-54: „Wieso gerade _*diese*_ Elite Thema dieser Lesung sein muß", stellt sich nun aber die Frage, wer im „Westen" die eigentlich treibenden Kräfte sind, die

---

[319] Quelle: *German Foreign Policy*, „Auswirkungen auf den Flugbetrieb"; der folgende Internet-Pfad ist am 14. September '17 erneut geprüft worden: http://www.german-foreign-policy.com/de/fulltext/59622.

ein Interesse daran haben, daß die Situation im Nahen Osten solange instabil bleibt, bis, nach Möglichkeit, Regime in ihrem Sinne installiert wären. Bei diesen westlichen Staaten würde es sich dann um jene handeln, die es entweder vorziehen mit der Türkei zusammenarbeiten (__das wäre traditionellerweise Deutschland__), die allerdings, und auf diese Weise sich eine weitere Konfliktlinie eröffnend, u.a. ein Interesse daran hat, daß sich kein kurdischer Staat etablieren könnte, oder die, abgesehen von den USA, dort aus alten kolonialen Reflexen heraus eingreifen wollten, wie Frankreich oder Großbritannien.

Wie gesagt: „Flugbetrieb" ist der orwellianische Begriff für „Luftangriffe".

Die deutsche Machtelite verfolgt offenbar eine Politik, die uns in ein hochgefährliches politisches Fahrwasser treibt, das für konstruktive Lösungen _*nicht*_ bekannt ist.

Hingegen ist bekannt, bzw. man könnte darum wissen, daß sich im folgenden Satz das Machteliten_*Typische* ausdrückt:

„Bevor wir die Macht teilen, hetzen wir eher die Völker aufeinander."[320]

Nun, es muß sich bei diesem Statement im Rahmen dieser Exkursion um FakeNews handeln, es ist nämlich _*nicht*_ über eines der „Qualitätsmedien" veröffentlicht worden —

denn diese sind _*jene*_ „medialen Partner" zur Erzeugung _*jener*_ oben erwähnten kollektiven Paranoia.[321]

---

[320] Dieses Zitat findet sich in: Die *tri*_logische Sezierung […], Band I, Teilband 3, die Seite 384.

[321] Siehe die Seite 358: „Man stumpft sie menschlich ab und erzeugt eine kollektive Paranoia".

ZITAT

[...] Gerade _wegen_ der für die Intelligenz wesentlichen Freiheit, ist der Schutz vor Suggestion und Propaganda und gegen die Beeinflussung über Wahnvorstellungen eine Bedingung dafür, daß sich eine eigene Meinung überhaupt erst in einem Individuum ausbilden kann. Konsequenterweise und lediglich beispielsweise sind einem Medium oder einer Partei die Möglichkeiten zur weiteren publikumswirksamen Äußerung _dann_ zu nehmen, bedienen sich ihre Vertreter dieser Mittel, da dann nicht nur die Grenze „freier Meinungsäußerung" überschritten ist, sondern die Meinungsfreiheit der Mitglieder einer Gesellschaft verletzt wird — also die Freiheit, sich eine _eigene_ Meinung bilden zu können.[322]

So wie „Entmenschlichung noch keine Vergeistigung" (__Walter Serner, 1889-1942__), ist _dieser_ Gebrauch der Meinungsfreiheit das genaue Gegenteil _dieser_ Freiheit, und zwar ist das vereinbar mit einer Lobbykratie, aber nicht mit einer Demokratie.

Das heißt vom Standpunkt der Aufklärung, der Meinungsfreiheit und der Demokratie aus gesehen, betreiben [__sie__] etwas Verwerfliches: sie verhetzen und verdummen die eigene Bevölkerung und bringen sie in Gefahr. Nun, das wäre

[322] Vgl. zu diesem Teil des Zitats, Simone Weil, *Enracinement – Prélude à une déclaration des devoirs envers l'être humain*, Librairie Gallimard, Paris, 1949, die Seiten 29 f. Das heißt dieses Zitat ist eine, den aktuellen Verhältnissen angepaßte Übersetzung des Autors.

nachdem Grundgesetz nicht erlaubt, wenn dieses noch gelten würde.— *Noch* [...] *Fragen?* [...]

ZITATENDE[323]

Also lautet das Credo des *Neo*_Wilhelminismus':

Die Bürger für praktizierte falsche Politik in Haftung nehmen und gegen deren Auswirkungen widerstandsfähig machen.

Ende der Exkursion:
Das Credo des *Neo*_Wilhelminismus' kurzgefaßt

Das heißt,

um den eingangs dieser Lesung entwickelten und dann auf der Seite 352 unterbrochenen Gedankengang nun fortzusetzen:

Jene Person, die, nach Selbstaussage, vor einiger Zeit vom Begriff „Austerität" erstmals gehört und seitdem davon gar nicht mehr lassen will — da der so schön ... nun, genau diese ewige deutsche Kanzlerin ...

(__wenn auch seit dem schlechten Wahlergebnis vom 24. September 2017 lediglich noch geschäftsführend, was aber nicht weiter von Bedeutung ist, da ja die „merkeleske Spur" gelegt worden ist, ein

323 Das Zitat findet sich in: Die *tri*_logische Sezierung [...], Band II, die Seiten 219 f.

potentieller Nachfolger also nicht anders deutsche Politik betreiben würde — hier übrigens eine Parallele zur „schäubleistischen Spur"[324]__)

... von der die Umfragen zu erzählen wissen, daß sie in Deutschland so beliebt sei, welches übrigens lediglich deshalb möglicherweise stimmen könnte[325], da die schreibenden Mitarbeiter der deutschen Medienkonzerne die deutsche Bevölkerung in den entscheidenden Zusammenhängen völlig *des*_informieren.

Die Medien_*Konzerne* müssen zerlegt werden

Die „schreibenden Mitarbeiter" der Medien_*Konzerne* als Journalisten zu bezeichnen, wäre nur dann erlaubt, sähen sie ihre Aufgabe vorrangig in der Aufklärung der Bevölkerung über _*relevante*_ Entwicklungen in ihren _*relevanten*_ Zusammenhängen und _*nicht*_ darin, wie es geschieht, sie zu desinformieren. Wäre diese Behauptung falsch, dürfte es bspw. _*nicht*_ geschehen, daß solche „Mitarbeiter" den Menschen _*nicht*_ offensiv deutlich machten, was Vertragswerke à la TTIP für sie und das gesellschaftliche Leben bedeuten (__vgl. diesbezüglich den Anhang II__), oder _*nicht*_ offensiv deutlich machen, welchen negativen Einfluß die deutsche Politik auf die EU tatsächlich hat.[326]

[324] Zum „Merkelesken" siehe u.a. die Seiten 242-46 sowie die Seiten 791-800: „Das Merkeleske am Merkelesken ist stets ..."; zum „Schäubleismus" siehe die Seiten 155 f. und 702 f.

[325] *... daß das also Umfragen so mitteilen können — und sogar zumindest ein großer Teil der Bevölkerung von Frau Merkel tatsächlich etwas hält ..*

[326] Vgl. bspw. in: Die *tri*_logische Sezierung [...], Band I, Teilband 2, Kapitel 5: „Eigentlich unfaßbar die gefährliche Borniertheit der Machtelite".

„Relevant" für _jeden_ in der Gesellschaft sind übrigens solche Fakten und Wirkelemente, die auf gesellschaftliche Zusammenhänge Einfluß nehmen können oder von denen wahrscheinlicherweise anzunehmen ist, daß sie Einfluß nehmen _könnten_.

Das heißt die den Journalisten in einer Massengesellschaft zukommende Rolle, informationsgebende Augen und Ohren für die Masse der Menschen zu sein, können die nicht mehr wahrnehmen, sind diese als schreibende Mitarbeiter in Konzernen tätig, denn das Management von Konzernen hat je eigene Interessen, die wiederum direkt von den Anlegern oder den großen Werbekunden abhängen, sowie davon, wie die gesellschaftliche Entwicklung ist, ob sich also eine Bedrohung fürs bestehende System anbahnen könnte ...

Dieses Faktum ist deshalb fatal, da auf diese Weise Konzerne, also Medien_*Konzerne* bestimmen, was als öffentliche Meinung gilt:

„Wozu mag es demnach Massenmedien geben? Etwa zu _*dem*_ Zwecke, daß über sie der Masse der Menschen verdeutlicht werden könnte, wo tatsächlich _*ihre*_ eigenen Interessen liegen?"[327]

Nun, es dürfte einleuchten, daß es für Konzerne wie für Regierungen entscheidend ist, die Meinungsführerschaft in einem Nationalstaat innezuhaben. Wodurch ein gemeinsames Interesse entsteht, das über Lobbyisten im Sinne der Konzerne bestimmt und entschieden wird.

Demnach sind Projekte à la TTIP jene von Konzernen _*und*_ von neoliberalen Regierungen:

[327] Die Stelle dieses Zitats findet sich in: a.a.O., Tb 3, die Seite 312.

Einmal etabliert, bekommen diese kapitalistischen Entitäten einen übernationalstaatlichen Rechts-Charakter — d.h. eine eigene Gerichtsbarkeit, wodurch neoliberale Regierungen zu dem werden, was die lediglich sein wollen: das gesellschafts-organisierende Management von *Konzern*_Staaten. (__Also in gewissem Sinne „Sozialmanager": siehe die Seiten 200 f.__)

Entweder sind sich also die _*gewählten*_ Abgeordneten nicht darüber im klaren, was sie da tun

(__bzw. bezogen auf CETA getan haben__)

oder sie folgen ganz bewußt der Zielrichtung der EU-Kommission —primär vom deutschen Hegemon vorgegeben (__vgl. den Anhang II__).

Immerhin läßt sich _*ohne*_ eine Meinungsführerschaft eine Massengesellschaft nicht im Sinne der Machtelite regieren — d.h. *anti*_demokratisch regieren unter Wahrung einer gewissen Demokratieoptik.

Es sollte einleuchten, daß zu Beginn eines konsequenten, der tatsächlichen Überwindung der neoliberalen Doktrin

(__mit ihrer sozusagen zwangsweisen *anti*_demokratischen Tendenz__)

dienenden Prozesses, als erstes die Medien_*Konzerne* zerlegt werden müssen und die dann sozusagen befreiten Medien unter die

Kontrolle tatsächlich freier Journalisten zu stellen sind, da man ansonsten mit einem solchen Reformprozeß erst gar nicht anzufangen brauchte, denn der würde _*sofort*_ kurz- und kleingeschrieben.[328]

Mit anderen Worten, mit einer als „demokratisch repräsentativ" geltenden Massengesellschaft ist es unvereinbar, daß die öffentliche Meinung von Medien_*Konzernen* bestimmt wird.

Nun, über die SocialMedia-Plattformen eröffnet sich ein Problem für die *konzern*_gesteuerte, also die *lobby*_isierte Politik und die Massenmedien, denn das Internet bietet Möglichkeiten, daß die Menschen sich bspw. über solche (__*selbst massenwirksamen*__) Plattformen austauschen, sich mit Informationen versorgen, oder auch frei Nachrichten kommentieren können, die von den etablierten Massenmedien verbreitet worden, aber selbst fragwürdig sind: wenn nicht sogar mit Informationen versehen, die unzureichende, tendenziöse oder auch Falschaussagen belegen.

Gewiß, auf diese Weise wird möglicherweise jenes verbreitet, das als FakeNews bezeichnet wird. Das aber ist kein Spezifikum von SocialMedia-Plattformen, wie die Erfahrungen mit den über die Massenmedien verbreiteten Nachrichten belegen. Der Unterschied besteht lediglich darin, daß heutzutage FakeNews sehr schnell als solche erkannt werden können, während in der *vor*_social-medialen Zeit Jahrzehnte vergehen mußten, bis die Öffentlichkeit von FakeNews Kenntnis bekam — wenn das also höchstens noch für Historiker oder für besonders langfristig ermittelnde Publizisten von

[328] … und ist deshalb u.a. Thema in: a.a.O., Teilband 4, Kapitel 24: „Skizzierung des Sozialen Rechtsstaates".

Interesse sein konnte, hingegen den von der Machtelite vorgezeichneten Weg nicht mehr tangierte — bzw. die politisch Verantwortlichen dafür hätten nicht mehr Rede und Antwort stehen müssen.

> Selbstverständlich sind in _*diesem*_ Zusammenhang die staatlicherseits erfolgenden Bestrebungen zu sehen, Kontrolle über das Internet zu gewinnen, bspw. über „Online-Durchsuchungen via 'Bundestrojaner'" oder das NetzDG.[329]

Ende von:

Die Medien_*Konzerne* müssen zerlegt werden

... *A l s o*

> (__*um den eingangs dieser Lesung begonnenen, auf der Seite 352 unterbrochenen und auf der Seite 362 fortgesetzten Gedankengang nun zum Abschluß zu bringen*__):

Jene Person sagte, daß sie (__*selbstverständlich*__) auf seiten der „Demokratie" stehe, hinsichtlich des sogenannten Putsch-Versuchs in der Türkei — das heißt sie sei auf der Seite Erdogans ...

> Die offizielle Version dieses sich am 15. und 16. Juli 2016 ereignet habenden Putsch-Versuchs, daß es sich dabei um einen vom früher eng mit Präsident Recep Tayyip Erdogan

[329] Siehe hierzu das „Schlußwort I" des Ihnen vorliegenden Buches.

politisch agierenden, in den USA im Exil lebenden Fethullah Gülen gesteuerten Aufstand gehandelt habe, scheint fragwürdig zu sein. Hingegen weisen Indizien darauf hin, daß man diesen Putsch-Versuch von seiten der türkischen Regierung möglicherweise deshalb bewußt geschehen ließ, da auf diese Weise das Potential des Widerstandes gegen die sich mehr und mehr autoritär entwickelnde türkische Politik rechtzeitig aufzudecken war und der Versuch als solcher zum Anlaß genommen werden konnte, politische Gegner zu neutralisieren. Denn als Fakt kann gelten, daß dem, im Gegensatz zu Militär und Justiz, vollständig von Erdogan kontrollierten türkischen Geheimdienst dieser Putsch-Versuch nicht nur bekannt war, sondern möglicherweise auch der Zeitpunkt seiner Realisierung, sich also die Frage stellt, wieso der nicht rechtzeitig verhindert worden ist — immerhin verlief das Ereignis blutig und etwa 250 Menschen kamen zu Tode, von denen die meisten Zivilisten waren.[330]

Davon zu reden, man stehe auf der Seite der Demokratie, stellt man sich damit auf die Seite jenes türkischen Politikers, der seit Jahren schon die gesellschaftlichen Verhältnisse zum *Anti*_Demokratischen hin verändert, hat etwas Zynisches und Entlarvendes zugleich — obwohl ich schon annehme, daß diese Frau das ernst meinte,

denn aus meiner Sicht hat die kein Verständnis von dem, was „Demokratie" zu bedeuten *hat*,

330 Vgl. Susanne Güsten, „Putschversuch in der Türkei vor einem Jahr — Die kontrollierte Verschwörung", in: Tagesspiegel.de, 29. Mai 2017; der folgende Internet-Pfad ist am 15. September '17 erneut geprüft worden: http://www.tagesspiegel.de/politik/putschversuch-in-der-tuerkei-vor-einem-jahr-die-kontrollierte-verschwoerung/19866134.html.

wenn das auch nicht verwundern kann, immerhin ist sie im Stalinismus politisch sozialisiert worden[331], und da war es üblich, daß erst, nachdem in Politbüro-Hinterzimmern Entscheidungen getroffenen worden waren, diese dann dem Volk verkündet wurden — insoweit es davon wissen sollte.

Und was Entscheidungen und das darüber die Öffentlichkeit Informieren anbelangt, gibt es keinen gravierenden Unterschied zwischen stalinistischen und merkelesken Entscheidungs- und Informationsprozessen.[332]

Das heißt _*diesbezüglich*_ unterscheidet sich ein lobbykratisches System prinzipiell nicht von einem stalinistischen — lediglich die Profiteure und das Ausmaß des Profits differieren.

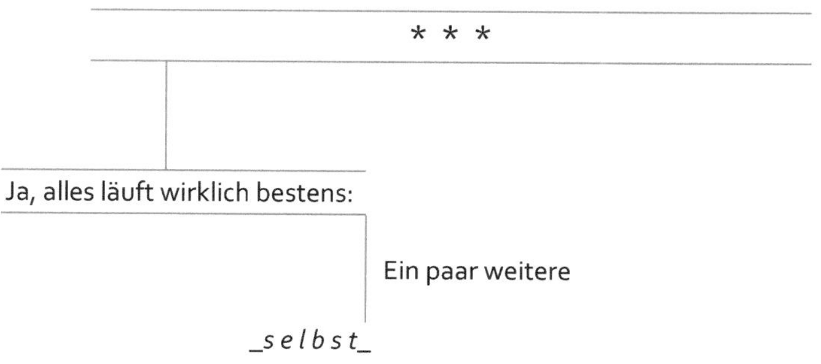

[331] Vgl. die Seiten 289-91: „Kleine Reflexion über Frau Merkel".

[332] Siehe zum „Merkelesken" u.a. die Seiten 242-46 sowie insbesondere die Seiten 791-800: „Das Merkeleske am Merkelesken ist stets ...".

verursachte Terror-Akte und die Völker der sogenannten westlichen Demokratien werden im Kopf _*derartig*_ zugerichtet sein, daß

auch diese

„wünschen", von den Satelliten der nationalstaatlichen Machteliten diktatorisch geführt zu werden, für die die Welt den Charakter eines Hinterhofs[333] hat — für ihre Machtspiele.

Ob „Das Weihmachtspiel" verdeutlichen könnte, was das bedeutet? Denn zwar ist es eine Satire, aber es ist eine, die sich aus der Wirklichkeit speist — ohne allerdings Real-Satire zu sein, denn die überlasse ich denen, die stolz zum lobbykratischen Establishment gehören.[334]

* * *

333 Vgl. in: *Es werde mehr Licht! [...]*, Kapitel 13: „Die Welt als 'Hinterhof' der Machteliten oder Der Nationalstaat als grundlegendes Problem für Frieden".

334 Vgl. Seiten 614-16: „Anmerkung zum Establishment". Das „Weihmachtspiel" findet sich in: Die *tri*_logische Sezierung [...], Band II: *Zwischenrufe in satirisch-politischen Variationen [...]*, und als etwa 7-minütige Video-Lesung, die immer vom ersten bis zum letzten Dezembertag eines Jahres auf meiner WebSite „Netzkolumnist.com" unter: „eigene Videos" zwischen 20:00 und 21:00 abrufbar ist.

Falls _*auch Sie*_ nun meinten, auf meine obige Bemerkung hin, daß sich Frau Merkel offenbar an der Seite des Herrn Erdogans befinde, ähnlich antworten zu sollen, wie jemand es folgendermaßen getan hatte, indem er ausrief:

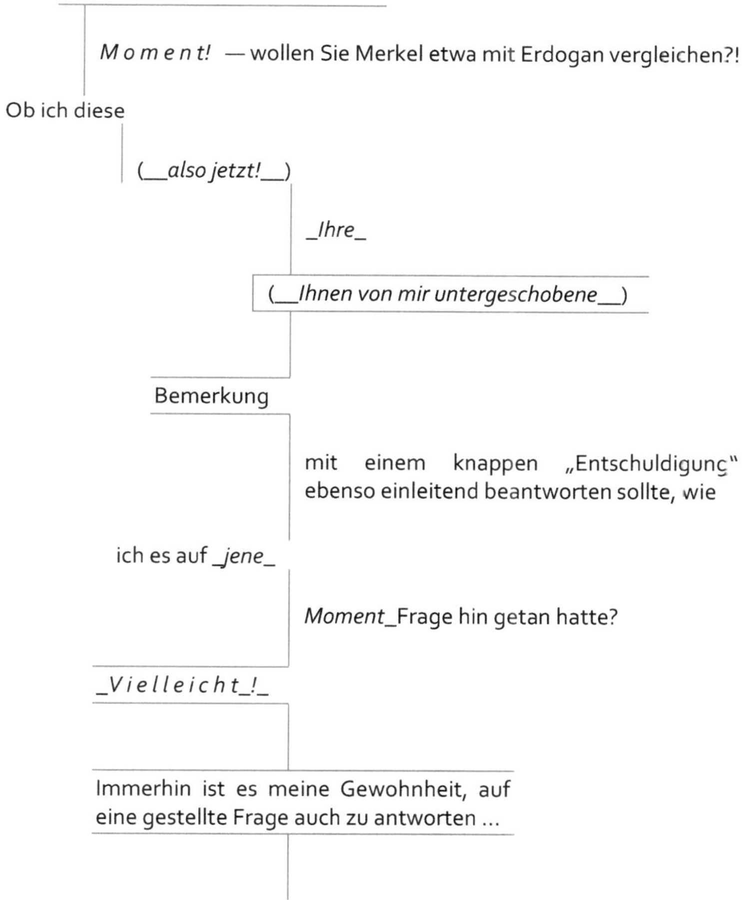

_E n t s c h u l d i g u n g_,

aber das erscheint mir eine seltsame, als Frage verkleidete Bemerkung zu sein.

Anstatt aber Bemerkungen solcher Art weiter auf eine rein

*_nackt_*

spekulative Weise zu interpretieren, wie es ja traditionellerweise insbesondere deutsche bürgerliche Intellektuelle tun, ziehe *_ich_* es vor, auf solche Äußerungen, und wohl wissend, darauf von *_solchen_* Figuren hingegen keine Antwort zu bekommen, in *_diesem_* Zusammenhang also, wie folgt auszuholen:

In welchem Teil meiner Aussagen in dieser nicht falsch als „exkursive Lesung" bezeichneten dreizehnten, konnten *_Sie_* etwas ausmachen, das Ihre obige

(*__Ihnen von mir untergeschobene__*),

als Frage verkleidete Bemerkung rechtfertigte?

Nun, weiter möchte ich an *_dieser_* Stelle nicht auf Ihre Unterstellung eingehen, da, im Gegensatz zu den Angehörigen der Elite, die, für mein Verständnis, traditionellerweise im entscheidenden Moment versagen, es für mich, d.h. bei der Einschätzung dessen, welches als Tagespolitik bezeichnet wird, erste Bedingung für richtig verstandene Aufklärung das Erkennen der solcher Politik zugrundeliegenden Tendenzen ist. Es also eben nicht die Frage ist, ob Frau Merkel an der Seite des Herrn Erdogans sei — sondern

wieso?

Das aber zu erkennen ist lediglich unter der Bedingung möglich, um die diesem oder einem anderen „politischen Wieso" zugrundeliegenden Tendenzen zu wissen ...

Die Sophia, die Machteliten und der Kalte Krieg

Übrigens, sachlich betrachtet, ist genau dies, also das Erkennen solcher Tendenzen, das Thema in: Die *tri*_logische Sezierung [...], Band I: *Es werde mehr Licht! [...].* Denn es handelt sich dabei um eine Untersuchung, die _*dem*_ verpflichtet ist, das einst

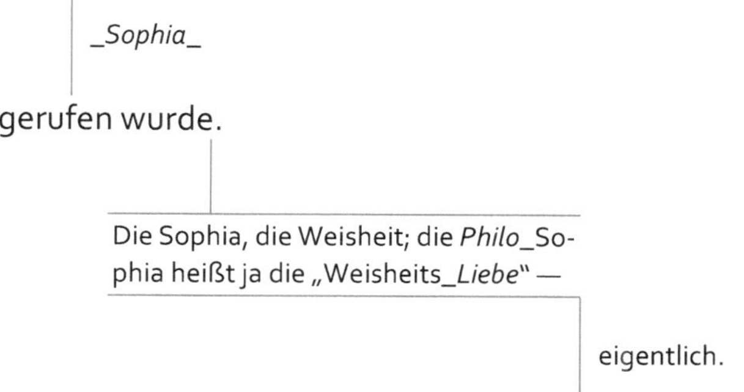

*Sophia*

gerufen wurde.

Die Sophia, die Weisheit; die *Philo*_Sophia heißt ja die „Weisheits_*Liebe*" —

eigentlich.

Also _*dieser*_ verpflichtet ist diese Untersuchung — und nicht irgendeiner nationalen Machtelite oder gar eigener mickriger Karriere. _*Deshalb*_ werden die Zusammenhänge dort derartig ausgebreitet und dann ausleuchtend erläutert: da wirklich aufzuklären _*das*_ Thema ist. —

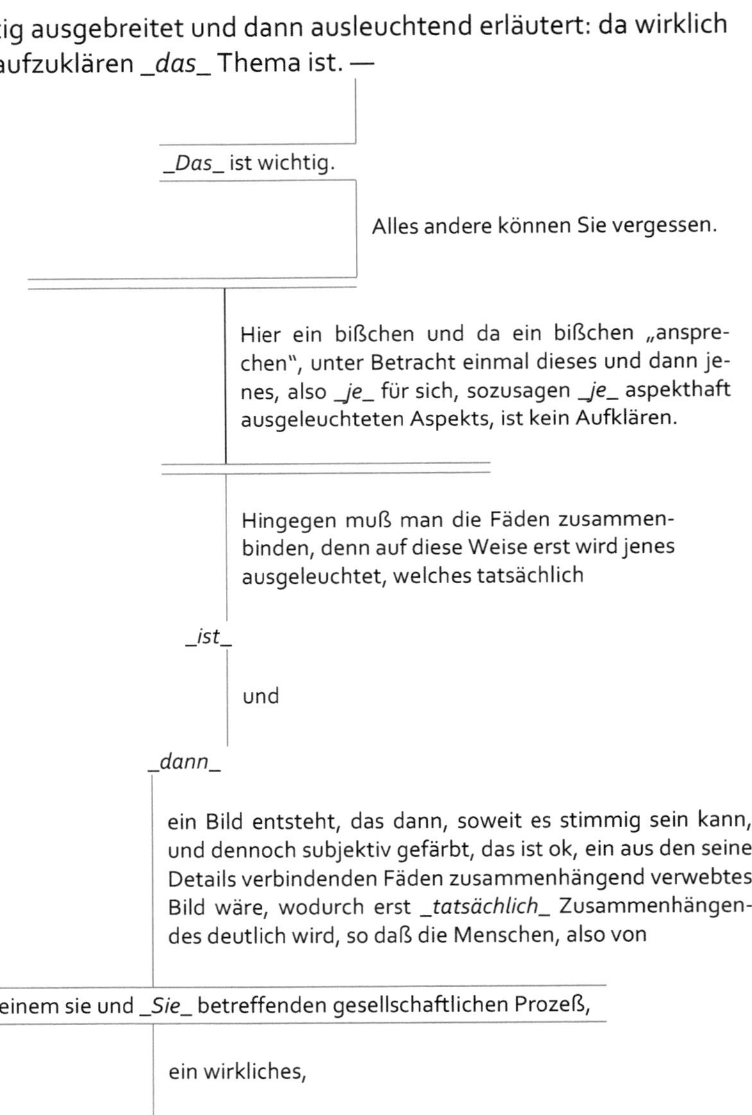

*Das* ist wichtig.

Alles andere können Sie vergessen.

Hier ein bißchen und da ein bißchen „ansprechen", unter Betracht einmal dieses und dann jenes, also _*je*_ für sich, sozusagen _*je*_ aspekthaft ausgeleuchteten Aspekts, ist kein Aufklären.

Hingegen muß man die Fäden zusammenbinden, denn auf diese Weise erst wird jenes ausgeleuchtet, welches tatsächlich

*ist*

und

*dann*

ein Bild entsteht, das dann, soweit es stimmig sein kann, und dennoch subjektiv gefärbt, das ist ok, ein aus den seine Details verbindenden Fäden zusammenhängend verwebtes Bild wäre, wodurch erst _*tatsächlich*_ Zusammenhängendes deutlich wird, so daß die Menschen, also von

einem sie und _*Sie*_ betreffenden gesellschaftlichen Prozeß,

ein wirkliches,

_r e l a t i v_

stimmiges Verständnis bekommen.

„Relativ", gewiß, denn immerhin gibt es Elemente, die Sie nicht *_mal eben_* aufdecken können. Und bei Prozessen, die schon eine gewisse Zeit zurückliegen, bleibt per se eine gewisse Fragwürdigkeit. Aber bei einem ausleuchtenden Vorgehen, das die Elemente eines Zusammenhangs dem beobachtenden Blick auszusetzen erlaubt, so daß das sie Verbindende erkennbar wird und bleibt, ist man näher am Geschichts_*Prozeß* — da auf diese Weise erst bisher Widersprüchliches sich mitunter aufklärend verorten läßt.

Der „Geschichtsprozeß" ist übrigens etwas spezifisch unserem Geschlecht Zukommendes: ohne uns gäbe es diesen Prozeß nicht — ist er doch an unser Bewußtsein und an die von uns durchlebte Zeitlichkeit gebunden.

Beziehungsweise wird dieser Prozeß auf diese Weise,

also bei ausleuchtendem Vorgehen, das erst die Elemente eines Zusammenhangs dem beobachtenden Blick auszusetzen erlaubt,

relativ genau

*ab*_gebildet und somit seine *Be*_Schreibung weniger fragwürdig ist, als dies bei der

„bürgerlichen Geschichts_*Schreibung*"

der Fall ist.

Immerhin sind (*__gemeinhin als Historiker bezeichnete__*) „Geschichtsschreiber" Leute, die hier eine Rolle spielen, die sie niemals spielen könnten, wären diese wirklich im Interesse der Aufklärung unterwegs. Denn sie müßten dann anders und würden auch anders argumentieren.

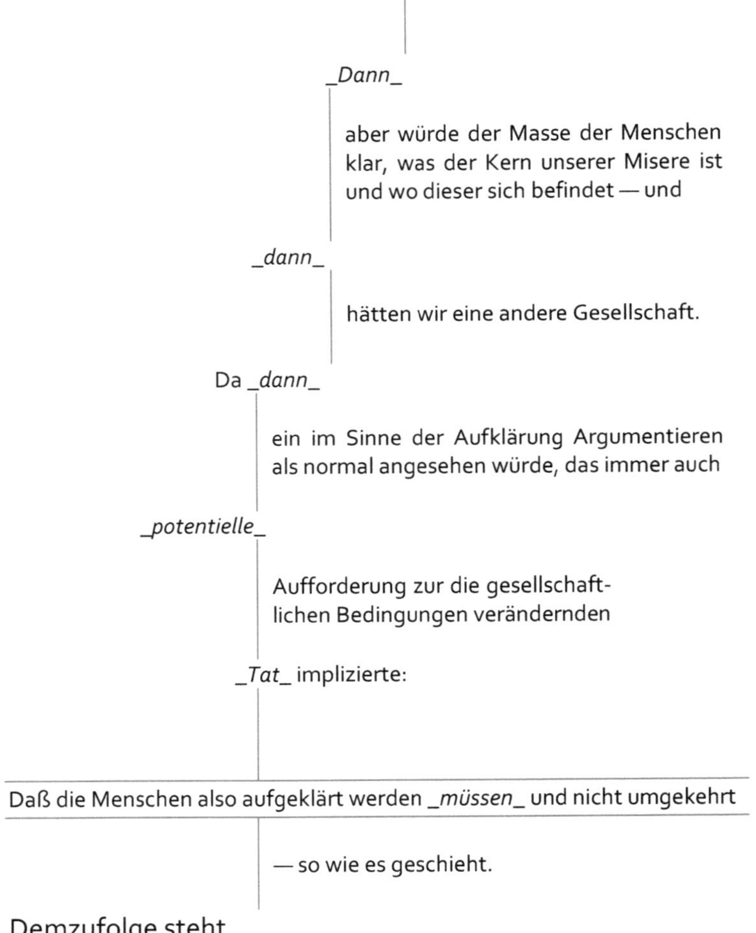

Demzufolge steht

der Band I der *Tri_*logischen Sezierung: *Es werde mehr Licht! Mehr Demokratie wagen in der Lobbykratie? Untersuchung über die Konsequenzen der bürgerlichen Real-Demokratie,*

im Gegensatz zu den i.d.R. lediglich Aspekte behandelnden Untersuchungen bürgerlicher Intellektueller, die es offenbar vorziehen

also aus der Perspektive der _*Sophia*_ betrachtet,

wenn auch zur Verschleierung begrifflich gehübscht —

sowie dabei

*_selbstverständlich_*

auf keinen Fall die eigene Karriere aus dem Blick verlierend, dann ihre Themen auf eine reflexhafte und insofern zwangsläufig auf eine unzureichende Weise abhandeln.

Und da im Rahmen dieser „exkursiven", explizit die „Elite" betreffenden 13. Lesung aufschlußreich, seien nun zwei Beispiele aus diesem Buch herangezogen.

Da ist einmal das Kapitel 13 in dessen Teilband 3 zu nennen:

„Die Welt als 'Hinterhof' der Machteliten oder Der Nationalstaat als grundlegendes Problem für Frieden".

In diesem Kapitel geht es um den Nachweis, daß es sich bei dem heute sich Ereignenden um eine Aktualisierung dessen handelt, das einst als „Imperialismus“ bezeichnet worden ist.

Zwar mag es für manchen Zeitgenossen eine Frage sein, auf welche Weise die USA auch in der Zukunft noch die Hegemonialmacht der Welt sein werden (__*oder gar sein wollen?*__). Aber an dieser Stelle geht es nicht darum, sondern lediglich um die Feststellung, daß sie es sind — schon allein, was die Waffenausstattung anbelangt: 611 Mia. US-Dollar im Jahre 2016 (__das sind ca. 3,3 % des US-BIPs__).

> Der einfache Vergleich sollte klarmachen, was das bedeuten könnte, falls die Spannungslinien sich weiter quer zu allen bisherigen fortsetzen sollten, denn auf _*diesen*_ Zeitraum bezogen betrugen die Militärausgaben Chinas ca. 215 (__BIP-Anteil: 1,9%__), Rußlands ca. 69,2 (__BIP-Anteil: 5,3%__), Frankreichs ca. 55,7 (__BIP-Anteil: 2,3%__), Großbritanniens ca. 48,3 (__BIP-Anteil: 1,9%__) und Deutschlands ca. 41,1 Mia. US-Dollar (__BIP-Anteil: 1,2 %__).[335]

Das heißt diese militärische Ausstattung ist weit höher als die der anderen aufgeführten Staaten zusammen. Objektiv gesehen, ist das _*dann*_ eine Notwendigkeit, will ein Nationalstaat die hegemoniale Macht der Welt sein und bleiben. Also zeigte ein anderer, typischerweise mit seiner ihn dominierenden Machtelite ausgestatteter Nationalstaat kein grundsätzlich anderes Verhalten als jenes von den USA seit Jahrzehnten gezeigte — hätte der deren welt-hegemoniale Stellung inne.

---

[335] Quelle: http://de.statista.com/statistik/daten/studie/157935/umfrage/laender-mit-denhoechsten-militaerausgaben/; der Internet-Pfad ist am 15. September '17 erneut geprüft worden. Es ist zu bedenken, daß diese statistischen Angaben für das Jahr 2016 gelten.

Folglich kann es nicht darum gehen, daß die aktuelle durch eine andere Hegemonialmacht ersetzt würde, sondern überhaupt eine entsprechende Position zu verunmöglichen, denn letztlich ist eine hegemoniale Machtkonzentration ineffektiv, da eine solche Rolle

*_allein_*

zur Ausübung der Macht zu viele Ressourcen bindet und andere zu korrumpieren zwingt,

daß die sozusagen bei der Stange bleiben;

sowie das Angehen der wichtigen, uns als Menschengeschlecht als Ganzes betreffenden Fragen verhindert.

Es ist deshalb, daß die aktuelle Hegemonialmacht ständig ihre Strategie überprüft und sie entsprechend den sich verändernden Bedingungen anpaßt. Aus diesem Grund steht diese Strategie im Fokus des auf der Seite 377 näher bezeichneten, 13. Kapitels des ebenda bezeichneten Buches. Das erscheint mir zur Abschätzung der aktuellen politischen Entwicklung sinnvoll zu sein, handelt es sich bei dieser Strategie doch stets um eine Anpassung an die sich verändernden weltweiten politischen Bedingungen — und hierbei ist ihr Wandlungsprozeß seit dem Ende des Kalten Krieges von besonderem Interesse.

Obwohl gewiß ein noch weiteres Zurückgehen notwendig ist, will man verstehen, was der Kalte Krieg war und wozu er diente — immerhin resultiert daraus auch die aktuelle Strategie der USA.

(__Und selbstverständlich wird eine ausreichende Inblicknahme des dem Kalten Krieg vorlaufenden Geflechts von Ereignissen, und ihn schließlich bedingend, sowie wiederum die Ausleuchtung der Ursachen jenes, diesem vorlaufenden Geflecht vorausgehend sich Ereignethabenden vom genannten Buch geleistet.__)

Aber das Ende des Kalten Krieges ist insbesondere deshalb ein einschneidendes Datum, da es erlaubt zu erkennen, daß im wesentlichen keine grundsätzliche Verhaltensänderung bei den Machteliten der Nationalstaaten mit ihren profitorientierten Wirtschaften festzustellen ist, sondern lediglich eine Anpassung an die veränderten Verhältnisse. Denn der mit dem Konstrukt des Nationalstaates _*direkt*_ gekoppelte Begriff ist nicht dadurch obsolet geworden, daß man heutzutage den Ausdruck seines „Wesens" mit der orwellianischen Begriffsschöpfung „Integrationskonkurrenz" verschleiert, hingegen ist er mit *Neo*_Imperialismus richtig bezeichnet — handelt es sich doch tatsächlich um eine Aktualisierung des *Paläo*_Imperialismus'.[336]

[336] Zum Begriff „Integrationskonkurrenz" siehe die Seiten 460 f.: „Der orwellianische Begriff 'Integrationskonkurrenz'".

Gravierend tritt nun der Umstand hinzu, daß man in den USA der Meinung ist, sich seit dem 11. September 2001 in einem permanenten Kriegszustand zu befinden, wodurch die daraus resultierende Strategie paranoide Züge bekommt und zu einer sich verstetigend gefährlichen internationalen Situation führt.

Das zweite, ebenso insbesondere mit dem Thema dieser 13., „exkursiven Lesung" zusammenhängende Beispiel, findet sich gleichfalls im dritten Teilband des oben auf der Seite 377 genannten Buches, d.h. dort im Kapitel 18:

> „Eine kurze Beschäftigung mit der Frage nach der neoliberalen Strategie des 'Westens' und der Funktion seiner Medien bei der Vermittlung dieser Strategie".

Denn das Thema dieses Kapitels ist die EU-Strategie, und da Deutschland der Hegemon der EU ist, kommt darin insbesondere das Streben der deutschen Machtelite

(__*versteckt*__)

zum Ausdruck —

dies ist übrigens über die Praxis belegt.

Der zwischen der die politische Richtung der USA bestimmenden us-amerikanischen Elite und der sich zwar hinter der EU-Kommission versteckenden, aber sowohl deren als auch die deutsche politische Richtung bestimmenden deutschen Elite, und nicht erst seit der Trump-Administration bestehende, sondern durch sie nun aufbrechende Konflikt, ist kein von ungefähr kommender, hingegen Ausdruck einer längst bestehenden Konfliktlinie.

Übrigens ist vor dem Hintergrund der lobbykratisch verfaßten EU, die in Kreisen der EU-Funktionselite gewollte Blockbildung der europäischen Nationalstaaten mit Weltmachtambitionen lediglich noch mittels quasi-diktatorischer Methoden realisierbar, da anderweitig ein Zusammenhalten der in den Mitgliedsstaaten der EU einsitzenden Völker nicht mehr möglich sein wird, deren „Gemeinschaftserlebnisse" sich bisher im Erleiden von „Austeritäts-'Reformen'" ausdrücken, also keine positiv emotionalen Eindrücke hinterlassen haben, folglich „identitätsstiftende Erlebnisse" lediglich über, dann auf militärischem Gebiet liegenden „Gemeinschaftserlebnissen" zu „vertiefen" sind — wenn es darum geht, diese Ambitionen Wirklichkeit werden zu lassen.

Dummerweise macht die französische Machtelite dabei mit.

„Dummerweise" deshalb, da das für die und die in ihrem Nationalstaat einsitzenden Insassen gar nicht von Vorteil ist, denn solange die Fehlkonstruktion der Währungsunion bestehenbleibt, ist der Niedergang der französischen Wirtschaft nicht zu stoppen[337]

[337] Vgl. die Lesung 22, sowie bspw. in: Die *tri*_logische Sezierung [...], Band I, Teilband 2, das Kapitel 5.

Möglicherweise hoffend, auf diese Weise die deutsche Machtelite doch noch einbinden zu können, was ich für eine Illusion halte:

Denn diese Machtelite läßt sich nicht einbinden, sondern der kann man lediglich sagen, was sie zu tun und was sie nicht zu tun hat.

Zu glauben, daß die von der deutschen Seite gesetzte Richtungsvorgabe gleichbedeutend mit einer guten für Europa wäre, ist traditionell nicht belegt, bzw. die Erfahrungen sprechen dagegen.[338]

Und wie sich seit dem Ende des Kalten Krieges zeigt, ist jene, eine für Europa gute Richtungsvorgabe _*verhindernde*_ Denkart weiterhin vorhanden.

Der Verdeutlichung dieses Fakts ist immerhin insbesondere dieses Ihnen vorliegende Buch gewidmet.

Das heißt es ist berechtigt, diese Mentalität als *neo*_wilhelministisch zu bezeichnen.

*Also* steht nicht die Frage eines neuen Faschismus' im Raum, sondern die eines *ge*_updateten Wilhelminismus'.

---

[338] Die in der online-Ausgabe der *Libération* am 27. September '17 erschienene, von Jean Quatremer stammende Einschätzung der von Frau Merkel zu verantwortenden Bilanz für Europa: „Angela Merkel, la « reine fainéante » de l'Europe », trifft übrigens das Ergebnis dieser Bilanz und die daraus resultierende Befindlichkeit der europäischen Bevölkerung gegenüber dem Hegemon der EU gut. Der folgende Internet-Pfad ist am 15. September '17 geprüft worden:

http://bruxelles.blogs.liberation.fr/2017/09/24/angela-merkel-la-reine-faineante-de-leurope/

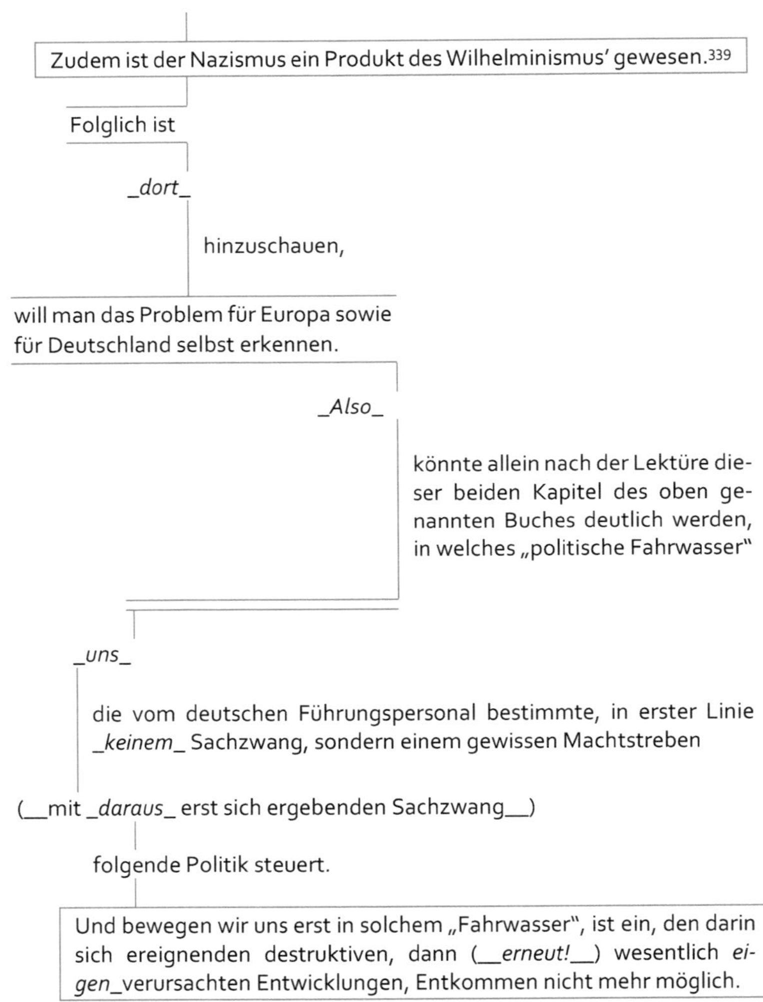

[339] Siehe hierzu auch die Lesung 16.

Das heißt, wenn Sie den Inhalt allein dieser Kapitel mit dem in Beziehung setzen, das zur Zeit politisch real abläuft, werden Sie möglicherweise einen Begriff davon bekommen, was die Völker in näherer Zukunft von den Machteliten und ihren politischen, journalistischen und *spin*_doktorischen Satelliten erst noch zu erwarten haben werden — wie das letzte Jahrhundert unserer fragwürdigen Zeitrechnung gezeigt hat.

Immerhin trägt der größere Teil der Zeit von 1945 bis zum Beginn der 90er Jahre nicht ohne Grund den Namen *Kalter Krieg*: die Konflikte blieben lediglich _*relativ*_ „eingefroren".

Genau genommen hatte der Kalte Krieg am 24. Juni 1948 begonnen, als, in Reaktion auf die Währungsreform und die Einführung der D-Mark in den drei westlichen Besatzungszonen,

wodurch der vereinbarte Status unter den Siegermächten des zweiten Teils des Großen Krieges grundlegend in Frage gestellt wurde,

von der Sowjetischen Militäradministration eine Blockade über Berlin verhängt wurde, so daß die Versorgung des Westteils mit Strom und mit Lebensmitteln aus dem Ostteil Berlins kommend eingestellt und, in Reaktion darauf, die Lebensmittelversorgung der Bevölkerung im Westteil Berlins über eine bis zum 12. Mai 1949 eingerichtete „Luftbrücke" von den westlichen Besatzungsmächten sichergestellt wurde — und dieser „kalt" geführte Krieg erst am 6. Juni 1990 mit der

Londoner Erklärung endete, die, auf Grund der entstandenen neuen Lage, die künftige Rolle der NATO zum Gegenstand hatte.

Diese veränderte Lage hatte sich übrigens durch die am 3. Dezember 1989 von dem durch den Rücktritt Andrei Gromykos am 1. Oktober 1988 zum Vorsitzenden des Obersten Sowjets (__*und damit zum Staatsoberhaupt der Sowjetunion*__) und dann am 25. Mai 1989 von den Deputierten des neugeschaffenen Volkskongresses zum Staatspräsidenten mit besonderen Vollmachten der UdSSR gewählten Michail Gorbatschow, in _*dieser*_ Eigenschaft abgegebenen Erklärung anläßlich des Treffens mit dem US-Präsidenten George Bush vom 2. bis zum 3. Dezember 1989 auf Malta, daß der Kalte Krieg beendet sei, ergeben.

Ende der Anmerkung zum Begriff „Kalter Krieg"

_*A l s o*_

ist das den großen Krieg des 20. Jahrhunderts ausgelöst habende,

in besonderer Weise bei der deutschen Machtelite ausgeprägte

Denken geblieben, hingegen haben sich lediglich die Umstände geändert.

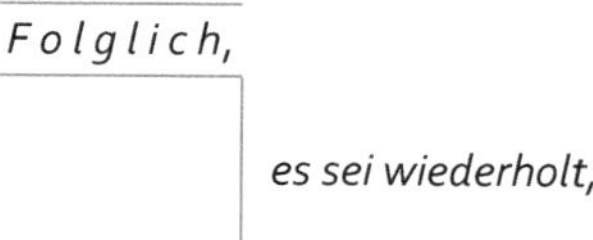

Folglich,

es sei wiederholt,

würden diese Eliten kein Problem damit haben, die Völker erneut aufeinander zu hetzen, falls es aus ihrer Sicht notwendig sei:

Bevor wir die Macht teilen, hetzen wir eher die Völker aufeinander.[340]

In der Quelle dieses Zitats wird auf den ihm vorlaufenden Seiten im einzelnen der die damalige gesellschaftliche Situation bestimmende Tenor in den Staaten Europas auf eine Weise ausgeführt, daß für den Leser erkennbar wird, welcher Art die von den Eliten

*_dann_*

emotionalisierte Situation vor dem ersten Teil des Großen Krieges tatsächlich gewesen war — und nicht welcher Art diese vermeintlich gewesen wäre, wie immer wieder und heutzutage forciert von einer die Zusammenhänge offenbar verschleiern wollenden Geschichts_*Schreibung* behauptet wird —

als habe es sich dabei um etwas gehandelt, das lediglich „dumm gelaufen" sei.

Denn tatsächlich war es eine sich zum

*Vor*_Revolutionären

[340] Vgl. in: Die *tri*_logische Sezierung [...], Band I, Tb 1, die Seite 384.

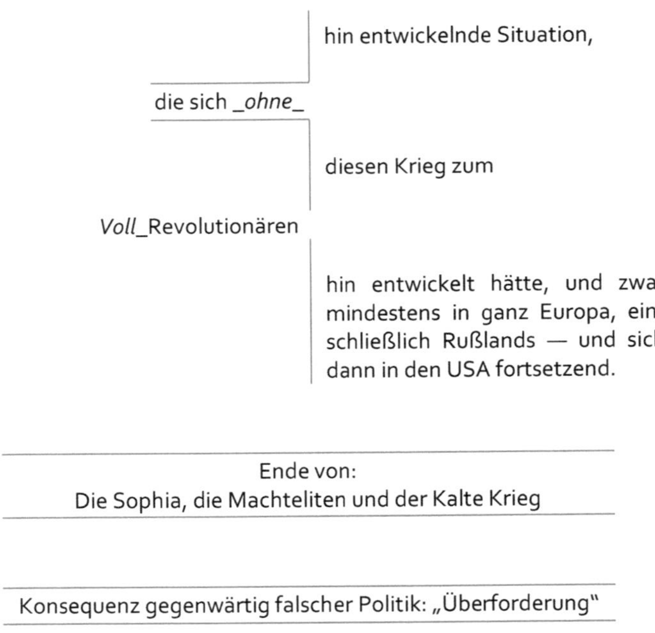

Ende von:
Die Sophia, die Machteliten und der Kalte Krieg

Konsequenz gegenwärtig falscher Politik: „Überforderung“

Zum Abschluß dieser Lesung möchte ich auf einen Fall zu sprechen kommen, der die von der Masse der Vertreter der bürgerlichen Intellektuellen gezeigte

(__*nämlich gewohnheitsmäßig unzureichende*__)

Art und Weise mit Ereignissen falscher Politik umzugehen gut verdeutlicht. Diese Art und Weise eines unzureichenden Umgangs mit dieser, fatale Konsequenzen nach sich ziehenden Politik, kommt nämlich so symptomatisch wie exemplarisch zum Ausdruck, spricht der Chefredakteur der Wochenzeitschrift „*Der Freitag*“ davon, daß „unsere Gegenwart“ mit einem Wort beschrieben werden könne und das laute:

_*Ü b e r f o r d e r u n g*_.[341]

Nun, darauf läßt sich *un*_überfordert folgendes erwidern:

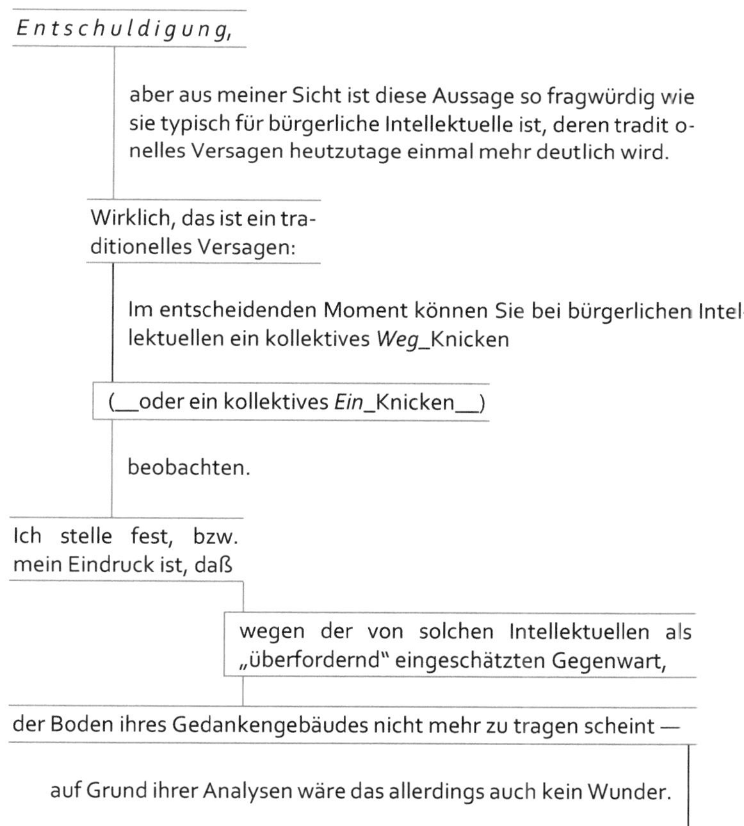

E n t s c h u l d i g u n g,

aber aus meiner Sicht ist diese Aussage so fragwürdig wie sie typisch für bürgerliche Intellektuelle ist, deren tradit o-nelles Versagen heutzutage einmal mehr deutlich wird.

Wirklich, das ist ein traditionelles Versagen:

Im entscheidenden Moment können Sie bei bürgerlichen Intellektuellen ein kollektives *Weg*_Knicken

(__oder ein kollektives *Ein*_Knicken__)

beobachten.

Ich stelle fest, bzw. mein Eindruck ist, daß

wegen der von solchen Intellektuellen als „überfordernd" eingeschätzten Gegenwart,

der Boden ihres Gedankengebäudes nicht mehr zu tragen scheint —

auf Grund ihrer Analysen wäre das allerdings auch kein Wunder.

---

[341] Siehe auf der Facebook-Seite von Jakob Augstein den Eintrag vom 21. Juli '16.

Und so kommen sie intellektuell ins Wanken oder Schwimmen.
Oder
sie sind dabei sich „umzuorientieren",
das wissen die jetzt wahrscheinlich auch noch nicht so richtig,
weil sie im Moment nicht wissen:
„Wie läuft das?" —
wollte sich die Bevölkerung „politisch umorientieren",
ohne
daß ihr darin Klarheit beschienen wäre,
denn „ihre" Intellektuellen liefern ihr diese nicht mehr:
hatten die zwar noch nie ...
Und so mögen diese denken:
„Was können wir da 'tun'?"

Immerhin hatten die sich sehr weit aus dem Fenster gelehnt, da ja in den 90er Jahren die Rede davon gewesen war, daß das „Ende der Geschichte" erreicht sei.

(*__Nun, daß Ende der Geschichte ist tatsächlich dann erreicht, gibt es keine Spezies Mensch mehr.__*)

Dies zudem für all jene eine, einer Beleidigung gleichkommende Aussage, die in der Tradition der *Sophia* tätig sind:

Scheuklappenfreies Beobachten der Tendenzen und Motive, die, bspw.,

an der Basis dessen stehen, das nun als „Überforderung" bezeichnet wird.[342]

Das war einstmals die Intention der Aufklärer, derjenigen nämlich, die

*_seit den Anfängen_*

unseres Geschlechts aufklärten,

im Sinne der *Sophia* argumentierten und handelten, ihr *Da*_Sein unter diesem Aspekt verstanden, also als selbstbewußte Menschen in einer Gesellschaft wirkten — nicht

im verschleiernden Sinne …

wie es geschieht.

---

[342] Siehe weiter oben auf den Seiten 373 ff. die Erläuterung eingangs der Anmerkung: „Die Sophia, die Machteliten und der Kalte Krieg".

Also ist ein absolutes Versagen von seiten der Masse der Intellektuellen festzustellen.[343]

All jenes aber, das als die Menschen

„überfordernde Gegenwart"

bezeichnet wird, läßt sich in meinem weiter oben erwähnten Buch so entzaubert wie angemessen erläutert finden— und dies in dem Ihnen vorliegenden Buch angerissen verdeutlicht am Beispiel zweier seiner Kapitel, da ich diese für bestens geeignet halte, jenes so thematisch wie exemplarisch mit dem in dieser „exkursiven Lesung" Behandelten Zusammenhängende auszudrücken[344] — so daß

*_nun_*

die Vorsilbe „Über" bequem entfernt werden kann und das Subjekt „Forderung" bleibt, dem dann lediglich noch die Vorsilbe

Auf-!_

vorgestellt werden muß.

---

343 Zu „Aufklärung" und „Aufklärern" siehe auch den Anhang I.

344 Vgl. die Seiten 373-88: „Die Sophia, die Machteliten und der Kalte Krieg".

Vierzehnte Lesung

Lediglich als fürchterlich zu bezeichnende Taten wurden und werden begangen

Dieser Lesung sei die Bemerkung vorausgeschickt, daß bei ihrem ersten Niederschreiben im Dezember 2016, die, ihren thematischen Gegenstand bildende militärische Offensive andauerte, auch noch in der ersten Hälfte des Jahres 2017 und „irgendwie" beendet in dessen Mitte worden sein soll. Entscheidend ist das nicht, liegt der Sinn dieser Lesung doch darin, aus einer *sur*_realen Perspektive heraus kaum Registriertes zu streifen, so daß das Machtbedrohliche ausreichend deutlich werde, gezeigt an lediglich einem _*weiteren*_ Gipfelpunkt so interessengeleiteter wie unverantwortlicher Politik, so daß jene diese Praktizierenden ab einem gewissen Punkt gezwungen sind, die politische Entwicklung immer weiter Richtung *un*_korrigierbarer, d.h. konstruktiv _*nicht*_ mehr beeinflußbarer Entwicklung zu treiben. ...

Schon allein wegen eines drohen könnenden, selbstverursachten „Gesichtsverlustes".

Lediglich als fürchterlich zu bezeichnende Taten wurden und werden begangen —

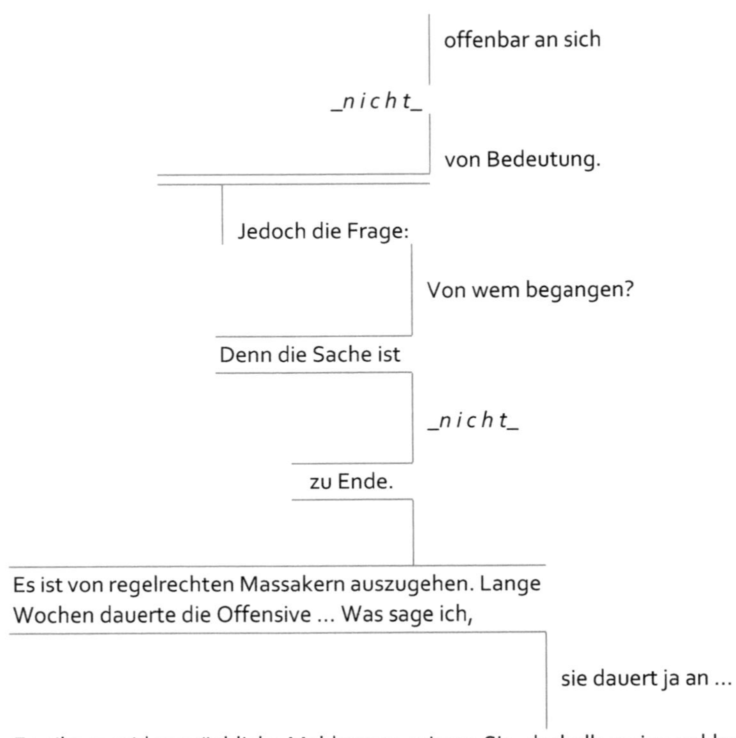

Es gibt so widersprüchliche Meldungen, wissen Sie, deshalb meine unklare Rede …

> Selten dringen Nachrichten durch, die von einem Blutbad berichten. Berichte aus der Gegend sind es dann, weitergegeben von Freunden oder Bekannten, die einmal von der Auslöschung einer großen Familie sprechen, getötet durch einen Luftangriff, dann von Dutzenden Frauen und Kindern, die einem anderen Angriff zum Opfer gefallen sind.

Wie es immer ist, wenn irgendwo Militär eine Stadt belagert und Angriffe führt:

Es sind Zivilisten, die bei solchen Angriffen direkt umkommen oder unter den Trümmern zerstörter Gebäude ihren schweren Verletzungen erliegen —

ob bekannt oder unbekannt.

Die _andere_ Seite behauptet,

daß die Terroristen die normale Bevölkerung als menschliche Schutzschilde mißbrauche, deshalb diese auch daran hindere zu fliehen.

Die _andere_ Seite behauptet,

daß schon tausende Terroristen erschossen oder schwer verwundet seien.

Von den bei solchen Tötungen umgekommenen Zivilisten ist offiziell nichts zu erfahren.

Diese muß es aber geben, da bei solchen Kämpfen möglichst Unterstützung aus der Luft angefordert wird, Häuser unter Beschuß zu nehmen, die von eigenen in die Stadt eindringenden Kräften als verdächtig

_„e r k a n n t"_

worden sind, bzw. die erst nach einer solchen „Aufklärung" eine ungefähre Ortsbeschreibung machen können, so daß Artillerie oder Raketen wenigstens

_u n g e f ä h r_

zu justieren sind ...

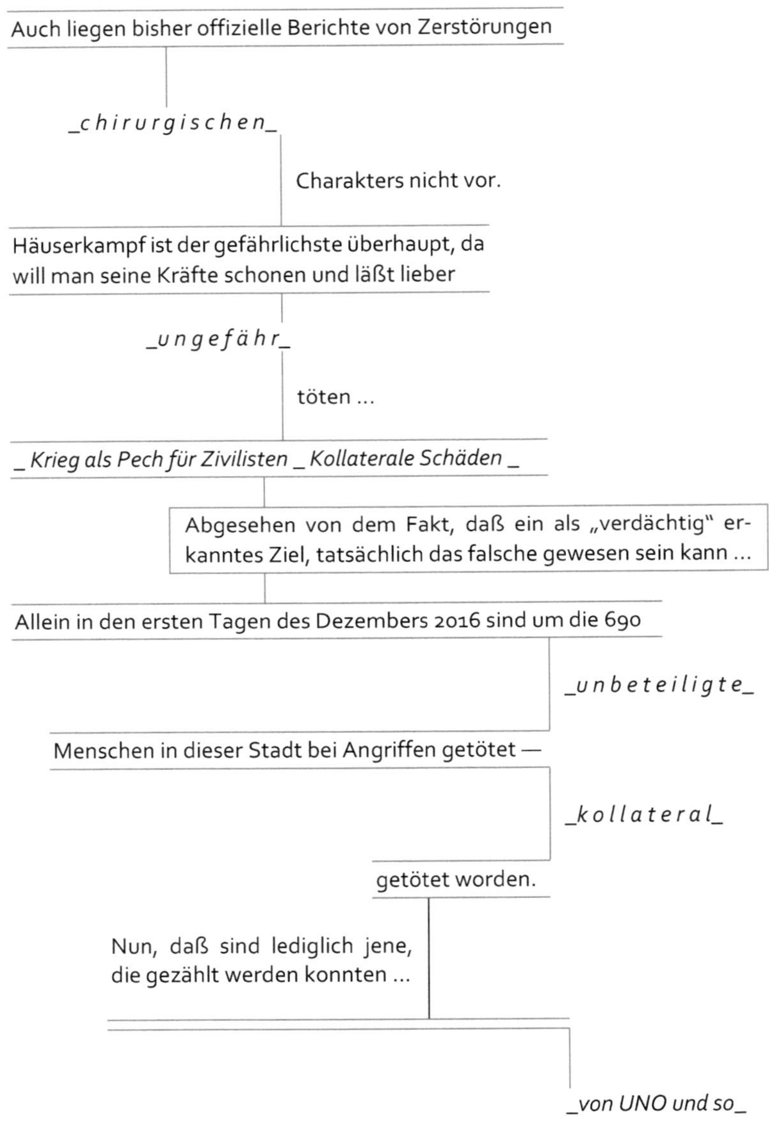
Auch liegen bisher offizielle Berichte von Zerstörungen
chirurgischen
Charakters nicht vor.
Häuserkampf ist der gefährlichste überhaupt, da
will man seine Kräfte schonen und läßt lieber
ungefähr
töten …
_ Krieg als Pech für Zivilisten _ Kollaterale Schäden _
Abgesehen von dem Fakt, daß ein als „verdächtig" er-
kanntes Ziel, tatsächlich das falsche gewesen sein kann …
Allein in den ersten Tagen des Dezembers 2016 sind um die 690
unbeteiligte
Menschen in dieser Stadt bei Angriffen getötet —
kollateral
getötet worden.
Nun, daß sind lediglich jene,
die gezählt werden konnten …
von UNO und so

… und die als _*Unbeteiligte*_ bei

*direkten*

Kampfhandlungen umgekommen sind.

*Jene*

aber, die als Ergebnis _*dieser*_ Belagerung und

*dieser*

Offensive, zu denen um die hunderttausend obdachlos gewordene Menschen gehören, die bei dem nun einsetzenden Winter

*weder*

über Heizmöglichkeiten, Strom noch Wasser verfügen,

nun,

diese werden in weit größerer Zahl erst noch ihr Leben zu lassen haben:

_ erfroren

_ verhungert

_ totenkrank

ABER,

und

*obwohl*

dieser Angriff von einer großen Zahl von Soldaten und Söldnern mit Artillerie und Luftunterstützung geführt wird, und

_o b w o h l_

ein

*_a u f_ _d i e s e_ _W e i s e_*

gegen eine Stadt geführter Angriff

b a r b a r i s c h sein *m u ß*,

finden dort keine Kriegsverbrechen statt,

denn die massenmedialen Nachrichten erzählen davon nichts —

also kann es diese auch nicht geben ...

wollte man dem ganzen Geschehen nicht überhaupt jenes zuweisen, das es ist:

Ein einziges von den Massenmedien verschwiegenes Verbrechen.

Ein Wunder ist es hingegen nicht, daß es dort keine Kriegsverbrechen geben kann

*_d e n n_*

Kriegsverbrechen_*losigkeit*

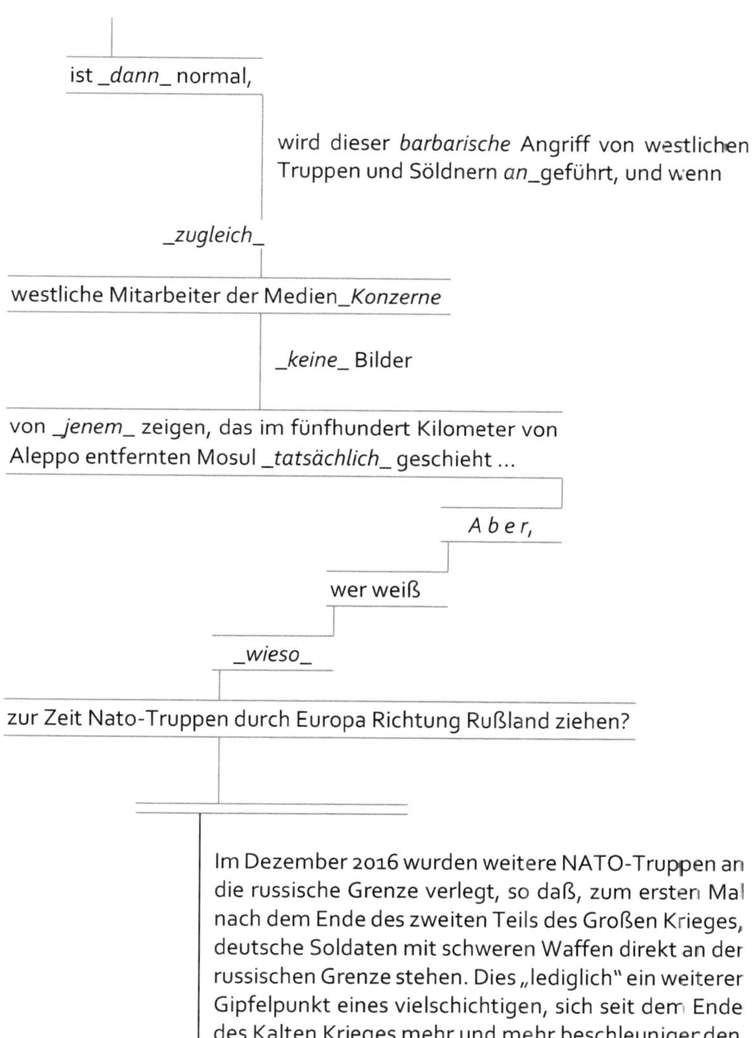

ist _*dann*_ normal,

wird dieser *barbarische* Angriff von westlichen Truppen und Söldnern *an*_geführt, und wenn

*zugleich*

westliche Mitarbeiter der Medien_*Konzerne*

*keine* Bilder

von _*jenem*_ zeigen, das im fünfhundert Kilometer von Aleppo entfernten Mosul _*tatsächlich*_ geschieht ...

A b e r,

wer weiß

*wieso*

zur Zeit Nato-Truppen durch Europa Richtung Rußland ziehen?

Im Dezember 2016 wurden weitere NATO-Truppen an die russische Grenze verlegt, so daß, zum ersten Mal nach dem Ende des zweiten Teils des Großen Krieges, deutsche Soldaten mit schweren Waffen direkt an der russischen Grenze stehen. Dies „lediglich" ein weiterer Gipfelpunkt eines vielschichtigen, sich seit dem Ende des Kalten Krieges mehr und mehr beschleuniger den

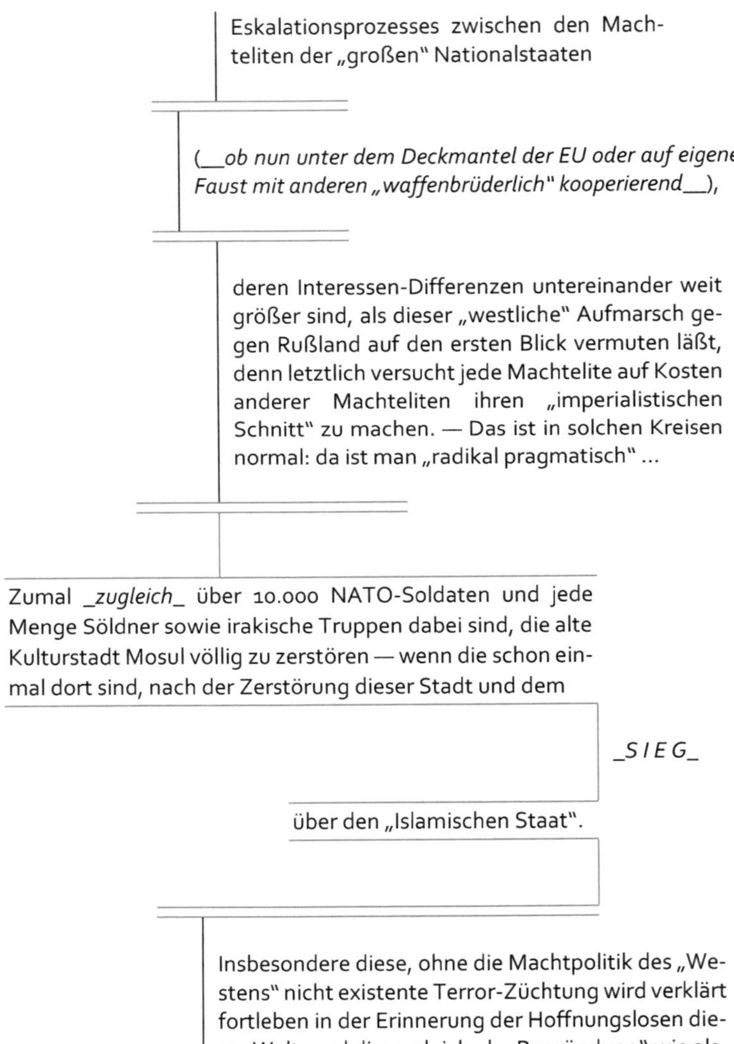

Eskalationsprozesses zwischen den Machteliten der „großen“ Nationalstaaten

(__*ob nun unter dem Deckmantel der EU oder auf eigene Faust mit anderen „waffenbrüderlich“ kooperierend*__),

deren Interessen-Differenzen untereinander weit größer sind, als dieser „westliche“ Aufmarsch gegen Rußland auf den ersten Blick vermuten läßt, denn letztlich versucht jede Machtelite auf Kosten anderer Machteliten ihren „imperialistischen Schnitt“ zu machen. — Das ist in solchen Kreisen normal: da ist man „radikal pragmatisch“ ...

Zumal _*zugleich*_ über 10.000 NATO-Soldaten und jede Menge Söldner sowie irakische Truppen dabei sind, die alte Kulturstadt Mosul völlig zu zerstören — wenn die schon einmal dort sind, nach der Zerstörung dieser Stadt und dem

_*S I E G*_

über den „Islamischen Staat“.

Insbesondere diese, ohne die Machtpolitik des „Westens“ nicht existente Terror-Züchtung wird verklärt fortleben in der Erinnerung der Hoffnungslosen dieser Welt, und die zugleich als „Begründung“ wie als

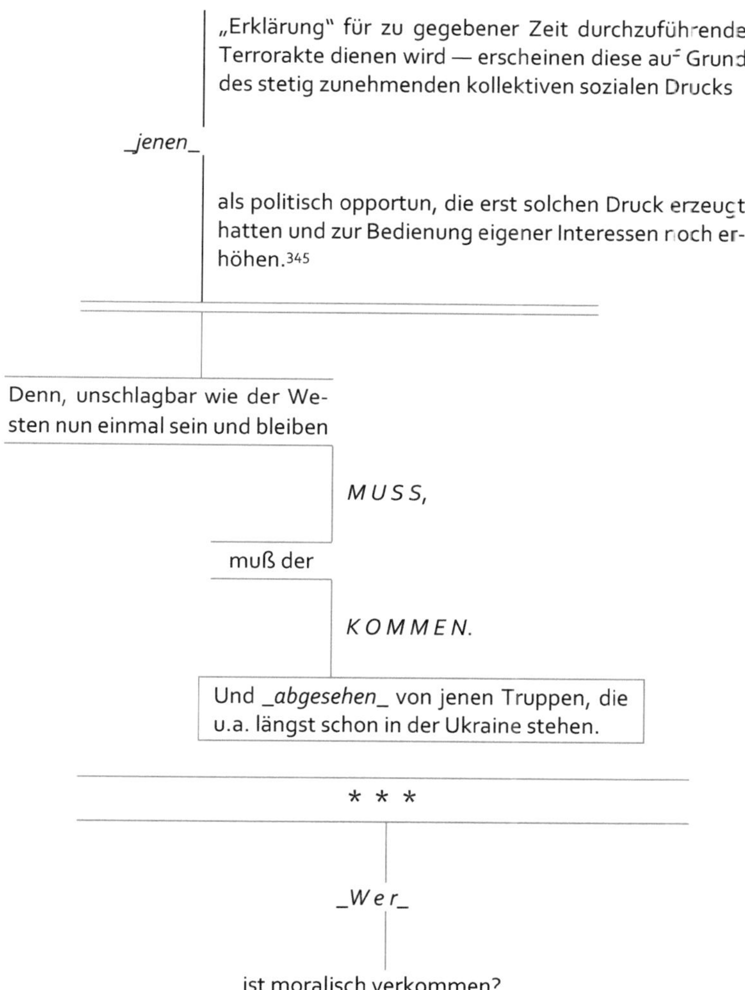
„Erklärung" für zu gegebener Zeit durchzuführende Terrorakte dienen wird — erscheinen diese auf Grund des stetig zunehmenden kollektiven sozialen Drucks

*jenen*

als politisch opportun, die erst solchen Druck erzeugt hatten und zur Bedienung eigener Interessen noch erhöhen.[345]

Denn, unschlagbar wie der Westen nun einmal sein und bleiben

M U S S,

muß der

K O M M E N.

Und _*abgesehen*_ von jenen Truppen, die u.a. längst schon in der Ukraine stehen.

* * *

_*W e r*_

ist moralisch verkommen?

[345] Siehe die „Exkursion" auf den Seiten 333-40.

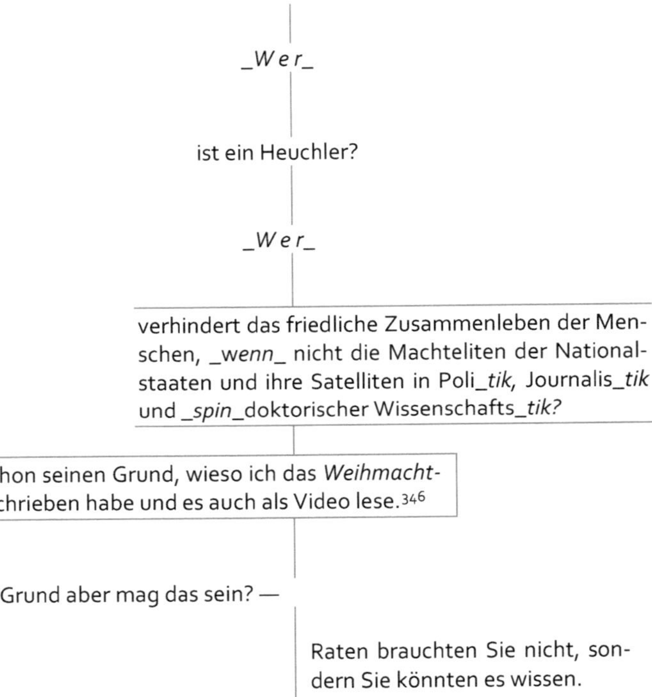

Am 17. Oktober 2016 begann die Offensive gegen die IS-Kämpfer in Mosul. Beteiligt waren daran 30.000 irakische Soldaten, mehr als 10.000 NATO-Soldaten und Söldner. Im Gegensatz zu der „Berichterstattung" über die Ereignisse in Aleppo, waren in den westlichen

[346] Jedoch stets nur im Dezember als YouTube-Video, abrufbar über „NetzKolumnist.com", dort unter: „eigene Videos", sowie als Text in: Die *tri*_logische Sezierung [...], Band II.

Mainstream-Medien keine Bilder von getöteten Zivilisten zu sehen, die diesen Angriffen direkt zum Opfer gefallen oder wegen der Unterbrechung der Strom- und Wasserversorgung im einbrechenden Winter umgekommen sind.

Das ist _*ausschließlich*_ dann zu verstehen, geht man nicht mehr von unabhängiger Berichterstattung aus, sondern von Propaganda zur Indoktrination der eigenen Bevölkerung.

Mit der Eroberung der zum größten Teil zerstörten Moschee Al-Nuri, die als Symbol des sogenannten Islamischen Staates galt, erklärte der irakische Regierungspräsident Haider al-Abadi am 29. Juni 2017 das Ende des IS-Kalifats. Allerdings waren zu diesem Zeitpunkt noch immer einige Viertel der Mosuler Altstadt unter Kontrolle des „IS" — und damit bis zu 150.000 Bürger der einmal knapp 3 Millionen Einwohner zählenden Stadt. Auch gelten Gegenden im Umland von Mosul sowie in anderen Teilen des Iraks als weiterhin vom „IS" beherrscht. Überdies kommt es immer wieder zu Kampfhandlungen in als befreit geltenden Gebieten.

Der IS ist als ein direktes Ergebnis der Machtpolitik des „Westens" im Nahen Osten zu verstehen. Das heißt ohne den Angriffskrieg gegen den Irak im Jahre 2002, sowie eine anders gelagerte, nicht auf die Bedienung von partikularen Machtinteressen ausgerichtete Politik, gäbe es diese und vergleichbare Terror-Organisationen nicht. Beziehungsweise wird es früher oder später offenbar werden, daß es sich bei diesen Organisationen um direkte oder indirekte Züchtungen westlicher Geheimdienste gehandelt hat ...

Fünfzehnte Lesung

„Ich stimme der deutschen Politik nicht zu!“

Stellen Sie sich vor, Sie sagten pauschal: „Die praktizierte deutsche Politik heiße ich nicht gut“. Sie bekämen wahrscheinlich viel Zustimmung. Erläuterten Sie hingegen Ihre Aussage, nähme die Zustimmung möglicherweise ab. Erläutere _*ich*_ aber tatsächlich meine Aussage: „Ich stimme der deutschen Politik nicht zu!“, nimmt diese gewiß drastisch ab, worauf allerdings Rücksicht zu nehmen nicht verlangt werden kann, immerhin _*erleide*_ ich diese Politik auf besondere Weise — wie sollte ich die dann gutheißen? Demzufolge ist das nun ausleuchtend zu Erläuternde Ausdruck meines Beobachtens fragwürdiger politischer Tendenzen. Also wird sich erst noch zeigen, ob denn _*Sie*_ als Leser damit einverstanden sind oder nicht. Allerdings ist nicht dies das Wesentliche, sondern mein *Ein*_druck, daß das _*Wieso*_ zur Kenntnis gegeben werden muß, da schlimme, uns alle betreffende politische Dinge _*erneut*_ geschehen, allerdings nicht „hineinschlitternderweise“ (__*was schon fürs „Damals“ nicht stimmte*__) — sondern gewollt.

---

* * *

Nicht

nur die Werbefachleute eines von mir screengeshoteten, CDU-Plakats

> *... groß aufgestellt gewesen anläßlich des thüringischen CDU-Parteitags am 19. November 2016 ...*

wollten dem Betrachter offenbar weismachen, daß mit Hilfe der seit dem Ende des Kalten Krieges von der deutschen Seite praktizierten Politik eine _*akzeptable*_ „Ordnung", ja sogar „Nachhaltigkeit" _*und*_ sogar _*akzeptabler*_ „Patriotismus" möglich wären:

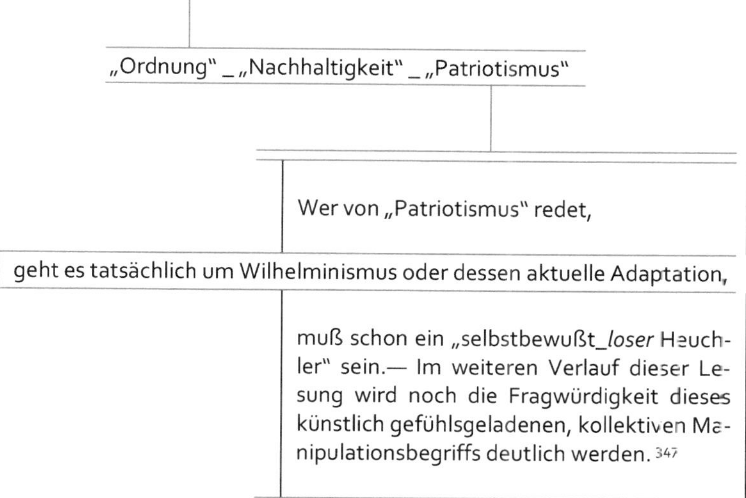

---

[347] siehe dazu auch die Seiten 10-15: Wem dient [...] ein „Nationalstaat" [...]?

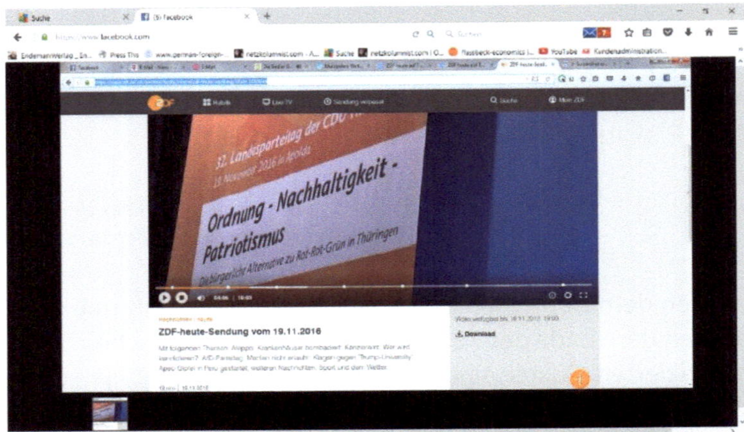

Screenshot der ZDF-Nachricht zum thüringischen CDU-Parteitag am 19. November 2016.

Nun, genau genommen, wollen nicht die Werbefachleute, denn die werden dafür bezahlt, sondern selbstverständlich will dies das CDU-Führungspersonal weismachen. Immerhin hatte im November 2016 Frau Merkel anläßlich der Verabschiedung des zu jener Zeit scheidenden US-Präsidenten Obamas bereits (__*wem auch immer*__) weismachen wollen, obwohl zu jener Zeit noch mit pushender Unterstützung der Medien:

> *Deutschland ist nun in der Lage, die deutsche Ordnung in der Welt einzuführen …*

Nun gut, das habe ich ihr jetzt in den Mund gelegt.

Aber zwar hatte sie lediglich gesagt, daß nun Deutschland im Rahmen seiner Möglichkeiten die bestehende Weltordnung aufrechtzuerhalten in der Lage wäre — denn die meinungspushenden Medien waren da schon weiter

(*__also im Traum__*),

konnte man doch zu jener Zeit, bspw. beim ZDF auf Twitter sinngemäß genau jenes lesen, welches heutzutage, also Mitte des Jahres 2017 schon als Fakt quasi kollektiv geträumt wird:

> „Jetzt ist Deutschland in der Lage, die Ordnung der Welt aufrecht zu halten.".[348]

Und im Namen der deutschen Machtelite wird Frau Merkel auch alles ihr Möglich tun — *_n i c h t_* eine wirklich gute, also erst noch zu schaffende Ordnung, sondern die

> *_bestehende_*

aufrechtzuerhalten. Und daß diese keine gute sein kann, zeigt die seit dem Ende des Kalten Krieges praktizierte Politik, bzw. deren Ergebnisse:

> Nämlich völlig ignorierend welche Auswirkungen es auf die Masse der Bevölkerung hat, will man lediglich aus *_dem_* Grunde ein Regime beseitigt sehen,

---

[348] Quelle: ZDF heute-Twitter-Account, Eintrag vom 17. November 2016, 9:11. Der nachfolgende Internet-Pfad dieser Nachricht ist am 15. September '17 erneut geprüft worden: https://twitter.com/zdfheute/status/799298897093001216.

Das „deutsche Problem" wird im vierten Teil des Ihnen vorliegenden Buches behandelt, so bspw. die deutsche „Dominanzblase" betreffend, siehe die Seiten 609-14, beginnend mit: „Die traditionell fehlende eigene Substanz".

da es dem eigenen Machtstreben im Wege steht, und hierbei solche Gruppen unterstützend, die gemeinhin als Terroristen bezeichnet und auf diese Weise erst stark gemacht werden, wodurch die reale Gefahr entsteht, daß von solchen ebenso Anschläge in Europa ausgeübt werden, was die hiesige Bevölkerung in eine

*_potentiell reale_*

Gefahrensituation bringen kann,

*_und_*

*_zugleich_*

in ihr die Bereitschaft genährt wird, weiteren Abbau ziviler Rechte in Kauf zu nehmen,

*_sowie_*

„endlich"

ein härteres Vorgehen gegen solche vom „Westen" direkt oder mittelbar kreierten Terror-Gruppen fordern läßt.[349]

Nun, das läßt sich sogar exemplarisch zeigen, faßt man einen sich in Syrien ereignet habenden Vorfall ins Auge, wodurch

[349] Vgl. auch die Lesung 10. Im vierten Teil des Ihnen vorliegenden Buches wird übrigens noch deutlich genug werden, daß das keineswegs eine Übertreibung ist: All jenes von mir Dargelegte, das mir selbst zunächst als etwas übertrieben formuliert erschien, hat sich schnell als zu milde ausgedrückt entpuppt.

nämlich deutlich wird, daß das seit dem Jahre 2012 über die Ereignisse dort von den westlichen Massen-Medien Berichtete offenbar primär der Verdeckung der eigenen politischen Verantwortung, bzw. dem machtgesteuerten Willen der westlichen Eliten dient

und somit zwangsläufig der *Des*_Information der eigenen Bevölkerung.

Zur Abstützung dieser Behauptung sowie zur Verdeutlichung der politischen Tendenz, sei im nachfolgenden eine exemplarisch verdeutlichende Passage aus: Die *tri*_logische Sezierung [...], Band I, Teilband 3, exkursivzitiert.

_ Exkursion _

ZITAT

Meine folgende Aussage ist erstmals am 14. September 2014 auf *NetzKolumnist.com* veröffentlicht worden, Sie können deshalb selbst überprüfen, in welcher Richtung die aktuelle Entwicklung erfolgt, beziehen Sie beim Lesen dieser Anmerkung das aktuelle politische Geschehen mit in die Überlegung ein:

Wenn nämlich am 8. April 2014 die „Möglichkeit" in den Blick kam, daß die türkische Regierung in jenen Giftgas-Angriff

[__der sich *im August 2013 im Gebiet der sich westlich, südlich und östlich von Damaskus weit ausdehnenden Oase Ghouta ereignet hatte*; Anm. d. Autors__] verwickelt gewesen sei, der vom „Westen“, wie selbstverständlich, dem Assad-Regime zugeschrieben wird[350], dann entspricht eine solche „Möglichkeit“ genau diesem alten, reaktionären, menschen- und völkerfeindlichen Denken, das dem Imperialismus eigen ist:

Den Menschen wird solange etwas vorgelogen, bis die Lügner selbst glauben, was sie den Menschen vorlügen —

mit fatalen Folgen für die Menschen, kaum jedoch für die Lügner.

Nun, wie es sich mit _dieser_ „Möglichkeit“ auch immer verhalten mag, Tatsache ist auf jeden Fall, daß die sogenannte Al-Nusra-Front, die heute Teil des militärischen Arms des sogenannten „Islamischen Staates“ ist, von der Türkei aus _ohne_ Behinderung nach Syrien eindringen konnte und deren Brigaden dort eher als Schlächter denn als „Befreier“ wahrgenommen werden. Und allein dieser Fakt verleiht dieser „Möglichkeit“ eine gewisse Wahrscheinlichkeit. Aber ich habe keineswegs die Absicht, Herrn Assad und sein Regime in Schutz zu nehmen, es stellt sich aber die Frage, wem die Behauptung nützlich war, daß dieses Regime Giftgas eingesetzt habe.

---

350 Vgl. den an diesem Tag in der Online-Ausgabe des „Züricher Tages-Anzeigers“ veröffentlichten Artikel: „War Ankara in den Giftgas-Angriff verwickelt?“, dessen folgender Internet-Pfad am 15. September ’17 erneut geprüft worden ist: https://www.tagesanzeiger.ch/ausland/naher-osten-und-afrika/War-Ankara-in-den-GiftgasAngriff-verwickelt/story/30962921.

* * *

Die UN-Inspektoren, die die Untersuchungen um die Ereignisse vom 21. August 2013 anstellten, nämlich zur Klärung der Frage, ob Giftgas eingesetzt wurde, waren am 18. August aus einem anderen Grund in Damaskus eingetroffen, und wohnten übrigens nur wenige Fußminuten entfernt vom Ort des Geschehens am 21. August. Der Grund für ihre Ankunft am 18. August war folgender:

> Das Assad-Regime hatte diese UN-Inspektoren eingeladen, eine Untersuchung eines angeblichen Giftgasangriffs durch die Rebellen zu untersuchen, der am 19. März auf das Dorf Khan al-Asal bei Aleppo erfolgt sein soll, neben anderen Angriffen auf zwei weitere Ortschaften, bei denen ebenso die zu klärende Vermutung im Raum steht, ob auch dort chemische Waffen von Rebellen eingesetzt worden seien, und bei dem mehrheitlich Soldaten des Assad-Regimes getötet worden waren.

Auf Grund der Ereignisse vom 21. August bekamen diese UN-Inspektoren die UN-Order, den Sachverhalt _*dieser*_ Ereignisse zu prüfen.

> *Das heißt zumindest auch, daß vorerst die Untersuchung der Ereignisse vom 19. März ruht — und auf Dauer ruhen wird, kommt es in absehbarer Zeit zu einer militärischen Anheizung des Bürgerkriegs in Syrien durch das direkte Eingreifen der USA, Frankreichs u.a. — oder durch andere Ereignisse einfach verdrängt bleiben ...*

Dies nur ein weiterer Fingerzeig darauf, wer am 21. August an einem Einsatz von Giftgas auf die Oase Ghouta ein Interesse haben konnte, wenn nicht die in dieser Gegend Syriens unterlegenen Rebellen, bzw. die sie unterstützende Seite, nämlich in erster Linie die USA.

Übrigens war es Carla del Ponte, als hochrangiges Mitglied der UN-Kommission zur Klärung der Frage nach der Verantwortung für Kriegsverbrechen in Syrien, die am 6. Mai 2013 erklärte:

„Soweit wir das feststellen konnten, haben bisher nur die Widersacher des Regimes das Gas Sarin eingesetzt."[351]

Diese Aussage von Frau del Ponte wurde dann später von dieser UN-Kommission dahingehend abgeschwächt, daß es dafür keine Beweise gäbe.

Die Antwort auf die Frage, wieso Carla del Ponte allerdings zu dieser Einschätzung kommen konnte, wenn es dafür keine Beweise gab, wird im Nirwana der UN-Diplomatie zwar zu suchen, wahrscheinlich aber nicht zu finden sein ...

Wie dem auch sei, auf Basis der bisherigen Erkenntnisse, ist eine Schuldzuweisung an das Assad-Regime zwar offenbar möglich, aber über die Fakten nicht gedeckt. Somit bleibt zwar ein militärischer Schlag gegen Syrien unter offizieller Beteiligung der USA weiterhin wahrscheinlich, aber, wegen der Faktenlage, wäre das als Aggression zu werten. Und damit hinge es vor allem von Rußland ab, ob sich daraus ein schwerwiegender internationaler Konflikt mit unabsehbaren Folgen

---

351 Quelle: *Neuen Züricher Zeitung*: „Rebellen setzten laut del Ponte Giftgas ein"; der entsprechende Internet-Pfad ist am 15. September '17 erneut geprüft worden: https://www.nzz.ch/rebellen-setzten-angeblich-giftgas-ein-1.18076935.

entwickelte.[352] Und wenn nun (__September 2014__) die Regierung Obama gegen den sogenannten „Islamischen Staat" als eine ihrer

Terroristen-Züchtungen

Und „Züchtungen" übrigens deshalb, da Sie getrost davon ausgehen können, daß das Problem des Terrorismus', also jenes Problem, das der „Westen" so bezeichnet, zum überwiegenden Teil unter Anleitung geheimdienstlicher Kreise des „Westens" sich ereignet, d.h. ohne diese Einflußnahme als

Problem _*nicht*_

existent wäre. Und diese Bemerkung entspringt keineswegs sogenannten verschwörungstheoretischen Überlegungen, sondern es geht dabei um die schlichte Feststellung, daß Machteliten zu allem bereit sind, geht es um ihre Interessen:

Zitat im ZITAT

[...] Der Kampf gegen den Terror ist letztlich ein Kampf um Öl, Gas, sonstige wertvolle Bodenschätze, Pipelinetrassen und geopolitische Knotenpunkte. Hier finden die Terrorakte statt, sprengen sich Selbstmordattentäter in die Luft, derer Taten dann nicht aufgeklärt werden, die jedoch medienwirksam den Einsatz des für den Terrorkampf völlig ungeeigneten Militärs

[352] Vgl. diesbezüglich auch: „Selbes Ziel, anderer Weg", ein Interview mit der unabhängigen Journalistin Karin Leukefeld auf „weltnetz.tv": der folgende zugehörige Internet-Pfad ist am 15. September '17 erneut geprüft worden: https://weltnetz.tv/video/496-selbes-ziel-anderer-weg.

rechtfertigen. Neuerdings in der Gestalt von Drohnen, die nicht selten auf Grund von Falschinformationen und ohne daß die Betroffenen auch nur die Chance hätten, gehört zu werden, ganze Häuser mit Frauen und Kindern, Hochzeitsgesellschaften usw. niederbomben. [...]

Ende des Zitats im ZITAT[353]

... Wenn nun also die Regierung Obama gegen eine ihrer eigenen _*Terror-Züchtungen*_ auch auf syrischem Territorium,

mit sogenannten „gemäßigten" Rebellen, also solchen, die ähnlich schlachten wie die Schlächter des „IS", nur in ihrem Sinne,

und mit ihrer Luftwaffe über syrischem Territorium kämpfen wird — _*ohne*_ Rückversicherung im UN-Sicherheitsrat, dann steht weit mehr auf dem Programm, als der sogenannte Kampf gegen den Terrorismus,

*aktuell*

fokussiert auf den „IS". Denn es ist nun davon auszugehen, daß es im Nahen Osten um _*Tabula rasa*_ geht: Das heißt Chaotisierung der ganzen Region und daraus dann *irgendwie* „Formung" von für den „Westen" handhabbaren national-

353 Quelle dieses Zitats: „Ein Großteil der verlotterten Medien schaut nur noch auf den ausbeutbaren Skandalsatz", dieses von Marcus Klöckner mit Andreas von Bülow geführte Interview, ist auf dem Online-Nachrichtenportal *Telepolis* am 10. September '10 veröffentlicht worden. Mit freundlicher Genehmigung der Telepolis-Redaktion. Der folgende Internet-Pfad ist am 15. September '17 erneut geprüft worden: https://www.heise.de/tp/features/Ein-Grossteil-der-verlotterten-Medien-schaut-nur-noch-auf-den-ausbeutbaren-Skandalsatz-3386897.html.

staatlichen Gebilden, oder, wo das nicht geht, „Zusammenarbeit" mit Warlords, die mit Geld und Waffen versorgt werden, so sie sich bereit erklären, für den „Westen" strategisch oder ressourcenmäßig wichtige Gegenden zu „befrieden".

Erkennen Sie den aktuellen Zusammenhang:

„Syriens Rechte werden mißachtet"[354]

Nun, man wird sehen ...[355] und _*wie*_ man heute sehen kann.

ZITATENDE[356]

_ Ende dieser Exkursion _[357]

---

354 Quelle: Artikel in der Online-Ausgabe der Wochenzeitschrift „Der Freitag", dessen Internet-Pfad am 15. September '17 erneut geprüft worden ist: https://www.freitag.de/autoren/lutz-herden/syriens-rechte-werden-missachtet.

355 Ende dieser, vom 14. September '14 stammenden Anmerkung.

356 Dieses Zitat findet sich in: Die *tri*_logische Sezierung [...], Band I, Teilband 3, dort die Seiten 385-90.

357 In diesem Zusammenhang sei folgender Artikel von Reinhard Merkel: „Der Westen ist schuldig" empfohlen, der am 2. August '13 in der Online-Ausgabe der FAZ veröffentlich worden und dessen Internet-Pfad am 15. September '17 erneut geprüft worden ist: http://www.faz.net/aktuell/feuilleton/debatten/syrien-der-westen-ist-schuldig-12314314.html.

Hinweis

Zu den Ereignissen um Aleppo, die Ende 2016 zu einem gewissen Ende gekommen sind und das vorstehend Zitierte unterstreichen und die im Widerspruch zum ekelhaft Heuchlerischen der deutschen Politik sowie der entsprechenden Art davon zu berichten stehen, vgl. in: Die *tri_*logische Sezierung [...], Band II, den Zwischenruf 28.

Was bei dieser praktizierten Politik unter „Ordnung" und „Nachhaltigkeit" zu verstehen ist, könnte aus dem Vorstehenden bereits deutlich geworden sein:

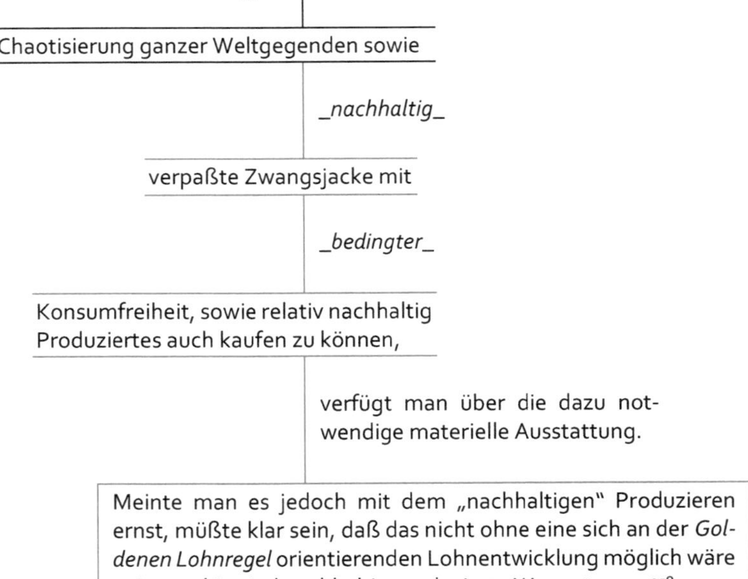

358 Zur *Goldenen Lohnregel* siehe Lesung 22: „Von den Bedingungen für das Funktionieren einer Währungsunion".

Auch könnte bereits aus dem Vorstehenden ausreichend deutlich geworden sein, wieso ich die tatsächlich praktizierte, traditionell falsche politische Richtung nicht gutheißen kann.

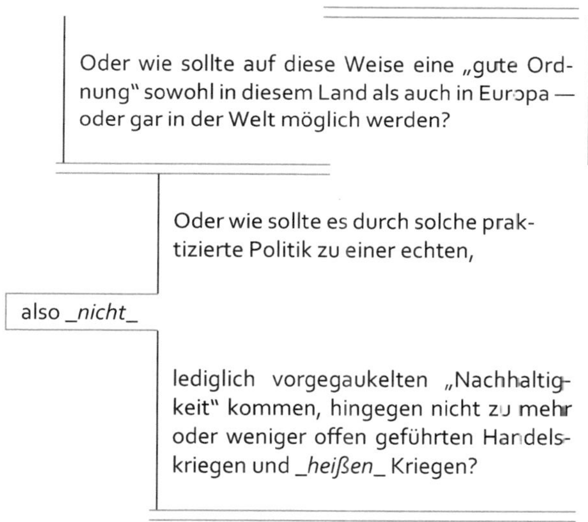

Immerhin lassen sich Exportüberschüsse und „nachhaltiges Produzieren" schon allein deshalb schlecht vereinbaren, da auf diese Weise eine internationale Konkurrenzsituation entsteht, die jene mit Handelsbilanzdefiziten belasteten Staaten entweder zwingt mit veralteten Produktionsmethoden mithalten zu wollen

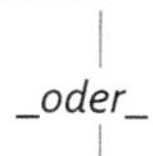

ihre Grenzen zu schließen, auf diese Weise erst einmal ihre eigene Wirtschaft vor den sie überschwemmenden Waren zu schützen.

Hinweis

Die Ursache der deutschen Exportüberschüsse findet ihren Grund *_primär_* in den an die Masse der deutschen Lohnabhängigen ausgezahlten Dumpinglöhnen, möglich geworden durch die falsche Konstruktion der EWU.

Daß permanente Exportüberschüsse ein internationales Problem darstellen und ein grundsätzlich aggressives Verhalten eines solchen Exporteurs offenbaren, wird in Lesung 17 erläutert. [359]

Und stellten die politisch Verantwortlichen es dann klug an, schafften sie die gesetzlichen Rahmenbedingungen zum Umbau der Wirtschaft auf Nachhaltigkeit, was aber bedeuten müßte, die eigene Industrie weniger auf Export als auf den eigenen Binnenmarkt hin auszurichten, also zur Versorgung der eigenen Gesellschaft, womit quasi zwangsläufig eine „Produktion der kurzen Wege" verbunden wäre.

Es ist ein Unterschied, ob eine Wirtschaft primär für den Export produziert, oder primär für die Versorgung der eigenen Gesellschaft und die dabei überschüssig produzierten Waren dem internationalen Handel zuführt.

Nachhaltiges Produzieren kann aus meiner Sicht lediglich auf dieser

[359] Zu „Dumpinglöhnen" und zur EWU-Fehlkonstruktion siehe insbesondere die Lesung 22, wobei übrigens in der Lesung 18, d.h. auf den Seiten 573 und 74, die „Anmerkung zum fehlenden 'Ersatzventil' der EWU" bereits ausreichend Aufschluß bezüglich dieser Fehlkonstruktion gibt.

Basis erfolgen, bzw. alle diesbezüglichen Überlegungen haben von einer solchen Basis auszugehen. Das heißt auf _*globaler*_ Ebene schließen sich nachhaltiges Wirtschaften und _*Beggar-thy-Neighbour-Politik*_ aus.[360]

Beggar-thy-Neighbour-Politik

Beggar-thy-Neighbour-Politik bedeutet, daß man auf Kosten anderer die eigene Wirtschaft entwickelt. Diese Art von Wirtschaftspolitik wird von deutscher Seite betrieben. Dies ist lediglich auf Grund der falschen EWU-Konstruktion möglich geworden. Die Konsequenzen schlagen sich aber nicht nur in einer Deindustrialisierung anderer Gesamtwirtschaften nieder, sondern sie wirken früher oder später auf denjenigen zurück, der eine solche Politik betreibt.

Allein die globale Ebene kann also Kriterium für die Beantwortung der Frage sein, ob die Wirtschaft eines Staates als nachhaltig oder als nicht nachhaltig produzierend einzuschätzen ist.

Gemäß der neoliberalen Doktrin gilt die deutsche Wirtschaftspolitik als vorbildlich und alle anderen werden aufgefordert diesem „Modell" zu folgen.

[360] Siehe auch die Seite 572: „Definition des Neowilhelmoliberalismus". und die Seite 686: „Manifeste Exportüberschüsse sind nun einmal ...". Zur falschen EWU-Konstruktion siehe die Lesung 22.

*Aber*

ein sich längst als falsch herausgestellt habendes, merkantilistischem Denken verpflichtetes Modell, damals noch aus der Not eines französischen Finanzministers heraus geboren, ist genau nicht mit „nachhaltigem Produzieren“ vereinbar.

Abgesehen davon, daß es nicht möglich ist, daß alle mehr exportieren als sie importieren.[361]

Anmerkung zum „Merkantilismus“

Der französische Finanzminister Jean-Baptiste Colbert (__1619-1693__) war aufgefordert gewesen, die hohen Ausgaben zur Zeit Ludwigs XIV. (__1638-1715__) zu reduzieren, bzw. über Einnahmen aus der Wirtschaft sowie über hohe Importzölle zu bezahlen und auf diese Weise die Einnahmen und die Ausgaben des „Sonnenkönigs“ auszugleichen.

Die Sanierung dieses ersten Staatshaushaltes der Wirtschaftsgeschichte gelang über die Besteuerung aller

(__*und möglichst vieler*__)

im Wirtschaftsprozeß tätigen Bürger

[361] Siehe dazu auch die Lesung 17.

(__woraus sich u.a. Unruhen in der eigenen Bevölkerung sowie, wegen eines Arbeitskräftemangels in der bäuerlichen Wirtschaft, Hungersnöte ergaben__),

und die Wirtschaftsakteure wurden aufgefordert, ihre Waren vorwiegend für den Export zu produzieren

(__abgesehen von den Rohstoffen im eigenen Land, die sollten nach Möglichkeit nicht exportiert werden__

(__wodurch es zu Handelskonflikten mit nachfolgenden Kriegen mit europäischen Nachbarn kam__).

Andererseits aber sollte möglichst wenig importiert werden. Das alles war also mit einem starken Eingriff von seiten des Staates verbunden.

Wenn nun der Begriff „Merkantilismus"

(__der sein Herkommen vom lateinischen *mercatus* hat und soviel wie „Handel" und „Kauf" bedeutet, aber auch „Verkehr", der ja erst erlaubt, organisiert „Handel zu treiben", nämlich durch den Bau von vorzüglich dazu gedachten Straßen__)

bezogen auf die deutsche Wirtschaftspolitik

verwendet wird, so erscheint das auf den ersten Blick allein deshalb abwegig zu sein, da, so der Glaube, gerade die deutsche Politik kaum bis gar nicht in die Wirtschaft eingreife. Das ist aber ein falscher Glaube. Denn was war die Einführung der Agenda 2010, wenn nicht ein tiefer Eingriff in die Struktur der Wirtschaft, wodurch erst Verhältnisse geschaffen worden sind, wenn auch vorher schon so angelegt, die u.a. die Etablierung eines der größten Niedriglohnsektoren Europas ermöglichten, d.h. eine staatlicherseits eröffnete Möglichkeit, _*systematisch*_ Dumpinglöhne zu zahlen und auf diese Weise Waren vor allem für den Export zu produzieren, da, gesamtwirtschaftlich gesehen, die Lohnkosten sich auf diese Weise deutlich reduzierten, also die Preise für Qualitätsprodukte deutlich gesenkt werden konnten? Diese Preissenkung also eben _*nicht*_ über irgendwelche Marktkräfte erzielt wurde, sondern über staatliche Eingriffe, wozu auch der Eingriff in die Tarifautonomie gehört. — Daß allerdings eine solche *Beggar-thy-Neighbour-Politik* überhaupt möglich wurde, liegt an der falschen Konstruktion der EWU[362].

Das heißt, global gesehen, trägt ein Exportweltmeister _*nicht*_ zu einer nachhaltigen Produktionsweise bei.

Übrigens tritt auf besondere Weise der dadaistisch-surreale Charakter von sogenannten Freihandelsabkommen à la TTIP hervor, ist in diesen mitunter von „Nachhaltigkeit“ oder von „menschenwürdiger Arbeit“ zu lesen, wie bspw. im CETA-Abkommen. Die diesbezüglichen Kapitel nenne ich deshalb „Parodie-Kapitel“.[363]

Also ist es Ausdruck tiefsitzender Heuchelei, faselt jemand

362 Siehe hierzu Lesung 22.

363 Insbesondere vom CETA-Abkommen ist im Anhang II die Rede, und von den „Parodie-Kapiteln“ dort auf den Seiten 882-86: „Die Parodie-Kapitel 22, 23 und 24 CETAs“.

von „Mutter Erde" und von „Nachhaltigkeit", da zwischen nachhaltiger Produktionsweise auf der einen, Dumpinglöhnen und Exportüberschüssen auf der anderen Seite nichts sie Verbindendes liegt —

zumal „Nachhaltigkeit" auch bedeutet, vom ausbezahlten Lohn _*nachhaltig*_ leben zu können.

Folglich ist für mein Verständnis die Verwendung des i.d.R. sowieso mißbräuchlich verwendeten Begriffs „Patriotismus", insbesondere in der Kombination mit merkelesker Politik[364], und dem Gerede von der „Nachhaltigkeit", lediglich ein weiterer Ausdruck *dadaistisch-surrealer Phänomene* in der Lobbykratie.

Daß im Zusammenhang mit Lobbykratie, die Verwendung der Phrase „*dadaistisch-surreale Phänomene*" berechtigt ist, wird übrigens _*deshalb*_ auf den Seiten 721-23 unter:

„Dada ≠ Dadaismus = Neoliberalismus"

ausreichend erläutert, da es ärgerlich ist, wird mir von

*reflex*_denkenden

bürgerlichen Intellektuellen des lobbykratischen Zeitalters

364 Zum „Merkelesken" siehe u.a. die Seiten 242-46 sowie die Seiten 791-800: „Das Merkeleske am Merkelesken ist stets ...". Zum „Patriotismus" siehe die Seiten 473-87, beginnend mit: „Wie komme ich als Deutscher dazu ...".

unterstellt, ich verwendete aus Unkenntnis heraus dieses Adjektiv in Verbindung mit dem Begriff Lobbykratie. Wohingegen auf diese Weise solche *Reflex*_Denker tatsächlich ihr eigenes, mangelndes *Weiter*_Denken offenbaren — also selbst ein Denken vermissen lassen, das

*_jenseits_*

des allgemeinen Reflex_*Konsensus* keineswegs unbekannt, sondern normal ist.[365]

„Wettbewerbs-Standorte"

Denn eine solche Politik, die alles durcheinanderwirft, und gerade hierbei die deutsche Politik eine immer größere Rolle spielt, und dies eben nicht im positiven Sinne

(__wie quasi schon massensuggestiv behauptet wird__),

die deutsche Seite nämlich

*_daran_*

tatkräftig beteiligt ist, der neoliberalen Doktrin weltweit zum Durchbruch zu verhelfen, eine Doktrin immerhin, die ganze

[365] Von diesen Phänomenen ist insbesondere die Rede in: Die *tri*_logische Sezierung […], Band II.

Staaten ins Chaos stürzt, gewachsene Strukturen zerstört — ob bspw. in der Ukraine, ob in Nordafrika, ob in Syrien, ob im eigenen Land, nun, eine solche Politik läßt jedes Land zu einem „Wettbewerbs-Standort" von Wirtschaftsinteressen verkommen.

Tatsächlich aber gibt es dazu eine vom „Westen" praktizierte, sozusagen eine solcher „Wettbewerbs-Standortbildung" *vor*_laufende Politik, die erst solche Verhältnisse schafft. Beispielsweise mittels Züchtungen von Terrororganisationen wie der sogenannte Islamische Staat eine ist, die der Destabilisierung unliebsamer oder unliebsam gewordener Regierungen dienen, die also solcher „Standortbildung" im Wege stehen — auf diese Weise einen Terrorismus in die Welt gesetzt habend, der den „Elitestaaten des Westens" ein Macht-Instrument ist, ob nun irgendwo in der Welt eingesetzt, wo es „westliche Begehrlichkeiten" gibt, oder in den Bevölkerungen der westlichen Staaten selbst eingesetzt: diese geneigt zu machen,

und geneigt zu halten,

„ihre" „westlichen Machteliten" bei der Verfolgung der ihnen verschleiert bleibenden „westlichen Begehrlichkeiten" zu unterstützen.[366]

366 Siehe in: a.a.O., Zwischenruf 28: „Wie das fürchterliche Wort „Flüchtlingspolitik" erst seine eigentliche Bedeutung bekommt"; und, insbesondere die Ukraine betreffend, siehe in: a.a.O., Zwischenruf 16: „Die Bedeutung der Null für das politische Tun und für das gesellschaftliche Leben", sowie in: a.a.O., Band I: *Es werde mehr Licht! [...]*, Teilband 3, Kapitel 16. „Die 'Nationalitätenfrage', die Ukraine und die 'Elite' des 'Westens'", und siehe diesbezüglich auch in dem Ihnen vorliegenden Buch die Seiten 460 f.: „Der orwellianische Begriff 'Integrationskonkurrenz'".

Nun, solches Machtstreben wird „lediglich“ mit der Absicht praktiziert, selbst Einfluß auf die Menschen in solchen chaotisierten Weltgegenden nehmen zu können — unter Verwendung perfider Mittel in Bild und Ton, daß beim ansonsten sprachlos bleibenden, gemeinhin als „Volk“ bezeichneten, _eigenen_ „Publikum“ der suggestiv erzeugte Eindruck sich nachhaltig verfestige, insbesondere „ihre“ Machtelite und deren Entourage seien vor allem an einem interessiert:

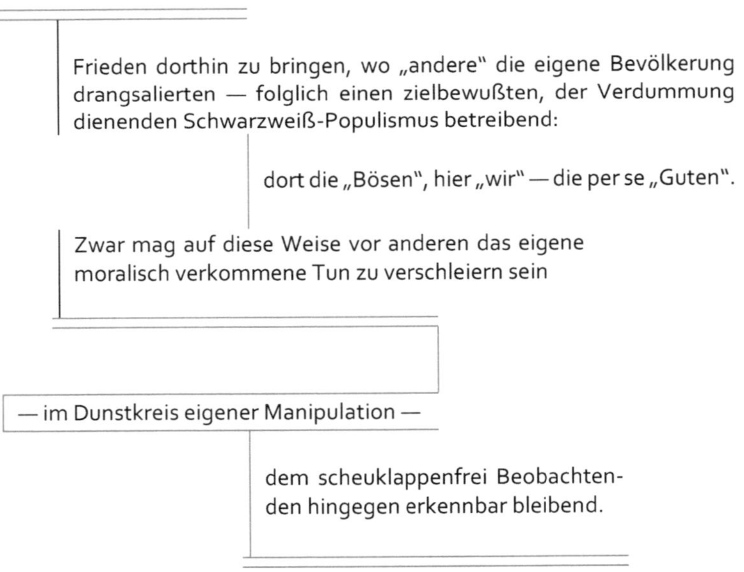

Unter solchen Bedingungen, und da zumal die Masse der Menschen selbst überhaupt keinen Einfluß auf diese Art von Politik mit ihren in irgendwelchen Hinterzimmern längst beschlossenen Entscheidungen nehmen kann, die dann publikumswirksam zum „Thema“ gemacht werden, sind es die normalen Menschen, die

*_stets_*

die Konsequenzen solcher machtinteressengeleiten Politik zu tragen haben. Vor diesem faktischen

(*__eine so lange wie üble Tradition habenden__*)

Hintergrund erscheint es mir also eine Zumutung zu sein von „Patriotismus" zu reden, gar möglicherweise schon bald zu fordern, daß die hier wohnenden Menschen „patriotisch" sein sollten, wenn dies nicht gar sein müßten.

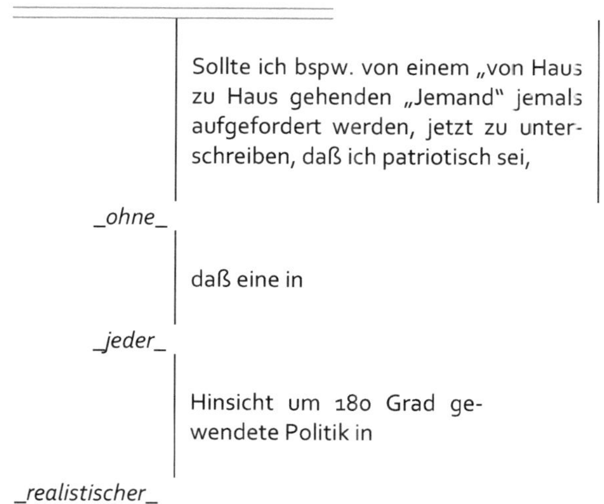

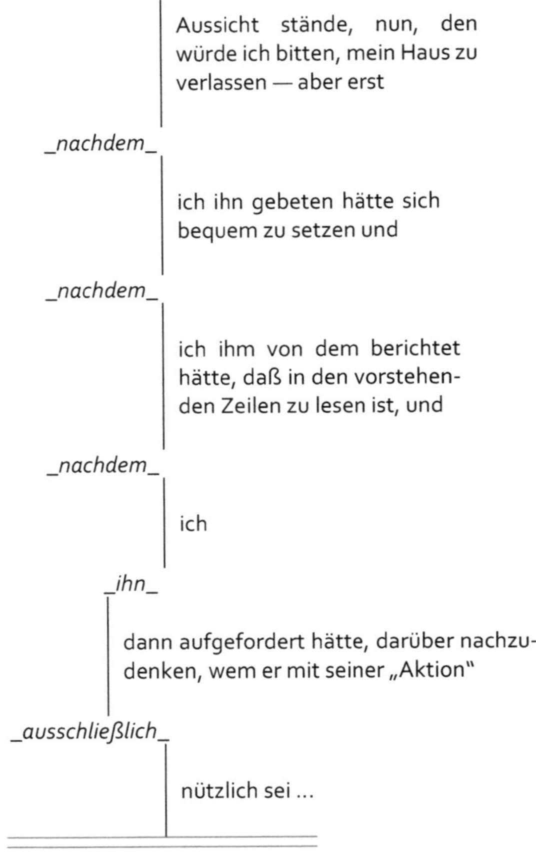

Das heißt ich kann weder die auf Europa bezogene deutsche Politik gutheißen noch die auf die eigene Bevölkerung bezogene[367], noch kann ich jene Politik gutheißen, die mit dem orwellianischen Begriff „Migrations-Management" bezeichnet

[367] Vgl. die Lesung 9.

wird und die tatsächlich ausschließlich der Abwehr von Menschen auf der Flucht dient — aus Weltgegenden, die erst von Machteliten wie der deutschen ins Chaos gestürzt worden sind und ins Chaos gestürzt werden, anstatt an den Ursachen anzusetzen — zum Beispiel an der eigenen Politik.[368]

Der orwellianische Begriff „Ertüchtigungsinitiative"

Ein solches „Migrations-Management" muß als mit einem anderen orwellianischen, als „Ertüchtigungsinitiative" bezeichneten Begriff in Beziehung stehend verstanden werden, der meines Wissens in diesem Zusammenhang erstmals anläßlich eines Besuchs der Ministerin für sogenannte Verteidigung im Jahre 2016 in Jordanien erstmals verwendet worden ist, als deutsche Marderpanzer an die dortige Armee

zur Terrorabwehr

übergeben wurden.

Nun, auszuschließen ist durchaus nicht, daß diese Waffen schon längst dort stationiert waren, jetzt aber die Bilder dazu nachgeliefert worden sind, da wiederum nicht auszuschließen ist, daß diese auf irgendwelchen anderen Bildern als in Kampfhandlungen verwickelt identifiziert werden könnten — und das tatsächlich vor dem offiziellen Lieferdatum. Immerhin ist durch die Befreiung des Ostteils Aleppos im Dezember 2016 offenbar geworden, daß Soldaten aus „westlichen"

[368] Siehe hierzu die Seiten 622-65: „Exemplarische Beispiele kontraproduktiver Konsequenzen deutscher Machtpolitik", oder anders beleuchtet, aber gleichfalls exemplarisch deutlich werdend in: Die *tri_*logische Sezierung [...], Band II, den Zwischenruf 28.

Ländern“ in Aleppo auf seiten der Islamisten im Einsatz waren.

> Daß diese Gefangennahme von NATO-Offizieren Gegenstand einer hinter verschlossenen Türen stattfindenden Beratung des Sicherheitsrats gewesen ist, belegt a) die Verstrikkung westlicher Staaten in die Unterstützung von Islamisten und wird b) nicht zur Aufklärung der Frage beitragen, wieso und wer im einzelnen an dieser militärischen Unterstützungsaktion beteiligt war — die als zufällig anzusehen, naiv wäre.[369]

Auch sitzt in Amman das militärische Operationszentrum, das den USA zwar untersteht, aber in diesen „Sphären“, und unter solchen „Freunden“, sind die Kooperationen recht vielfältig. Dort gab es zumindest (__*oder gibt es noch*__) u.a. eine Söldnertruppe, die zu jener Zeit an der sogenannten Süd-Front in Syrien aktiv war und möglicherweise mit deutschen Waffen gegen das Assad-Regime kämpfte.

> Gewiß, das ist jetzt eine Spekulation, also der Kampf mit deutschen Waffen _*dort*_ — meine Erfahrung ist aber, daß gar nicht schräg genug gedacht werden kann, geht es um Machteliten und die Durchsetzung ihrer Interessen ...[370]

---

[369] Nachricht vom 16. Dezember ’16; Quelle: réseau voltaire.org: «Le Conseil de sécurité se réunit à huis clos après l’arrestation d’officiers de l’Otan à Alep». Der zugehörige Internet-Pfad ist am 15. September ’17 erneut geprüft worden: http://www.voltairenet.org/article194584.html. Insbesondere der Betreiber von *Réseau Voltaire*, Thierry Meyssan, kennt sich im Nahen Ost bestens aus und verfügt über gute Kontakte zur syrischen Gesellschaft, und Mitarbeiter von *Réseau Voltaire* sind dort selbst präsent.

[370] ... insbesondere im Lichte der Anmerkung auf den Seiten 352-54: „Wieso gerade _*diese*_ Elite Thema dieser Lesung sein muß“.

Tatsächlich aber grenzt Jordanien an Syrien und an den Irak, bei denen es sich um Länder handelt, die erst vom Westen destabilisiert worden sind und

*_seitdem_*

tummeln sich dort alle möglichen Terrorgruppen und Söldner.

Worunter u.a. auch die gnostische Religionsgemeinschaft der Mandäer *_existentiell_* zu leiden hat, von der in solchen Zusammenhängen kaum bis gar nicht die Rede ist, und von der deshalb in einem größeren Zusammenhang und in einem späteren Buch noch zu berichten sein wird.

Folglich ist anzunehmen, daß zukünftig immer dann von „Ertüchtigungsinitiative" die Rede sein wird, sind Waffen in Gegenden zu liefern, die als „Bollwerk", als „Puffer" oder der „stellvertretenden Kriegsführung" zu dienen haben, geht es um die Durchsetzung eigener Machtinteressen.

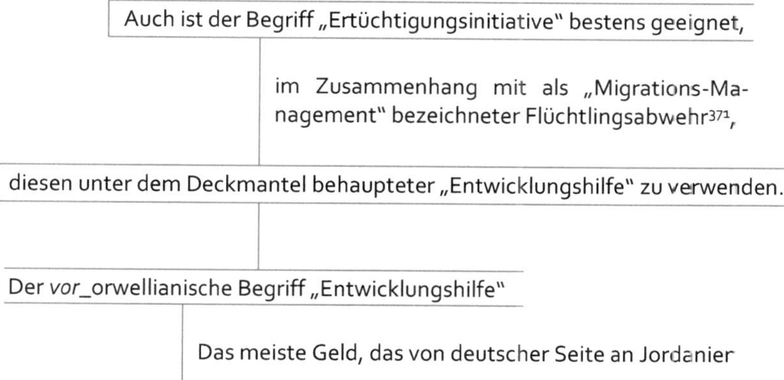

Auch ist der Begriff „Ertüchtigungsinitiative" bestens geeignet,

im Zusammenhang mit als „Migrations-Management" bezeichneter Flüchtlingsabwehr[371],

diesen unter dem Deckmantel behaupteter „Entwicklungshilfe" zu verwenden.

Der *vor*_orwellianische Begriff „Entwicklungshilfe"

Das meiste Geld, das von deutscher Seite an Jordanien

[371] Siehe in: Die *tri*_logische Sezierung [...], Band II, Zwischenruf 28.

geht, dient übrigens der militärischen Aus_*Rüstung*. Dabei handelt es sich aber um eigene Waffen, die nicht dort produziert werden, sondern in deutschen Waffenschmieden

(__*oder bereits produziert worden sind — und in diesen Schmieden sozusagen noch auf Lager liegen*__),

und dann dorthin geliefert werden, somit diese Ausrüstung letztendlich ein Investitionsprogramm für die eigene Rüstungsindustrie darstellt.

Denn „Entwicklungshilfe" ist traditionellerweise eine Schimäre, die darin besteht, sich einen bisher für die eigene Wirtschaft nicht existenten Markt zu erschließen, bzw. ist der Bildung von „Wettbewerbs-Standorten" dienlich[372], und folglich diese Länder dann nach den Prinzipien funktionieren zu lassen, die für die eigene Wirtschaft gelten. Wie sollte das in einem profitorientierten System auch anders sein?

Demnach ist „Entwicklungshilfe" ein alter, d.h. *vor*_orwellianischer Begriff.

Tatsächlich aber müßte „Entwicklungshilfe" eine Hilfe bezeichnen, die dem Aufbau einer Wirtschaft dient, in der an die Bedürfnisse der Menschen angepaßte Produkte hergestellt und entsprechender Handel betrieben wird — also von den dort je traditionell vorherrschenden (__*oder traditionell vorgeherrscht habenden*__) wirtschaftlichen Produktionsmethoden

[372] Siehe auch Seiten 424 f. unter: „Wettbewerbs-Standorte".

ausgehend (__nicht aber unbedingt von den traditionellen Produktionsverhältnissen__), die _dann_ von den Einheimischen weiterentwickelt, bzw. auch völlig verändert werden könnten, wenn das den Bedürfnissen der Masse der Menschen dort zuträglich ist — also von ihnen selbst zu entscheiden wäre.

Immerhin werden erst auf diese Weise „Entwicklungsländer" zu _eigenständigen_ Wirtschaftsgesellschaften, die als Bereicherung für unser Geschlecht zu verstehen sind und deren Produkte für den Export grundsätzlich geeignet sein können — vorausgesetzt, es herrschte tatsächlicher Freihandel und Währungsspekulation wäre durch ein weltweit geltendes Währungssystem, mit von einer allen gehörenden Zentralbank festgesetzten Wechselkursen, nicht mehr möglich, die von Zeit zu Zeit, unter dem primären Gesichtspunkt der wirtschaftlichen Entwicklung, angepaßt würden.

Aber,

wie gesagt, das ist zwar nicht utopisch, sondern lediglich *un*_realistisch, und zwar exakt solange, wie das damit nicht vereinbare, ausschließlich die Profitmaximierung kennende System existiert.

Ende der Anmerkungen zu den orwellianischen Begriffen „Ertüchtigungsinitiative" und „Entwicklungshilfe"

Bezogen auf Syrien ist es übrigens gar nicht strittig, daß es anfangs eine Oppositionsbewegung gegeben hat. Aber finden Sie nicht, daß es Sache der Syrer wäre, das unter sich auszumachen? Sie sind ein altes Kulturvolk. Glauben _Sie_ etwa allen Ernstes, daß die exzessiven Einflußversuche des „Westens" nicht erfolgreich gewesen wären, wäre die Masse der Syrer mit ihren vielen religiösen und ethnischen Minderheiten mehrheitlich gegen das Assad-Regime eingestellt? Die Syrer wissen hingegen genau, daß die vielen, sich untereinander selbst nicht grün seienden oppositionellen Gruppen ihr Land eher spalten und damit ihre Sicherheit im ganzen Land gefährden würden. Warum sollten sie daran interessiert sein, handelt es sich zudem noch um vom „Westen" und der saudischen Familie mit Geld und Waffen unterstützte Islamisten

(__*damit das dem „Westen" nicht genehme Assad-Regime wegkomme*__),

die dann die Oberhand gewännen, die Syrer selbst aber in Masse weltoffen sind?

Was überhaupt nicht geht ...

Interessanterweise, und das spricht Bände, kehren seit dem Jahr 2017 hunderttausende Syrer wieder in ihre Heimat zurück — obwohl doch das Assad-Regime weiterhin an der Macht ist.[373]

---

[373] Siehe auch die Seiten 352-54: „Wieso gerade _*diese*_ Elite Thema dieser Lesung sein muß".

Was mögen Kriegshetzer wie _bspw._ ein Herr Özdemir oder eine Frau Göring-Eckardt, als Mitglieder einer offenbar reaktionären, im Pelz des Pazifisten daherkommenden Partei,

deren Repräsentanten folglich nicht über den Weg zu trauen ist,

was mögen diese Figuren davon wohl halten? Nun, es wäre unerheblich, was die davon hielten, daß hunderttausende Syrer es vorziehen in ihr Land zurückzukehren, erlaubt das kriegerische Treiben dies dort halbwegs: denn seit wann hat man auf das Geschwätz von emotionalen Elendsgestalten etwas zu geben? Ist es doch offensichtlich geworden, daß die ausdrücklich genannten Figuren nicht nur keine vernünftigen Vorschläge für eine Lösung des primär vom „Westen" verursachten kriegerischen Chaos in Syrien[374] argumentieren können, sondern solche Figuren

(__*nun ausdrücklich neben anderen Parteien-Vertretern*__)

bedienen sich offenbar auch der Mittel der Suggestion und der Propaganda zur Beförderung von Wahnvorstellungen, so daß eine freie Meinungsbildung in der Bevölkerung verhindert werde, und auf diese Weise unterstützen sie nicht nur die so heuchlerische wie unverantwortliche deutsche Politik, sondern auf diese Weise tragen diese Figuren die _primär_ aus machtpolitischen Gründen prakti-

[374] Siehe den Artikel von Reinhard Merkel: „Der Westen ist schuldig", abrufbar über FAZ.NET: http://www.faz.net/aktuell/feuilleton/debatten/syrien-der-westen-ist-schuldig-12314314.html, dieser Internet-Pfad ist am 16. September '17 erneut geprüft worden.

zierte Politik auch *_direkt oder indirekt_* mit.[375] Und insofern paßt es schon, daß gerade diese genannten emotionalen Elendsgestalten unbedingt eine Koalition mit Frau Merkel, als der Kanzlerin dieser praktizierten politischen Heuchelei eingehen wollten ... dazu gäben die alles an politischer Substanz auf. Dies ist anläßlich der wochenlangen „Sondierungsgespräche" nach der Bundestagswahl 2017, ob man in Verhandlungen eintreten solle, deren Ergebnis dann u.U. eine „Jamaika-Koalition" gewesen wäre

*_einmal mehr_*

offenbar geworden — und woran erneut deutlich wird, daß diese Gestalten auf vergleichbare Weise eine Politik mittragen würden, die von Vertretern dieser Partei im Rahmen der *Agenda 2010*-Umsetzung mit praktiziert worden ist: immerhin waren es die Grünen, die zu jener Zeit in den 2000er Jahren von sich selbst behaupteten, daß ohne sie die *Agenda 2010* nicht zu realisieren sei — und stolz behaupteten die das, indem sie tönten: „Wir sind die Reformpartei!" — „Reformpartei"? Nein, aber eine von den Tamtam-Parteien ...

Hinweis zum letzten Teil dieser Anmerkung:

Der letzte Teil dieser Anmerkung ist kurz vor Drucklegung dieses Buches aktualisiert worden, d.h. jenes betreffend, das sich auf die sogenannten Sondierungsgespräche zur Bildung einer, wegen der Parteifarben so genannten „Jamaika-Koalition" zwischen CDU/CSU, FDP und Grünen bezieht. Diese Gespräche hatten u.a. gezeigt, daß die Grünen bereit waren, alle ihre Wahlkrampfaussagen und Pro-

---

[375] Vgl. in: Die *tri*_logische Sezierung [...], Band II, den Zwischenruf 16.

grammpunkte zur Disposition zu stellen, denn laut Herrn Trittins Aussage: „Wenn heute Grünen-Parteitag wäre, müßte ich sagen: Von unserem Zehn-Punkte-Programm ist noch kein einziger Punkt umgesetzt. Für die Grünen steht es 0:10.“, so wurde es jedenfalls am 11. November 2017 von den Medien verbreitet. Als dann die Sondierer von der FDP am 19. November verkündeten, daß diese Gespräche gescheitert seien, wollten die Grünen ihren Kurs noch längst nicht aufgeben, sich der merkelesken CDU weiter anzubiedern, obwohl sich bereits deutlich gezeigt hatte, daß inhaltlich keine substantiellen Gemeinsamkeiten gegeben waren, und *_obwohl_* Frau Merkel keine klaren Vorstellungen von der politischen Richtung gehabt hatte, wie Herr Kubicki von der FDP in einem Interview mit der „Süddeutschen Zeitung“ mitteilte.[376]

Diese Frau Merkel betreffende Einschätzung Kubickis erscheint mir glaubwürdig, immerhin drückt sich darin eins ihrer Merkelmale aus, bedingt durch so unbewußt bleibende wie selbst verursachte politische Unklarheit, bei *_gleichzeitig_* fehlenden Richtungssignalen anderer. Das heißt politische Entscheidungen gelingen dann lediglich mit Glück. Und das ist nicht nur definitiv zu wenig, sondern auch dann gefährlich, will eine derartig strukturierte Person erfolgreich dominant Politik betreiben ...

Ende der Anmerkung zu Hetzern und Tamtamisten

Und selbstverständlich gibt es russische Interessen in Syrien, und gewiß nicht allein wegen des einzigen auf syrischem

[376] Vgl. auf sueddeutsche.de: „Das wäre eine grausame Veranstaltung geworden“; der folgende Internet-Pfad ist am 20. November '17 geprüft worden: http://www.sueddeutsche.de/politik/fdp-vize-kubicki-zu-jamaika-das-waere-eine-grausame-veranstaltung-geworden-1.3757956.

Staatsgebiet liegenden Stützpunktes der russischen Flotte im Mittelmeer. —

Was aber überhaupt nicht geht:

Es kann, so man seine Unabhängigkeit wahren will, nicht richtig sein, als Beobachter den einseitigen Blick der Vertreter der westlichen Hauptstaaten zu übernehmen, die „andre" Seite würde rücksichtslos ihre Interessen vertreten und selbst über Kinderleichen gehen, während die vom „Westen" unterstützte Seite,

bestehend aus sich gegenseitig bekriegenden und alle gemeinsam die Masse der Bevölkerung terrorisierenden islamistischen und anderen Warlord-Gruppen,

lediglich die Menschenrechte im Blick habe.

Denn die Behauptung, der „Westen" stehe für „Demokratie" und „Menschenrechte", während

(__*je wechselnd nach Interessenlage*__)

„die andren" dem entgegenständen, ist über die Faktenlage keineswegs gedeckt,

d.h. ist nicht nur fragwürdig, sondern grenzt an arglistige Täuschung — was das „Informieren", also das *Des*_Informieren der Masse der Menschen anbelangt.

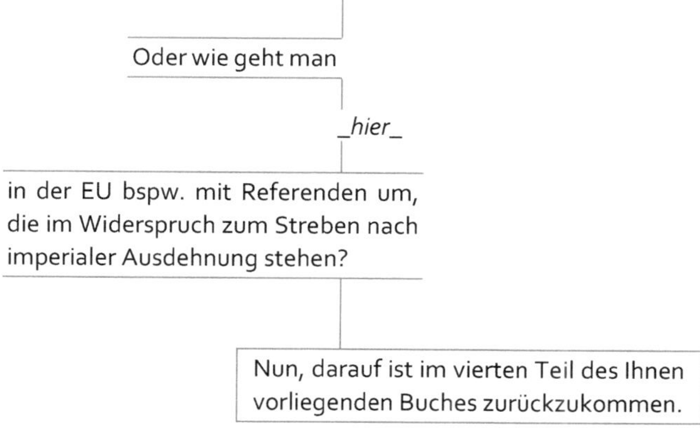

_A l s o_

könnte der Blick in den Spiegel ausreichend erkennbar werden lassen, was das eigentliche Problem ist:

Nämlich die vom Westen praktizierte neoliberale Expansions-Politik, und hierbei spielt seit dem Ende des Kalten Krieges die von der deutschen Seite zu verantwortende Politik eine zunehmend dominant werdende Rolle— abe mit dem „gestrig" gebliebenen und weiterhin so provinziellen wie großmannssüchtigen Denken. — Jedoch, wie sieht es denn mit de dazu notwendigen, eigenen Substanz aus?

Anmerkungen zum deutschen Streben nach Dominanz

Neu ist diese deutsche Politik keineswegs, denn immerhin will die deutsche Machtelite seit der Zeit des Wilhelminismus' eine dominierende Rolle in der Welt spielen, was allein an ihren alten, auch heute für diese Machtelite substantiell geltenden Expansionsplänen und den im ersten wie im zweiten Teil des Großen Krieges entsprechend verfolgten Zielen deutlich wird.

ZITAT

[...] von Alfred Hugenberg (__1865-1951__) ist bekannt, daß er 1914/15 an der Ausarbeitung eines Annexionsprogramms beteiligt war, das die Ausdehnung der deutschen Grenzen zwischen Dünkirchen und Marseille im Westen und zwischen Riga und Odessa im Osten vorsah. Auch von Hugo Stinnes (__1870-1924__) ist bekannt, daß seine Kriegsziele ähnlich waren: Der deutsche Wirtschaftsraum sollte nach der militärischen Eroberung Belgien, Nordfrankreich, das Erzbecken bei Longwy et Briey, das Baltikum, die russische Schwarzmeerküste bei Odessa, einschließlich der Krim, und das Donezk-Becken umfassen. [...]

ZITATENDE[377]

Diese Ziele bestanden in der Zwischenkriegszeit fort und sollten dann mit Hilfe der Nationalsozialisten verwirklicht werden.[378]

---

377 Das Zitat findet sich in: Die *tri*_logische Sezierung [...], Band I, Teilband 3, Kapitel 15.

378 Vgl. hierzu Adam Tooze, *Ökonomie der Zerstörung — Die Geschichte der Wirtschaft im Nationalsozialismus*, aus dem Englischen von Yvonne Badal, Siedler Verlag, München, 2007.

Allerdings ist ebenso bekannt, daß dieses Streben stets katastrophal endete. Die Ursache dafür liegt in einem grundsätzlichen „Substanzdefizit“[379].

> Diese Substanz kann die deutsche Machtelite lediglich über die EU bekommen.

Betrachtet man aber wie die EU strukturiert ist und die Politik von der deutschen Seite als dem EU-Hegemon bestimmt wird, ist festzustellen, daß weder diese politische Entität noch diese Politik geeignet wären, Europa in der Tat zu einen — was auch immer das heißen mag und vor allem: zu welchem Zweck?

> Etwa keine Kriege mehr _in_ Europa zu führen, was ja ein wichtiges Ziel wäre?

> Nun, die Faktenlage belegt aber, daß die EU das von ihrer Gründung in den 90er Jahren an nicht vermocht hat.[380]

Das heißt mit dieser Politik ist eine konstruktive Einigung der Völker Europas nicht möglich, zumal sich vorher eine entsprechende gemeinsame Identität ausgebildet haben müßte, die wiederum entsprechende Politik voraussetzte. Es ist schlicht unmöglich, mittels der praktizierten Politik damit überhaupt nur zu beginnen.

> Oder sind die Nationalismus-Entwicklungen hier in Europa

---

379 Was unter „Substanzdefizit“ zu verstehen ist, findet sich auf den Seiten 609-14 unter: „Die traditionell fehlende eigene Substanz“ erläutert.

380 Siehe auch die Seiten 531-65, beginnend mit: „Zur Faktenlage bezogen auf Europa“.

etwa kein deutlicher Beleg für die aufbrechenden, von dieser neoliberalen Politik verursachten Widersprüche?

Ende der Anmerkungen zum deutschen Streben nach Dominanz

Folglich liegt es auf der Hand, daß all jene politischen Figuren das eigentliche Problem darstellen, die jene als „Ordnung" bezeichnete *Un*_Ordnung in der Welt aufrechterhalten wollen — zu diesem Zweck der Masse der Menschen vorgaukelnd, sie lebten in florierenden wirtschaftlichen Verhältnissen und zudem in einer gleichfalls florierenden Demokratie, da _*beides*_ belegt falsch ist.[381] —

Denn „floriert in diesem lobbykratischen System" für irgend jemanden etwas, dann geschieht das tatsächlich auf Kosten anderer und _nicht_ *mit anderen.*

Daß das die Apologeten dieses System alles richtig finden, ist kein Beleg dafür, daß es tatsächlich der „Tüchtige" sei, der den Preis davontrage. Denn wenn auch eine solche Behauptung es so werbewirksam wie selbstberuhigend zu glauben nahelegt, diesem System ist es nicht eigen, daß das dem „Tüchtigen" widerfahren würde, noch ist dieses strukturell profitorientierte System derartig beschaffen, daß irgend etwas an ihm zu entdecken wäre, das auch nur ansatzweise mit „Gerechtigkeit" zu tun hätte — ganz zu schweigen

[381] Siehe hierzu, neben den Lesungen im Ihnen vorliegenden Band III der *tri*_logischen Sezierung […], die Bände I + II.

von seiner behaupteten „Effizienz". Wie sollte ein System auch dem „Tüchtigen", der „Gerechtigkeit" dienlich sein oder selbst dem entsprechen, welches tatsächlich die Bezeichnung „Effizienz" verdiente, handelt es sich doch strukturell um ein alle Bereiche des menschlichen Daseins zerstörendes, also mörderisches System?[382]

Wie sollte etwas Derartiges jedoch Basis für eine so zukunftsträchtige wie nachhaltige Prosperität sein, die der Masse der Menschen zugute kommen könnte? Wie sollten auf diese Weise militärische Konflikte zu vermeiden sein?

Nun, wie sollte das möglich sein, behaupten, bspw., politische wie journalistische und andere, als Wissenschaftler auftretende Ideologen, an dauerhaften Exportüberschüssen sei alles normal und diese stellten kein, letztlich den Frieden bedrohendes Problem dar? —

Irgendwie keine Ahnung von den eigentlichen Gründen sowohl für den ersten als auch den zweiten Teil des großen Krieges des 20. Jahrhunderts, oder?

Anmerkung zum behaupteten „Hineingeschlittertsein"

Das behauptete, in den ersten Teil des Großen Krieges „Hineingeschlittertsein" ist übrigens keine Ursachenerklärung,

[382] Zur „Effizienz" siehe die Lesung 7.

sondern erlaubt lediglich, bequem seine Ursachen zu verdekken, so daß bei den deutlich später Nachgeborenen erst der Eindruck möglich ist, es habe sich dabei um eine besonders perfide Art von „Heimsuchung" gehandelt, für die es eigentlich keine politisch Verantwortlichen geben könne

*_und somit_*

das ganze Geschehen auf keinen Fall Ausdruck von widerstreitenden Machtinteressen gewesen wäre, so daß das blanke Hoffen völlig genügte, daß eine solche „Heimsuchung" sich nicht wiederholen möge. —

Ist demnach die Frage richtig gestellt, lautet diese:

Wie ahnungslos muß jemand sein, der argumentierte, daß von einer Nation permanent angehäufte Exportüberschüsse kein Problem für allgemeine Prosperität und Frieden in der Welt darstellten?

Oder ist sie nicht eher folgendermaßen zu stellen:

Welche Gefahr geht von jemandem aus, der tatsächlich argumentierte, daß permanent von einer Nation angehäufte Exportüberschüsse kein Problem für allgemeine Prosperität und Frieden in der Welt darstellten?

Immerhin bedeuten Exportüberschüsse, wollen Sie die permanent haben, daß Sie Ihre Wirtschaft primär auf Export ausrichten müssen, Sie demzufolge in immer weitere Bereiche der Weltwirtschaft hinein expandieren müssen, so daß die Wahrscheinlichkeit immer größer wird, auf sich verhärtenden Widerstand jener zu stoßen, die entweder ähnliche Interessen verfolgen oder ihren eigenen Markt durch solches Expandieren bedroht sehen, mit dem Ergebnis des Entstehens verschiedenartiger Konflikte, die früher oder später zu Handelskriegen, bis hin zu tatsächlich militärisch geführten Kriegen führen müssen — je nachdem, mit wem man es zu tun hat, dann u.U. als „Stellvertreterkriege" geführt.

Anmerkungen zu Konsequenzen deutschen Machtstrebens

Das ist das absehbare *Konflikt*_Geflecht, also nicht allein gegenüber den USA, sondern überhaupt gegenüber den anderen Nationalstaaten der Welt und der vom deutschen Hegemon geführten EU. Denn, so es nach den neowilhelministischen Vorstellungen des EU-Hegemonen geht, soll die EU offenbar strukturell zu einem „Exportblock" getrimmt werden, so daß dann alle Mitgliedsländer mehr exportierten als importierten. Derartig jedenfalls die _*objektive*_ Konsequenz aus der von der deutschen Seite verlangten Wirtschaftspolitik, bestehend aus Austerität für die Masse der Menschen und Förderung der Exportanteile in jedem der EU-Mitgliedsländer, die dann sozusagen zu „Wettbewerbs-Standorten"[383] oder „Export-Dependancen" der deutschen Wirtschaft würden. Absurd zwar, aber dann objektives Ergebnis der praktizierten Politik.

Eine weitere Konsequenz aus diesem machtpolitischen Streben ist, daß eine solche Entwicklungstendenz den schrei-

[383] Zum Begriff „Wettbewerbsstandorte" siehe die Seiten 424 f.

benden Mitarbeitern der Medien_*Konzerne* propagandistisches Tätigwerden abfordert, da sie die Faktenlage vor der Bevölkerung permanent verschleiern müsse, sich bspw. in Headlines wie: „US-Präsident Trump bedroht deutschen Exportüberschuß!" ausdrückend.[384]

> Denn die von Machteliten praktizierte Politik wird insbesondere dann eine konfliktgeladene, stehen deren _*harten*_ Interessen in Frage — zwangsläufig _*stets*_ zum Nachteil der Masse der Menschen. Und hier ist es nun insbesondere die deutsche Machtelite, die nach einer Ausdehnung der Macht strebt, die von der deutschen Gesellschaft weder substantiell auszufüllen ist noch daß das überhaupt wünschenswert wäre, da auf diese Weise der zu prosperierenden Gesellschaften führen könnende Lösungsweg verdeckt bliebe.

Wer also glaubt, daß dauerhafte Exportüberschüsse normal und deswegen überhaupt kein Problem darstellten, geschweige den Frieden nicht bedrohen könnten, nun, der belegt entweder, daß er keine Ahnung hat oder geradezu gemeingefährlich ein Spiel spielt, oder es unterstützt, das zu weltweiter Konfrontationsstellung führen muß. — Wer sollte dabei gewinnen?

> Etwa der dann automatisch, also ohne subjektiven Faktor einsetzende revolutionäre Prozeß?

[384] Vgl. die Lesung 17.

Nun, man muß sich darüber im klaren sein, woher der erste Teil des Großen Krieges seinen Ursprung hat. Das heißt der hatte genau mit einem solchen Machtstreben zu tun.

Und damit meine ich jetzt nicht nur die deutsche Seite, sondern dieses System als solches, welches man einst als kapitalistisches System bezeichnet hat und heute „Profitsystem" oder „Neoliberalismus" nennt.

Wobei zu sagen ist, daß die Bezeichnung für seinen aktuellen Zustand zwar treffend mit dem Begriff „Neoliberalismus" bezeichnet ist, hingegen nicht mehr treffend bliebe, wollte man diesen Begriff, sozusagen zum Zwecke der vermeintlichen Verdeutlichung, wörtlich als „neuen Liberalismus" verstanden wissen.[385]

Denn der Schuß des ersten Teils des Großen Krieges hatte immerhin seine Ursachen _und_ seine Konsequenzen.

[385] Wieso das so ist, und zwar im Gegensatz zum *Neo*_Wilhelminismus, möchte ich etwa einhundert Seiten weiter unten erläutern.

Und noch einmal zur orwellianischen Begriffsbildung
der „sozialen Marktwirtschaft"

Mitunter nennen manche dieses System sogar „soziale Marktwirtschaft" — und meinen es dann oft verklärend gut.

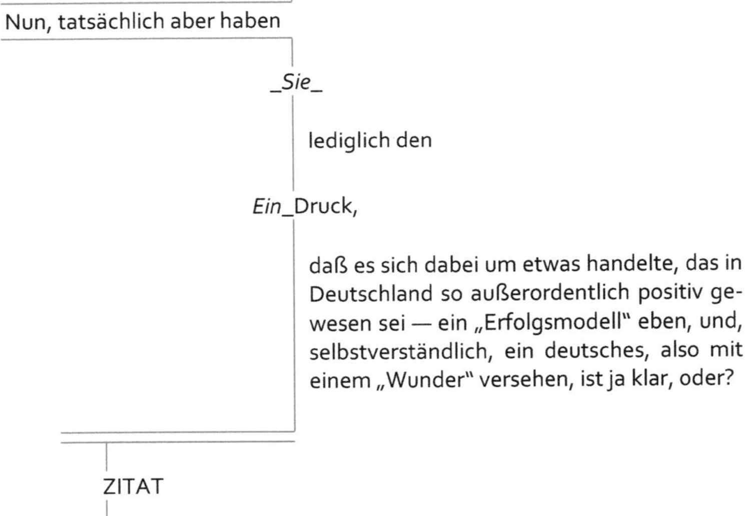

Tatsächlich aber handelt es sich dabei lediglich um eine weitere orwellianische Begriffsbildung.

Das heißt der Begriff „soziale Marktwirtschaft" wird von den Hohepriestern der neoliberalen Doktrin anders verwendet als er von der Masse der Menschen verstanden wird — hört sich „soziale Marktwirtschaft" doch so „sozial" an, nicht wahr?

Nun, tatsächlich aber haben

*Sie*

lediglich den

*Ein*_Druck,

daß es sich dabei um etwas handelte, das in Deutschland so außerordentlich positiv gewesen sei — ein „Erfolgsmodell" eben, und, selbstverständlich, ein deutsches, also mit einem „Wunder" versehen, ist ja klar, oder?

ZITAT

[...] Wenn in unseren Köpfen die „soziale Marktwirtschaft" so positiv besetzt ist, also gar nicht mit dem oben Geschilderten übereinzustimmen scheint, dann liegt das ausschließlich an den Zeitumständen nach dem Zweiten Weltkrieg: national wie international und an dem sogenannten *deutschen Wirtschaftswunder*. [...]. Das sogenannte Wirtschaftswunder war aber [...] keine Einzigartigkeit, fand ein solches „Wunder" doch in allen Industriestaaten statt — setzt man Großbritannien etwas separat. [...]

ZITATENDE[386]

Das heißt es waren die damals geltenden Umstände, die den offenbar mythisch nachwirkenden Eindruck verursachten, daß es sich um etwas „Soziales" im wohlfahrtsstaatlichen Sinne handele, wird von „sozialer Marktwirtschaft" geredet.

Nun, dieser Eindruck ist falsch.

Was darunter tatsächlich zu verstehen ist, kommt erst heute (__*weltweit*__) mehr und mehr zum Ausdruck: daß nämlich die Gesellschaft als Ganzes, wie das soziale Wesen Mensch als Individuum, ausschließlich als jene Größen zu nehmen wären, auf die via Wirtschaftspolitik Einfluß genommen werden dürfe — also _*keinesfalls*_ auf die Struktur der Wirtschaft selbst, denn das hieße, aus Sicht der neoliberalen Ideologen, unerlaubt Eingriff in den sich selbst regulierenden Markt zu nehmen (__*folgt man den Glaubenssätzen der neoliberalen Hohepriester fest*__),

so daß sowohl jeder einzelne als auch die Gesellschaft als Ganzes marktkonform funktionieren — _*müssen*_.

Das Adjektiv „sozial", in Verbindung mit

[386] Das Zitat findet sich in: Die *tri*_logische Sezierung [...], Band I, Teilband 1, Kapitel 2.

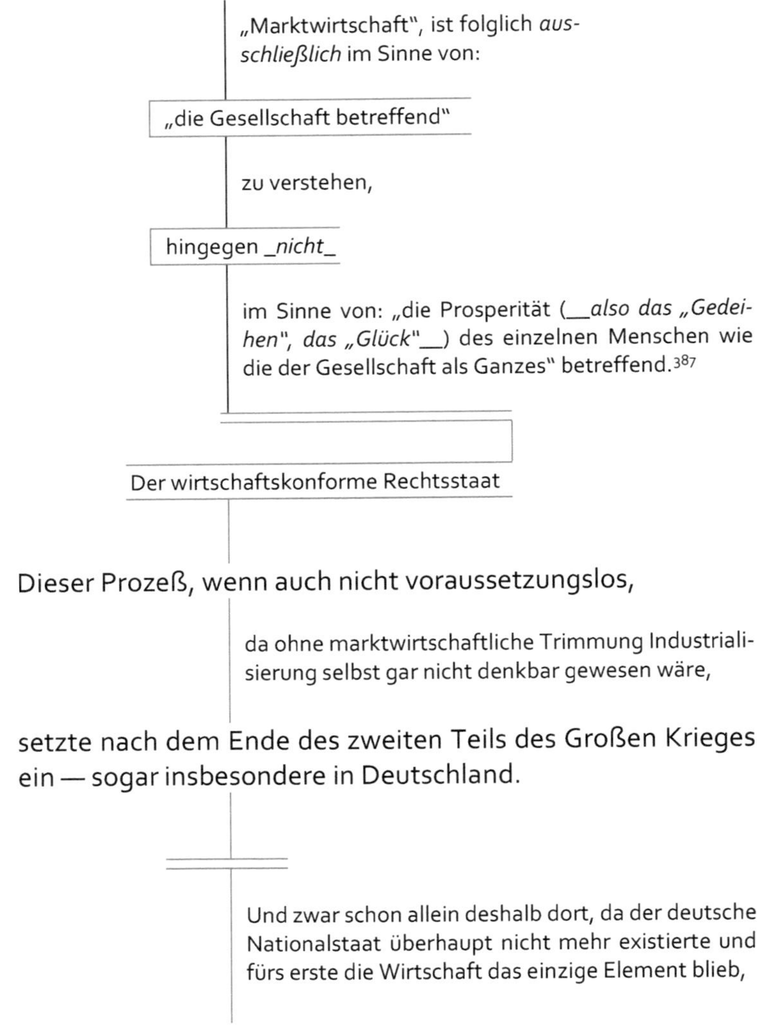

„Marktwirtschaft", ist folglich *ausschließlich* im Sinne von:

„die Gesellschaft betreffend"

zu verstehen,

hingegen _*nicht*_

im Sinne von: „die Prosperität (__*also das „Gedeihen", das „Glück"*__) des einzelnen Menschen wie die der Gesellschaft als Ganzes" betreffend.[387]

Der wirtschaftskonforme Rechtsstaat

Dieser Prozeß, wenn auch nicht voraussetzungslos,

da ohne marktwirtschaftliche Trimmung Industrialisierung selbst gar nicht denkbar gewesen wäre,

setzte nach dem Ende des zweiten Teils des Großen Krieges ein — sogar insbesondere in Deutschland.

Und zwar schon allein deshalb dort, da der deutsche Nationalstaat überhaupt nicht mehr existierte und fürs erste die Wirtschaft das einzige Element blieb,

[387] Vgl. ebenda.

das von den deutschen Politikern geprägt werden konnte:

Das heißt der deutsche Rechtsstaat wurde um die Bedürfnisse der Wirtschaft herum konstruiert, so daß sich ein „wirtschaftskonformer Rechtsstaat" ausformte.[388]

Handelt es sich aber beim deutschen Rechtsstaat um einen „wirtschaftskonformen Rechtsstaat", ist auch die Demokratie als wirtschaftskonform, bzw. als marktkonform zu verstehen.[389]

Und damals ging diese Überlegung keineswegs von einer alleinigen Finanzmarktdominanz über den Staat aus, sondern davon, daß die Wirtschaft als solche den Staat zu dominieren habe — und damit die Gesellschaft.

Es waren hingegen die Nachkriegsumstände wie ein stalinistisches „Ostblock-System", das von vielen im „Westen" als Alternative (_*falsch!*_) wahrgenommen wurde — und allein auf _*diese*_ Umstände mußte Rücksicht genommen werden. Das hat sich seit dem Ende des Kalten Krieges grundlegend geändert, und seitdem forciert sich das _*Eigentliche*_ des neolibe-

---

388 Vgl. Michel Foucault, *Die Geburt der Biopolitik — Geschichte der Gouvernementalität II*, Suhrkamp Taschenbuch, 2006, die Seiten 252 f.; Originaltitel: *Naissance de la biopolitique*, Éditions Gallimard / Éditions du Seuil, Paris, 2004. Siehe dazu in: Die *tri*_logische Sezierung […], Band I, Tb 1, Kapitel 2, dort unter: „Was ist also das Credo dieser Ideologie?".

389 Vgl. Lesung 10, insbesondere ab der Seite 242, beginnend mit dem merkelesken Satz: „Wir müssen die Demokratie marktkonform machen".

ralen Systems — zeigt sich nämlich sein primär gesellschafts-destruierender Charakter

erneut.

Ende der Anmerkungen zu
Konsequenzen deutschen Machtstrebens

Hingegen bräuchten die anderen, die politisch Verstockten, lediglich das „deutsche Modell" zu kopieren — meinen

*mal eben*

die politisch, journalistisch und „wissenschaftlich" Verantwortlichen der Lobbykratie —

also jene der Demokratie gegenüber *Un*_Verantwortlichen.

Etwas als Modell zu empfehlen, das, objektiv gesehen, nicht nur nicht auf andere übertragbar ist, die mit einem Export-Junkie in eine Währungsunion gezwängt sind, sondern überhaupt nicht zu empfehlen ist, kommt einer

(__*grundsätzlich Gefahr für jedes friedliche Zusammenleben der Völker mit sich bringenden*__)

Zumutung gleich, da es für ein friedliches Nebeneinander ungeeignet ist, geschweige für ein Miteinander der Menschen, der Gesellschaften, der Staaten dieser Welt. Denn mit diesem Modell könnten _*Sie*_ keine Entwicklung initiieren,

> daß diese Welt, über die von unserem Geschlecht zu beeinflussender Faktoren, potentiell friedlich zu machen wäre,

so daß erst das Angehen der _*uns*_ direkt betreffenden Fragen möglich würde, wie bspw.

- individuelle Freiheit (__*nicht auf Kosten anderer*__)
- an _*alle*_ Menschen zu vermittelnder Bildungsreichtum
- konsequentes Schaffen eines, weite Teile der Erde einschließenden „Gartens"
- weltweites Währungssystem
- ausschließlich gemäß der *Goldenen Lohnregel* zu zahlende Löhne (__in _*allen*_ Ländern[390]__).

Aber das zu verwirklichen geht schon allein deshalb nicht, da dieses „deutsche Modell" Ausdruck einer Ideologie ist, und zwar einer im negativen Sinne, von der die „Austeritätspolitik" lediglich ein Element ist. Denn für die Ideologen dieses „Modells" ist es klar, daß alle Nationalstaaten in einem

> _*betriebswirtschaftlichen*_ Wettbewerb stehen.

[390] Zur *Goldenen Lohnregel* siehe die Lesung 22.

Anmerkungen zu Konsequenzen mikroökonomischen Denkens auf makroökonomischer Ebene

Wissen Sie, was es bedeutet, auf dem Gelände des Standortes eines Betriebes zu wohnen und nicht in einem Wohnort? Worin könnte der Wohlfühl-Faktor eines „Standortes" bestehen? Nun, nicht allein aus dem fehlenden Wissen um den Unterschied resultiert ein Denken, das sich in stilblütigen Phrasen wie bspw.: „Standort Deutschland" ausdrückt —

nicht „Wohnort", sondern „Standort".

Letztlich resultiert solches Denken auch nicht lediglich aus mikroökonomischem Denken, sondern daraus, daß ein derartig Denkender es unerlaubterweise auf die makroökonomische Ebene übertragen hat und sich dann in dem dort errichteten Gedankengebäude verirrt —

aber leider nicht er allein.

Denn zwar ist das tatsächlich Seltsame an derartiger Verirrung nicht, daß es Ausdruck einer _*kollektiv*_ erfolgten marktkonformen Trimmung ist (__sozusagen als *Ziel*_Ergebnis des Neoliberalismus'__), sondern daß das Seltsame daran gar nicht mehr wahrgenommen wird.[391]

Selbstverständlich ist ein betriebswirtschaftlicher Wettbewerb dann ok, betrifft dieser in der Tat jene

[391] Vgl. Die *tri*_logische Sezierung [...], Band III, Teilband 1.

Ebene, auf der Betriebswirtschaftliches seine Wirksamkeit entfalten kann, also jene des Betriebs — vorausgesetzt, wirtschaftspolitisch werden keine unlauteren Mittel angewendet, wozu bspw. das organisierte Zahlen von Dumpinglöhnen gehört.

Aber

einen betriebswirtschaftlichen Wettbewerb auf gesamtwirtschaftlicher Ebene zu praktizieren, muß in die Unfriedlichkeit führen, da auf dieser Ebene andere Bedingungen, also gesamtwirtschaftliche Gesetze gelten, mögen die auch aus betriebswirtschaftlicher Perspektive paradox erscheinen.[392]

Denn die damit einhergehende Politik war, ist und bleibt eine imperialistische. Da können ihre Ideologen noch so verschleiernde Begriffe kreieren, es bleibt imperialistische Politik.

Nicht anders,

als daß die Konkurrenz-Situation zwischen Betrieben immer auf Kosten anderer geht,

bedeutet eine solche Politik des betriebswirtschaftlichen Wettbewerbs der Nationen,

daß der Gewinn des einen Nationalstaates der Verlust des anderen sein muß.

[392] Vgl. a.a.O., Teilband 3, die Kapitel 10 + 11.

Im Gegensatz zu einem Betrieb, kann ein Nationalstaat aber nicht geschlossen werden, zumindest können die auf seinem Territorium wohnenden Menschen nicht _*mal eben*_ „umziehen“.

… „verstromlinisierte Mentalität“ …

Allerdings ist selbst auf betriebswirtschaftlicher Ebene Konkurrenz lediglich begrenzt sinnvoll, nicht aber „bis aufs Messer“, da dann die gesamtgesellschaftlichen Auswirkungen negativ spiralig werden, wie es im Inneren der deutschen Gesellschaft zu beobachten ist — vorausgesetzt man schaut scheuklappenfrei auf das gesellschaftliche Geschehen[393], das von

„verstromlinisierter Mentalität“

bestimmt ist, bedingt durch entsprechende Bildungsbasis — und damit meine ich jetzt nicht „PISA“, sondern daß die neoliberale Ideologie marktkonformes Verhalten verlangt, das quasi zwangsläufig zu einer blickverengenden Wahrnehmung führen muß, als Ausdruck eines dementsprechenden Bewußtseins, dem folglich eine „verstromlinisierte Mentalität“ eigen ist.

Nun, wie gesagt, auf diese Weise ist eine friedliche Welt nicht möglich, mag es sich bei solcher Politik auch um ein „lustiges

393 Siehe bspw. die Lesung 9.

Spiel" für Machteliten handeln, denn für die Masse der Menschen bedeutet es letztlich über sie hereinbrechender, tödlicher Ernst —

mitunter weit vor dem biologisch normalen Tod sich ereignend.[394]

Gewiß, auch unserem Geschlecht ist eine bestimmte, für uns nicht absehbare Spanne Zeit gegeben. Mit diesem System aber wird diese, von den kosmischen Verhältnissen abhängige Zeit, dramatisch verkürzt.

Denn so wie der Neoliberalismus nichts Wohliges und Freundliches für die Masse der Menschen bereithält und sie nach Art einer Kosten-Nutzen-Analyse beurteilt, ist der Blick seiner Ideologen nicht anders auf die in Nationalstaaten organisierten Gesellschaften gerichtet. Doch während ein Betrieb umziehen könnte, seiner Pleite zu entgehen, ist das den Insassen der Staaten kollektiv nicht möglich.

Nun, ein anderer „Blick auf die Welt" ist von diesen Ideologen auch nicht zu erwarten, sind die doch nicht einmal in der Lage frei und offen zu lachen,

nicht über jemanden, sondern mit jemandem, nicht mit diesem über einen anderen, oder gar als Gesellschaften kollektiv über andere Gesellschaften, sondern wirklich miteinander,

befreiend menschlich zu lachen — das können die nicht. Denn lediglich die Zähne photogen zu entblößen — nach Aufforderung:

[394] Vgl. in: Die *tri*_logische Sezierung [...], Band II, den Zwischenruf 15: „Das Weihmacht-Spiel".

„Jetzt alle vernehmlich: 'Ameisenscheiße!'",

ist alles andere als das gemeinte Lachen. Gewiß, sozusagen „blockmäßig 'gemeinsam'" — das können die.

Und so mögen im Kalten Krieg die einen „westblockmäßig" über die im Ostblock gelacht haben und umgekehrt: Westblock-Lachen vs. Ostblock-Lachen. Heute gewandelt —

je nachdem.

Aber was ist das für ein Lachen?

Das ist gar nichts, das ist kindisch!

Und wie sollte daraus auch nur eine einzige Lösungs-Konzeption für eine der existentiellen Fragen des Menschengeschlechts eröffenbar werden —

damit das biologische Maß seiner Spanne Zeit ausgeschöpft werde?

Ein Wettbewerb zwischen Nationen führt zwangsläufig zu Handelskriegen und in der Folge zu offenen militärischen Konflikten, gar zu Kriegen: immerhin muß die eigene Einfluß-Sphäre stetig ausgedehnt werden — auf Kosten anderer.

Ende der Anmerkungen zu Konsequenzen mikroökonomischen Denkens auf makroökonomischer Ebene

Wer diese Anmerkungen für übertrieben, gar für falsch hält, nun, der ist ahnungslos, der weiß nicht, was dieses System bedeutet, was es meint und wie es die Menschen in ihrem Wesen versehrt:

Marktkonformität ist lediglich unter Verlust seiner vielen, nicht meßbaren Facetten möglich.

Nun, für solches ideologische Streben gibt es einen alten Begriff, den man heute zwar nicht mehr verwendet, der deshalb aber inhaltlich keineswegs obsolet geworden, hingegen seit dem Ende des Kalten Krieges wieder höchst lebendig wird:

Imperialismus.

Das zu erkennen, muß man lediglich die Scheuklappen ablegen, das einem massenmedial vorgegaukelte Bild beiseite schieben und das bisher versperrte Blickfeld auf den Hintergrund des gesellschaftlichen Geschehens mit Gedankenkraft ausleuchten,

dann erkennt man das.

Aber bei diesen „Blickverstellungskünstlern" bleibt einem dieser Hintergrund normalerweise verborgen. Man ahnt irgend etwas, hat aber keine richtigen Informationen, und aus diesem Grund ist es schwierig, sich ein relativ stimmiges Bild vom tatsächlichen Geschehen zu verschaffen.

Eine „Waffenbruderschaft" unter solchen nationalstaatlichen Machteliten, nun, die mag es geben:

„Hör mal", *sagen in solchen Fällen die Vertreter der einen Machtelite zu denen der an-*

deren Machteilte gleicher Farbe, „es gibt da einen 'Markt', den kann ich nicht alleine 'erschließen', der Gegner ist zu groß, laß uns das gemeinsam machen,

da fällt dann für jeden von uns etwas ab." ...

Der orwellianische Begriff „Integrationskonkurrenz"

Als exemplarisches Beispiel für die Verwendung des orwellianischen Begriffs „Integrationskonkurrenz", kann das Bestreben gelten, die Ukraine in den Einflußbereich des Westens zu ziehen und auf diese Weise dem Einflußbereich Rußlands zu *ent*_ziehen, also durch Zerstörung einer langen Wirtschaftstradition.

Aber unter Beibehaltung der oligarchischen Machtverhältnisse.

Dies folglich eine Politik, die für die Masse der Menschen dort nachteilig ist, da auf diese Weise weiterhin Spielball widerstreitender, nationalstaatlicher Interessen bleibend, was sich übrigens auch in der Unbeliebtheit des seit dem 7. Juni 2014 herrschenden oligarchischen Regimes in Kiew ausdrückt, wie aus zwei im Jahre 2015 durchgeführten Untersuchungen hervorgeht.

ZITAT

[...] zwei Untersuchungen zeigen, [__daß__] die Ukraine [...] in jeder Hinsicht ein zerrissenes Land [__ist__]. Wie es für alle Länder gilt, wo die Verantwortlichen der neoliberalen „Elite-Staaten" ihr marktkonformes Gesellschaftsmodell installiert sehen wollen. […]

ZITATENDE[395]

Zwar zeigen diese beiden Untersuchungen, daß das ukrainische oligarchische System der neoliberalen Post-Putsch-Zeit noch weit unbeliebter ist als jenes vorher geherrscht habende Janukowitsch-Regime,

das übrigens keineswegs einen anti-westlichen Kurs verfolgt hatte, sondern eher einen, der die alten russisch-ukrainischen Wirtschaftsbeziehungen mit in Rechnung stellte,

aber das konnte nicht mit dem, gemäß der Ideologie des Neoliberalismus' von den Machteliten des „Westens" seit dem Ende des Kalten Krieges wieder mehr und mehr politisch Verfolgten vereinbar sein, das heutzutage zwar orwellianisch als „Integrationskonkurrenz" bezeichnet wird, bei dem es sich tatsächlich aber um jenes handelt, das altbekannt ist und sich „Imperialismus" spricht.

Wie aber sollte dieses „deutsche Modell" ein Vorbild für andere Nationalstaaten sein, wenn es lediglich unter ganz be-

[395] Diese Zitatstelle findet sich in: Die *tri*_logische Sezierung […], Band II, Zwischenruf 27.

stimmten Bedingungen zu funktionieren

scheint?

Es kann unter der Bedingung derartig erscheinen, ist bei seiner Anwendung lediglich ein bestimmter Ausschnitt erkennbar, während alles andere verschleiert bleibt.[396]

Hingegen belegen die damit einhergehenden Konsequenzen, daß es selbst unter den künstlich gesetzten Bedingungen genau nicht funktioniert, sondern durch die Fehlkonstruktion der EWU dieser Fakt lediglich verschleiert bleibt.[397]

...

Hinweis auf die Bedingungen fürs vermeintliche Funktionieren der neoliberalen Ideologie

Der Neoliberalismus funktioniert vermeintlich, sind gewisse Bedingungen

künstlich

gesetzt worden. Ausschließlich unter diesen Bedingungen läßt sich ein nationalstaatliches Feld abstecken, das die Überführung von Glaubensinhalten der neoliberalen Ideologie in die Praxis ermöglicht. Fehlen diese Bedingungen, zeigt sich

[396] Siehe dazu das folgende Zitat: „Was ist das Credo dieser Ideologie".

[397] Siehe die Lesung 22.

sein Scheiternmüssen quasi sofort.

Dies belegt,

daß die Glaubenssätze dieser Ideologie eben nicht Ausdruck menschlicher Bedürfnisse sind — also alles Gesellschaftliche und Individuelle unter dem Gesichtspunkt der Konkurrenz zu sehen.

Was ist das Credo dieser Ideologie?

ZITAT

[...] Nun, die Marktwirtschaft weist keine Mängel auf, und falls solche doch aufträten, dann seien die der Einflußnahme durch den Staat zuzuschreiben.[398] Daraus schließen insbesondere die Ordoliberalen

(__also die „Neoliberalen" deutscher Prägung__),

daß man die Rolle der Marktwirtschaft des 18. und des 19. Jh.

(__*d.h. Setzung eines Raumes wirtschaftlicher Freiheit, der vom Staat überwacht und dessen Rahmen vom Staat begrenzt wird*__)

umändern müsse. Das heißt diese wirtschaftsgesellschaftliche „Spielanordnung" erfährt nun ihre Umkehrung durch die

[398] Vgl. Michel Foucault, a.a.O., die Seite 167 unten.

neoliberale Doktrin:

Aufsicht des „Marktes" über den Staat[399] — und damit über die Gesellschaft.

Denn der Staat ist nichts anderes als das Organisationsmedium einer Gesellschaft.

Im voll entfalteten neoliberalen System steht also der Staat unter der Kontrolle des Marktes

(__und damit die ganze Gesellschaft__).

Man denke in diesem Zusammenhang an vermeintlich dem „Freihandel" dienende Abkommen à la TTIP [...], deren Realisierung ich sozusagen als Schlußstein des von seinen Ideologen auf „Ewigkeit" angelegten neoliberalen Systems sehe.

Das heißt durch den Neoliberalismus ist heutzutage etwas zur politischen Praxis geworden, das Foucault in seiner Vorlesung vom 7. Februar 1979: Ob nämlich die Prinzipien der *„Marktwirtschaft wirklich als ... Form und Vorbild"* für die gesellschaftliche Organisationsform, also für den Staat, dienen können, noch als Frage formuliert hatte.[400]

Diese von einer neoliberalen Regierung praktizierte Politik zielt demnach direkt auf die bürgerliche Gesellschaft. Das heißt sie richtet sich mittels „Sozialpolitik", und der

*_rechtlichen Rahmensetzung_*

---

399 Vgl. a.a.O., die Seite 168.

400 Vgl. a.a.O., die Seite 169.

dieser Gesellschaft, auf die Beeinflussung _*realer*_ Menschen, wobei diese Beeinflussung nach einer

*menschlich abgezehrten Modellvorstellung*

vom Menschen: *dem Homini oeconomico novo* erfolgt.

Diese Politik dient somit der Schaffung der marktkonformen Gesellschaft.

[...] _*Dies*_

ist gemeint, spricht ein Bundeskanzler oder eine Bundeskanzlerin von „*marktkonformer Demokratie*".

Dem Neoliberalismus geht es folglich um die Etablierung von gesellschaftlichen Verhältnissen, die dem _*künstlich*_ gesetzten Wettbewerb die für dieses _*künstliche*_ Prinzip _*notwendigen*_ Voraussetzungen und Bedingungen auf eine Art und Weise schaffen, daß der „Markt" möglichst optimal funktionieren kann, indem also das ganze gesellschaftliche Leben auf den „Markt" hin zentriert wird, was stetig korrigierendes Eingreifen in die sich dagegen sträubenden, gesellschaftlichen Prozesse erfordert, und früher oder später in einer wie auch immer geartete Diktatur enden muß — es sei denn, die Menschen besännen sich noch kollektiv.

Wenn man also jenes liest, das im sogenannten „Lambsdorff-Papier" steht [...], liest man von den Formulierungen des Neoliberalismus' [...]. Und spricht man vom „deutschen Modell", [...] dann ist damit der *wirtschaftskonforme* „Rechtsstaat" gemeint[401]. Wohlgemerkt:

„wirtschaftskonform" — _*nicht*_ „demokratiekonform".

Vor diesem [...] Kenntnishorizont wäre es folglich falsch, antwortete jemand auf die Bemerkung hin:

Die 2007 offensichtlich gewordene Finanzkrise und die daraus resultierenden Folgen, sind ein Ergebnis stetig forciert praktizierter neoliberaler Politik, die nach dem zweiten Teil des großen imperialistischen Krieges schleichend einsetzte:

*Das* sei dem Neoliberalismus nicht allein anzulasten.

Gut, dann sage ich:

Aber entscheidend anzulasten, denn umgesetzt wurde dessen Doktrin über neoliberale Politik, und zwar eine Politik, die von allen bürgerlichen Parteien und den Parteien des „Reformismus'"[402] praktiziert wurde, praktiziert wird und praktiziert werden wird! [...]

ZITATENDE[403]

---

[401] Vgl. Foucault, a.a.O. die Seiten 252 f.

[402] Zur Definition und zur Fragwürdigkeit dieser politischen Richtung bürgerlicher linker Parteien, siehe die Hinweise in: Die *tri*_logische Sezierung [...]: Band I, Teilband 1, die Seiten 100 f. und Teilband 4, die Seiten 82 unten bis 84 oben.

[403] Siehe a.a.O., Kapitel 2.

Das „deutsche Modell" ist auch bezogen auf dieses Land selbst ungeeignet

Das heißt das „deutsche Modell" ist auch bezogen auf dieses Land selbst ungeeignet, wo sich die Altersarmut und die Kinderarmut ausbreiten, wo das faktische Türken von Arbeitslosenstatistiken möglich ist, wo sogar das Nichtzahlen des sowieso zu niedrigen Mindestlohns möglich ist — ohne daß solche Arbeitgeber belangt würden.

Denn die lassen sich bspw. von ihren Niedriglöhnern unterschreiben, daß die diesen Lohn bekämen. — Diese Behauptung könnte einmal von den Gewerkschaften nachgeprüft werden, d h. *erneut* nachgeprüft werden, denn darum wissen die durchaus.[404]

Und genausowenig geeignet für jene, die diesen Lohn zwar tatsächlich kriegen, dennoch sogenannte Aufstocker bleiben.

[404] Vgl. diesbezüglich die Lesung 8.

Übrigens ist es faktisch so, daß Leute, die den Mindestlohn tatsächlich bekommen, dennoch im Bereich der „Grundsicherung" liegen. [405]

Doch auch der Verfall der Infrastruktur ist ein Beleg fürs Nichtfunktionieren eines sich selbst regulierenden Marktes:

Ob die Schulen betreffend, wo es bspw. üblich geworden ist, daß die Eltern die Klassenräume selbst streichen.

Was ja auch billiger als einen Malerbetrieb zu beauftragen ist — mag der doch ruhig pleite gehen, oder?

Ob einsturzgefährdete Brücken oder den Straßenzustand betreffend.

Ob das sowohl technisch als auch organisatorisch schlechte Massentransportwesen oder die zur Gewohnheit gewordenen, kriminellen Skandale der verschiedenen industriellen Branchen betreffend.

(__Systematisch betriebener „Pfusch am Bau" [__so der exemplarische Fall des Kölner Stadtarchivs__], Manipulation von Dieselmotorensoftware, Lebensmittelskandale usw.__)

Ganz zu schweigen vom breit sinkenden Bildungsniveau und der völlig unzusammenhängenden Bildungsvermittlung, die

[405] Zur „Grundsicherung" siehe die Seiten 218-20: „Anmerkung zur 'Grundsicherung'", sowie die Lesungen 8 und 9.

das Spartenwissen fördert, aber nicht organisch aufbauendes, auf Verständnis von Zusammenhängen gerichtetes Allgemeinwissen.[406]

> Nun, dies lediglich _*Beispiele*_ dafür, daß der sich selbstregulierende Markt nicht existiert.

Anmerkung zum „sich selbst regulierenden Markt"

Etwas, das nicht existiert kann folglich auch nicht funktionieren. Gewiß, in tollen Reden mag das als wundersam möglich erscheinen — in der Praxis sprechen die Krisen des „Marktes" aber eine andere Sprache, werden diese mitunter auch als „normaler" Teil des „Marktsystems" angesehen, die deshalb in Kauf zu nehmen seien, dada:

> „das ist einfach so".

Hingegen zeigt die Erfahrung, daß es nach einer gewissen Zeit des scheinbaren Funktionierens, des Eingreifens des Staates bedarf oder, wird das aus dogmatischen Gründen abgelehnt, eines als „Crash" bezeichneten Platzens einer Finanzblase oder, reichte das noch nicht, eines „ausgewachsenen" Krieges (__auch zur Ablenkung der Masse der Menschen, daß _*kollektives*_ Nachdenken möglichst nicht einsetze__) bedarf, damit _*danach*_ wieder von vorn angefangen werden kann, bis zum nächsten staatlichen Eingreifenmüssen

[406] Vgl. in: Die *tri*_logische Sezierung [...], Band I, Tb 2, das Kapitel 7, sowie in: a.a.O., Band II: den Zwischenruf 22.

oder Crash oder „ausgewachsenen" Krieg.

Soll das Ausdruck von Effektivität des hier gepriesenen Wirtschaftssystems sein?[407]

Wenn sich der Neoliberalismus mit Monotheismen trifft

Nicht anders zeigen die Konsequenzen des neoliberalen Systems, daß es Ausdruck ideologischen, nicht von der Realität gedeckten Denkens ist, daß eine, nach erfolgter marktkonformer Trimmung, sich selbst regulierende Gesellschaft im Sinne behaupteter „Marktgesetze" möglich wäre.

Es ist übrigens hier, daß sich der Neoliberalismus mit den diversen Monotheismen trifft:

Es geht letztlich um die *macht*_technisch bequeme Manipulation einer möglichst großen, den von Ideologen ausformulierten Gesetzen unterworfenen Masse von Menschen, die auf diese Weise derartig reagiert, als handelte es sich um eine einzelne Person. Während dies die Ideologen der diversen Monotheismen im Sinne der von ihnen ausformulierten und als göttlichen Ursprungs

[407] Erinnern Sie sich an die Lesung 7?

bezeichneten Glaubenssätze tun, gehen die neoliberalen Ideologen den anderen Weg und formul eren die passenden Glaubenssätze für die vergöttlichten Marktgesetze aus.[408]

Das heißt ich kann aus besten Gründen die von den deutschen politisch Verantwortlichen traditionell praktizierte Politik nicht gutheißen —

zumal ein Nationalstaat niemals im Interesse seiner Insassen agiert, sondern stets im Interesse seiner Machtelite.

Eine Anmerkung zu Bewohnern von Nationalstaaten

Die Bewohner eines Nationalstaates nenne ich Insassen, da ein solcher Staat *_nicht_* gemäß *_ihren_* Interessen funktioniert, sondern ausschließlich gemäß jener seiner Machtelite, denn es ist *_deren_* Staat.

ZITAT

Die Bevölkerungen in den „Elitestaaten", die die Staaten dieser „Eliten" sind, werden auf diese Weise zu Insassen solcher Staaten. Hierdurch entsprechen sie auf eine gewisse Weise (*__lobbyistisch gelenkten__*) staatlichen Vollzugsanstalten, deren

[408] Darauf ist u.a. im achten Band der Edition !*_scheuklappenfrei_*! zurückzukommen.

„Offenheit" in direkter Abhängigkeit zum jeweiligen materiellen Freiheitsgrad des einzelnen Bewohners steht. Beispielsweise entpuppt sich für einen HARTZ-IV-Empfänger eine solche Anstalt als eine relativ geschlossene „Welt am Draht", gesteuerten von den Akteuren dieser „Weltelite".

ZITATENDE[409]

Wären sie hingegen keine „Insassen", sondern tatsächlich freie Menschen, deren Vorfahren, _*ihren*_ Staat zu gründen, sich zusammengefunden hatten, gäbe es weder solche Machtinteressen noch derartige „Freiheitsgrade". Ebenso keine Phänomene, von denen eines im „Schlußsatz I" des Schlußworts dieser Lesungen exemplarisch an einer die heutige parlamentarische, als behauptete, das Volk repräsentierenden Demokratie betreffenden Farce gezeigt wird. Aber es ist eben nicht ihr Staat, sondern es ist der Staat der entsprechenden Machtelite mit ihren Satelliten — es ist _*d e r e n*_ Spielwiese.[410] Wenn auch nicht auszuschließen ist, daß diese grundsätzlich verschiedenen Interessen _*zeitweise*_ korrelieren können. Das allerdings lediglich insofern können,

(__also jene Interessen der Masse der Menschen auf der einen Seite und jene der Machtelite und ihrer Satelliten in Poli_*tik*, Journalis_*tik* und spin_doktorischer Wissenschafts_*tik* auf der anderen Seite betreffend__),

---

[409] Näheres siehe in: Die *tri*_logische Sezierung [...], Band I, Tb 3, Kapitel 18: „Eine kurze Beschäftigung mit der Frage nach der neoliberalen Strategie des 'Westens' und der Funktion seiner Medien bei der Vermittlung dieser Strategie".

[410] Ausführlich beschrieben in: a.a.O., Kapitel 15: „Menschenrechte, Völkerrecht und das Konstrukt des Nationalstaates".

bleiben die harten Interessen der entsprechenden Machtelite gewahrt, wie bspw. die beiden Teile des Großen Krieges belegen, und die seit dem Ende des Kalten Krieges praktizierte Politik _erneut_ eindrucksvoll zeigt —

schaut man aus einer, nicht von blickverstellender Geschichtsschreibung beeinträchtigten Perspektive, also mit scheuklappenfreiem Blick auf jene Zeit.

Und das ist eine ziemliche Arbeit, wollen Sie das wirklich tun, da Sie die Quellen möglichst selbst aufsuchen, sich erschließen und sich einen richtigen Eindruck vom aus ihnen zu Schöpfenden verschaffen müssen. Dazu benötigen Sie saubere, aufklärend sprudelnde Quellen. Schon das allein ist nicht einfach.

Mit anderen Worten:

Wie komme ich als Deutscher dazu, patriotische Gefühle zu zelebrieren, handelt es sich tatsächlich um einen Staat, in dem Menschen einsitzen, die mehrheitlich marktkonform getrimmt sind, was bei den einen mit einem menschlich abgezehrten Verhalten und bei den anderen, die eine solche Trimmung ablehnen, mit dem Gefühl eigener Unzulänglichkeit einhergeht, unterbrochen von Gefühlsüberschwang und verkleistert von Gefühlsduselei?

Auf diese Weise übrigens kollektiv zu einer, wenn auch individuell sich ausdrückenden, doppelten Neurose führend.

Von dieser „doppelten Neurose" ist

schon im Band I der *Tri*_logische Sezierung [...] die Rede und weiter ausgeführt findet sich dieses, kollektiv auftretende „psychosoziale Krankheitsbild" in dem Band II.

(__Allerdings war nicht jenes zu beschreiben, das eine Neurose ausmacht, sondern was das Besondere an dieser doppelten Neurose ist.__)

Wie komme ich dazu,

patriotisch zu fühlen, wird die Masse der Menschen von einer Elite an der Nase herumgeführt, während sie dieser Masse etwas von „Demokratie" vorgaukelt, obwohl es sich tatsächlich um _*deren*_ Staat und folglich um deren lobbykratisches System handelt?

Wie komme ich dazu,

einen Staat, in dem so etwas möglich ist, der offensichtlich in der Hand nicht der Bevölkerung, nicht in der von ihr gewählten Repräsentanten ist, sondern in der Hand von Vertretern von Machtinteressen, die nicht mit den Interessen der normalen Bevölkerung korrelieren, nämlich in der Hand einer Machtelite und ihren um sie herum kreisenden „Satelliten" ist, bestehend aus lobbykratie_*konformen* Politikern, sogenannten *Alpha*_Journalisten, mit den diese als „Monde" umkreisenden schreibenden Mitarbeitern, sowie in lobbykratie_*konform* funktionierenden Thinktanks einsitzenden *spin*_doktorischen Wissenschaftlern …

wie komme ich also dazu,

für einen solchen Staat patriotische Gefühlen zu hegen?

Nun, das wäre aus meiner Sicht nicht nur nicht gerechtfertigt, sondern das wäre unvernünftig. Zumal eine Zumutung!

Für eine solche sich in Weltmachtposition heucheln wollende Machtelite, ihre Satelliten und ihren Staat, kann ich keine patriotischen Gefühle entwickeln, zumal, wie die Erfahrung längst belegt hat, die nichts Konstruktives mit Souveränität anzufangen weiß, und wie dies seit dem Ende des Kalten Krieges erneut bestätigt wird.[411]

Für eine Machtelite

und ihre Aktivisten in Polit_*tik*, Journalis_*tik* und spin_doktorischer Wissenschafts_*tik*, die jetzt (__2017__) Syrien total ins Chaos gestürzt haben, die eine Politik praktizieren, die

[411] Vgl. die Seiten 622-65: „Exemplarische Beispiele kontraproduktiver Konsequenzen deutscher Machtpolitik".

Islamisten fördert und unterstützt[412], die Anschläge hier in Europa, auch in Deutschland dann praktizieren werden,

wenn nicht schon längst von diesen die in letzter Zeit geschehenen herrühren ...

nun,

für eine solche praktizierte Politik, die ja letztlich im Interesse gewisser Gruppen durchaus ist und deshalb praktiziert wird, im Sinne von Interessen nämlich, die nicht die meinen sein können, das heißt Interessen berücksichtigend, bzw. die Leute, die hinter diesen Interessen stehen, die Machtelite dieses Staates somit — für deren als Staat bezeichnete Spielwiese soll ich patriotische Gefühle hegen?

Und ich meine selbstverständlich die deutsche Machtelite, deren Mentalität ihr Herkommen vom Wilhelminismus hat und deren Interessen

*_dementsprechend_*

gelagert sind sowie sie diese *_dementsprechend_* vertritt.

Gewiß, daß gilt für alle Nationalstaaten, aber wieso sollte ich dann sagen: „So ist das halt" — ist der Schaden *derartig*?

[412] Vgl. in: Die *tri_*logische Sezierung [...], Band II, den Zwischenruf 28: „Wie das fürchterliche Wort 'Flüchtlingspolitik' erst seine eigentliche Bedeutung bekommt".

Denn in _*deren*_ Hand ist dieser Staat, also ist das nicht unser Staat, und schon gar nicht sind wir dieser Staat, wie Menschen selbst überhaupt niemals ein Staat sein können, da „Staat" immer und lediglich ein gesellschaftliches Organisationsmedium mit entsprechenden sogenannten Machtorganen darstellt — es somit _*ausschließlich*_ um die Frage geht:

In wessen Hand ist der Staat mit seinen Institutionen?

Und es ist eben keine Frage, in wessen Hand _*dieser*_ Staat, bzw. diese techno-lobbykratische Entität EU ist.[413]

Oder anders gesagt: weder in Ihrer noch in meiner.

Übrigens ist interessant, daß in dem ZDF-Video, von dem eingangs dieser Lesung der von mir gezogene Screenshot abgebildet ist, der Sprecher in jenem Moment, als die Kameraführung das Plakat streift, lediglich von „Ordnung" und „Nachhaltigkeit" spricht, hingegen „Patriotismus" nicht erwähnt, obwohl das auf dem Plakat steht. [414] Nun, spätestens nach

---

[413] Vgl. den „Schlußsatz I" des Schlußworts dieser Lesungen sowie den Anhang II.

[414] Dieses Video, als 2. Teil der *ZDF-Heute-Sendung* vom 19. November '16, ist in der ZDF-Mediathek bis lediglich zum 18. November '17 abrufbar gewesen. Relevant ist in diesem Zusammenhang das ab der Minute 4:06 Aufgezeichnete. Der nachfolgende Internet-Pfad ist übrigens erneut am 15. September 2017 geprüft worden: https://www.zdf.de/nachrichten/heute-sendungen/videos/zdf-heute-sendung-19uhr-110.html. Wie gesagt, lediglich bis zum 18. November '17 abrufbar gewesen.

dem Ende des großen Wahlkrampfs im September 2017 ist auch das nicht mehr notwendig. Davon ist allein deshalb auszugehen, da die suggestive Einträufelung zur Bindung der Masse der Bevölkerung an diese Machtelite nun auch solche Elemente enthalten muß, daß,

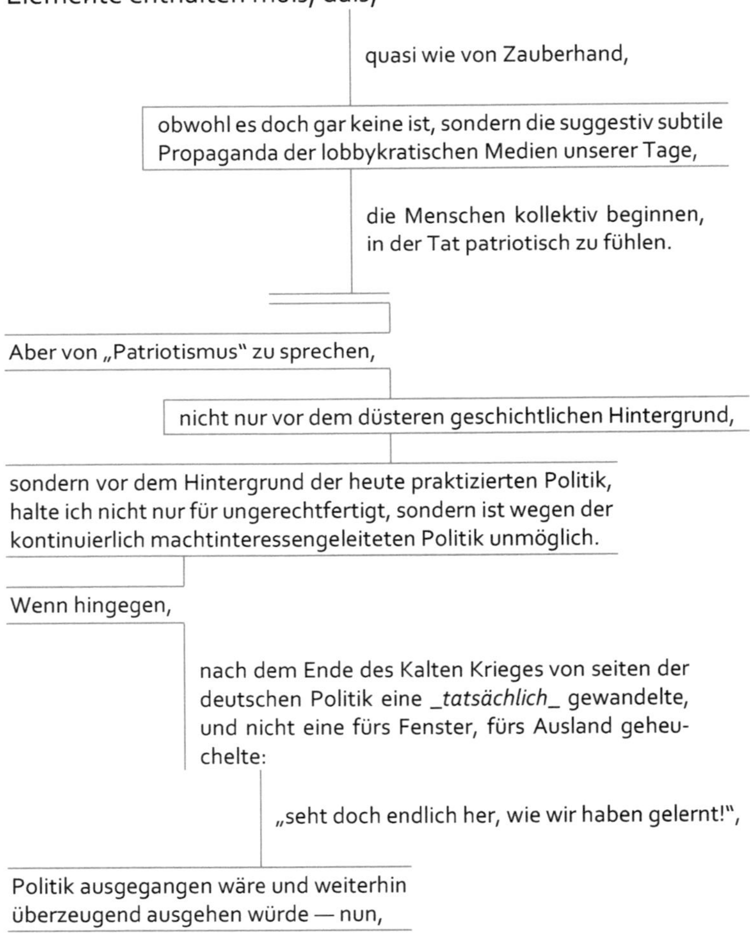

quasi wie von Zauberhand,

obwohl es doch gar keine ist, sondern die suggestiv subtile Propaganda der lobbykratischen Medien unserer Tage,

die Menschen kollektiv beginnen, in der Tat patriotisch zu fühlen.

Aber von „Patriotismus" zu sprechen,

nicht nur vor dem düsteren geschichtlichen Hintergrund,

sondern vor dem Hintergrund der heute praktizierten Politik, halte ich nicht nur für ungerechtfertigt, sondern ist wegen der kontinuierlich machtinteressengeleiteten Politik unmöglich.

Wenn hingegen,

nach dem Ende des Kalten Krieges von seiten der deutschen Politik eine _*tatsächlich*_ gewandelte, und nicht eine fürs Fenster, fürs Ausland geheuchelte:

„seht doch endlich her, wie wir haben gelernt!",

Politik ausgegangen wäre und weiterhin überzeugend ausgehen würde — nun, *_dann_*

könnte man davon reden, da dies das politisch einzig Akzeptable wäre, und es mir *_deshalb_* dann möglich, mich

mit diesem Staat bis zu einem gewissen Punkt zu identifizieren — und

*_dann_*

erst tatsächlich wirklich, wäre dieses gesellschaftliche Organisationsinstrument *_voll_* in der Hand der Vertreter der Masse der Menschen — die *_dann_* nicht mehr in ihm einsitzen würden, sondern *_tatsächlich_* freie Menschen wären.

*_Aber_*

es läßt sich nachweisen[415], daß davon eben nicht gesprochen werden kann, sondern die tatsächlich praktizierte Politik Ausdruck der alten Denkweise des Wilhelminismus' ist,

heute sozusagen geupdatet zum *Neo*_Wilhelminismus,

von dem im vierten Teil insbesondere noch zu reden ist.

---

[415] ... und ist in den Bänden der *Tri*_logischen Sezierung [...] dokumentiert.

… „gesellschaftlicher Anpassungsprozeß" …

Nun, _*dieser*_ gesellschaftliche, auf die Masse der Menschen einwirkende „Anpassungsprozeß"

(__daß man sich also an solche, den Interessen der Machtelite dienenden Entwicklungen _*kollektiv*_ gewöhne__)

ist eine forcierte Fortsetzung jenes Anpassungsprozesses, der sich vom, im Jahre 1999 gegen Serbien geführten Angriffskrieg an bis weit hinein in die 2000er Jahre ereignet hat.[416]

Dieser bereits erfolgte „Anpassungsprozeß",

die Menschen geneigt zu machen, die praktizierte Politik als so selbstverständlich wie notwendig anzusehen, wenn auch mitunter hie und da noch von einem gewissen Bauchkneifen erzählt wird, die „Verantwortung" das aber selbstverständlich wegdrückt, nun, dieser Manipulationsprozeß,

ermöglicht heutzutage

*unverschleiert*

politische Dinge zu praktizieren, die man vor zwanzig Jahren der Masse der Menschen selbst *ver*_schleiert noch nicht hätte abverlangen können, und die den größten Widerstand ausge-

[416] Vgl. in: Die *tri*_logische Sezierung […], Band I, Teilband 3, das Kapitel 14: „Die Politik bürgerlicher Nichtversteher".

löst hätten, wären die damals bereits derartig praktiziert worden, wie es heute schon gewohnheitsmäßig der Fall ist.

Daß die Vertreter der Machtelite jetzt richtige imperialistische Politik praktizieren können, hängt eben mit einem solchen stattgefunden habenden Anpassungsprozeß zusammen. Und dieser Prozeß hatte aus meiner Sicht mit dem Krieg gegen Serbien begonnen, der _*tatsächlich*_ ein Angriffskrieg war, selbstverständlich nicht so genannt, sondern man statt dessen anfing von

„robusten humanitären Einsätzen"

zu reden, so wie man heutzutage längst weiter ist und bereits den Begriff

„Menschenrechtskriege"

gebrauchen kann, als würde über solche Kriege Demokratie exportiert — in Zusammenhängen, wo es tatsächlich um „Interessenbedienung" geht, folglich es sich um Angriffskriege handelt, bzw. handeln wird.

Und es mag sein, daß bisher in _*den*_ Weltgegenden „Demokratie" niemals angekommen ist, wo solche Kriege zu ihrer vermeintlichen Einführung geführt werden — das kennt man von Paketen ja auch: manche kommen an, manche eben nicht: „dumm gelaufen" dann ...

Wenn es gewiß auch nicht stutzig machen muß, daß es sich dabei _*stets*_ um solche „Gegenden" handelt, wohin vorher der begehrliche Blick einer entsprechenden Machtelite aus dem „Westen" gefallen war, oder?

Nun, Fakt ist, daß durch solchen „Demokratie-Export", die massenmedialen Kräfte der Lobbykratie in den Ländern ihres Ursprungs, dem unkritischen Zeitgenossen noch einen fatamorganischen Eindruck von ihrer Anwesenheit vorgaukeln können — und exportbedingt wohl auch müssen.

Das Lager der Demokratie ist aber leer, denn alles mußte raus, und was noch da ist steht auf der Resterampe —

bereit zur Selbstmitnahme zum kleinen Kriegspreis.[417]

Und dieser Anpassungsprozeß ist wichtig, da sich auf diese Weise die Masse der Menschen daran bequem gewöhnen kann — und vor allem:

daß es nur ja keine sonderlichen gesellschaftlichen Friktionen, sprich sozialen Widerstand gegen solche Machenschaften geben möge, der u.a. ganz schlecht für die behauptete Selbstregulation des Marktes wäre ...[418]

Dies folglich ein Manipulationsprozeß, der heutzutage den diversen Mitgliedern der Satelliten der Machtelite davon zu schwätzen erlaubt,

wenn es sich tatsächlich um offene Kriege handelt,

---

[417] Den erbärmlichen *Ist*_Zustand der bürgerlichen Demokratie betreffend, sei noch einmal auf den „Schlußsatz I" des Schlußworts verwiesen.

[418] Vgl. Die *tri*_logische Sezierung [...], Band I, Teilband 3, das Kapitel 14, sowie auch Teilband 4, das Kapitel 25, dort unter: „Kleiner politischer Aufguß aus dem neoliberalen Jetzt" (__ist auch als PDF-Datei auf EndemannVerlag.com abrufbar:
https://endemannverlag.com/wp-content/uploads/2018/04/Kleiner-politischer-Aufguß.pdf__).

man _habe_ „Menschenrechtskriege“ zu führen ... Selbstverständlich mit entsprechend aufgesetzter Miene sorgenvoll und mit allem Pipapo verkündet — denn:

„Was in Aleppo passiert ist, also das ist etwas ganz Schlimmes“,

meinte Frau Merkel — kurz bevor offensichtlich geworden war, von wem die Islamisten in dieser kleinen alten syrischen Stadt ihre Unterstützung bekommen hatten. Diese so heuchlerische wie opportunistische Person damit aber nicht

ihre

eigene Verantwortung für das tatsächliche Geschehen dort meinte —

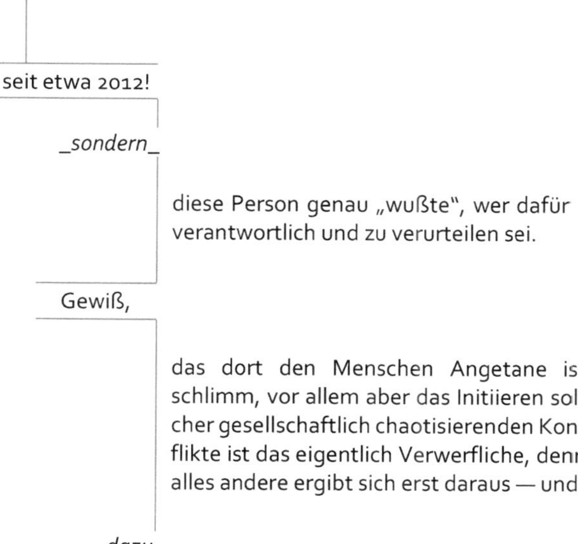

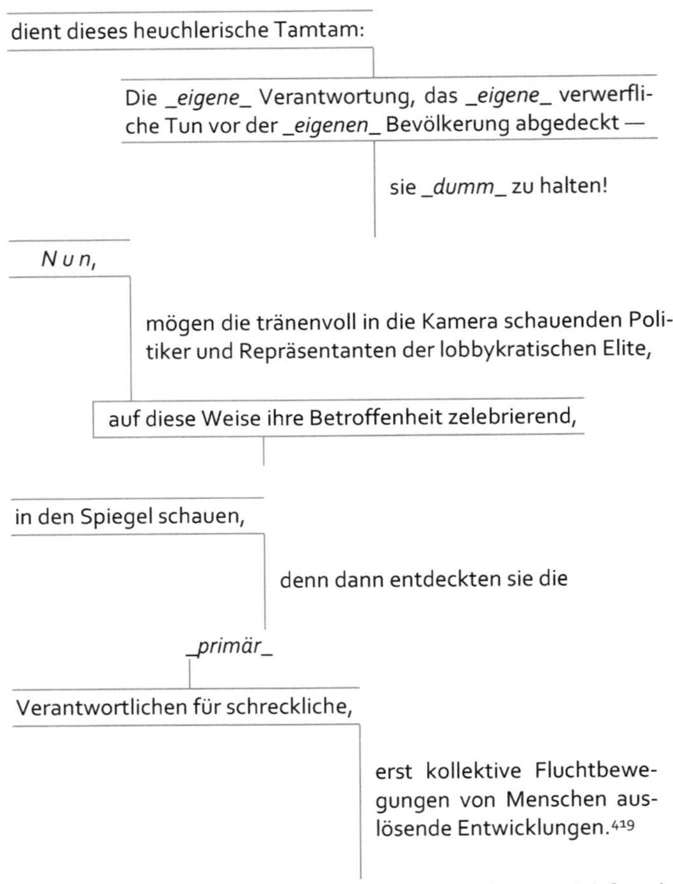
dient dieses heuchlerische Tamtam:

Die _*eigene*_ Verantwortung, das _*eigene*_ verwerfliche Tun vor der _*eigenen*_ Bevölkerung abgedeckt —

sie _*dumm*_ zu halten!

Nun,

mögen die tränenvoll in die Kamera schauenden Politiker und Repräsentanten der lobbykratischen Elite,

auf diese Weise ihre Betroffenheit zelebrierend,

in den Spiegel schauen,

denn dann entdeckten sie die

*primär*

Verantwortlichen für schreckliche,

erst kollektive Fluchtbewegungen von Menschen auslösende Entwicklungen.[419]

Nun, ist all dies kein beredter Ausdruck sowohl für die Heuchelei als auch für die moralische Verkommenheit der Eliten

[419] Vgl. in: Die *tri*_logische Sezierung […], Band II, den Zwischenruf 28.

des lobbykratischen Zeitalters — ob die nun bspw. dem den EU-Hegemon spielenden deutschen Nationalstaat vorstehen oder dem französischen, dem britischen oder dem US-amerikanischen?

Wieso ich so wenig von der falschen Politik „der anderen" spreche

Es scheint in diesem Land viele Menschen zu irritieren, wieso ich so wenig von der falschen Politik „der anderen" spreche. Aber muß ich mich denn nicht zuerst für die von der deutschen Seite (_*wieder!*_) so falsche wie fatale praktizierte Politik interessieren — als Deutscher? Denn das hieße

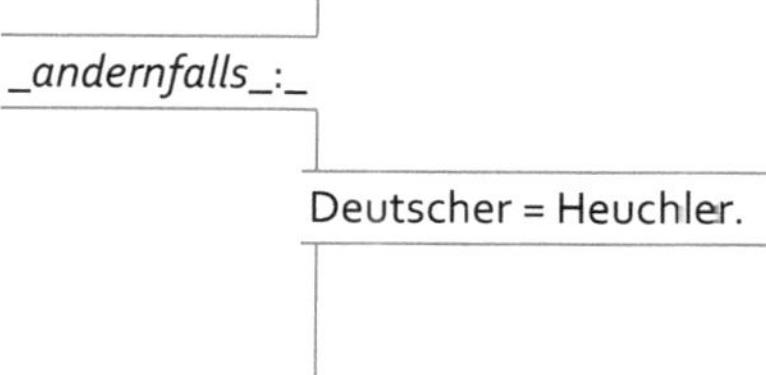

Irgendwann aber muß „Verantwortung" tatsächlich „Verantwortung" bedeuten und nicht lediglich noch orwellianischen Zwecken dienen, wie es der Fall ist. —

Gewiß, ich spreche für mich …

folglich nicht für jene, die von „Verantwortung" faseln und damit die Fortsetzung oder die Unterstützung oder (_*als Bürger*_) die Bejahung falscher Politik meinen, niemals aber die einzige Konsequenz_*Ziehung* aus der politischen Hypothek— nicht einmal jener der jüngeren Vergangenheit, also jene Ereignisse seit dem Ende des Kalten Krieges betreffend.[420]

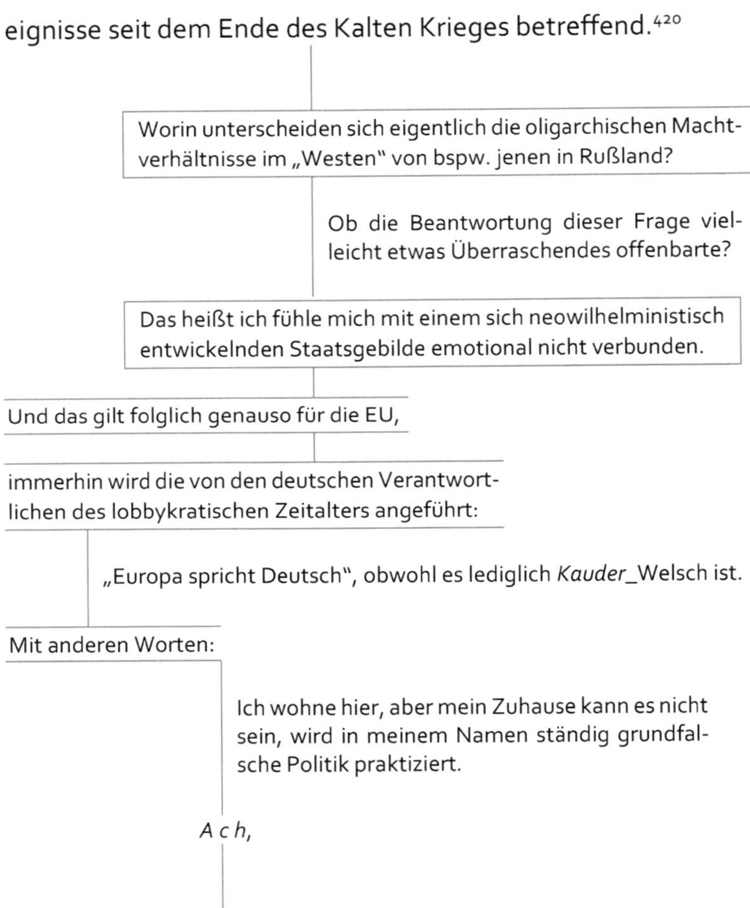

Sie glauben, das sei dadurch zu ändern, daß nach dem Ende des nächsten großen Wahlkrampfs, oder einem dem noch fol-

---

[420] Vgl. Seiten 622-65: „Exemplarische Beispiele kontraproduktiver Konsequenzen deutscher Machtpolitik".

genden, eine bürgerliche Regierung bspw. mit politisch sogenannt „rot-rot-grünem Charakter" installiert würde?

Glauben Sie das wirklich?

Nun, dann kennten Sie die *politischen Pappenheimer* aber schlecht! Ganz zu schweigen von jenen Figuren, die sich in Parteien à la AfD tummeln und, u.a., die Menschen mit ganz alten Hirnfürzen benebeln wie: *Jede Nation sei ein Gedanke Gottes* o.ä.[421]

Eine der Phantasie-Anregung dienende Glosse:

Wie den demokratielähmenden Parteienstaat loswerden?

Für tatsächlich demokratische Menschen ist es ein Hohn, hatten Politfiguren, die bei einer Wahl um 20 Prozent der

*_abgegebenen_*

Stimmen erhalten,

wie bspw. Frau Merkel am 24. September 2017, die mit ihrer CDU, und einem ihren

[421] Siehe im Teilband 2 dieses Buches, die Seiten 593 f.: „Die politisch folgenreiche *Ideen*_Setzung: „Völker sind Gedanken Gottes", aber auch die Seiten 35-38: „Der Nationalstaat ist eine Konstruktion des Bürgertums, das ihm zur Organisierung seiner Gesellschaft dient".

Ambitionen entsprechend sich ereignet habenden Wahlkrampf, tatsächlich lediglich 20,4 % Zustimmung von seiten der wahlberechtigten Bevölkerung bekommen hatte,

sich anmaßen, mal eben über Monate Koalitionsverhandlungen führen zu wollen. —

In einer echten Demokratie könnte man den Menschen damit nicht kommen,

da in einem solchen Fall klar wäre, daß Minimalgewählten für ihre Koalitions-Kungeleien zwar eine gewisse Zeit einzuräumen sei.

Zum Beispiel ein halbes Jahr.

In dieser Zeit übernähmen einige von _*den*_ parteiunabhängigen Menschen einer Gesellschaft stellvertretend die Regierungsgeschäfte

(__und zwar _*voll*_ geschäftstauglich__),

die sich schon längst vorher dazu bereit erklärt hatten, im Falle solcher oder anderer für eine Demokratie unhaltbaren Zustände eine solche Verantwortung auszuüben.

Es versteht sich also von selbst, daß es sich dabei dann stets ausschließlich um solche Menschen handeln könnte, die

a) einen gemeinwohlorientierten Gesamtblick hätten,
b) gute Kenntnisse von *gesamt*_wirtschaftspolitischen Zusammenhängen besäßen, sich
c) ausschließlich von unabhängigen, selbst ebenso mit gut entwickeltem Gesamtgesellschaftsblick ausgestatteten Fachleuten beraten ließen,
d) Lobbyisten sagten, sie mögen ihnen aus der Sonne gehen und denen
e) das Starren auf das „Reagieren der Märkte" fremd wäre, da es wenig sinnreich ist, machte man es denen gleich —

starrte also die Politik symbiotisch beschränkt zurück auf die Märkte.

Nun, nach diesem halben Jahr könnte die Interimsregierung die Geschäfte an die Minimalgewählten übergeben —

oder auch nicht.

Dann nämlich,

hätte das kurz vorher abgehaltene Referendum ergeben, daß die Masse der Menschen solchen Minimalgewählten nicht mehr die Regierungsgewalt übertragen wollte.

Oder, sozusagen alternativ,

der Zeitraum auf ca. dreieinhalb Jahre ausgedehnt würde, den Minimalgewählten und ihren Parteien Zeit und Raum zu geben, sich auf den nächsten Wahlkrampf ein halbes Jahr lang vorzubereiten —

sich also zu „profilieren" in politischen Rollenspielen,

während die eigentlichen Regierungsgeschäfte weiter von den bisher damit betrauten oder von anderen parteiunabhängigen Menschen geführt würden, also von jenen, die sich schon längst vorher dazu bereit erklärt hatten, im Falle solcher oder anderer für eine Demokratie unhaltbaren Zustände eine solche Verantwortung auszuüben —

denn irgendwann läßt selbst die Wirkung des heftigsten Wahlkrampfs nach.

Selbstverständlich handelt es sich hierbei lediglich um ein Beispiel, da u.a. auch auf Landesebene und kommunaler Ebene, ja, selbst für ganze Stadtverwaltungen vergleichbare Abläufe ohne weiteres möglich sind —

den demokratielähmenden Parteienstaat loszuwerden.[422]

_ Glossen-Ende _

Übrigens muß ich lachen, erzählt mir jemand etwas von „realistischer Politik", damit aber genau die letztlich im Wilhelminismus wurzelnde, während des Kalten Krieges relativ abgedeckt gebliebene, sich mit dessen Ende mählich gewandelt habende und nun galoppierend *neo*_wilhelministisch prakti-

---

[422] Wieso das auf solchen politischen Ebenen ebenso hochnotwendig ist, wird im Anhang III erläutert.

zierte meint. Woran mag es also liegen, daß ich dann lachen muß? —

Nun, weinen wäre auch keine Lösung.

Ende des Teilbandes 1
des Bandes III
der *Tri*_logischen Sezierung des
lobbykratischen Zeitalters